56개의 민족, 하나의 나라

중국민족지 1

56개의 민족, 하나의 나라

중국민족지 1

초판인쇄 2015년 6월 12일
초판발행 2015년 6월 12일

지은이 양성민 · 딩훙 외
옮긴이 김영순 · 전신자 외
펴낸이 채종준
기획 이아연
편집 백혜림
디자인 조은아
마케팅 황영주 · 한의영

펴낸곳 한국학술정보(주)
주소 경기도 파주시 회동길 230(문발동)
전화 031 908 3181(대표)
팩스 031 908 3189
홈페이지 http://ebook.kstudy.com
E-mail 출판사업부 publish@kstudy.com
등록 제일산-115호 2000. 6. 19

ISBN 978-89-268-6923-9 94910
       978-89-268-6921-5 94910 (전3권)

56개의 민족, 하나의 나라

중국민족지 1

양성민 · 딩훙 외 지음
김영순 · 전신자 외 옮김

한국학술정보

전통의상을 입은 다우르족 여성

역자서문 1
민족은 영혼이다

이 책 『중국민족지: 56개의 민족, 하나의 나라』는 중국 중앙민족대학 민족학 사회학 학원의 양성민 교수님, 딩훙 교수님 외 8명이 공동 저술한 『중국민족지』의 한국어 번역서이다. 이 책은 제목 그대로 중국의 56개 민족의 문화인류학적 내용에 대한 개요를 어군별, 민족별로 기술한 것으로 통권으로 구성되어 있다. 이를 번역하는 과정에서 한국어 번역 분량이 많은 것으로 판단하고 3권으로 분권하였다.

이 책의 핵심은 '민족'이다. 원래 프랑스에서 등장한 '민족(nation)'이라는 말은 '국민', '국가', '민족'의 의미를 포괄한다. 이는 '국민'이 주권을 갖고 특정한 공동체에 속한다는 의식을 갖는바 그 공동체가 바로 '민족'이다. 이러한 '민족'을 단위로 하여 스스로의 '국가'를 건립해야 한다는 이념이 민족주의(nationalism)이다. 따라서 'nation'은 '국민 국가의 형성'과 관련이 있으며, 18세기 이래 유럽의 계몽주의가 확산되면서 본격적으로 나타났다.

처음 민족의 개념이 프랑스에서 출발할 당시 'nation' 혹은 'nationalism'의 의미는 혈통적인 의미가 아니라 '동질적인 특성을 가진 국민 집단'이란 의미였다. 이런 의미가 성립된 시기에 대해 여러 의견도 있긴 하지만, 일반적으로 프랑스 혁명과 이로 인한 프랑스라는 'nation' 성립으로 본다. 이에 반해 'ethnic'적인 정체성을 지닌 민족 개념도 강하게 형성되었다. 이것이 시작된 곳은 바로 독일이다. 독일은 신성로마제국에 속했던 각 제후국들로 분리된 후 국민이란 개념 대신에 종족집단을 중심으로 한 게르만 민족주의가 부상하기 시작했다. 이는 19세기 독일과 이탈리아의 통일에 큰 영향을 끼쳤지만 이미 유럽은 'ethnic group'의 의미로는 하나의 국가가 하나의 민족에 대응될 수 없다는 인식이 확장되어 있었다.

　그렇다면 유럽의 민족 개념의 태동에 대해서 동아시아에서는 어떤 움직임이 있었을까. 동아시아는 이미 대체적으로 안정된 영토적 구분에 따라 인적 집단의 구분이 이루어진 상황이었다. 그 때문에 혈통적 의미를 품게 된 '민족'이라는 개념을 쉽게 받아들일 수 있었다. 19세기 후반부터 20세기 초반까지 한국, 중국 등지에서도 모두 개별적인 민족의 정체성을 강조하는 근대 민족주의가 확립되었다. 그러나 이러한 혈통 중심의 민족주의가 일본의 침략주의를 지지해주는 역할을 하기도 했다. 이에 반대하여 중국과 한국은 자신들의 정체성을 확립하기 위한 민족주의가 번성했다. 한국과 북한이 산업화의 과정에서 '민족'의 단결성을 강하게 추동했고, 중국은 다민족 문제의 해결을 위해서 '민족' 개념이 강조되었다.

　바로 이런 의미에서 이 책의 원저자들은 『중국민족지』를 저술했으리라 추측해 본다. 이 책의 원서인 『중국민족지』는 말 그대로 민족지적 형태를 띠고 있다. 민족지는 그 상호주관적 성격 때문에 비교방법을 반드시 사용해야 한다. 이런 점에서 민족지를 연구하는 연구자들에게 '에믹적 관점'과 '에픽적 관점'이 균형을 이루어야 한다. 그럼에도 현장의 인류학자가 문화적 편견을 가지는 것이 불가피하다. 그렇다면 그의 관찰이나 기술은 어느 정도 다른 것과 비교되어야 한다. 따라서 문화에 대한 일반론을 정식화하고 비교 내용을 기술한 것이 민족지의 구성요소가 되어야 마땅하다.

　이런 점에서 원서 『중국민족지』는 서론에서 본 민족지의 특징과 방법에 대해 자세히 기술하였기 때문에 민족지의 틀을 충분히 유지하고 있다고 볼 수 있다. 이와 같이 민족지의 기술 형태를 통해 이후 중국의 각 민족들을 기술하였다. 또한 저자들은 북경 중앙민족대학교 민족학사회학 학원의 교수 및 연구원으로서 대부분 자신의 출신 민족 혹은 근접 민족을 기술하였다.

이 책은 서두에서 밝힌 바와 같이 통권이었으나 한국어 번역서에서는 어군별로 3권으로 구분하였다. 제1권에서는 서론, 민족지의 역사, 특징과 방법, 중국역사에서의 민족학을 포함하는 총론과 한어 민족, 만-퉁구스어족 민족, 몽골어족 민족으로 구분되는 12개 민족을 기술하였다. 제2권에서는 돌궐어족 민족과 장면어족 민족 등 두 어족에 속하는 24개 민족을 다루었다. 제3권에서는 쫭동어족 민족, 맹고면어족 민족, 묘요어족 민족, 슬라브어족 민족, 이란어족 민족, 인도네시아어족 민족, 미지정어족 민족에 속하는 20개 민족을 기술하였다.

여기에서 우리와 같은 민족 그룹인 조선족이 미지정어족 민족으로 구분되었다는 점은 매우 흥미로운 부분이다. 그 이유는 무엇일까? 그리고 조선족은 중국 민족학자들의 눈에 어떻게 비추어질까? 그 이유를 본문을 통해 찾아낼 수 있기를 바란다.

이 책을 읽는 독자 여러분께 다음의 사항에 대한 이해를 사전에 구하고자 한다. 먼저, 이 책의 통계자료는 기본적으로 2000년의 것을 기본으로 하고 있다. 무려 15년 전 통계 자료이기 때문에 책을 번역하면서 통계 자료를 최신의 것으로 갱신하는 것에 대한 많은 고민이 있었다. 그러나 원서의 통계 자료 중에는 중국 정부에서 조사한 것 이외에도 저자들이 당시 직접 현장을 발로 뛰면서 현지 민족과 접촉하여 얻은 통계 자료도 다수 포함되어 있어, 통계 자료를 갱신할 경우 이와 같은 저자들의 연구결과가 다량 삭제되는 문제에 당면하게 되었다. 이에 번역팀은 원서의 내용을 그대로 번역하는 것을 택하였다. 그것이 민족지학적으로 쓰인 이 책의 본래의 의미를 더욱 잘 살릴 수 있다고 사료되었기 때문이다. 중국 소수민족과 관련한 최근의 통계 현황은 인터넷 자료를 확인해 줄 것에 대한 양해를 구한다. 그리고 중국어 원어의 한국어 표기에 있어서 다소 통일성이 부족한 부분에 대해 양해를 구하고자 한다. 현재 중국어를 한국어로 표기하는 명확한 표기 기준이 없는 상황에서 중국어는 다양한 표기법으로 한국에서 통용되고 있는 것이 사실이다. 중국어는 한국에서 우리가 읽는 한자어 발음 그대로 를 사용하기도 하고, 중국어 발음을 소리 나는 대로 한국어로 옮기기도 한다. 이 책에서는 한국 사회에서 일반적으로 이해되고 통용되고 있는 중국어의 한국어 표기 방법을 기준으로 하여 중국어를 번역하였으며, 일부 중국어 발음의 한국어 표기는 원서의 1차 번역을 담당한 연변대학 전신자 교수님의 번역팀이 번역한 발음 그대로를 사용하였음을 사전에 밝힌다.

이 책을 번역하기까지 3년간 수많은 우여곡절이 있었다. 최초에 이 책을 번 역하게 된 이유는 다음과 같다. 번역자는 2009년 가을에 북경 중앙민족대학교에 학술대회 논문발표차 방문했다가 당시 동 대학의 민족학사회학원 원장이었던 양성민 교수님을 만나면서 56개 민족을 기록한 『중국민족지』가 있다는 사실을 알았다. 양 교수님으로부터 『중국민족지』를 선물 받고 나의 짧은 한문 지식을 통 해 조선족의 민족지 내용을 읽게 되었다. 그런데 그 분량이 다른 민족에 비해 적 고 비교적 객관적 사실이 미흡했던 점, 그리고 다른 민족은 도대체 어떻게 기술 했지 하는 의문은 나의 번역욕을 자극하기 충분하였다. 이런 번역욕이 불탈 무 렵 양성민 교수님의 제자이자 현재 연변대학 사회학과 교수이신 전신자 교수님 을 알게 되었고, 양 교수님이 협동 번역을 제안해 와서 1차적으로 연변대학에서 번역을 하고 2차적으로 인하대학교에서 추가적인 번역과 교정을 하는 것으로 결 정하였다.

3년이란 시간 속에서 중국의 연변과 한국의 인천 사이의 협동은 이메일이란 현대적 미디어의 이점을 제대로 살리지 못하였고, 때로는 나의 북경행과 연변행 혹은 전신자 교수님의 인천행과 같은 몇 차례의 직접적인 만남을 통해 번역 진 도와 의견들이 교환되었다. 이렇게 어려운 협동 작업의 과정 속에서 본 번역서 가 탄생하게 되었다. 최종 교정본을 읽으면서도 여전히 아쉬움이 남아 책 출간 을 늦추면서 원서의 의미 전달을 위해 번역의 매끄러움을 더하려고 노력하였다. 그럼에도 여전히 어색한 문장이 두루 있는 것 같아 마음이 개운하지 않다. 그렇 지만 번역자들은 이 3권의 책이 중국의 민족을 이해하는 데 조금이나마 도움이 될 수 있을 것이란 위안감을 스스로 느끼면서 이제 해를 묵힌 힘든 숙제를 마치 려 한다.

끝으로 3년이란 시간을 인내해 주신 북경 중앙민족대학의 양성민 교수님, 딩 홍 교수님과 공동저자분들, 그리고 함께 번역 작업에 참여한 전신자 교수팀, 인 하대학교의 배현주 박사님, 윤희진 박사님, 황해영 박사과정생에게 무한한 감사 의 마음을 전한다.

2015년 3월 봄날 인천에서
역자 대표 김영순

역자서문 2
책을 번역하며

먼저 한국어로 『중국민족지』를 출간하게 된 것을 매우 기쁘게 생각합니다. 『중국민족지』의 번역출판은 두 가지 의미가 담겨 있습니다. 첫째, 이 책을 출판함으로써 중국과 한국 두 나라 간 우정을 더욱 두텁게 하고, 한국인들에게 중국 소수민족을 이해하는 데 좋은 교재가 되리라 생각합니다. 둘째, 단일민족사회로부터 다문화사회로 변화하는 과정에서 나타나는 문화 다양성과 문화 차이를 생각하고 인정하며 포용함으로써 다문화사회의 구축에 도움이 될 것입니다.

사람들은 늘 "연분이 있으면 천리 밖에서도 서로 만난다"라고 말합니다. 2010년 동북아민족문화포럼이 처음으로 개최됨으로써 한국 인하대학교의 김영순 교수님, 배현주 박사님, 배경임 여사님, 중국 중앙민족대학의 양성민 교수님, 기진옥 박사님 등 학자들이 해마다 한자리에 모여 동북아민족문화에 대해 고민하고 토론했습니다. 바로 이런 만남이 『중국민족지』 출판의 인연이 되었습니다.

다년간 다문화교육에서 많은 성과를 낸 김영순 교수님이 『중국민족지』의 번역출판을 제의하고 양성민 교수님이 물심양면으로 지지하여, 여러 연구자들이 번역에 기여했습니다. 연변대학 사회학과의 방미화 박사님은 짧은 시일 내에 총체적인 원고교정을 완성하였고, 고승룡 박사님, 연길시 공무원 이은청님, 그리고 연변대학 대학원생들의 노력으로 번역원고를 제출했습니다. 그리고 김영순 교수님을 비롯한 여러 선생님들의 세심한 교정과 수정을 통해『중국민족지』한글판을 출판하게 되었습니다. 여러분들의 노력이 없었다면 이런 열매를 결코 맺지 못했을 것입니다. 여러분께 감사합니다.

2015년 2월 연변에서
역자 대표 전신자

저자서문
책을 펴내며

　다양한 민족들에 대한 이해는 우리 인류학·민족학자들의 사명입니다. 우리와 우호관계에 있는 한국에 중국 민족을 소개하는 것은 이 책을 펴낸 저자들의 오랜 소망이기도 합니다. 한국판 『중국민족지』가 출판을 앞두고 있다는 소식에 저를 비롯한 동료들 모두 기뻤습니다. 우선 이 책의 번역과 교정 및 출판을 위해 애써주신 김영순 교수님, 전신자 교수님, 배현주 박사님에게 진심으로 고맙다는 인사의 말씀 올립니다. 여러분들의 뛰어난 학술적 소양과 언어능력이 이 책의 한국어 번역서로의 성공을 이끌어 낸 것이라고 생각합니다.

　이 책의 저자는 중국 민족을 연구하는 학자들입니다. 그들은 오랜 세월 연구를 진행하며 실제로 현지에서 조사하고 비교 연구하면서 중국의 56개 민족과 관련하여 문화, 경제, 인구, 관습, 종교 등 다양한 부분의 자료를 수집하고 기록하였습니다. 이 책을 통해 독자들은 민족적 시각에서 중국에 대해 더 많이 이해하게 될 것입니다.

인류학의 기본 신념 중 하나는 '인간의 본성은 동일하다'입니다. 중국인이나 한국인이나 미국인이나 이집트인이나 또는 젊은이나 노인, 남자나 여자 혹은 러시아족과 조선족, 백인과 흑인, 고대 인류와 현대인들 모두 그 본성은 같습니다. 단지 각자 처한 환경에 의해 다양한 문화와 종교들이 탄생하게 됩니다. 그러므로 이 모든 것들이 소통할 수 있게 된다면 문화 격차가 큰 민족이라고 할지라도 서로 이해할 수 있습니다. 여러 민족의 다양한 문화를 연구하고 소개함으로써 다양한 인간 사이의 이해와 평화를 도모하는 것이 우리 인류학자들의 최종 목표입니다.

끝으로 이 책이 한국과 중국 두 나라 사람들이 서로를 이해하고 좋은 관계로 발전하는 데 기여했으면 하는 바람입니다.

2015년 2월 북경에서

양성민(杨圣敏)

◆ 중국 소수민족 분포도(2010년 기준)

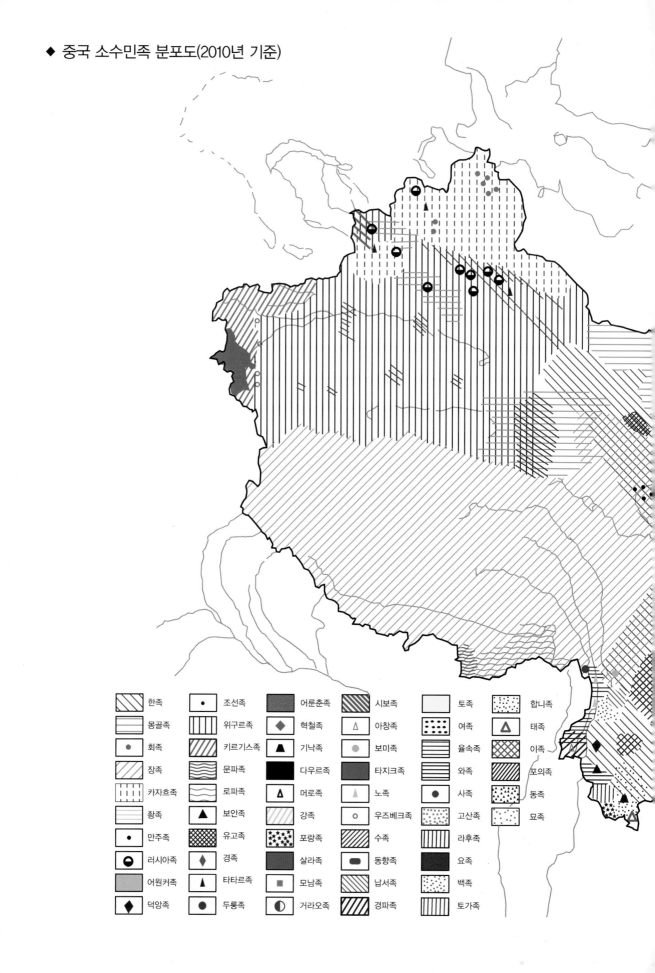

한족	조선족	어룬춘족	시보족	토족	합니족
몽골족	위구르족	혁철족	아창족	여족	태족
회족	키르기스족	기낙족	보미족	율속족	이족
장족	문파족	다우르족	타지크족	와족	포의족
카자흐족	로파족	머로족	노족	사족	동족
쫭족	보안족	강족	우즈베크족	고산족	묘족
만주족	유고족	포랑족	수족	라후족	
러시아족	경족	살라족	동향족	요족	
어원커족	타타르족	모남족	납서족	백족	
덕앙족	두룽족	거라오족	경파족	토가족	

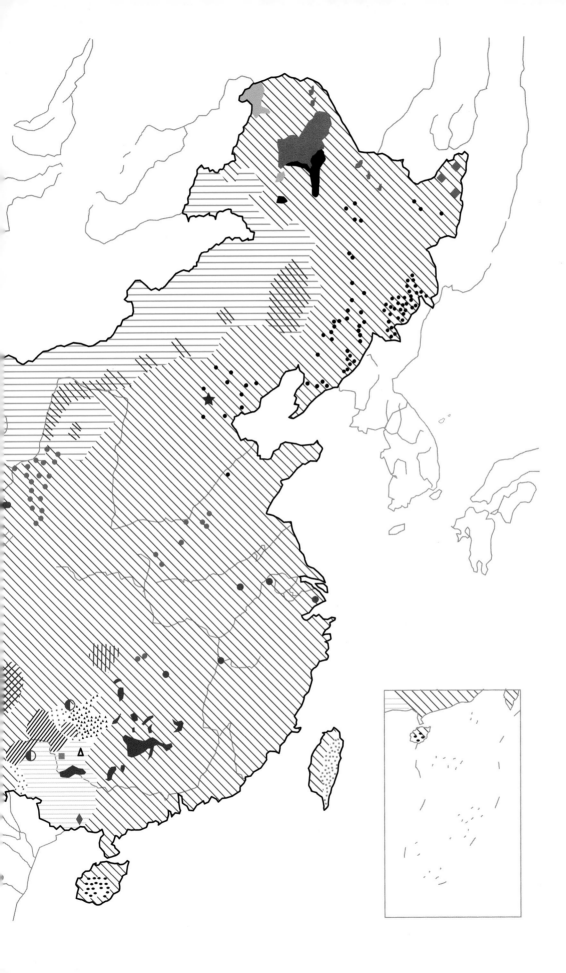

 차례

민족은 영혼이다 • 5
책을 번역하며 • 10
책을 펴내며 • 12

1

민족지: 역사, 특징 및 방법

제1절 민족지적 자료의 축적 • 22 / 제2절 고전 민족학의 탄생 • 25 /
제3절 과학적 규칙의 건립 • 27 / 제4절 민족지의 특징 • 29 /
제5절 중국 민족지 연구의 역사와 특징 • 36

중국 역사에서의 민족관계

제1절 내향형(內向型)의 지리적 환경 • 44 /
제2절 "중국"과 "천하" • 48 / 제3절 "화이"의 범위와 천하일통 • 51 /
제4절 통일의 경제적 기초 • 53 / 제5절 다원일체의 정치제도 • 62 /
제6절 통일 과정과 민족 융합 • 70 / 제7절 민족관계의 몇 가지 문제 • 76

한어 민족 汉语 民族

한족 汉族 • 86 / 회족 回族 • 117

만-퉁구스어족 민족 满 - 通古斯语族 民族

만주족 满族 • 150 / 시보족 锡伯族 • 168 / 어원커족 鄂温克族 • 179 /
어룬춘족 鄂伦春族 • 194 / 혁철족 赫哲族 • 205

몽골어족 민족 蒙古语族 民族

몽골족 蒙古族 • 221 / 동향족 东乡族 • 245 / 토족 土族 • 256 /
다우르족 达斡尔族 • 267 / 보안족 保安族 • 282

후기 • 293
참고문헌 • 296
색인 • 303
역자소개 • 306
저자소개 • 308

[중국민족지 2]

민족은 영혼이다
책을 번역하며
책을 펴내며

돌궐어족 민족 突厥语族 民族

위구르족 维吾尔族 / 카자흐족 哈萨克族 / 키르기스족 柯尔克孜族 / 살라족 撒拉族 /

유고족 裕固族 / 우즈베크족 乌孜别克族 / 타타르족 塔塔尔族

장면어족 민족 藏缅语族 民族

장족 藏族 / 토가족 土家族 / 이족 彝族 / 백족 白族 / 합니족 哈尼族 /

율속족 傈僳族 / 라후족 拉祜族 / 납서족 纳西族 / 강족 羌族 / 경파족 景颇族 /

아창족 阿昌族 / 보미족 普米族 / 노족 怒族 / 기낙족 基诺族 / 문파족 门巴族 /

두룽족 独龙族 / 로파족 珞巴族

후기
참고문헌
색인
역자소개
저자소개

[중국민족지 3]

민족은 영혼이다
책을 번역하며
책을 펴내며

쫭동어족 민족 壯侗语族 民族

쫭족 壯族 / 태족 傣族 / 포의족 布依族 / 동족 侗族 / 수족 水族 / 모남족 毛南族 /

머로족 仫佬族 / 여족 黎族

맹고면어족 민족 孟高棉语族 民族

와족 佤族 / 포랑족 布朗族 / 덕앙족 德昂族

묘요어족 민족 苗瑶语族 民族

묘족 苗族 / 요족 瑶族 / 사족 畲族

슬라브어족 민족 斯拉夫语族 民族,
이란어족 민족 伊朗语族 民族,
인도네시아어족 민족 印度尼西亚语族 民族

러시아족 俄罗斯族 / 타지크족 塔吉克族 / 고산족 高山族

미지정어족 민족 未定语族 民族

조선족 朝鲜族 / 경족 京族 / 거라오족 仡佬族

[부록 1] 미식별 민족 소개
[부록 2] 대만 민족의 구성과 그 변천사
[부록 3] 홍콩 · 마카오 민족 종교상황

후기
참고문헌
색인
역자소개
저자소개

민족지:
역사, 특징 및 방법

민족지(民族志)란 민족학자 혹은 문화인류학자들이 자신들의 연구대상인 민족, 부락, 지역 주민들의 생활 문화에 대해 기술하고 해석한 것이다. '민족지'는 영문 'ehnography'를 의역한 것이지만, 단어 그 자체는 희랍어 'ethnos(민족)'와 'graphein(서술)'에서 유래된 것이다. 고대부터 민족지는 각종 신분과 직업을 소유하고 있는 사람들이 자신의 견문을 바탕으로 타지역과 타민족에 대해 기록한 것이었다. 민족학 및 문화인류학이 하나의 분과학문으로 자리잡으면서부터 민족지는 점차 민족학자들의 조사 및 연구보고서를 칭하는 명칭이 되었다. 이 때문에 민족학자(ethnologist)들을 민족지 학자(ethnographer)로 불러도 무방할 것이다.

민족지를 집필하는 목적 혹은 우리가 조사하고 연구하는 대상에 대해 기술하고 또 해석하는 목적은 바로 그 민족을 둘러싼 진실된 상황들을 재구성하기 위해서이다. 또한 그것은 사람들이 해당 민족을 정확히 이해하는 데 도움을 주기 위한 것이다. 거기에는 한 민족의 다양한 삶의 영역들을 포함한다.

제1절 민족지적 자료의 축적

민족학이 독립된 학과로 부상하기 이전, 고대의 많은 나라들에서는 이미 다른 민족에 대한 풍부한 기록-민족지적 자료들을 축적하였다. 예를 들면, 고대 이집트의 피라미드 초상화와 메소포타미아의 흑판문서, 고대 인도의 불경 경전 중에는 벌써 많은 민족지적 특징을 띤 자료들이 기록되어 있었다. 비교적 유명한 것은 고대 그리스 역사학자 헤로도토스(希罗多德, Herodotos)가 쓴 『역사』와 크세노폰(色诺苏, Xenophon)이 쓴 『그리스사』, 고대 로마의 카이사르(恺撒大帝, Caesar)가 쓴 『갈리아 전기(高卢战记)』와 사학자 타키투스(塔西佗, Publius Cornelius Tacitus)가 쓴 『게르마니아지』 등 저명한 저작 중에는 이미 다른 민족의 특수한 문화에 대한 내용들이 다수 기록되어 있다.

여러 나라의 고대 문헌 가운데서 타민족에 대해 가장 풍부하고도 체계적으로 기술한 민족지적 자료가 바로 한문(汉文)문헌이다. 당나라 언사고(颜师古)는 "지는 기록이로다. 즉, 사실에 대한 기록과 축적이로다(志, 记也, 积记其事也)"라고 말하였다. 청나라 학자 장학성(章学诚)도 "국사와 지방사 모두 춘추시대의 흐름과 다름없다(国史, 方志, 皆春秋之流别也)"라고 하였다. 즉, 춘추시대부터 이미 천자가 있는 중앙지구의 문헌을 사(史)라고 칭하였고, 그 주변지역에 대해 기록한 것을 지(志)라고 명명하였다. 이에 당대학자 이태분(李泰芬)은 "중앙에 있는 것은 사요, 지방에 있는 것은 지(在中央者, 谓之史; 在地方者, 谓之志)"라고 말하였다.

일찍이 상나라와 주나라 시기의 갑골문와 금문(金文)문헌에는 벌써 중원 주변 각 민족의 정치와 경제, 문화 등의 내용에 대해 기록되어 있었다. 예를 들어, 주나라 시기 중앙정부는 전문직인 "외사(外史)" 관직을 설치하였다. 그 직책은 각 지역 민족의 상황을 파악하여 천자에게 설명하고, 천자를 도와 각 지방의 상황을 이해시키는 것을 주 임무로 하고 있다. 그래서 천자로 하여금 나라를 더욱 잘 다스리게 하는 것이었다. 그 이후부터 중앙정부에서 조직적으로 그리고 체계적으로 각 지역의 민족지를 작성하는 것이 하나의 확고한 전통으로 남게 되었다. 특히 사마천이 『사기』를 쓴 이후부터 역대 관료들이 쓴 24사(史)와 비교적 높은 직책을 가진 관리의 저작 혹은 개인 저작들을 보면, 거의 대부분이 일부 장절들을 할애하여 주변의 소수민족을 소개하였다. 또한 주변지역의 상황들을 소개한 많은 저작들도 있었는데, 이 저작들은 지(志), 전(传), 서(书), 경(经) 등 다양한 명칭으로 나뉜다. 예를 들면, 『화양국지(华阳国志)』, 『만서(蛮书)』, 『산해경(山海经)』 등이다. 특히 24사 가운데서 북방의 오랑캐전, 남월전, 대원전, 서남이전, 흉노전, 돌궐전과 토번전 등은 전문적으로 주변 각 소수민족에 대해 쓴 전기이다. 그러한 전기들은 2,000여 년간, 각 시대의 정사(正史)를 통틀어 모두 똑같은 격식과 내용들로 구성된 것이다. 이러한 고대 민족지적 자료에 대한 체계적인 축적이 있었기 때문에, 현재 중국의 56개 민족들이 비교적 명확하게 자신들의 역사를 정리할 수 있게 되었다. 본서의 각 장절에서 중국의 56개 민족의 역사를 구분하여 소개할 때에도 기본적으로 모두 이와 같은 고대 민족지적 자료들을 인용하였다.

각 나라에서 축적한 풍부한 민족지적 자료는 19세기 이후 민족학이 하나의 독립적인 학과로 건립될 수 있는 기초를 제공하였다. 하지만 민족학이 서구에서 독립된 학문분과로 정립될 때, 중국에서는 민족지 문헌이 단순히 역사학자들에 의해 소수민족의 역사와 민족관계사를 연구하는 자료로 활용되는 상황이었다. 다시 말해, 중국의 고대 민족지는 오랜 시간 동안 역사학에서 분리되지 못하였다. 하지만 일반적으로 "지(志)"와 "사(史)"의 기술방법과 체제에는 차이점이 존재한다. 즉, "지체(志体)"와 "사체(史体)"가 바로 그것이다.

우선, 지체는 서술로 주로 이루어졌다. 지체는 과거를 서술하고 현재를 기록하는 것이지만 주로 현재에 대한 기록을 위주로 한다. 구체적으로 말하자면 현황을 기술하고 사물을 횡적인 면에서 부분적으로 나누어 서술한다. 지체는 자료의 특성을 강하게 부각시킨다. 즉, 지체는 광범위하게 수집하고 조사해온 자료들을 내용에 따라 정리하고 선별하여 집필한다. 그럼으로써 어떤 지역 혹은 민족의 사회생활과 자연환경을 반영한다. 그렇기에 지체로 구성된 지서의 내용은 광범하고도 상세하다. 왜냐하면 지는 현재를 상세히 기술하고 과거를 간략히 기술하기 때문이다. 그러한 이유로 일정한 시간이 지나면 다시 수정하고 편찬해야 하며, 기존의 자료문헌에만 의거해서는 안 된다. 그리고 대다수 자료들은 반드시 그 당시 현지에서 수집하여 얻은 것이어야 할 뿐만 아니라 이미 있는 자료들도 부단히 확인하고 추가하여 보충하여야 한다. 그 때문에 '지'를 수정, 편찬하는 과정에서 현지조사는 현재의 상황을 이해하는 데 가장 중요한 사전 작업이라고 볼 수 있다.

다음으로 사체는 논술방식을 사용하였다. 사체는 주로 과거를 상세하게 기술하고, 현재를 간략히 적는 특성이 있었다. 사체가 이용하는 자료들은 과거의 문헌자료들을 위주로 하고 보조적으로 고고학적 방법과 기타 조사 자료들을 활용한다. 사체는 그 기술방법이 상대적으로 개괄적이며, 지체처럼 광범위하거나 상세하지는 않다. 주로 시간과 사건을 주축으로 하여 사물의 종적인 전개사항을 서술했다. 또한 사체는 많은 선행 자료들을 인용한다. 하지만 이와 같은 인용 자료들은 주로 자신의 관점 혹은 객관적인 법칙을 반영한다. 그 때문에 논술은 항상 사서의 주체이다.

서양에서도 민족지적 자료의 축적으로부터 민족학이 건립되기까지는 상당히 긴 과정을 거쳐 왔다. 15세기 이후 특히 아메리카, 대양주, 아시아 일부 지역에 대한 '지리적 대발견'이 있은 이후, 유럽인들은 대규모로 상기 지역에 자신들의 세력과 영역을 확장하기 시작했고, 이민족지역에 대량적인 식민지를 건립하기 시작했다. 유럽인들은 식민을 행한 지역의 사람들을 야만인, 그 지역사회를 "원시사회(primitive society)" 등으로 칭하였다. 이렇게 식민적 관점으로 규정된 다양한 이민족에 대한 지식과 정보들이 부단히 유럽으로 전해지기 시작하였다. 당시 이와 같은 여러 가지 정보들은 선교사, 상인, 식민지 통치자에 의해 유럽지역의 모국으로 전달되었다.

유럽인들은 식민지를 확장하는 동시에 식민지역에 선교단체와 선교사들을 파견하여 지속적으로 교회를 건립하였다. 이로써 유럽으로부터 기독교와 천주교가 그들의 식민지로 전파되기 시작하였다. 식민지에 거주하고 있는 목사는 또한 본국의 종교지도자, 해당 교회의 조직과 후임자에게 현지 상황을 기록한 보고서들을 지속적으로 전해주었다. 이러한 보고서들은 주로 현지의 종교와 각종 신앙에 대한 내용을 담고 있다.

식민지에 온 유럽 상인들도 본국의 회사 경영주와 사업 투자자들에게 식민지의 각종 문물과 생산물들을 전달하였다. 식민지에 있는 서양 국가의 통치자들은 식민지에 대한 정치적 통치를 목적으로 하였기에 그들이 본국 정부에게 보내는 보고서 내용들은 주로 현지인들의 사회조직과 인구현황 등을 소개하는 것이었다. 몇 세기에 걸쳐 이런 활동이 축적되어 식민지에 관한 정보들은 자료화되고 풍부해졌다. 또한 이 자료들은 공문서의 형식으로 각 나라의 정부, 교회와 상업적인 회사에 보관되었다.

제2절 고전 민족학의 탄생

18세기 이후의 산업혁명은 유럽 국가들로 하여금 식민지 확장을 가속화시키는 계기가 되었다. 더불어 식민지 통치를 협조하기 위해 유럽의 여러 국가들은 해당 식민지의 민족 연구를 담당하는 기구를 건립하기 시작하였다. 따라서 그들은 식민지에 대한 각종 유형의 공문서들을 연구 자료로 활용하였다. 하지만 그와 같이 전문성을 띤 연구라 할지라도 그것은 민족학 탄생에 그다지 큰 영향을 미치지 못하였다. 왜냐하면 과학적으로 체계적인 이론과 방법이 부족했기 때문이다.

19세기 중엽 이후 다윈(1809~1882년)이 정립한 동물, 식물계의 발전법칙을 해석하는 진화론이 인류사회를 해석하는 데 적용되기 시작했다. 즉, 인류사회는 '낮은 단계로부터 높은 단계로 발전한다'는 법칙이 광범위하게 인정받기 시작하였다. 따라서 서양의 학자들은 식민지 원시사회의 각종 상황이 바로 자신들이 살아왔던 과거의 상황과 같은 것이라고 생각하기 시작했다. 그들은 식민지의 낮은 발전단계를 보이는 민족에 대한 연구를 통해 자민족과 인류 진화의 역사를 이해하고자 하였다. 그들의 연구에 활용된 자료들은 다름 아닌 몇백 년에 걸쳐 식민지에서 축적되어 온 공문서와 보고서들이었다. 바로 이와 같은 과정을 거쳐 민족학(인류학)자와 민족학(인류학)이 탄생하게 되었다.

그러나 초기의 민족학자는 모두 안락의자 위의 민족학자, 서랍 속의 민족학자로 불리었다. 그것은 그들의 집필 작업이 주로 안락의자에서 다른 사람들이 제공하는 민족지 자료만을 보고 집필했기 때문이다. 그렇지만 다수의 현지조사를 통해 자료를 수집하는 사람들도 있었다. 예를 들어, 모건(T. H. Morgan)의 경우가 그러하다. 하지만 대부분의 인류학자들은 현지조사와 민족지 집필을 분리하여 생각하였고, 양자를 과학적인 방법의 구성요소로 인식하지 않았다. 그들은 현지조사를 경시하였고, 대부분 선행 연구자들이 남겨 놓은 각종 민족지 문헌을 활용하는 데에만 소모하였다. 그들은 모두 진화론과 문화전파론자들의 사상을 신봉하였으며, 그러한 사상과 이론으로 세계의 모든 문화를 거시적으로 귀납하고 구축하는 데 힘을 쏟았다. 그들의 이론적 저작물들은 모두 기존 문헌자료들의 집합이라고 할 수 있다. 그 당시 학자들 중에서 가장 탁월한 인물이 바로 프레이저(James George Frazer)이다. 그의 저작 『금지(金枝)』는 그 집필 규모가 무려 5,000여 페이지에 달한다. 그 시기의 민족학은 진화론을 적용하여 거시적인 시각에서 각종 민족지를 귀납적으로 해석하였다. 그렇지만 과학적인 연구방법이 부족했으며, 구체적이고도 미시적인 문화현상을 분류, 해석하는 데 필요한 이론도 미흡하였다.

우선, 그들은 현지조사와 민족지 집필과의 관계를 완전히 분리시켰다. 다음으로 현지조사와 민족지 집필에 과학적인 방법이나 규범이 제시되지 않았다. 그리하여 민족학은 완전히 개방적인 상태였다. 어떤 사람이든 간에 또한 그가 어떠한 전공지식을 습득했든 간에 심지어 고등교육을 받지 못한 사람이라 할지라도, 일단 민족학에 대해 흥미와 관심만 가지고 있다면, 자유스럽게 이 연구에 종사할 수 있었다. 뿐만 아니라 이들도 많은 저작들을 발표하거나 출간할 수 있었다. 전공 자체에 규범이 없었기에 민족학은 무질서하고 혼란스러운 상태에 빠졌었으며, 누구든 편하게 산책을 할 수 있는 공원이 되어버렸다. 이 시기의 민족학(인류학)을 우리는 고전 민족학으로 칭한다.

제3절 과학적 규칙의 건립

19세기 말에서 20세기 초 사이에 다수의 민족학자들은 서재에서 뛰쳐나와 현지에 진출하여 현지조사를 수행하기 시작하였다. 많은 학자들이 자신들이 연구하고 논의하고 있는 이민족의 문화가 점차 소실되고 있기에 반드시 빠른 시간 내에 소실되고 있는 문화들을 추적하여 자료를 수집해야 한다고 인식했기 때문이다. 또한 기존의 낡은 자료와 문헌들이 반복적으로 인용될 뿐 새로운 견해가 없고 그러한 자료들의 출처와 진술 또한 복잡하고 진부했으며, 기록자들이 편견을 가지고 기록했기에 신빙성이 부족하다고 생각했기 때문이다. 뿐만 아니라 학자들은 선배 학자들이 기존의 자료들을 반복적으로 인용, 귀납, 해석하는 데 대해 이미 흥미를 잃었다. 그들은 자신이 연구하려는 지역의 사회와 문화에 대해 더욱 참신하고 구체적인 자료를 밑바탕으로 해야 한다는 것을 인식하기 시작했다.

학자들은 현지조사를 과학적 연구의 일부분으로 간주하고 종합적인 조사팀을 조직하여, 이민족지역에 대해 전면적이고 종합적인 조사를 진행하기 시작하였다. 그리하여 점차 현지조사에 있어서 과학적 규범들이 나타나기 시작하였다. 1874년, 영국학술협회에서 현지조사를 위한 전문적인 서적 『인류학의 기록과 질문』을 출판하였다. 20세기 초, 케임브리지대학의 샘 리버스(Sam Rivers)는 대규모 지역에 대한 광범하고 전면적인 조사와 소규모 구역에서의 심층조사의 차이점을 정리하였으며, 이들 가운데서 후자가 새로운 조사방법이라는 의견을 표명하였다. 그는 조사에 있어 반드시 조사범위와 정도의 규범이 있어야 한다고 주장하였다. 또한 조사자는 반드시 몇백 명이 거주하고 있는 지역 혹은 공동체에서 1년 혹은 더 오랜 기간 동안 거주하면서 해당 지역의 모든 생활영역에 대해 이해해야 하며, 그들의 생활풍속에 대한 세부적인 내용까지 잘 이해해야 한다고 주장하였다. 그는 현지조사에 있어서의 새로운 조사방법과 나아갈 방향을 명확히 제시하였다. 이 시기에 현지조사를 진행한 학자들 중에서 가장 돌출한 공헌을 한 학자가 바로 미국 컬럼비아대학의 첫 인류학 교수 보아스(F. Boas, 1858~1942년)이다. 1897년부터 1902년까지 그는 학생들과 함께 북태평양 연안의 토착민에 대해 광범위하게 조사하였다. 그러면서 학생들로 하여금 세부적이고도 전면적으로 토착민에 대한 자료를 수집하도록 하였다. 또한 현지의 언어를 습득하여 직접 토착민들과 교류할 수 있도록 요구하였다. 또한 그 자신도 12가지의 토착민 언어를 습득하였다. 이러한 조사는 현지조사의 규범화를 위한 기초를 닦는 데 기여하였다.

20세기에 들어서 유럽과 북미에서는 적지 않은 학자들로 민족학 연구의 진영을 갖추었으나, 여전히 하나의 학과로서의 지위를 확립하지 못하였다. 이러한 추세는 전공의 발전과 민족학을 전공하는 학자들에게 모두 불리한 것이었다. 학과의 지위를 확립하고 학문 영역에서 자신의 지위를 확보함에 있어서 가장 중요한 것은 민족학이 하나의 과학적인 영역임을 증명하는 것이다. 또한 이론과 방법상에서에 모두 자체의 학술적인 규범이 있어야 할 뿐만 아니라 일정한 과학적 표준에 도달해야 하는 것이다.

이 방면에서 가장 중요한 공헌을 한 사람이 바로 말리노프스키(B. Malinowski)이다. 그 이후부터 민족학은 완전히 고전 민족학으로부터 현대 민족학으로 전환되었다. 말리노프스키 이전에도 학자들이 직접 현지조사를 진행하였지만, 그들의 조사방법은 성숙되지 못하였으며, 특히 현지조사는 민족지의 집필과 훌륭한 결합을 이루지 못하였다. 다시 말하면, 그들의 저작들은 그들 자신이 직접 조사한 자료들을 기초로 하여 완성된 것이 아니었다.

이런 과정에서 말리노프스키의 현지조사를 계기로 하여 민족학의 새로운 현지조사 방법 모델이 탄생하게 되었다. 그러한 방법은 낡은 민족지 집필 및 제작 방식과의 결별을 의미하는 것이었다. 말리노프스키는 과학의 임무는 자신의 감각적인 경험을 그대로 묘사하는 것으로서, 그것은 모든 논증에 의거해야 한다고 주장하였다. 이를 위해 자연과학자들은 실험실에서 일하면서 실험과정과 결과를 관찰하여 과학보고서를 작성해야 하고, 민족학자들은 자신이 연구하는 사회를 실험실로 삼아 직접 현지에서 참여관찰을 진행함으로써, 자신이 직접 체험한 경험들을 과학적인 보고서, 즉 민족지로 작성하여야 한다. 마치 자연과학의 실험에 있어서 일련의 과학적인 절차가 있듯이, 민족학자도 반드시 과거의 미성숙하고 자의적인 조사방법을 지양하고, 현지조사와 민족지의 작성에 있어서 자체의 과학적인 표준을 수립해야 한다고 주장하였다. 말리노프스키는 남태평양의 트로브리앤드(Trobriand) 섬에서 진행한 2년간의 현지조사를 토대로 그가 정립한 서술 원칙에 기초하여 민족지를 집필하였다. 그것은 이후 민족지 학자들이 수행하는 현지조사연구의 모델이 되었다. 그는 2년 동안 섬에서 현지인들과 함께 어울려 생활하였다. 뿐만 아니라 그곳에서 현지인의 언어를 배웠고 자료를 수집하는 방법을 고안하였다.

그의 현지연구 생활과 현지조사 방법은 후세 학자들에게 모범적 역할을 보여주었다. 구체적으로 말하자면, 민족학에는 우선 민족학 이론과 방법을 습득한 이후 현지조사를 진행하며, 그다음 민족지를 작성하고 마지막으로 인정을 받는 절차가 확립되었다. 그리하여 민족학을 직업으로 하는 사람들이라면 반드시 이러한 과정을 따라야 했다. 이를 따르지 않는 사람들은 대부분 민족학을 추종하는 아마추어로 취급받게 되었다. 그때부터 "최소한 한 민족의 문화현상에 대해 깊이 있는 연구를 하지 않고서도 관련 연구들이 권위를 누릴 수 있는 시대는 다시 돌아오지 않게 되었다." 다시 말해서 모든 민족학을 전공하는 사람들은 반드시 최소한 한 개 민족(공동체)에 대해 현지조사를 해야 하고, 또한 그에 기초하여 민족지를 작성해야 한다. 그렇다면 말리노프스키 및 그 이후의 학자들은 민족지의 특징과 방법, 즉 현대 민족지의 모델에 대해 어떠한 설명과 규범, 요구들을 제기했는가?

제4절 민족지의 특징

비록 말리노프스키 이후 현대 민족학이 정립되고, 민족학의 이론과 연구방법이 점차로 과학적이 되었다고 하더라도 다른 많은 학문분과들, 예를 들어 사회학과 심리학, 역사학 등에 비해 민족지의 연구 및 집필과정에는 여전히 엄격한 규칙과 연구표준이 부족했다. 예를 들어, 미국의 잭슨(Jackson) 여사는 전문적으로 민족학자들의 현지조사 필기에 대해 연구한 적이 있었는데, 그녀는 70여 명의 현지조사자들과의 대화 및 필기를 통해 그들 모두에게 규범적인 방법과 방법론에 대한 지식이 결핍하다는 것을 발견하였다. 이러한 점을 감안하여 이 책에서는 학계에서 공통으로 인식하고 있는 기본적인 지식에 대해서만 개괄적으로 보여주고자 한다.

1. 질적 연구

사물 혹은 사례에 대한 실증주의 연구에는 그 성격, 의미 혹은 사물 간의 상호관계를 연구함에 있어 두 가지 연구방법이 있다. 하나는 "질적(qualitative)" 혹은 "정성(定性)"적 연구방법이고, 다른 한 가지는 "양적(quantitative)" 혹은 "정량(定量)"적 연구방법이다. 민족지의 연구방법은 주로 "질적" 혹은 "정성적" 연구방법이다.

질적인 연구는 일반적으로 단일 사례에 대한 독특성과 복잡성에 중점을 두고 연구를 진행하고, 사물이나 현상의 출현, 진화와 발전의 전반적인 과정을 추적한다. 사물과 현상은 모두 탄생, 발전, 소실의 과정과 원인이 있다. 질적인 연구는 바로 이러한 과정에 대해 추적하고 원인과 배경을 탐구한다. 사물과 현상 자체의 전반적인 흐름, 원인과 결과, 사물 내부의 여러 요인 간 관계에 대한 세부적인 기술을 통해 사물의 성격과 의미를 밝히는 것이다.

양적인 연구는 일반적으로 동시에 여러 사례를 조사 연구하고 이들 사례의 양적 정도, 비율 관계, 사물 간 양의 다소 혹은 사물 간 양의 비율을 통해 귀납적으로 접근한다. 특히 통계를 수행하며 그것을 통해 사물 자체 및 사물 간 관계의 성격과 의미를 밝히는 경향을 지닌다.

양적인 연구방법은 현상의 반복에서 의미를 찾고, 질적인 연구방법은 단일 사례의 진화 과정 중에서 의미를 찾는 것이다. 질적인 연구에서 각 사례들은 모두 독립적이고 독특한 것으로서, 탐구를 해야 할 것은 각 사례의 세부적인 부분들이다. 그리고 이 세부적인 부분에 대한 기술과 해석을 통해 각 사례의 독특성과 복잡성을 밝히는 것이다. 질적 연구방법은 대체로 대표적이고 의미가 있는 사례를 선택하여 그것에 대한 설명과 해석을 심도 있게 하는 것이며, 나아가 개별적인 사례만이 가지고 있는 독특하고 복잡한 성격을 보여주는 것이다.

양적인 연구에서는 개별적인 사례를 많이 수집하거나 혹은 반복적으로 나타나는 관계들을 찾으며, 반복적으로 관찰할 수 있는 현상을 바탕으로 비율들을 확인하는 통계적인 작업을 수행한다. 이를 통해 그 관계를 함축하여 설명할 수 있는 대표적인 설명들을 제시한다.

일반적으로 자연과학은 양적 방법을 기초로 하며 주로 실험실에서 진행된다. 또한 연구자의 관찰과 기록은 고정적인 변수 관계 속에서 진행되며, 같은 실험 결과의 빈도를 관찰하고 기록함으로써, 그것을 통해 그러한 변량 관계의 모형을 건립한다. 예를 들면, "전기저항×전류=전압", 바로 이러한 모형인 것이다.

사회과학 분야에 속하는 심리학과 사회학에서 양적 방법을 비교적 많이 사용하고 있다. 예를 들면, 심리 실험과 사회학의 설문조사에서도 여러 개의 비슷한 사례에 대한 고찰을 통해 변수 간 관계의 모형을 수립한다. 양적 연구에서는 변수 간의 수량적 관계를 가지고 독자들에게 연구결과를 설명하고자 한다.

질적 연구에서도 하나의 이론 혹은 관점을 피력하고자 한다. 하지만 양적 연구와는 달리 한 사물 내부의 관계와 구조, 진화과정과 결과를 상세히 밝히는 것을 통해 자신의 관점을 설명하고자 한다. 이런 이유로 질적 연구는 한 사물에 대해 심도 깊게 탐구해야 하며, 각각의 복잡하고 미세한 현상이 발생, 발전, 진화되는 배경 및 전반적인 과정에 대해 설명해야 한다. 다시 말하면, 현상이 발생하게 된 원인과 결과들을 모두 상세히 서술하는 방식을 통해 독자들을 설득해야 한다. 그러므로 질적인 연구에는 반드시 상세한 기술과 설명이 있어야 한다.

하지만 양적 연구는 다르다. 양적 연구의 작성 방식은 간단명료하며, 엄밀한 논리적 추리와 비율관계로서 문제를 설명한다. 이와 같이 양적 연구는 구성방식의 측면에서 간단하고 명료하다. 이처럼 양적인 연구에서 논의되고 있는 연구문제가 일목요연하게 될 때 균형적이고 지속적인 연구를 발생시키게 된다. 하지만 연구문제 자체는 변화되지 않으므로, 학자들로 하여금 계속하여 여러 가지 사례를 통해 문제를 논증하도록 동기를 부여한다.

질적인 연구의 특징은 해석중심적이라는 점이다. 즉, 연구자는 자신의 연구문제와 관점이 있어야 한다. 질적 연구에서는 현지에서의 연구자 자신의 경험을 강조하며, 연구자로 하여금 현지에서 수집한 자료들을 하나의 관계 속에서 재구성하여 최종적으로 자기의 관점을 제기할 것을 강조한다. 연구자는 예견했던 관계를 발견하기를 바랄 뿐만 아니라 예견하지 못했던 관계도 발견해 내기를 희망한다. 질적인 연구의 결과와 성과는 전체 독자를 대상으로 한다. 질적 연구는 개별적인 사례의 세부적인 내용들을 통해 독자들을 감동시키고 계몽시킨다.

만약 구체적인 연구에서 질적, 양적 방법을 함께 종합적으로 사용한다면 더욱 좋은 연구결과를 기대할 수 있을 것이다. 민족지의 조사와 작성 과정에서 일부 양적인 자료들을 수집하고 이용할 수 있으나, 그것은 주된 것이 아니고 주요한 특징도 아니다.

2. 참여관찰의 산물

말리노프스키의 현지조사 이후로 민족지의 작성 모델에는 근본적인 변화가 생겼다. 구체적으로 말하자면 민족지는 반드시 작성자가 직접 현지에 들어가서 심층적인 조사를 진행하고 작성한 것이어야 한다. 말리노프스키는 이것을 "참여관찰"이라고 하였다. 이러한 "참여관찰"은 일정한 규칙을 지켜야 한다. 예를 들면, 비교적 긴 기간 동안 진행되어야 한다. 일반적으로 1년 동안의 현지에서의 관찰과 체험이 있어야 하고, 직접적으로 현지의 사람들과 교류를 해야 하며, 현지의 상황을 전면적으로 이해해야 하고, 주관적이고도 편면적인 시각을 극복할 수 있어야 한다. 또한 내부자의 시각에서 관찰할 줄 알아야 할 뿐만 아니라 외부자의 입장에서 관찰할 줄도 알아야 한다. 고전 민족학시대처럼 단순히 자료문헌의 수집과 정리 그리고 분석을 통해 작성되는 민족지는 합리적이지 않고 과학적이지도 않다. 그것은 마치 자연과학 영역에서 실험실 없는 실험을 통해 얻어지는 논거와 마찬가지로 대중들의 인정을 받지 못하는 가치가 없는 것이다. 비록 현재에도 이러한 민족지가 대량 발표되어 잡지, 서적, 신문들의 지면들을 많이 할애하지만 아무리 내용이 방대하다고 해도 또 제목이 아무리 화려하다고 해도 그러한 출판물은 과학적 연구의 성과로 인정받지 못한다.

민족지를 집필한다는 것은 곧 조사하고자 하는 사물에 대해 기술하고 해석하는 것이다. 사물에 대한 해석은 반드시 아래와 같은 세 단계를 거쳐야 한다.

첫째, 현장에서의 관찰이다. 관찰을 진행하고 나아가 분석과 추리를 통해 현상을 직시하고, 사물 내부의 진실과 내부적 구조의 관계를 재구성하여야 한다. 둘째, 한층 더 심층적이고 전문적인 조사를 진행하여 더욱 진실하고 상세한 자료들을 수집함으로써, 사물의 진정한 모습과 구조들을 충분히 보여주어야 한다. 셋째, 전체 사물의 의미에 대해 해석해야 한다.

해석을 잘할 수 있는지 없는지는 현장에서의 경험 여부를 바탕으로 한다. 뿐만 아니라 현장에서 보고 듣고 하는 과정에서 중요한 관계들을 발견해 냈는가와 연관된다. 민족지의 작성자는 쉽게 가설을 세우지 말아야 한다. 또한 현지조사의 목적이 가설을 검증하는 것이 되어서도 안 된다. 응당 장기간의 관찰을 통해 얼핏 보기에 평범한 것 같은 사물의 내적 관계와 그 의미를 찾아내야 한다. 사람들에게 질문하여 정보를 수집하는 경우를 제외하고는 되도록 스스로 현장 활동에 직접 참여하여 관찰을 자유롭게 진행해야만 사물의 진실을 이해하고 가치 있는 민족지를 집필할 수 있다. 말리노프스키 이후 참여관찰은 이미 민족지 생산 모델 중에서 없어서는 안 될 기본적이고도 중요한 연구방법이 되었다.

3. 풍부하고 자세한 기술

풍부하고 자세한 기술은 질적 연구의 중요한 특징이다. 질적 연구에서 연구자의 관점은 사물 자체에 대한 세부적인 묘사를 통해 표현된다. 현장에서 열심히 관찰하고 직접 체험하여 얻은 것을 진실하게 표현해야 한다. 이를 위해 질적 연구는 독특한 관계를 보여줄 수 있는 상황과 배경을 심층적이면서도 구체적으로 기술해야 한다. 이를 통해 독자들에게 인상을 남기고 이 독특한 관계에 대해 독자들에게 이해 시켜야 한다.

사물을 풍부하게 묘사하는 목적은 가능한 한 독자들로 하여금 연구자가 경험했던 환경 속에 놓여 있다는 느낌을 받도록 하기 위해서이다. 또한 실제 상황과 경험을 독자들에게 전수하여 독자들로 하여금 연구자의 감정을 느끼게 한다. 이로써 깊은 자극과 인상을 남겨주며, 독자들이 그러한 문제에 대해 관심을 가지고 사고하도록 한다. 이로써 스스로 문제를 개괄하여 연구자의 관점에 도달하도록 하는 것이다. 한마디로 상세한 기술은 자신의 관점이 합리적이라는 것을 나타내기 위해서이다. 연구자는 현장에서 열심히 관찰하고 체험하여 민족지를 작성할 때, 그러한 현장에서의 관찰과 체험들을 직접적으로 글에 반영시켜 표현하여야 한다.

현지조사를 진행하기 전에 우리는 반드시 연구의 주제를 명확히 해야 한다. 현지조사가 시작된 후, 우리는 이러한 연구주제(issue)들을 점차 조사대상인 지역사회, 인물과 사건의 문제(problem)로 변화시켜야 한다. 연구의 주제는 일반적으로 비교적 간단하고 명료하지만, 조사대상자를 둘러싼 실제 상황 속으로 들어가게 되면, 상대적으로 복잡하고 세부적이며 실제적인 문제가 된다. 훌륭한 연구문제는 연구자에게 강력한 논의의 틀을 제공해주며, 그에 따라 개별적인 사례들에 대한 심도 깊은 연구를 진행할 수 있도록 한다. 그래서 연구주제가 최종적으로 조사대상자에 대한 조사와 기술 및 해석을 통해 증명되도록 한다. 조사를 기반으로 조사대상자에 대해 상세하게 기술하고 해석하게 되면, 연구결과인 결론은 자연적으로 드러나게 된다.

4. 자연주의와의 구별

민족지가 비록 이론을 추구하는 면에서 뚜렷한 목적이 없다 하더라도 자연주의의 관점에서의 기술과는 차이점이 있다. 즉, 자연주의는 늘 사물의 표면적인 현상을 추적하여 서술하지만 민족지는 사물의 내부구조와 그들 간의 관계 그리고 사물의 배경을 기술하는 데 중점을 둔다.

질적 연구는 구체적인 서술을 통해 독자들을 설득한다. 질적 연구는 단일 사례에 대해 자세히 진술한다. 물론 그 이전에 민족지 집필자는 먼저 해당 사례를 중심으로 연구의 틀을 작성한다. 다음 현지조사에서 얻은 각종 자료들로 그러한 틀을 충실하게 채운다. 하지만 그러한 연구의 틀은 가설적인 과정이 아니며 허구적인 소설의 구조도 아니다. 이 때문에 연구 틀을 구축하는 데 있어서 현지에 대한 성실한 조사와 추리 그리고 사고의 과정이 필요하다. 연구자는 우선적으로 연구대상지에 대한 대체적인 조사, 추리와 사고를 통하여 해당 연구지역의 대상과 사물의 전반적인 흐름과 내부 구조를 이해한 다음, 명확한 목적을 가지고 심층적인 조사를 진행해야 한다. 이를 통해 충분한 자료를 수집함으로써 연구문제를 증명해야 한다. 자료가 충분할 때 비로소 민족지의 집필이 시작된다. 집필은 사전에 구축한 구조에 따라 진행하여야 한다.

5. 이론적 탐구서와의 차이점

이론적 탐구를 목적으로 하는 연구 저작물과 마찬가지로 민족지도 이론 분석을 진행해야 한다. 하지만 이론서와는 달리 민족지가 우선적으로 고려하는 것은 일종의 이론 혹은 가설의 증명이 아니라 관찰 대상의 내부 구조와 각 부문 간의 관계이다. 즉, 조사대상을 면밀히 이해하고 그것을 상세히 기술한 다음에 비로소 이론적인 해석을 진행한다. 또한 민족지는 서술 과정 속에서 이론적인 것을 논의하는 형식을 띠기도 한다. 그렇지만 민족지 연구에서 방법론 및 이론을 깊게 탐구하는 경우는 아주 적다. 민족지 연구가 우선적으로 중요시하는 것은 관찰, 기록, 서술이며, 그다음으로 중요한 것이 분석, 해석, 이론 탐구이다. 또한 민족지 연구에서 우선적으로 고려하는 것은 연구 대상이 가지고 있는 내외부의 고유한 모습과 특징에 대한 관찰, 개괄, 귀납을 통해 그것을 기술하고 묘사하는 것이지, 처음부터 기존의 이론으로 귀납과 분석을 진행하는 것은 아니다.

이론적 탐구를 목적으로 하는 저작들의 목표는 특정 이론 혹은 가설을 증명하기 위한 것이다. 그 때문에 대개 책 앞부분의 장과 절을 할애하여 탐구하고자 하는 전문적인 이론과 연구방법을 소개한다. 현지조사에 있어서도 이론 탐구를 목적으로 하는 연구자들은 연구결과에만 집중하기에 연구결과와 직접적으로 연관되지 않는 것에는 관심이 없다. 따라서 이와 같은 연구자들은 조사지역, 사건, 인물의 배경과 내부 관계, 구조에 대해 별로 중요하게 생각하지 않는다. 그들의 조사범위는 비교적 협소하고, 단일지역에서의 조사기간도 짧으며, 조사의 깊이도 심층적이지 못하고 세밀하지도 않다.

민족지의 우선적인 목표는 조사대상에 대해 심층적이고 세부적이면서 진실하고도 전체적인 묘사를 하는 데 있다. 때문에 민족지 작성은 참여관찰을 특히 강조하며, 조사자가 장기간 동안 현지에 머물면서 현지인들의 생활 속으로 깊이 들어갈 것을 요구한다. 따라서 외부자의 시각에서 사물을 관찰하고 판단할 것을 요구할 뿐만 아니라 내부자 입장에서의 체험과 관점, 사물의 배경과 내부적인 관계를 더욱 강조한다. 그러므로 조사범위가 비교적 넓고, 한 지역이나 한 지점에 머물러 조사를 진행하는 시간이 비교적 길며, 조사는 상대적으로 심층적이고 세부적이다. 그리고 조사에 앞서 일종의 이론 혹은 견해의 제한을 받지 않는다. 민족지는 이론의 구축에 전념하지 않지만, 오히려 그것은 이론을 수립하는 기초가 된다. 민족지는 세밀하고 딱딱하고 심지어 무미건조하다. 하지만 그것은 민족학 이론의 초석이 된다.

제5절 중국 민족지 연구의 역사와 특징

중국의 민족지 자료는 비록 축적된 시간이 몇천 년 남짓하지만 진정한 의미의 민족학으로 발전되지 못했다. 진정한 의미에서의 민족지 연구와 집필방법은 20세기 이후 서양에서 답습해 온 것이다.

1928년 채원배(蔡元培)의 주도하에 중앙연구원 사회과학연구소 민족학팀, 역사언어연구소 인류학팀이 건립되었다. 이는 중국 최초의 민족학 연구기구라고 볼 수 있다. 건립 초기에 이 기구에서는 학자들을 조직하여 현지조사를 진행하였고, 중국의 방방곡곡을 다니면서 민족지를 작성하였다. 예를 들면, 1929년 룽순성(凌純声), 상승조(商承祖)가 쓴『송화강 하류의 혁철족』, 30년대와 40년대 말리노프스키의 학생 비효통(費孝通)이 쓴『강촌경제』,『화람요사회조직(花籃瑤社会组织)』, 하버드대학에서 인류학 박사 학위를 취득한 림요화(林耀华)가 쓴『금익(金翼)』,『량산이가(凉山彝家)』등 민족지 연구들이 나타났다. 이러한 저작들의 공통점은 모두 저자들이 장기간 동안 현지조사를 기초로 하였다는 것이다. 그리고 대부분 기능주의 학파의 이론을 적용하였다는 것이다. 다시 말하면, 이런 저작들은 두말할 나위 없이 서양의 민족학계에서 통용된 방법과 이론에 따라 연구를 진행했다고 평가받았다. 이 때문에 국제 민족학계는 이 저작들을 주목했으며, 우수한 민족지 연구 저작으로 공인되었다.

새로운 중국이 건립될 초기에 미국을 위주로 한 서양 국가들은 중국에 대해 적대적인 태도를 취하였다. 그래서 서양에서 형성, 발전되어 온 민족학은 중국에서 그다지 환영받지 못했다. 1950년대부터 1970년대까지 민족학은 자본가 계급의 학과로 취급되어 학과 설치가 금지되었다. 따라서 기능주의 학파와 현지조사 방법은 중국에서 비판을 받게 되었고, 민족학 이론과 방법에 대한 탐구 역시 휴지 상태를 맞게 되었다.

민족학과의 설치가 금지되었지만, 새로운 중국이 건립된 이후부터 특히 정부가 소수민족 거주지역에 대한 정책과 발전 계획을 제정한 이후부터 민족학자의 참여와 민족지 연구의 수요가 생기기 시작했다. 1950년부터 1952년까지 중국의 중앙정부는 많은 민족 방문단을 조직하고 해당 지역에 파견하였으며, 민족 집단을 가려내는 초보적인 작업을 시작하였다. 1953년부터 정부는 전국적인 범위 내에서 민족 집단을 식별해 내는 조사 작업을 진행하였으며, 1956년까지 대규모 조사가 수행되었다. 그리고 민족 식별 작업은 그 뒤인 1979년까지 지속되어 중국의 55개 소수민족 집단을 식별해 내었다. 1956년부터 1958년까지 정부는 소수민족 언어를 조사하는 동시에 전국적인 범위 내에서 소수민족 사회의 역사에 대한 조사를 조직적으로 진행하였다. 전국적으로 파견된 조사팀은 모두 16개 팀이며, 조사 인원이 가장 많은 때에는 무려 1,000명 이상에 달하였다. 조사팀은 전국의 각 소수민족 및 민족 지구의 역사 문화와 지역 상황에 대해 전반적으로 조사하였다. 이 시기에 민족학, 사회학, 언어학, 역사학 등 분야의 많은 학자들이 이 조사에 참여하였다. 그들 가운데에서 비교적 유명한 민족학자로는 아함장(牙含章), 반광단(潘光旦), 비효통(費孝通), 림요화(林耀华) 등이 있다. 그리고 그들의 초기 제자로서 심가구(沈家駒), 진영령(陳永齡), 시련주(施聯朱), 송촉화(宋蜀华), 왕보인(王輔仁), 진봉현(陳鳳賢), 무항(吳恒), 주녕(朱宁)과 왕효의(王曉义) 등이 있었다. 이들은 대량의 조사 전문 인력을 양성하고 조사 체계를 수립하고 현지조사 후 조사보고서를 쓰는 작업들을 담당하였다. 민족 집단을 식별하고 현지조사를 진행하는 과정에서 그들은 무려 1,000만 자에 달하는 조사 자료를 썼으며, 300여 종의 조사보고를 분류, 정리해냈다. 또한 1959년부터 이러한 조사보고를 바탕으로 각 소수민족의 간략사, 간지(简志), 각 민족지방 개황 등 세 유형의 총서를 집필하였다.

세 가지 총서를 집필한 경험을 바탕으로 그들은 1979년부터 민족문제 5종 총서를 집필하였다. 거기에는 각 민족의 언어간지, 사회역사 조사 자료, 간사, 각 자치지방 개황과 각 방면의 상황을 종합한 저서 『중국 소수민족』 등이 포함된다. 이것은 중국 역사에서 규모가 가장 큰 두 차례의 민족 집단에 대한 조사이다. 뿐만 아니라 두 차례 조사를 통해 제공된 자료는 중국이 민족 집단을 구분하고 민족정책을 제정함에 있어서의 중요한 근거가 되었다. 또한 그 후 몇십 년 동안 학자들이 중국 소수민족문화를 연구하고 민족지를 삭성하는 데 필요한 기본 자료의 역할을 하게 되었다.

이 두 차례의 조사는 다음과 같은 특징을 띤다. 첫째, 조사 방식은 단체조사의 성격을 띠며, 정부와 각 지방 당조직(党组织)의 주관하에 진행되었다. 둘째, 조사 내용은 개괄식으로 혹은 종합적으로 조사하여 얻은 것들이다. 셋째, 이론적 배경은 맑스주의의 유물사관과 계급투쟁 이론으로서 서양의 민족학 이론에 비판적으로 대응할 것을 강조하였다.

두 차례의 조사는 상대적으로 규범적인 민족학에서의 조사와는 차이가 있다. 먼저 민족학에서의 조사는 대부분 개별적으로 진행된다는 점에서 차이를 보인다. 다음으로 이론적인 면에서 보자면, 역사유물주의 관점에서 민족의 발전과정을 거시적으로 분석하는 것도 정확하고, 계급이론으로 사회구조와 일부분 사회현상을 분석하는 것도 정확하다. 이것이 바로 지난 시기 중국과 서양의 많은 민족지 연구들에서 나타나는 이론적 한계와 시각적 한계였다. 하지만 만약 모든 조사를 이와 같은 거시적 이론으로만 설계하고 그러한 이론으로 모든 사회와 문화현상을 분석하면서 기타 모든 민족학의 이론과 방법을 배척한다면, 민족 연구는 불가피하게 간단화, 모식화, 편견화를 가져올 수밖에 없다.

20세기에 들어 1980년대 직전 중국에서 출판된 민족지는 대부분 그러한 사상과 이론의 영향하에서 작성되었다. 당시 저작들의 공통적인 특징은 두 차례의 대규모 조사에서 수집한 자료와 각종 유형의 문헌들을 인용하였으며, 각 급(级) 정부의 통계와 보고서를 많이 활용하였다는 것이다. 여기에 역사문헌도 중시하였다. 그러나 저자 자신들의 현지조사 경험은 결핍하였다. 그리하여 이 시기의 민족지들은 항상 인용되는 자료가 대동소이하고 진부하였으며, 서술과 분석의 틀이 도식화되었고 단선적이었다. 예를 들면, 각 민족과 지역문화의 공통점, 즉 계급적 구분, 새로운 중국 수립 전후의 변화 등에 대한 서술은 비교적 상세하지만, 각각의 특징에 대한 구체적인 서술과 분석이 결핍되었다. 이것은 실제로 말리노프스키 이전의 진화론학파(进化论学派) 시기의 민족지 특징과 유사하였다.

1950년에서 1960년대 사이에 민족 대조사에 참여한 사람들이 집필하고 마인(马寅)이 편집을 맡아 1978년에 『중국 소수민족』이라는 책이 출간되었다. 이 책에서는 55개 소수민족의 역사, 문화, 사회, 경제 등에 대해 분야별로 소개하였다. 이 책은 하나의 종합적인 민족지로서 실상 그 이전의 두 차례 대조사 연구 작업의 결과보고서 격이었으며, 현재까지도 참고 가치가 대단히 큰 저작물이다.

1980년대 이후부터 중국에서 민족학은 점차 회복되기 시작했다. 민족학 이론과 방법에 관한 연구, 국외 민족학과의 교류 및 민족학의 본래 취지에서 출발한 현지조사 작업이 전면적으로 시작되었다. 이 시기에 개별적인 조사자들의 조사를 기초로 집필한 민족지가 출간되기 시작했다. 1990년, 북경 중앙민족대학에 재직하는 35명의 교수들은 1978년에 출판된 『중국 소수민족』의 내용과 근 10년의 새로운 연구 성과들을 결부시켜 56개 민족을 각기 소개하는 민족지인 『중화민족』(화하출판사)을 새롭게 편찬하였다. 이 책은 재판을 거쳐 현재 전국의 민족학 전공과 민족학 연구 학계에서 광범위하게 사용되고 있는 참고서이다.

그로부터 10년이 지난 지금 이론과 방법에 대한 연구 및 응용, 현지조사와 민족지 작성 등 여러 방면에서 민족학은 뚜렷한 진보와 성과를 가져왔다. 이런 새로운 성과들을 재검토하기 위해, 특히 각 민족들이 근 10여 년간 진행되어 온 새로운 변화와 모습들을 보여주기 위해, 우리는 본서 『중국민족지』를 집필하기로 결정하였다. 이로써 중국의 각 민족의 역사와 현재 상황들을 새롭게 기술하고 이를 소개하고자 한다.

이 책의 집필에 참여한 사람들은 모두 오래 동안 민족 연구와 관련된 일에 종사하였다. 특히 그들은 여러 차례 해당 민족지역에 들어가 현지조사를 진행함으로써, 깊고 세밀한 관찰과 체험의 경험을 가지고 있다. 예를 들어, 2000년부터 2002년까지 국가민족사무위원회는 전국적으로 인구수가 10만 명 이상이 안 되는 22개 민족에 대해 조사를 진행하였다. 이는 1950년대와 1960년대의 두 차례

대조사 이후로 진행된 가장 큰 규모의 조사였다. 조사에는 비효통(費孝通)이 학술고문을 맡았고, 마융(马戎), 왕철지(王铁志)와 양성민(杨圣敏) 등 세 사람이 연구 책임을 맡았다. 그리고 국가민족사무위원회 민족문제 연구센터, 북경대학 사회학연구소, 중앙민족대학의 민족학과 사회학학원 등 총 22명의 연구원들을 공동연구원으로 삼았다. 또한 각 민족지역 정부에서 파견한 다수의 간부들이 조사에 협조하였다. 조사팀은 서북, 동북, 남방, 신강 등 4개 팀으로 나누어 22개 민족지역에 들어가 그 지역 민족의 생산, 생활, 인구, 환경 등 각 방면의 현대적 상황을 비교적 전면적으로 조사하였다. 그 결과 대량의 새로운 자료를 발굴하여 수십만 자의 조사보고서를 작성하였다. 보고서는 국무원과 낭 중앙정치국의 관심을 끌기에 충분하였으며, 정부에서는 거액의 비용을 투자하여 이 22개 민족의 경제와 사회발전에 도움을 주었다. 이 책을 쓴 8명의 저자들 중 7명은 이 조사에서 핵심적인 역할을 하였던 학자들이다. 그러한 이유로 이 저작은 조사 중에서 얻은 최신의 자료를 활용하여 집필하였으며 그 민족의 최근 상황들을 잘 반영하였다.

민족학사를 둘러보면 학자들이 대부분 이론의 창조에 더욱 관심을 가졌다는 사실을 알 수 있다. 지금까지의 유명한 민족학자들을 보면 대부분 잘 알려진 이론을 창조한 사람들이다. 그리하여 이론적인 저작은 더욱더 사람들의 주목을 받아왔다. 하지만 200여 년 동안 발전해온 민족학의 역사가 우리에게 말해주듯이, 역사상 끊임없는 심혈을 기울여 생산해낸 학자들의 수많은 이론들은 비록 잠시 동안 유행된 적은 있어도 실제 실천의 영역에서 검증을 받고 보류되어 온 것은 단지 몇 개에 불과하다. 다수의 이론들은 꽤 빠른 속도로 역사의 무대에서 자취를 감추고 말았다. 그러나 민족지가 비록 극소수 사람들의 추앙을 받아왔다 하더라도 그 생명력은 평범한 이론적 탐구서를 초월하는 것이다. 민족지는 모든 이론의 기초이고 일반적인 민족학의 기반이다. 바로 이 때문에 우리들은 민족지가 세밀하고 무미건조하게 만들어지도록 내버려두지 않고 능력껏 이 민족지를 완성하고자 했다. 이 민족지가 앞으로의 민족학 연구에 작은 힘이나마 보탬이 되기를 바라는 바이다.

중국 역사에서의
민족관계

＊＊＊

중국 역사에서의 민족관계에 대해 이해하려면, 우선 중국 역사의 몇 가지 특징부터 잘 알아야 한다. 중국은 예로부터 하나의 다민족 국가로서, 현재 중국의 50여 개 민족 및 그 조상은 몇천 년 동안 줄곧 중국이라는 토지에서 함께 생활해왔다. 러시아 쪽의 극소수의 민족을 제외한 대다수의 민족들은 모두 중국의 토착민족으로서, 그 역사를 추적해보면 2,000여 년 전부터 보통 그 민족 역사에 대한 문자기록이 있음을 발견할 수 있다.

중국의 각 민족들은 장기간 동안 통일된 국가에서 생활하였다. 일찍이 2,000여 년 전부터 중국은 하나의 통일된 다민족 국가였다. 2,000여 년이라는 기간 사이에 비록 분열된 시기도 종종 있었지만, 통일되었던 시기와 비교하면 분열의 시기는 잠시적인 것이었다. 통일이야말로 중국 역사의 주류 움직임이었다. 뿐만 아니라 통일의 범위는 점점 확대되었으며 공고화되었다.

중국의 통일과 중국의 방대한 영토는 중국 각 민족이 함께 협력하고 지켜온 결과이다. 중국의 문화와 역사도 이와 같은 중국의 56개 민족 및 조상들이 몇천 년 동안의 발전과정에서 함께 창조해온 것이다. 그 과정에서 한족은 시종일관 주도적인 지위를 차지하였고 각 소수민족도 모두 나름대로의 공헌을 하였다.

중국은 다민족으로 형성된 강대한 대국으로서, 중국의 민족과 문화 및 영토는 동아시아에서 수천 년 동안 세세대대 전승되어 왔고 끊임없이 이어져왔다. 이와 같은 현상은 세계 역사상에서도 보기 드문 현상이지만 결코 우연적인 것은 아니다. 거기에는 필연적인 원인과 든든한 기초가 뒷받침해준다. 그러한 원인과 기초에는 지리적 환경, 정치제도, 경제적 특징과 전통적인 사상 등 다양한 영역들을 포함한다.

제1절 내향형(內向型)의 지리적 환경

어떤 사회의 역사적 양상과 발전방향은 항상 그 사회가 처한 자연 지리적 환경과 밀접하게 관련이 된다. 중국이 지속적으로 통일 국가의 형태를 갖추어 왔고 각 민족들이 중국의 영토 내부에서 자리잡고 살아온 것은 어느 정도는 동아시아 자연환경의 영향을 받아왔기 때문이다. 중국의 지리적 환경은 그것을 형성한 천연적인 자연환경의 특징으로 인해 반폐쇄(半封閉)적이고 내향형의 지역을 구성하였다. 이러한 환경은 기타 지역과의 교통을 저해한 반면에 그 지역 내 각 민족 간의 밀접한 교류를 촉진하였다. 중국은 비록 여러 차례 분열된 적이 있었지만, 결국에는 통일을 이루었으며 그 영역도 항상 유지되어 왔다. 이와 같은 결과는 지리적 환경이 가지는 특징과 밀접한 연관이 있다. 중국의 지리적 환경은 다원(多元)문화가 형성되도록 갖추어졌을 뿐만 아니라 나아가 다원문화의 발전 과정에서 하나의 국가를 만드는 데 기여하였다. 이제부터 다양한 환경하에 형성된 서로 다른 인문, 역사적 특징을 간단히 소개하고자 한다.

중국 북방에는 광활한 몽골 고원이 있다. 고원은 초원을 주요 경관으로 하며, 대사막이 초원의 중간 지대에 가로 놓여 있다. 사막(戈壁)과 음산(陰山)은 몽골을 내몽골(内蒙古, 사막 남쪽)과 외몽골(사막 북쪽)로 나누어 놓았다. 몽골 고원의 북쪽은 동서로 향한 수천 킬로미터의 산맥과 잇닿아 있으며 산맥 이북은 한랭(寒冷)한 시베리아(西伯利亞)이다. 고대에 시베리아는 인류가 생존하기 어려운 인적이 드문 곳이었다. 시베리아 남부와 몽골 초원이 인접한 산지의 일부 소규모의 부락민들은 해를 향한 산비탈과 곡지의 협소한 지역에서 살아갔다. 예를 들면, 고대의 정령(丁零), 할알사[點憂斯, 가이극목인 키르기즈(柯尔克牧)의 조상)] 등 부락들이다. 그들은 지속적으로 남쪽으로 진출함으로써, 평탄하고 광활하며 수초가 풍부한 몽골 초원에 자리잡고자 시도하였다. 몽골 초원은 연이어 북적(北狄), 흉노(匈奴), 선비(鮮卑), 돌궐(突厥), 회홀(回紇)과 몽골 등의 부락들이 중원 지역으로의 진입을 위해 기회를 기다리면서 여기저기 유목하는 곳이었다. 그들은 만리장성 이남의 부유하고 번영한 중원문화를 흠모하였다. 기원전 4세기 말부터 흉노(匈奴)가 초원에서 나라를 건립한 이후 근 2,000년 동안 초원의 유목민족들은 밀물이 몰려들 때의 파도마냥 중원으로 진출하고자 하였다.

중국의 동북 3성은 서쪽으로는 흥안령, 몽골 초원과 멀리 떨어져 있고, 동쪽은 한없이 넓고도 깊은 태평양과 이어졌다. 그리고 동서로 횡렬된 북쪽의 외흥안령(外興安嶺)은 중국을 동북과 천리가 얼음으로 뒤덮인 동서 시베리아(西伯利亞)로 갈라놓았다. 이와 같이 산과 바다에 의해 하나의 지리적 구역으로 형성된 중국 동북 내에는 광활한 동북평원과 구릉지대가 있다. 여기에는 밀림이 있고 비옥한 평야가 있으며, 북부 지대는 수렵하고 방목하는 데 적합하고, 남부 지대에서는 농사를 지을 수 있다. 이 지역에서는 동호(东胡), 숙심(肃慎, 만주족 조상), 오환(乌桓), 선비(鲜卑, 시비족 조상), 실위(室韦, 몽골족 조상), 거란(契丹)과 여진(女真) 등 민족들이 연이어 거주하였다. 동북과 화북 대평원 사이에는 발해 연안을 따라 생긴 하나의 좁고 긴 회랑지대가 있다. 이 지대는 만리장성 동쪽 끝의 산해관(山海关)이 장악하고 통제하였다. 몇천 년 이래 동북에서 발원된 민족은 일부는 서쪽으로 흥안령을 넘어 몽골 초원으로 이동했다. 예를 들면, 선비, 실위 등 민족이다. 그러나 더욱 많은 민족들이 이 회랑지대를 따라서 남쪽으로 이동하여 따뜻하고 풍요로우며 더욱 광활하고 비옥한 중원 지역으로 진입하여 발전하였다.

중국의 서북 변경지역을 서역(西域)이라고 불렀다. 서역이란 현재의 신강(新疆)과 바이칼호 동남쪽의 중아시아 지역을 가리킨다. 신강은 일련의 숭산준령과 쉽게 넘을 수 없는 황막 및 사막에 의해 천연 장벽을 형성하였다. 신강 북부의 당노산(唐努山)과 어얼태산(阿尔泰山)은 시베리아의 한류를 막는 작용을 하고, 서쪽에는 총령(葱岭)과 해발이 4,000m 이상이 되는 파미르(帕米尔)고원이 위치해 있다. 남쪽에는 높고 큰 곤륜산(昆仑山)이 청장고원과의 교통을 차단하고 있다. 이로부터 이곳은 남, 북, 서 세 면이 산으로 둘러싸여 있고, 동쪽만 기타 지역과 소통할 수 있는 지역이라는 것을 알 수 있다. 동북쪽으로는 몽골 초원과 통하고 동남쪽으로는 강변의 서쪽 회랑지대를 따라 감숙(甘肃), 청장(青藏) 지구와 풍요로운 관중(关中) 평원에 직접 다다를 수 있다. 이 지역에서는 예로부터 새인(塞人, 인도 지중해 지역의 백인종), 오손(乌孙), 월씨(月氏), 흉노(匈奴), 돌궐(突厥), 회홀(回纥), 몽골 준갈이(准噶尔) 등 민족들이 부락을 만들어 잇달아 거주하였다. 흉노, 돌궐, 회홀, 몽골 민족들은 몽골 초원에서, 오손, 월씨 등의 민족은 강 연안의 회랑지대에서 정주를 시작하였다. 따라서 그들은 이 지역에 정주한 이후부터 모두 동부의 중원 지대, 몽골 초원과의 교류를 통해 그들의 문화를 발전시켜 갔다.

파미르고원 서쪽의 중앙아시아 하중 지구(오늘의 우즈베키스탄, 타지키스탄과 키르기스스탄 등 지역)는 청나라 시기 및 그 이전의 시대부터도 오랜 기간 동안 중국의 영역에 속했다. 구체적으로 말하자면, 이 지역은 평행을 이루며 함해(咸海)로 흘러들어가는 아모하(阿姆河)와 시이하(锡尔河)로 흘러드는 강과 일부 산간지대의 분지와 오아시스로 형성되었으며, 속특(粟特) 등 상업과 농업에 종사하는 민족들이 이 지역에 거주하고 있다. 여기는 단독적으로 형성된 하나의 지리적 구역이다. 하지만 서북쪽이 건조한 초원과 황량한 사막지대인 데다가 용맹스러운 유목민족이 활약하고 있고, 남쪽은 높은 산과 눈에 휩싸인 산고개가 많은 이유로, 장사를 하고 군사상의 보호를 받아야 하기에 속특(粟特)인들은 옛날부터 몽골 초원과 중원을 자신들의 활동지역으로 삼았다.

중국의 서남 국경지대에는 세계에서 가장 높은 산맥인 해발 5,000m 이상의 히말라야 산(喜马拉雅山)과 횡단산맥(横断山脉)이 이어져 있어, 세계에서 가장 높은 지역 간 경계가 구성되어 있다. 고대에 이 지역은 중국에서 교통이 가장 불편한 지역이었다. 왜냐하면 세계의 용마루라고 할 수 있는 청장고원과 수많은 산과 골짜기로 이루어진 운귀고원(云贵高原)이 있었기 때문이다. 이 지역에서는 자고로부터 토번(吐蕃, 티베트족 조상), 문파(门巴), 강족(羌族), 백족(白族), 묘족(苗族), 태족(傣族) 등 수십 개 민족들이 생활하였다. 서남쪽 천험 장벽이 그들의 생활을 저해했기에 또한 상대적으로 풍요로운 중원 지역의 흡인력으로 인해 그들은 모두 동북부의 중원 지역을 자신들의 활동 및 발전지역으로 삼았다. 중국 대륙의 동남쪽은 만여 킬로미터의 해안선(海岸线)으로 둘러싸여 있다. 따라서 중국 동남쪽의 끝없는 바다는 오래 동안 대륙의 끝이라고 인식되어 왔다.

중국의 이와 같은 변화무쌍한 내향형의 지리적 환경은 각 민족의 역사적 형성에 아주 뚜렷한 영향을 끼쳤다. 무엇보다도 주변의 서로 다른 지리적 환경, 특히 반폐쇄식(半封闭式)의 자연 지리적 환경은 문화가 서로 다르고 경제발전 수준에 뚜렷한 차이가 있는 여러 민족을 형성시켰다. 예를 들면, 북방의 유목민족(游牧民族), 동북의 수렵민족(狩猎民族), 천산(天山) 이남의 녹주문화(绿洲文化), 서남 지역의 티베트족, 강족 등의 민족들이 행한 반농반목(半农半牧)의 고원문화 등이다. 그러나 중국 각지의 강과 하천 및 산간지대의 초원을 통하는 자연적인 교통 환경과 나날이 발달하는 교통수단은 지역 및 민족 사이를 더욱 밀접히 연결시켰다.

예로부터 중국 본토의 주변에서 생활해 온 소수민족들이 외부로 나아가기 위해서 여러 가지 천연적인 장벽과 자연환경의 저해로 인해 제한을 받아왔다. 그와 동시에 중원의 온화한 기후와 넓고 비옥한 평야의 풍부한 자원과 산물, 특히 선진적인 문화는 그들에게 무한한 흡인력이 있었다. 그리하여 오랜 세월이 흐르는 동안 그들의 정치, 경제와 군사 활동과 같은 중요한 것들이 모두 중원 지역, 즉 황하와 장강 중하류 지역을 향해 발전하였다. 이와 같은 지리적 환경은 중화민족으로 하여금 부단히 내부로 이동 발전하는 데 기여한 요소이다.

제2절 "중국"과 "천하"

오늘의 중국은 960만km²의 국토와 56개의 민족을 가지고 있으며, 영토가 광활하고 인구수가 많다. 이러한 국면은 몇천 년 역사 발전의 결과이다. "중국"이라는 단어는 일찍이 3,000여 년 전의 상주(商周) 시기부터 번번하게 사용되었지만, 고대에서 의미하고 있는 중국과 오늘날의 "중국"이 내포한 의미는 서로 다르다. 이 단어가 최초로 사용될 때, 가리켰던 시대와 지역은 황하 중류에 거주한 요(堯), 순(舜) 및 그 부락이 통제했던 구역이었다. 그 뒤로는 하나라, 상나라와 주나라의 중심 지역이었다. 이후 중원의 왕조가 부단히 교체되고 영토가 점점 확대됨에 따라 "중국"이라는 단어가 내포한 함의도 점차 커져갔다. 하지만 그것은 시종일관 중원 지역을 중심으로 하는 단어였다. 그렇다면 중원 지역을 제외한 기타 지역 특히 북부, 동북, 서북, 서남 지구에 속한 소수민족 지역은 고대로부터 중국에 속하지 않았는가? 그렇지는 않다. 과연 우리는 어떻게 고대 "중국"을 이해할 것인가, 또 어떻게 중국이 예전부터 바로 하나의 다민족 국가였다는 사실을 이해할 것인가.

"중국"이라는 단어가 전체 국가를 가리키는 단어로 사용되기 시작한 것은 신해혁명(辛亥革命) 이후부터이다. 그 이전의 왕조, 즉 하(夏), 상(商), 주(周)부터 청(淸)조에 이르기까지 국호는 모두 조대의 명칭으로 명명했다. 예컨대 대당(大唐), 대송(大宋), 대원(大元), 대명(大明), 대청(大淸) 등이다.

고대에서 사용했던 "중국"은 국가를 의미하는 개념이 아니라 한 지역을 가리키는 개념이었다. 이 지역은 또한 현재 중국의 전부 영역을 가리키는 것이 아니라 단지 그 영역의 중심적인 부분만 가리켰다. 예를 들며, 『춘추 · 모전(春秋 · 毛傳)』에서는 "중국은 수도"라 하였다. 다시 말하면, 상(商), 주(周)시대에 "중국"은 왕의 거소가 있는 곳, 즉 수도를 지칭하는 말이었다. 『시 · 대아 · 민노(诗 · 大雅 · 民劳)』에는 "중국을 예의로서 대하게 되면, 중국이 그대를 보호해줄 것이다(惠此中国, 以绥四方)"라고 기록되어 있다. 여기서 "중국"이란 주변을 상대로 그 외 다른 지역을 가리키는 말이며, "중국"에서는 주변을 어루만져 편안하게 하는 것으로서 주변 세력을 통제하는 목표에 도달하고자 했던 것이다. 그렇다면 주변의 사방에는 모두 어떤 내용들이 포함되는가. 왕소란(王绍兰)의 『설문단주정보(说文段注订补)』에서는 "수도를 지도자로 하고, 제후를 손으로 하며, 주변의 변경지대를 발로 하기에 중국인이로다 (案京师为首, 诸侯为手, 四裔为足, 所以为中国人也)"라고 하였다. 다시 말하면, 주변에는 주왕(周王)이 분봉(分封)한 제후국(诸侯国)과 주왕의 관할 아래에 있는 각 변강(边疆)의 소수민족이 포괄되었다.

그렇다면 신해혁명 이전의 몇천여 년 동안 우리의 조상은 중국을 무엇이라고 불렀는가? 고대에서는 전체 국가를 천하(天下), 사해(四海), 해내(海内) 등의 단어로서 호칭하였다. 이 몇 개 단어는 "중국"이라는 단어와 동시에 존재하고 사용되었다.

예를 들면, 『주익 · 계사(周易 · 系词)』에는 "포희씨(包牺氏)가 천하의 왕이었다(古者包牺氏 之王天下也)"라고 기록되었다. 또 『상서 · 요전(尚书 · 尧典)』에는 요왕(帝尧)이 "천하의 주인이다(光宅天下)"라고 기록되었으며, 『논어 · 태백(论语 · 泰伯)』에는 "순(舜)이 5명의 신하로 천하를 다스렸다(舜有臣五人, 而天下治)"라고 적혀 있다. 『상서 · 대우모(尚书 · 大禹谟)』에서는 "나는 사해를 소유하였기에 천하의 왕이다(奄有四海, 为天下君)"라고 기록되어 있으며, 『맹자 · 양혜왕(孟子 · 梁惠王)』에는 "탕의 정벌은 갈백에 대한 정벌로부터 시작되었고, 천하의 사람들은 모두 그에 탄복하였다(汤一征, 自葛始, 天下信之)"라고 수록되었다. 그리고 『예기 · 중용(礼记 · 中庸)』에는 "천하의 백성을 통일시킴으로써 천하를 얻었다(壹戎衣而有 天下)"라고 적혀 있다. 이처럼 옛사람들은 천하, 해내(海内)와 중국 등 단어의 의미에 대해 분명한 논의가 있었다. 맹자는 "하, 상, 주 세 조대가 천하를 통일할 수 있었던 것은 어진 정치를 행했기 때문이고, 그 후대들이 천하를 잃은 것은 어진 정치로 나라를 다스리지 않았기 때문이다. 한 나라의 성패, 부흥, 생존, 멸망도 마찬가지이다. 천자가 어진 정치를 행하지 아니하면 천하를 보전할 수 없고, 제후가 인자한 정치를 행하지 아니하면 마찬가지로 국가를 유지할 수 없게 된다(三代之得天下者, 以 仁; 其失天下也, 以不仁. 国之所以废兴存亡者亦然. 天子不仁, 不保四海, 诸侯不仁, 不保社稷)"고 하였다. 그는 또 "천하의 근본은 국가이고 국가의 근본은 가정이다(天下之本在国, 国家之本在家)"라고 하였다. "어진 정치를 하지 않고도 나라를 얻은 자는 있으나, 천하를 얻은 자는 없다(不仁而得国者, 有之矣; 不仁而得天下者, 未之有也)." 이로부터 알 수 있듯이, "중국"은 단지 천자(天子)의 나라일 뿐, "천하"야말로 전국을 가리키는 단어로서, 중국과 천하는 서로 다른 개념이었던 것이다.

춘추전국시대(先秦时期)에 생긴 이와 같은 사상과 개념은 그 후 중국의 역대 조대에서의 전통으로 되었다. 예컨대, 당태종(唐太宗) 시기(626~640년) 당조(唐朝)와 주변 소수민족 간의 관계에 대한 태종과 몇몇 대신들 간에는 다음과 같은 논의들이 있었다. 중국은 근본으로써 나무의 뿌리와 같고 동이(东夷), 서융(西戎), 남만(南蛮), 북적(北狄) 등 사이(四夷)는 가지와 같다(中国如本根, 四夷如枝叶), "중국이 안정되면 시이(四夷)는 자연적으로 순종하게 된다(中国既安, 四夷自服)", "중국은 나무의 뿌리, 사이(四夷)는 나무의 가지이다(中国, 根干也; 四夷, 枝叶也)." 돌궐칸국(突厥汗国)을 정복한 후, 대신 위징(魏徵)은 당태종에게 "돌궐족이 멸망되고 해내(海内)가 안정되었다(突厥破灭, 海内康宁)"라고 말하였다. 이 시기 사막 북부(漠北)의 돌궐(突厥), 철륵(铁勒) 등 부락민들 또한 당태종에게 "우리들은 당나라의 인민이다, 천자의 존귀한 거소로 오는 것은 부모님을 뵈러 오는 것과 같다(臣等既为唐民, 往来天至尊所, 如谒父母)"라고 말했다.

이로부터 알 수 있듯이 중국, 당조, 천하와 해내는 3개의 서로 다른 개념이었다. 당시의 중국은 주로 장성 이내의 구역을 가리켰으며, 당조의 영역은 중국보다 많이 컸다. 당조는 장성 밖의 서역, 즉 지금의 신강 및 중아시아 지구, 사막 이남(漠南)인 오늘의 내몽골과 동북의 거란(契丹), 계(奚) 등의 부락을 포함한다. 당조는 서역에 안서(安西)와 북정(北庭)도호부(都护府)를 설립하였고, 사막 이남에 순(顺), 우(祐), 화(化), 장(长), 정상(定襄)과 운중(云中) 등 6개 도호부를 설립하였으며, 동북에는 안동(安东)도호부를 세웠다. 하지만 "천하"가 가리키는 범위는 당조(唐朝)보다 더욱 컸다. "천하"에는 토번(吐蕃), 남소(南诏)와 돌궐(突厥) 등 당조가 미처 관리 기구를 설립하지 못했던 지역까지 포함된다. 당태종은 "내가 있는 한 주변의 소수민족들이 불안하면 나도 기쁘지 아니하도다(我在, 天下四夷有不安安之, 不乐乐之)"라고 했다. 이로부터 당시 사람들이 천자라면 천하를 안정시키고 관리해야 한다고 여겼다는 것을 알 수 있다.

고대 사람들은 "천하"에는 중원 지역이 포함될 뿐만 아니라 주변의 소수민족 지구까지 포함되는 것이라고 인식했다. 그들이 인식하고 있었던 그 "천하"가 바로 현재 우리가 말하고 있는 "중국"이다. 하지만 "중국"이라는 단어는 신해혁명을 거친 후 중화민국을 건립하고 5족 공화를 제기한 이후부터 현대 국가로서의 진정한 의미를 가지는 명칭으로써 사용되었다. 그러므로 우리는 역사상의 중국과 중원을 같은 지역이라고 혼동해서는 안 된다. 또한 중국과 역대 중원 왕조를 동일시해서도 안 된다. 역사상에서의 중국은 중국의 각 민족지역과 각 민족 건립이 정권을 건립했던 중원 지역과 지방 정부를 가리키는 것이다.

"중국"이라는 단어에 내포된 함의를 고찰함으로써, 우리는 일본 제국주의가 중국을 침략할 당시에 조작해 낸 "만주족(滿族)과 몽골족(蒙古族)은 예로부터 중국에 속한 민족이 아니다"라는 설법이 얼마나 황당무계한 것인지를 알 수 있다. 현재에도 일부 서양 학자와 중국의 민족분열주의자들은 고대 중국의 한족만 중국인으로 인정하고 있다. 따라서 한족이 건립한 정권만 "중국"이라고 여기면서, "장성 이북은 중국이 아니다", "고대 신강도 중국에 속하지 않는다"라는 논조를 퍼뜨리고 있다. 이러한 주장은 그들의 무지로 인해서가 아니라면, 그들은 분명 다른 속셈이 있는 것으로 여길 수 있다.

제3절 "화이"의 범위와 천하일통

"천하통일(天下统一)", "천하가 한 가족(天下一家)"이라는 인식은 중국의 고대로부터 있어온 몇천 년 동안 전해 내려온 전통 사상이다. 일찍이 상주(商周) 시기부터 이 사상은 지배적인 이념을 차지하였다. 그 사상이 바로 "천하의 모든 토지는 왕의 토지이며, 이 토지에서 생활하는 모든 백성들은 왕의 신민(普天之下, 莫非王土, 率土之濵, 莫非王臣)"이라는 사상이다.

전국(战国) 시기의 지리서 『우공(禹贡)』에서는 천하를 9개 주(州)로 나누었으며, 각 주는 또 몇 개의 나라로 나뉘었다. "9개 주는 그 범위가 천리에 달한다. 거기에는 100리 되는 나라가 30개, 70리 되는 나라가 60개, 50리 되는 나라가 120개가 있으며, 총 210개의 나라가 있다." 『우공』에서는 9개 주의 지리적 위치, 산과 하천, 물산 등에 대해 아주 명확하게 서술하였다. 그것은 이미 중원을 포함할 뿐만 아니라 주변의 소수민족 지역도 포함한다.

옛사람들은 천자의 임무는 "9개 주를 통일시키는 것"이라고 인식하였다. 뿐만 아니라 "모든 나라에 어울리는 천자는 법을 제정하여 만들고 정책을 실시하는 사람이어야 하며", 이를 하지 못한 천자는 훌륭한 천자라 할 수 없다고 여겼다. 이에 송대의 재상 사마광(司马光)은 "이 9개 주를 하나로 합치지 못하는 자는 천자라는 이름은 가졌으나 진정한 천자라고 보기는 어렵다(窃以为苟不能使九州合为一统, 皆有天子之名而无其实者也)"라고 하였다. 몇천 년 이래 역대 중원 왕조의 통치자들은 한족이든 소수민족이든 모두 "9개 주 통일", "천하일통" 등 사상을 가지고 있었다.

9개주와 사해(四海) 사이에는 화하(华夏)와 이적(夷狄)의 구분, 민족 기시의 관념 및 그에 따른 정책이 존재했다. 예컨대, 역대의 한족 통치자들의 "우리 민족에 속하지 아니 한 자는 꼭 다른 생각을 품고 있다"고 인식했고, 몽골 및 원나라 통치자들은 민족을 등급 매겼으며, 청조 통치자들은 한족들을 경계했다. 이와 같은 몇천 년 이래의 "화하일체(华夏一体)", "천하는 한 가족"이라는 사상, "왕은 모든 물체를 지배하고 하늘과 땅을 지배하며 하나라도 놓치거나 잃어버려서는 안 된다(王者之于万物, 天覆地载, 靡有所遗)"는 사상은 시종 기타 민족을 기시하는 태도와 공존하면서, 통치자들이 정책을 제정하는 이론적 근거로 되었다. 이에 당태종은 "기존의 통치자들은 중원의 한족들만 중시하고 소수민족들을 경시하였으나 짐은 한족과 소수민족을 동등하게 대한다(自古皆贵中华, 而贱夷狄, 朕独爱之如一)"라고 하였다.

이와 같은 당태종의 언행은 후세 통치자들이 소수민족을 안정시키고 통치하는 데 있어 중요한 모범적 역할을 하였다. 몇천 년 이래 역대의 봉건 통치자들은 모두 소수민족들에 대해 얼마간의 우대 정책을 실시했다. 하지만 이러한 정책은 통치자의 선의에서 출발된 것이 아니라 자신들의 통치를 수호하기 위해서 실시된 것이다. 그것은 역사상의 중원 왕조들이 모두 하나같이 그 경내에 많은 민족들을 수용한 것과 무관하지 않다. 일찍이 상주(商周)시대부터 경내에는 용(戎), 적(狄), 이(夷), 월(越) 등 부족이 있었고, 춘추시대(春秋时代)에는 "이, 만, 적, 융 등 소수민족들이 내지에서 함께 살았다(夷蛮戎狄, 犹错处内地)"고 한다.

한(汉), 당(唐) 시기에는 강역이 더욱 확대되어 지금의 신강과 중아시아 지역, 내몽골, 외몽골, 동북 3성과 운남(云南), 복건(福建) 등 지역이 포함되었으며 민족이 더욱 증가되었다. 만약 하나의 적합한 민족 정책이 없었다면, 그토록 방대한 강역을 유지할 수 없었을 것이다. 특히 중원에 건립된 소수민족 정권에 대해서는 더욱 그러하다. 설사 소수민족으로 구성된 지방정권이라 할지라도 항상 다민족이 생활하는 국면을 형성하였다. 예를 들면, 1125년 이후에 거란인이 중아시아와 신강 지역에 건립한 서요(西辽) 왕조 경내에는 홀(纥), 속특(粟特), 달단(韃靼) 등의 민족이 주로 살았다. 토번(吐蕃) 왕국도 그 경내에서는 한, 강, 백 등 다민족들이 살았다. 명조 말기에 동북 3성을 할거한 만주족 후금 정권에는 "병마 십만 명이 있었는데, 그중 절반이 한족이었다『주료석화』권43)." 당시의 요동주민 가운데는 화인(华人)이 70%, 고려토착민(高丽土着), 여진 등 야인이 30%를 차지하였다(华人十七, 高丽土着, 归附女直野人十三-)." 그리하여 만주족 지도자 누르하치(努尔哈赤)는 "하늘이 내린 대국의 왕은 천하를 이롭게 할 모두의 왕이니, 어찌 혼자만의 왕이라 하겠는가?(天降大国之君, 宜为天下共主, 岂独吴一身之主?)"라고 하였다.

몇천 년 이래 여러 민족 간의 관계는 시간이 흐름에 따라 밀접해졌다. 특히 소수민족이 중원에 진입한 이후부터 화이(华夷)를 구분하는 개념은 그 의미가 점차 모호해졌다. 각 민족 대통일 사상과 중화민족 다원일체(多元一体) 사상이 점점 사람들의 의식 속에 자리잡기 시작했다. 1840년 이후, 100여 년 동안 지속된 제국주의 국가들의 침략, 획분, 강탈은 중화의 각 민족에게 깊은 상처를 남겨주었고, 국가의 쇠망, 외적의 침입에 의해 직면한 망국의 재난은 중화의 각 민족으로 하여금 힘을 합쳐 외적을 물리쳐야 하는 환경에 직면하게 하였다. 따라서 그 과정 속에서 각 민족에게는 "중화민족"의 한 구성원이라는 "민족의식"이 생기게 되었다. 그리하여 "중국"이라는 단어는 최종적으로 각종 왕조에서 사용하던 "천하" 혹은 "사해", "해내", "구주(九州)" 등의 칭호를 대체함으로써 중화 각 민족을 공동으로 지칭하는 명칭으로 자리매김하게 되었다.

제4절 통일의 경제적 기초

세계에는 광범위한 영역을 제패한 대제국들이 많이 존재했다. 예를 들면, 4세기의 그리스 마케도니아 알렉산드로스 대제국은 그 강역이 동쪽의 인도로부터 서쪽 이집트의 나일 강과 발칸반도에 이른다. 또한 기원전 30년부터 476년까지의 로마제국의 영역은 동쪽의 서아시아 양강 지역으로부터 서쪽의 스페인에 이르고, 북쪽으로는 두나이 강과 라인 강에 이르며 남쪽으로는 북아프리카 인근에 다다른다. 그리고 13세기 몽골제국의 영역은 동쪽의 황하 유역으로부터 서쪽의 이란고원, 유럽의 동부 지역 일부를 포함한다. 이런 제국들은 유럽과 아세아 두 대륙에 가로 걸쳐 있으면서 한동안 절정에 도달했었지만, 하나의 통일된 국가로서 그 세력을 유지하지 못했다. 그것은 스탈린이 지적한 것처럼 "이러한 제국은 단지 자체의 경제적 기초가 없는 공고하지 못한 하나의 군사행정의 연합체에 지나지 않았기 때문이다"라고 했다. 이와 같이 폭력에 의해 통일된 다민족 국가는 마치 토대가 없는 건물과 같이 수시로 무너질 위험을 안고 있다.

고대 중국이 이러한 제국과 선명하게 구별되는 점이 있다면, 그것은 중국은 자고로부터 각 민족과 각 지역 사이에 밀접하고 또 서로 의존하는 경제적 연계를 형성해 왔다는 것이다. 중국은 광활한 영역을 가지고 있을 뿐만 아니라 지리적 환경 또한 복잡다단하다. 각 지역의 천차만별한 지형, 토양, 기후 등 자연 조건은 각 지역 간 경제, 문화적 양상의 커다란 차이와 발전의 불균형을 조성하였다. 각기 다른 자연환경에 처한 사람들이 각각 서로 다른 자연 자원을 개발하고 이용하였기에 그들의 생활방식과 생산품도 각기 달랐다. 이러한 상황은 중국으로 하여금 자고로부터 다민족과의 다원문화(多元文化)를 형성하게 했다. 상이한 지역과 문화 사이에는 차이를 보이는 점도 있었지만, 서로 장점을 취하고 단점을 보완해주며 서로 유무상통을 해올 필요성이 있었다. 그리하여 자체의 생존과 발전에 대한 수요는 각 지구와 민족 사이에 많은 자연적 장애물이 있었음에도 불구하고 그들의 밀접한 경제적 교류를 지속시켰던 것이다.

중국의 소수민족은 대부분 주변지역에 분포되어 있었다. 그러한 지역과 한족이 거주하고 있는 중원 지역은 자연 지리적 조건 측면에서 큰 차이를 보인다. 중원은 기후가 온화하고 토지가 평탄하고 비옥하여 농경에 적합하였다. 북방 민족이 거주하고 있는 지역은 한랭하고 건조하며 초원, 사막, 산림이 많기에 목축업과 수렵에 적합하다. 남방 민족이 거주한 지역은 기온이 높고 습하며 비가 많고 산, 구릉, 하천과 호수가 많기에 농업과 어업에 유리하다. 각 지역을 비교해보면, 중원 지역에서 생산물이 가장 풍부하였고 경제, 문화도 가장 발달하였다. 그러나 각 변경지구의 경제는 대부분 비교적 단일한 특징을 띠고 있다. 이런 생산과 생활의 수요로 인해 각 변경지역의 소수민족들은 기타 지역, 특히 중원 지역과 물물교환을 진행할 수 있기를 절박하게 바랐다. 따라서 중원 지역에서도 물물교환을 통해 중원 지역에 없는 목축 생산품들을 보충하게 되었다. 이러한 교류는 정부와 민간 모두에서 진행되었으며 조공, 하사, 교역 등 여러 가지 형식으로 진행되었다. 따라서 이와 같은 경제적 연계는 하나의 응집력을 형성시켰다. 이는 사람의 주관적인 의지에 의해 변화되지 않는 몇천 년 이래 주변의 소수민족들을 하나같이 중원으로 발전하도록 추동한 원동력이었으며, 중국 각 민족 간의 관계를 점점 강화시킨 기초였다. 중원의 농업, 수공업 상품에 대한 의존도가 높고 가장 활발하게 중원 지역으로 발전한 민족은 북방의 유목민족이었다.

역사적으로 볼 때 북방의 몽골 초원에서 활기차게 활동한 민족은 순서적으로 흉노, 선비, 유연, 고차, 돌궐, 회흘과 몽골 등의 유목민족이었다. 유목 경제 상품은 비교적 단일하다. 유목민들은 일상생활에 필요한 양식, 천, 금속도구와 각종 수공업 제품들을 모두 중원에 가서 교환해 와야 했다. 때문에 유목 경제는 상업에 크게 의존한다. 몇천 년 이래 교환의 수요는 그들로 하여금 사막 이북의 초원과 사막 이남의 장성 연선(沿線)을 수없이 드나들게 하였다. 이를 바탕으로 중원 지역과의 문화, 정치상의 왕래가 더욱 활발해졌다. 그리고 두 지역 간 교류는 교역, 조공, 하사, 통사(通使), 화친(和親) 등의 방식으로 진행되었다. 많은 부락들이 장성 연선으로 이동하여 농사짓는 방법을 배우고 반농업 반유목의 생활을 했으며 심지어 그곳에 정주하는 경우도 있었다. 기회가 있을 때마다 그들은 대규모적으로 장성을 넘어 풍요로운 중원으로 진출함으로써, 점차 한족과 융합되었다.

북방 초원의 유목민족과 중원 사이의 교류가 비교적 순조로우면, 쌍방의 관계도 우호적이었다. 따라서 평화적인 환경과 물물교환은 쌍방의 번영, 특히 초원의 번영을 촉진하는 역할을 하였다. 그러나 교류가 순조롭지 않을 때면, 초원 유목민들의 생활과 생산은 그러한 상황의 영향을 크게 받게 된다. 따라서 유목민족들은 상대적으로 강한 무력상의 우세를 빌어 중원에 압력을 가한다. 때로 도둑질을 행하기도 하고 교역을 제기하기도 하며, 심지어는 대규모 전쟁을 발동함으로써 남하하여 약탈을 진행하기도 한다.

그들은 영원히 멈추지 않는 파도마냥 한파 한파씩 중원으로 진출하였으며, 중원에 진출한 후 그들은 자신들의 찬란한 왕조를 건립하기도 했다. 예컨대, 흉노가 세운 북량(北凉), 하(夏), 유한(刘汉), 전조(前赵)와 선비족(鲜卑人)이 세운 북위(北魏), 몽골 족들이 건립한 원조 등이다. 그 후 그들은 대부분 중원의 한인(汉人)에 융합되었다. 몇천 년 이래 몽골 초원에서 살았던 민족들은 교체를 거듭하였지만, 남쪽을 향한 이동과 발전은 부단히 지속되었다. 그것 또한 중원의 한족 인구가 부단히 증가되고 한족들의 문화가 활기를 띠며 발전할 수 있는 중요한 원인이다.

가장 먼저 몽골 초원에 유목 정권을 건립한 민족은 흉노인으로서 그들은 "흉노호한증서(匈奴好汉绘絮)"라 불리었다. 흉노와 한족이 평화로운 교역, 화친 등 방식으로 문물교환을 진행하기 시작한 것은 선비 때부터이며, 그들은 장성 이남과 자주 교류하였다(匈奴自单于以下皆亲汉, 往来长城下). 매년 흉노가 남하하여 가축을 교환할 때에는 짐 실은 당나귀, 노새 및 낙타들이 꼬리에 꼬리를 물고 중원으로 진입하는 현상이 나타났다. 매번 교환하는 소와 말의 수량은 만여 마리나 되었다. 이는 목축이 결핍한 중원의 상황을 크게 개선시켰다. 서한 초기 한고조(汉高祖)와 문경황제(文景皇帝)가 즉위할 당시, 황궁에서 전문적으로 사용한 승마용 말은 마구간에 비치된 백여 필의 말에 지나지 않았다(厩马百馀匹). 서한 중엽 한무제(汉武帝) 시기에 이르러 변경지역에 소와 말이 제멋대로 다니고 축적해 놓은 비단이 들을 이루는 상황이 나타났다(滨塞之郡, 马牛放纵, 蓄积布野). 이와 같은 큰 가축은 교통운수 혹은 농업에 사용되었으며, 중원의 경제 발전을 촉진시켰다. 흉노는 이런 가축 상품으로 대량의 방직품, 양식, 금속도구, 칼, 악기, 책 등을 교환하였으며, 매년 대량의 금, 은과 돈을 얻었다. 그들이 얻은 돈은 걸핏하면 억만 단위에 해당하는 거액의 수치가 되었다. 호환사단우(呼韩邪单于) 시기에 이르러 남흉노(南匈奴)는 대규모적으로 남하하여 장성 근처에 분산 거주해 있으면서 한나라에 귀속하고 싶다고 요구하였다. 그리하여 한나라에서는 장성 연선에 군현을 설치하여 5,000여 호의 흉노인과 한인이 집거해 살 수 있는 거처를 마련해주었다. 조위(曹魏) 시기에 와서 장성 연선의 흉노는 벌써 북부에 퍼져 있었다. 그리고 점차 산서(山西) 분하지구(汾河地区)에 진입했다. 서진(西晋) 시기 중원에 진입한 흉노족은 모두 19개 분파에 달했으며 서진 사람들과 잡거했다. 서진이 멸망한 후 이들은 연이어 중원에 북량(北凉), 하(夏), 류한(刘汉)과 선조(前赵) 정권을 건립하였다.

또 일부분의 흉노 부락, 예를 들면 북흉노는 한나라와 적대시하였으며 충돌이 끊임없었다. 그리하여 정치적인 왕래가 단절되었으며, 경제, 문화 교류도 따라서 중단되었다. 이에 북흉노는 할 수 없이 한아라 북쪽 지역의 추운 허허벌판으로 도주하여 유목생활을 하였으며, 장기간 동안 중원의 농상품과 수공업품을 얻지 못한 탓으로 얼마 되지 않아 병력이 약화되고 나라가 빈곤해졌다. 그리하여 쇠퇴되었으며 1세기에 이르러서는 할 수 없이 서쪽으로 이동하였다.

흉노 이후의 2,000여 년이라는 긴 시간 동안 몽골 초원의 기타 유목민족들도 당시 흉노의 상황을 재현하였다. 혹은 점차 자신들의 경제와 정치의 중심을 중원 음산(陰山) 이남의 가까운 곳으로 이동하여 중원과의 경제 교류를 유지, 발전시킴으로써 점점 강대해지고 번영하였다. 따라서 전체 몽골 초원의 통일을 실현하였고, 심지어 중원 지역으로 한 걸음 더 진입하기도 하였다. 또한 일부분은 지리적 조건의 저해로 인해 중원과 유효적인 무역 및 교류를 진행할 수 없었기에 사막 이북에서 단일한 유목 경제 형태를 유지하며 살아갔다. 유목 경제의 취약성 때문에 흉노와 같은 정권들은 일단 큰 자연재해에 직면하게 되면 순식간에 와해되었다. 따라서 부락민들은 사처로 분산되거나 서쪽으로 이동하게 된다.

흉노 이후에 몽골 초원을 점령한 것은 선비였다. 그들의 중원과의 교류는 흉노에 비해 더욱 밀접하였으며 발전도 보다 신속하였다. 선비는 원래 대흥안령 삼림 속의 아리하(阿里河) 부근에 거주하였다. 그곳은 깊은 산골의 밀림지역이고 교통이 불편하기에 발전을 가져오기 힘든 지역이었다. 그리하여 그들은 먼저 국부적으로 남하하여 몽골 초원의 동쪽에서 방목하고 수렵을 위주로 하면서 살아가다가 얼마 지나지 않아 그들은 다양한 위협을 물리치고, 천신만고 끝에 음산(陰山) 이남의 내몽골 초원으로 이동하였다. 그곳에서 그들은 적극적으로 중원의 조위(曹魏), 서진(西晉) 정권과 통상, 화친을 진행함으로써 책봉(冊封)을 접수하고 정치상에서의 순종과 귀속을 표시하였다. 쌍방은 교역이 빈번하였고 경제적 왕래가 끊임없었다. 선비는 대량의 가축들을 중원으로 운송하였으며 조위, 서진은 선비에게 많은 금, 은, 면 등을 주었다. 그리하여 선비는 빠른 속도로 강해졌으며, 몽골 초원을 통일하였고 340년에 성악(盛乐, 현재의 훅호트 이남)을 수도로 정하였다. 따라서 중원에 들어가 회하(淮河) 이북의 절반 이상 되는 중국의 영토를 점령하고 북위(北魏)를 건립하였다. 그 후 494년에는 수도를 낙양(洛阳)으로 옮겼으며, 수십만의 선비인들도 따라서 중원 지역으로 이동하게 되었다.

수·당(581~907년) 시기의 돌궐, 회홀 및 원나라가 멸망한 후의 몽골 초원 정권의 흥망성쇠는 그들이 중원과 경제적 내왕을 진행하는지 안 하는지에 따라 결정되기도 했다. 552년, 돌궐족은 몽골 초원에 칸국(汗国)을 건립하였다. 얼마 되지 않아 그 영역은 동쪽으로는 요해(당시의 발해)에서 서해(당시의 함해)까지의 만여 리, 남쪽은 사막 이북, 북쪽은 북해(바이칼호)까지 5, 6천 리의 광활한 지역으로 확대되었으며, 동아시아 지구의 가장 왕성한 정복자가 되었다. 돌궐이 하나의 유목 칸국으로서 이와 같이 강대해진 데에는 두 가지 중요한 경제적 원인이 있다. 하나는 중원이 불안정한 틈을 타서 천산 이남의 각 농업 지대를 통제하였으며, 그 지역민들에게서 목화, 양식 등을 세금으로 받아냈기 때문이다. 다른 하나는 당시 분열된 중원의 북주(北周), 북기(北齐) 두 정권이 돌궐을 끌어들이기 위해 서로 화친을 하여 우호적으로 지내고자 했으며 해마다 돌궐에게 대량의 비단, 양식, 철제 도구와 돈을 주었기 때문이다. 따라서 쌍방의 민간 및 정부 측의 무역도 아무런 저해를 받지 않았던 것이다.

수나라가 중원을 통일한 후 돌궐칸(突厥可汗)은 수나라를 따랐다. 쌍방 정부에서는 해마다 조공과 하사의 형식으로 규모가 큰 무역을 진행해왔다. 예를 들면, 개황(开皇) 12년(593년), 돌궐 각 부에서는 수나라에 말 1만 필, 양 2만 마리, 낙타와 소를 각각 500마리씩 조공하였다. 수조는 돌궐에 풍부한 금, 은, 돈, 방직품과 양식 등을 보내주었다. 대업(大业) 2년(606년), 수양제(隋炀帝)가 단 한 번에 돌궐칸에게 준 방직품만 해도 12,000필에 달했고, 동시에 각 부의 추장에게 준 방직품도 20만 필이나 되었다. 수나라에서는 돌궐의 청탁을 받아주어 주변지대에 시(市), 즉 유주(幽州), 태원(太原), 유림(榆林) 등 지역에 전문 시장을 설립하여 민간 교류를 허용하였으며 관리들은 이를 간섭할 수 없었다(交相往来, 吏不能禁). 이와 같은 자유로운 무역은 초원의 유목민들이 부단히 남쪽으로 향해 장성 연선에 가도록 흡인했다. 인수(仁寿) 원년(601년)에만 해도 9만여 명의 돌궐인이 남하하여 중원에 편입되었고, 인수(仁寿) 3년에는 또 사결(思结) 등 십여 개 부의 초원 유목민들이 남하하여 병합되었다. 그리하여 장성 연선에 사람과 양, 말들로 꽉 들어찬 풍경이 나타났다.

당조에 이르러 일부분의 돌궐 부락은 계속하여 중원과 대규모적인 무역을 진행하였다. 개원(开元) 24년(736년), 돌궐은 1년 동안 당나라에 말 1만 4,000필을 주었고 당나라에서도 견직물 50만 필을 보내주었다. 당나라 사람들은 "돌궐의 말은 기예가 뛰어나고, 근골이 좋으며 수렵하기에 비할 바 없이 훌륭한 말"이라고 칭찬하였으며, 말은 중원의 농경(農耕), 교통과 군사에 있어 없어서는 안 될 장비가 되었다. 때문에 역사에서는 이와 같은 상황을 "병사들을 이용하지 않고, 무역을 진행하여 서로를 만족시켜줌으로써 쌍방 모두 이익을 얻었다(甲兵休息, 互市交通, 彼此丰足, 皆有便宜)"라고 하였다. 경제적인 교류는 돌궐인들의 중원 진입을 추동함으로써 그들이 점차 중원에 정착하도록 하였다. 당태종 시기, 당조의 장군, 중랑(中郎) 등의 관직에 있은 돌궐인들이 아주 많았으며, 5품(五品) 이상이 100여 명에 달하여 그 수는 당조의 관리급 인사들과 거의 비슷하였다(殆与朝市相半). 또한 일부분의 돌궐인들은 장성 연선, 즉 오늘의 내몽골과 산서, 섬서의 북부 지구에 이동하여 농업에 종사했다. 신공(神功) 원년(697년), 당조는 한 번에 그들에게 곡종(谷种) 4만 휘(斛), 비단 5만 단, 농기구 3,000개, 철 4만 근을 준 적이 있었다.

당조 때 또 일부분의 돌궐 귀족들은 당조와 적대시하였다. 특히 후돌궐칸국(后突厥汗国)은 당조와 몇십 년 동안 전쟁을 하였다. 하지만 당시 당조는 이미 전반적으로 서역을 통제한 상황이었고, 그러한 상황에서 돌궐에 대해 경제적 봉쇄를 거행하자 돌궐은 점점 쇠퇴되었고 결국 멸망의 길로 나아갔다.

당조의 회홀칸국(744~840년)은 중원과의 활발한 경제적 교류로 인해 더욱 흥행하고 발전하였다. 당조 초기, 회홀 등 부락은 당태종에게 막북의 회홀, 아장(牙帐)과 막남(漠南) 사이에 1,000여 리 넘는 "천자를 알현하러 가는 칸의 길(参天可汗道)"을 건설할 것을 청구하였다. 길을 따라 우역(邮驿) 66소를 설치하여 숙소, 술, 고기, 말과 차량 등을 갖추어 놓았으며, 그곳에는 상인들과 사신들이 끊임없이 드나들었다. 사람들이 많을 때에는 이동하는 군집들이 몇천여 명에 달하였다. 초원의 유목민들도 과감히 안목을 넓혀 공물을 손에 준비하여 남쪽으로 이동해 교역을 진행하였다(老幼不惮遐想, 悉手持方贡).

이와 같이 쌍방의 관계가 좋았기에 회홀의 상인(商人)들은 비교적 자유롭게 중원으로 드나들 수 있었다. 당시의 장안, 태원, 낙양 심지어 남방의 일부 도시에도 회홀 상인이 다녀간 흔적이 남아 있었다. 장기적으로 장안에 거주한 회홀 사신과 상인은 몇천 명에 달하였다. 그들은 많은 돈도 벌고 땅도 얻었으며 여러 가지 혜택을 누렸다(殖资产, 开舍地, 市肆美利皆归之).

회홀칸국 시기, 초원의 장기간 동안의 평화는 목축업의 발전을 촉진시켰다. 회홀은 당조가 그들의 축산품을 더욱 많이 사가기를 바라면서 매년 10만 마리의 말을 구입할 것을 요구하였다. 당조 정부는 그러한 구매력이 없었으나 회홀이 기병을 파견하여 내란을 평정하는데 도움을 주었기에 그러한 공로에 대한 사의로서 최대한 그들의 요구를 만족시키고자 하였다. 심지어 나라의 창고가 텅텅 비어 세금과 관원들의 봉록으로 충당하는 상황이 나타나기도 하였다(府藏空竭, 稅百官俸以給之的情況). 단지 이러한 교역에만 의거해 회홀은 매년 100만 필 이상의 비단을 얻을 수 있었다. 대력(大历) 8년(773년), 회홀은 한 번에 1,000여 량의 차에 해당되는 비단을 가져온 적이 있었다. 회홀 목민은 가죽으로 옷을 해 입었기에 이러한 비단들은 대부분 서양에 많이 팔려갔다. 당시 동로마의 시장에서는 한 냥의 비단이 한 냥의 금의 가치와 맞먹었다.

이는 당조에서의 가격보다 몇백 배나 높은 것이었다. 회홀은 그러한 무역에서 거액의 이윤을 얻었으며, 그로 인해 회홀칸국은 번영하기 시작했다. 따라서 많은 귀족들은 유목생활에서 벗어나 상업에 종사하였으며, 한곳에 정착하여 살아가기 시작했다. 그리하여 초원에는 많은 새로운 도시와 읍이 생겼다. 현재 남아 있는 성벽의 유적도 20여 개나 된다. 그중 가장 큰 유적은 25km²나 되며, 거기에는 궁전, 시장, 주민구, 절과 관청 등이 포함되어 있었다. 이러한 유적지에서는 중원에서 사용하던 대량의 화폐, 금속 도구, 비단 잔여물 등이 발견되었다.

마찬가지로 명조 시기(1368~1644년) 북방 몽골 정권과 명조의 200여 년간의 평화 및 교전 관계도 정상적인 경제적 교류가 쌍방의 발전에 대단히 중요하다는 점을 말해주었다. 특히 북방의 유목 중심의 경제는 그러한 경제적 교류에 대한 의존성이 강했다. 명조 초기, 몽골 귀족은 은퇴하고 성 밖에서 살아가면서 정치적으로는 명조의 책봉을 받기를, 경제적으로는 중원과 자유무역을 진행하기를 바랐다. 쌍방의 경제적 교류는 통공(通贡)과 호시(互市, 일종의 경제 교류로 통상과 같은 의미)의 방식으로 진행되었는데, 그 규모는 대단히 큰 것이었다. 통계에 의하면 영락(永乐) 원년부터 륭경(隆庆) 4년(1403~1570년)까지 몽골 귀족이 명조에 조공한 차수만 해도 무려 800여 차나 되었으며, 조공할 때마다 동원된 사절은 수천 명에 달했다. 또한 먼저 간 사절은 돌아오지 않고 그 뒤로는 연이어 사절들을 보내어 사절들이 끊이지 않았고 낙타와 말이 연이어 조정으로 조공되며, 금, 비단, 그릇, 옷 등이 거리에 넘쳐났다(络绎于道, 驼马迭贡于廷, 金帛器服络绎载道). 명조가 해마다 사절을 접대하는데 소모한 비용만 해도 백은 30여 만 량에 달했다. 그러나 명조는 이러한 경제적 교류를 국경의 안전을 수호하고, 몽골 세력을 견제하는 수단으로 간주한 반면에, 민간에서의 호시에 대해서는 많이 제한하였다. 즉, "통상이 열리는 날이 정해져있었고 교환이 금지된 문물도 있었다." 따라서 매년 개시 차수는 적고 시간이 짧았기에 초원 목민들의 물자 교류의 수요를 도무지 만족시킬 수가 없었다. 또한 무기 매매를 엄격히 제한하였을 뿐만 아니라 때로는 냄비, 차 등 생활필수품도 금지품에 속했으며, 사적인 교역은 절대적으로 금지되었다. 그리하여 초원 목민들은 부뚜막에 가마가 없고 입지 못하며 먹지 못하는 곤경에 처하게 되었다. 뿐만 아니라 한족의 군사들과 민간인들도 호시를 중단함에 따라 군용 말, 가축, 가죽 물품, 의복과 장식품 등 생활용품이 결핍한 상황에 직면하게 되었다. 때문에 민간 호시에 대한 금지법를 어기는 쌍방의 활동은 시종 끊이질 않았다. 몽골 귀족들은 이와 같은 상황에서 명조에 대한 전쟁을 발동하였고 그러한 전쟁은 장장 30년 동안 지속되었다. 이에 쌍방은 모두 막대한 손실을 보았으며, 명영종(明英宗)도 한 번 포로로 붙잡힌 적이 있었다. 전쟁이 멈추고 호시가 다시 개통될 당시 몽골 암답칸(俺答汗)이 명조 정부에 보낸 『답사서(答謝表)』에는 아래와 같이 글이 들어 있었다. "우리들은 인구가 증가하고 있지만 입을 옷이 없으며 …… 각 변경에서 호시를 금지하니 옷과 용품들이 전무하고, 담요와 털옷은 여름 더위에 사용되지 못하는 데다가 베천은 구할 수 없으니, 매번 조전(趙全) 등 간인(奸人)들의 유인하에 변경에 진입하여 나쁜 짓을 하였다. 비록 약간의 강탈을 시도했지만 늘 사람과 말들이 살해당했다. 올해 각 곳에서 군대를 출동시켜 말썽을 일으키고 사람들을 살해하고 포로로 잡았으며 말들을 약탈했다. 그리하여 변경의 야초들은 깡그리 불타버렸고 사람들과 가축들은 이 한 해를 지내기 힘들었다."

살펴보았듯이, 전쟁과 호시의 단절은 서로에게 감내하기 힘든 어려움을 조성하였다. 하기에 경제와 정치의 연계를 부단히 강화하는 것만이 불변의 진리이자 쌍방의 사회 경제가 발전하는 객관적 수요인 것이다. 서로 의존하고 서로에게 필요한 것들을 주고받는 경제적 교류는 몇천 년 이래, 각 변경의 민족과 중원의 관계를 유지하는 기초가 되었다. 그것은 마치 강력한 유대마냥 각 변경지역과 중원을 지속적으로 긴밀히 연결시켰다. 북방 유목민족과 중원 간의 몇천 년이 되는 관계의 역사는 모두 이와 같은 진리를 말해준다. 이것 또한 몇천 년 이래, 중국이 다민족 국가로서 장기간 동안의 통일을 유지할 수 있는 경제적 기초이다.

북방 민족과 중원의 몇천 년 동안의 관계사를 살펴보면, 중국이 통일된 다민족 국가를 건립하는 과정은 일반적으로 그 첫걸음이 각 민족 간의 경제적 교류부터 시작된다는 것을 알 수 있다. 그러한 교류에는 관주도적인 것도 있었고 민간에서 진행되는 것도 있었으나, 정복을 목적으로 한 전쟁에서부터 시작하여 통일을 이룬 경우는 극히 적었다. 통일과정에서 약간의 무력충돌이 있기는 했지만, 그것은 대부분 경제적 교류의 저해로부터 기인한 것이었다. 그러한 경제적 교류의 장애가 제거되고 각 민족 사이의 경제·문화적 연계가 밀접해질 때면, 그것은 정치상의 연합을 촉진하였다. 여기서 말하는 정치적 연합은 보통 변경 민족이 중원 왕조에 종속되는 형식으로 진행된다. 또한 그러한 정치적 연합은 자원적으로 형성된 것으로서, 경제적 이익의 수혜를 동력으로 삼는다. 다른 민족의 통치계급들은 여러 차례 정복 전쟁을 일으키기도 했다. 그 가운데는 중원 왕조가 변강 지구를 확장하기 위해 발동한 전쟁도 있었고, 변경지역에서 중원 지역을 침공한 전쟁도 있었다. 그러한 전쟁의 목표는 모두 더욱 큰 영토를 통일하기 위한 것이었으며, 전쟁의 결과는 모두 서로 다른 민족지역 간의 경제, 문화, 정치의 연결을 강화하였고, 서로 다른 민족 간의 융합을 촉진하였다.

제5절 다원일체의 정치제도

중국은 하나의 통일된 다민족 대국으로서, 세계 기타 문명 고국과 마찬가지로 몇천 년 이래 여러 차례 고난의 역사를 겪었다. 국내 동란, 자연재해, 민족 분쟁, 특히 근대 이후 각 제국주의 열강들의 박해와 획분으로 인해 중국은 100여 년 동안 피비린내 나는 투쟁의 역사를 지속해왔다. 하지만 중국은 변함없이 그 영역을 기본적으로 유지할 수 있었고, 많은 민족들도 분산되지 않았을 뿐만 아니라 해를 거듭하여 단결하게 되었다. 이는 세계 역사에서, 특히 기타 고대 국가와는 다르게 보기 드문 현상이다. 그것은 자연 지리, 경제, 사상, 문화 등 여러 방면의 원인으로 해석되겠지만, 몇천 년 이래 중국의 정치제도 역시 다민족의 천년 고국인 중국이 시종일관 통일을 유지할 수 있었던 중요한 원인이다.

중앙집권제도하에 다양한 유형 및 차원의 관리제도와 사회, 경제, 문화 제도가 공존하도록 허용한 것은 중국의 전통적인 정치제도의 중요한 특징이다. 또한 발전이 불균형적이고 경제, 문화 방면에서도 많은 차이점이 있는 수십 개 민족으로 하여금 중국이라는 이 한 국가 내에 통일될 수 있도록 한 중요한 원인이다.

세계적으로 보면 문명을 발생시킨 나라들은 대부분 봉건제도 시기를 거쳤으나 같은 봉건제도 시기라 할지라도 각기 서로 다른 제도를 실시하였다. 어떤 국가는 공화제, 즉 여러 지주 계급의 대표인물들이 공동으로 집권하는 제도를 실시하였다. 이와는 달리 중국에서는 몇천 년 이래 줄곧 정권은 황제 한 사람이 장악하는 군주제를 실시하였다. 황제에게는 지고무상(至高无上)의 권력이 있으며 그 권력은 고도의 중앙집권으로 표현된다. 따라서 중앙집권은 주도적 지위에 차지하는 제도이다. 동시에 또 일부 변경의 소수민족 지구에서는 자치 혹은 반자치의 책봉제와 회유세습제를 실시하였다. 2,000년 동안 왕조의 교체와는 상관없이 또한 어느 민족이 집권하든지 간에 이러한 정치제도와 통치형식은 줄곧 유지되어 왔다.

1. 중앙집권제

중국 고대의 중앙집권제도는 진나라 시기에 성숙되었다. 그것은 아래와 같은 몇 개 특징을 포함한다.

첫째, 황제는 국가의 최고 대표로서 모든 권력을 갖는다.

둘째, 황제 밑으로는 수도에 삼공구경(三-公九卿) 혹은 3성 6부제인 중앙정부를 설립한다. 3성은 행정, 군사, 감찰사무를 나뉘어 담당하며 황제에게 직속되고 서로 종속되지 않는다. 또한 각기 지방에 자신들의 파출기구를 설립하며, 지방정부에서는 전국 각지의 업무를 분담하여 수행한다. 그중 매개 조대의 중앙정부에는 모두 전문적으로 소수민족사무를 관리하는 부문이 있었다. 예를 들면, 진조의 전객(典客), 수·당의 홍로사(鴻臚寺), 원조의 선정원(宣政院), 청조의 이번원(理藩院) 등이다. 그리고 소수민족 사무를 관리하는 중앙부문도 지방의 파출(派出) 기구 내에 있다. 예를 들면, 선정원 아래에 지방의 선위사, 선무사, 초토사, 만호부와 천호서 등을 설립하였다.

셋째, 군현제를 실시하였다. 전국을 열 개가 넘는 큰 구역으로 분할하여, "도(道)" 혹은 "로(路)"로 칭하였다. 거기에는 각 변강과 소수민족 지역도 포함된다. 예컨대, 당조의 13도(道), 북송(北宋)의 20로(路), 요(辽)의 5로(路), 금(金)의 15로(路) 등이다. 그리고 "도" 혹은 "로" 아래에는 군, 현을 설립하였다. 예컨대, 한조에는 103개의 군, 1,314개의 현이 있었고, 당조에는 360개의 주와 1,557개의 현이 있었다. 각 왕조마다 중앙에서 관리에 대한 임면권을 장악하였고, 각 지역의 현관은 무조건 다른 지방의 사람이 책임지도록 하였으며, 지방 관리들은 보좌관을 둘 수 없도록 규정함으로써 중앙집권제도를 엄밀히 하였다.

행정 권력이 집중됨에 따라 역대 중앙정부에서는 전국적으로 "문자를 통일하고(书同文)", "차바퀴 사이의 거리를 6자로 통일함으로써 차륜의 궤도를 같게 하며(车同轨)", "도덕과 규범을 통일하는(行同伦)" 등 일련의 조치를 실행할 수 있었으며, 소금, 철, 술, 금전 등에 대한 국가 독점을 실현할 수 있었다. 또한 사상문화 영역에서 "백가를 폐지하고 유가만을 중시하는(罢黜百家, 独尊儒术)" 정책과 전국적으로 통일된 과거선발제도를 실행하였다. 그리하여 중앙집권제도는 더욱더 공고해졌고 동시에 국가의 통일도 강화되었다.

진나라 이후 2,000여 년 동안 모든 왕조 대에서는 예외 없이 중앙집권제도를 실시하였다. 분열 시기, 즉 삼국(三国), 위진남북조(魏晋南北朝), 5대 10국(伍代十国) 혹은 송, 요, 하, 금 등의 시기에도 각 지방 정권은 모두 중앙집권제를 실행하였다. 때문에 어느 민족 혹은 어느 지방정권이 전국을 통일하든지를 막론하고 모두 이와 같은 제도를 계속적으로 실행하게 되는 것이다. 그러므로 매번 크게 분열된 이후에는 항상 더욱 큰 범위의 더욱 강화된 통일적 국면이 나타나게 된다.

수천 년 이래 중국 각 민족의 경제, 문화, 사회 제도는 줄곧 천차만별이었다. 차이는 곧 모순이다. 다시 말하면, 각 민족 간의 차이는 민족 모순을 야기하는 원인이다. 다민족 국가에서는 그러한 차이를 승인하고 따라서 그에 상응하는 제도를 제정해야 만이 여러 민족의 통일을 지속해 나갈 수 있다. 오랜 기간 동안 중국이 변강과 소수민족 지역에서 실행한 책봉(册封)과 회유제도는 이런 차이를 승인한 기초 위에서 실시된 정치제도이다.

2. 회유(羈縻)제도

"회유(羈縻)"의 본의는 소와 말을 속박한다는 뜻으로, "羈"는 말머리의 장식끈, "縻"는 소를 모는 채찍을 말한다(羈, 马络头也; 縻, 牛鞭也). 여기에서 "羈縻"는 회유 또는 위로한다는 의미로 쓰인다. 회유는 관계를 유지한다는 의미이기도 하다(羈縻, 犹言维系也). 회유제도는 봉건국가가 내부 지역 및 변경의 소수민족을 다스리는 제도로서, 국가는 그것을 다민족 국가의 통일을 유지하는 수단으로 삼았다. 서한 시기부터 회유제도는 변군제도(边军制), 회유부주(羈縻府州)와 책봉제도(册封制), 토사제도(土司制) 등 세 단계를 거쳐 왔다.

(1) 변군제도

서한이 변강 지역에 새로 건립한 군을 변군(边郡) 혹은 초군(初郡)이라고 칭했으며, 그것은 중원 지역의 군과는 확연히 다르다. 먼저, 그 군들은 대부분 소수민족 지역에 설치된 것이다. 중원 왕조는 전쟁 혹은 기타 방식으로 이런 지역을 점령한 후 그곳의 민족 혹은 부락들이 살고 있던 지역을 한 개 군으로 하여 그곳의 민족과 풍속 및 관습을 유지하고 보존해 나갔다. 『사기·평준서(史记·平准书)』에서는 "한나라가 부대를 거느리고 3년 싸우면 강(羌)을 징벌하고 남월 및 판위의 서쪽으로부터 촉남까지 되는 지역을 점령한다. 초군을 17개 설치할 뿐만 아니라 그곳의 풍속에 따라 다스리며 세금은 징수하지 않는다(汉连兵三岁, 诛羌, 灭南越, 番禺以西至蜀南者, 置初郡十七, 且以其故俗治, 治无赋税)"라고 했다. 중원 왕조는 변경의 군에 두개의 관리 시스템을 설립하였다. 하나는 내지와 같은 태수, 령(令), 장(长) 등 관리들을 모두 중앙정부에서 직접 파견하고 임면하는 시스템으로 유관(流官) 시스템에 속한다. 또 하나는 전자와 병렬되는 왕, 후, 읍(邑长) 등으로서 중앙정부에서 임면하고 금, 은, 동으로 만든 인장을 주지만 모두 당지 민족 지도자가 세습적으로 직무를 담당한다. 이것은 토관(土官) 시스템에 속한다. 당지의 원 소수민족 부락과 사람들은 모두 토관이 관리하며, 중앙에 세금을 납부하지 않고 약간의 토공(특산물)을 납부하는 것으로서, 중앙정부에 대한 정치적인 신복(臣服)을 표시한다.

(2) 회유부주와 책봉제도

당조가 건립된 후 북방에서 반세기 동안 세도를 부리던 돌궐칸국은 당조에 의해 멸망되었으며, 당조의 영역은 더욱 확대되었다. 당조의 통치자는 그 이전 왕조 대의 경험을 섭취하여 만약 단순히 무력에만 의거한다면 수많은 변경의 소수민족 정권을 정복하기가 어렵고 또 무력으로 정복한 지역은 오랜 시간과 확실한 통치를 하기 어렵다는 것을 깨달았다. 그리하여 그들은 "전쟁을 멈추고 문교에 힘쓰는(偃武修文)" 방침에 의해 통사(通使), 화친(和親), 책봉(冊封), 호시(互市) 등 정치적 · 경제적 수단을 위주로 하고 위력으로 위협하는 것을 보조적인 책략으로 하여 모든 변경의 소수민족 지역과 정권을 복종시킴으로서 "중국이 안정되면 오랑캐들이 복종한다(中國既安, 四夷自服)"는 목적에 도달하였다. 당나라 정부는 빈번히 남하로 침범하는 돌궐족에 대해 대규모적인 공격을 발동한 적이 있으나, 대부분의 경우에는 변강의 소수민족 지역과 소수민족 정권에 대해 무력으로 정복하는 수단을 취하지 않았다. 그리고 비교적 강한 토번(吐蕃), 회홀(回紇), 남소(南詔) 정권에 대해서는 책봉, 화친, 호시를 통해 각기 외척과 속국의 관계를 건립하였다.

예컨대, 당나라 황실에서 소수민족의 지도자와 통혼한 차수는 무려 23차에 달하며, 당고조의 19명 딸 가운데서 그 절반이 소수민족 지도자와 결혼했다. 당조와 토번의 관계에서 화친은 쌍방 모두가 대단히 중요시하는 정치적 행위였다. 당조의 황제는 문성공주와 금성공주를 토번의 지도자(贊普)에게 시집보내 쌍방의 우호적 관계를 촉진하였다. 그 후 토번의 역대 왕들은 모두 당조 황제를 '舅'으로 칭하였다. 구체적으로 기원 729년, 토번의 지도자가 올린 문서에는 "나는 선황제의 숙친이고 또 금성공주와 혼인을 맺었으니 한 가족이 되어 당조와 토번의 관계는 더욱 밀접해졌고, 천하 백성은 모두 안락한 생활을 하게 되었다(外甥是先皇帝舅宿親, 又蒙降金城公主, 遂和同為一家, 天下百姓, 普皆安乐)"라고 하였다. 그리고 회홀, 남소(백족과 이족정권), 발해국(만주 선민정권)은 책봉을 통해 정식으로 군신과 속국의 관계를 건립하였다. 당조는 남소 지도자를 운남왕으로, 발해국의 지도자를 발해왕으로 책봉하였고 위구르족의 역대 지도자는 반드시 당조의 책봉을 받아야만 정식으로 즉위할 수 있다고 하였다. 이런 책봉을 받은 지도자와 정권은 장안에 가서 조공할 의무가 있고 그들의 군대는 당조의 파견을 받아들여야 했다. 예컨대, 738년 남소는 이해(洱海) 지구를 통일하였는데, 당시 지도자는 남소왕이라는 책봉을 받고 즉위하였다. 그 이후부터 왕위 계승자는 무조건 장안으로 가서 알현하고 숙위하며 책봉을 받아야 했다. 당나라에서는 남조에 운남안무대사를 설치하였으며, 남조의 왕은 운남안무대사의 감시를 받아야 했다. 698년, 발해의 지도자가 지금의 길림성 경내에서 지방정권을 수립하였는데 당조에서는 그를 발해의 군주로 책봉하였으며, 당나라 안북도호부의 감호를 받도록 했다. 발해의 군주는 10여 세대 전해 내려오면서 세대마다 반드시 당나라의 책봉을 받아야 했고 장안에 가서 특산물을 조공해야 했다. 이에 당나라에서는 답례로 비단, 금과 은, 생활용품을 선물하였다. 발해왕국이 건립되면서부터 멸망까지의 200여 년 동안 발해가 당조에 조공한 차수는 무려 132차례에 달하였다.

회흘은 무력이 강대하였다. 당조는 여러 차례 회흘 기병을 파견하여 전쟁에서 도움을 본 적이 있었다. 예를 들면, 657년 회흘은 몽골 초원으로부터 수십만 되는 기병을 석이하(錫尔河) 상류에서 초하(楚河) 유역까지 출동시켜 당조가 서돌궐을 멸망시키는 데 협조하였다. 756년 이후 또 두 차례 중원으로 출병하여 당조가 "안사의 란"을 평정하는 데 협조하였다. 당조 황제는 녕국(宁国), 태화(太和), 함안(咸安) 등 몇 명 공주를 회흘 칸에게 시집보냈고, 매년 회흘에 대량의 비단을 선물하였다. 쌍방은 시종 군신의 관계를 유지하였다.

이와 같이 강한 민족 정권에 대해 왕 또는 칸으로 책봉하여 우호적인 관계를 유지하거나 종속관계를 유지하는 경우를 제외하고, 다른 민족지역에는 직접 대량의 회유부주(羈縻府州)를 건립하였다. 당조 시기 서역(지금의 신강과 중앙아시아), 동북, 영남(岭南), 외몽골 등 지역에 근 천 개에 달하는 회유부주를 건립하였다. 구체적으로 돌궐, 당항(党项), 토곡혼(土谷浑) 지구에 29개 부, 90개 주를 설치하였고, 귀자(龟兹), 우전(于阗), 언기(焉耆), 소륵(疏勒), 속특(粟特) 등에 51개 부, 198개 주를 설치하였으며, 거란, 말갈 등에 14개 부, 46개 주를 설치하였고, 영남에 92개 부, 강족 등의 거주지에 261개 주를 설립하였다.

회유부주의 도독과 자사(刺史)는 모두 당시 소수민족의 지도자가 세습적으로 물려받는다. 동시에 당조에서는 또 이런 변경지역에 도호부와 절도사(节度使)를 파견하여 회유부주를 통솔했다. 예를 들면, 서역의 안서와 북정도호부, 동북 지역의 안동도호부, 외몽골의 연란도호부, 내몽골의 안북도호부, 토번, 오랑캐와 요(僚) 등 부족을 통제하는 검남(剑南)절도사 등이 있다.

이와 같이 책봉 받은 지방 민족 정권과 회유부주는 주로 다음과 같은 특징이 있다. 첫째, 당지 소수민족 지도자가 세습적으로 즉위하고 관리한다. 내부의 사무는 스스로 해결하며 중앙에서는 더 추궁하지 않는다. 본 민족의 풍속제도를 일률로 보류하고 본토의 풍속을 그대로 이어나가며 중앙정부에서 간섭하지 않는다. 둘째, 지방지도자와 정권은 중앙정부와 연계를 유지한다. 즉, 친척(조카와 외삼촌), 대군과 신하, 상급과 하급, 중앙과 지방 등 서로 여러 가지 형식으로 연계를 가지며, 군사상에서는 정부의 징용에 복종해야 한다. 셋째, 중앙정부는 이런 지역에서 세금은 받지 않고 정치적 의미가 있는 특산물만 받는다.

당대 이후의 송, 요와 금은 모두 주변의 민족지역구에 대해 이와 같은 제도를 실행해 나갔다.

(3) 토사제도

원조는 전국을 통일한 후 예전의 반독립적 혹은 독립적인 변강의 소수민족 정권을 점차 없애고, 전국적으로 행성(行省)제도를 실행하였으며, 중앙집권은 그로 인해 더욱 강화되었다. 이와 동시에 일부 변경지역에 대해 내지와는 구별되는 토사제도를 실행하였다. 토사는 토관이라고도 한다. 왜냐하면 관청은 선위사부(宣慰使司), 선위사(宣慰司), 안무사(安撫司), 초토사(招討司), 장관사(長官司) 등으로 인해 유명해졌기 때문이다. 그중 최고급의 선위사부 관청 내에는 모두 중앙정부에서 임명한 류관이 있는데 외 기타 관청들에는 모두 토관들이 직무를 행사한다. 즉, 지방 소수민족의 지도자가 직위를 세습한다. 토사가 관할하는 영역은 자치를 실시하며 조정은 내부 사무를 간접하지 않고 조세를 징수하지 않는다. 하지만 토사들은 조공할 의무가 있다. "3년에 한 번 혹은 해마다 한 번씩" 황제에게 특산물을 조공해야 한다. 그리고 황제는 조공한 특산물의 등급에 따라 상을 내린다. 토사의 세습은 조정에서 책봉하고 임면한다. 역사적인 기록에 의하면, "세습은 반드시 조정의 명을 따라야 한다. 비록 먼 곳에 있더라도 조정에 가서 임명받아야 한다(襲替必奉朝命, 虽在万里外, 皆赴阙受职)"고 한다. 원조 시기 중앙집권이 강화됨에 따라 토사를 실시한 지역은 당조의 회유부주에 비해 적었다. 또한 그러한 지역에 대한 중앙정부의 통제는 당조보다 더 강력하였다.

명, 청은 모두 원조의 토사제도를 답습하였다. 명조 시기 전국에는 토지부 아래의 관원이 298명이 되었다. 청조 시기에 이르러 족장을 폐하고 중앙 관리로 임명함에 따라 토관들이 점차 줄어들었다. 통계에 따르면, 당시 토사가 비교적 집중된 운남, 사천, 귀주와 광서의 토관은 모두 112명으로서 명조 시기보다 많이 감소되었다. 당조에서는 소수민족 지역에서 실행한 회유제도에 상응하기 위해 소수민족과 관련되는 법률 조항도 만들어 냈다. 예를 들어,『당율·명렬제일(唐律·名例第一)』에는 "같은 소수민족이 법을 위반할 경우에는 그 민족의 법률로 처리하고 서로 다른 민족이 법을 어겼을 경우 당조의 법률로 처리한다(诸化外人同类自相犯者, 各依本俗法, 异类相犯者以法律论)"는 조항이 있다. 다시 말하면, 소수민족 내부의 분쟁은 본 민족의 법률에 따라 해결한다는 뜻이다. 그 외에도 당시의 법률 조항에는 많은 소수민족과 관련되는 법들이 있었다. 예를 들면, 조회(朝会), 간목(厩牧), 관시(关市, 변경 관문의 교역 장소) 등의 조문이 있었다. 이러한 법률들을 구체적으로 집행할 때, 소수민족의 지도자에 대해서는 일반적으로 비교적 관대하게 처리하였다. 예컨대, 돌궐족의 힐리칸이 빈번히 사람들을 영솔하여 변강을 침범하고 당조의 변민들을 강탈한 행위는 당조의 법률에 의하면 사형에 해당되는 죄명이었다. 그러나 당태종은 그러한 범인들을 장안으로 붙잡아 온 뒤 사형에 처하지 않고 "가족에게 돌려보냈으며 관부의 목축업을 관리하게 하였고 식량도 제공해주었다(悉还其家属, 馆于太仆, 禀食之)." 이러한 방식은 부하들을 위로해 주는 역할을 하였다. 당대 이후의 송, 원, 명, 청조에서는 모두 이와 같은 당조의 법령을 답습하였다.

2,000여 년간 중국 변경의 소수민족 지역에서 실행된 회유제도는 그 형식이 서로 달랐지만, 그 출발점은 모두 중원 지역과 반드시 일치하기를 강요하지 않고 모순을 격화시키지 않으며 각 소수민족 지역의 독특한 사회경제와 문화 상황에 적응하여 자치와 반자치를 수행하고자 했던 것이었다. 그 목표는 여러 변경의 소수민족 지역으로 하여금 정치에 있어서 중원 정권의 핵심적 지위를 승인토록 하는 것이었다. 이와 같은 회유제도는 중앙집권제와 서로 결합되어 몇천 년 이래 중화의 각 민족들이 본 민족의 경제와 문화를 독립적으로 발전시킬 수 있도록 하였고, 서로 쉽게 교류하고 학습함으로써 점차 단결 및 통일의 길로 나아갈 수 있도록 하였다.

제6절 통일 과정과 민족 융합

1. 통일과 문화의 공동 창조

중국은 예로부터 하나의 다민족 국가였을 뿐만 아니라 일찍이 2,000여 년 전부터 이미 통일된 다민족국가였다. 중국의 영역, 역사와 문화는 모두 중국의 56개 민족 및 그 조상들이 수천 년의 발전과정에서 함께 개발하고 창조해낸 것이다. 예를 들면, 화하(华夏)족은 가장 먼저 황하 유역의 섬서와 감숙(陝甘) 및 중원 지역을 개척하였고, 동이(东夷)는 가장 먼저 연해 지역을 개척하였다. 그리고 묘족(苗族)과 요족(瑶族)은 제일 먼저 장강(长江), 주강(珠江), 민강(闽江) 유역을, 티베트족(藏族)과 강족(羌族)은 청해와 티베트를, 이족(彝族)과 백족(白族)은 서남 지역을 개척하였다. 만주족(满族)과 시보족(锡伯族), 오원커족(鄂温克族), 어룬춘족(鄂伦春族)의 조상들은 가장 먼저 동북 지구를 개척하였고, 흉노(匈奴), 돌궐(突厥), 몽골(蒙古) 등의 민족은 몽골 초원을 개척하였다. 그리고 여족(黎族)은 해남도를, 고산족(高山族)은 대만을 개척하였다.

중화 문명은 세계상 하나의 독특한 문명으로서 그 역사가 유구하다. 그러한 문명의 기원은 각 민족의 창조와 발명에 기반을 둔다. 예컨대, 한족은 가장 먼저 종이를 발명하고 인쇄술을 개발하였으며 지남침, 화약 등을 발명하였다. 위구르족과 여족은 가장 먼저 목화의 재배와 면방작업을 배웠다. 회족 건축가 역흑질아정(亦黑迭儿丁)은 원대도(元大都, 지금의 북경)를 기획 및 건설함으로써 북경이 세계적인 도시로 부상하는 데 기반을 닦아놓았다. 티베트족이 보존한 고대 불교학의 저명한 저작 『간주이(甘珠尔)』와 『단주이(丹珠尔, 장문 대장경)』는 오늘날 중화 문화의 두 보물로 간주된다. 중국어 표준어 발음 역시 몽골어의 영향을 받아 형성된 것이다. 역사적으로 보면 수천 년 이래 중화 민족의 단결과 통일은 항상 중원 지역을 중심으로 한족을 주체로 발전 확장된 것이다.

일찍이 전설시대, 즉 지금으로부터 4, 5천 년 이전 각 민족의 조상들은 동아시아 현 중국의 영토에서 생활하였다. 당시 중원의 황하 유역에는 주로 하족(한족의 조상)이 살았고 동북의 회하 유역과 태산 인근에는 동이(东夷)가 있었다. 남방의 장강 유역에는 삼묘(三苗)가 살았고 서북 지역의 황하와 황수(湟水) 인근에는 강족이 살았으며, 북방의 몽골고원에서는 훈육(葷粥)이 살았다. 당시 하족과 주위 각 민족은 서로 교류의 관계에 있었다.

문자 기록의 역사에 의하면, 하(기원전 21세기~기원전 16세기), 상(기원전 16세기~기원전 11세기), 주(기원전 11세기~기원전 771년), 춘추(기원전 771~기원전 476년), 전국(기원전 476~기원전 221년)시대에 당시 민족 간의 관계는 더욱 밀접하였다. 황하 유역에는 하, 상과 주족(周族)이 있고 동부에는 이족(夷族), 동북에는 숙진(만주족의 선조), 북방과 서북에는 적(돌궐의 선조), 융(戎), 강(羌), 저(氐), 남방에는 만(蠻), 월(越) 등 민족이 있었다. 이 시기 하족, 주족과 상족을 중심으로 이(夷), 강, 적, 묘와 만(蠻) 등의 종족들을 흡수하여 화하족(華夏族)으로 발전하였으며 연달아 하, 상, 주왕조를 건립하였다. 따라서 국가의 영역은 갈수록 확대되었고 그 속에 포용된 민족 또한 지속적으로 증가하였다.

진과 한나라 시기(기원전 221~220년)에 화하족은 기타 여러 민족들을 흡수하여 한족을 형성하였다. 한조(漢朝)의 영역은 동쪽으로는 바다에 이르고, 서쪽으로는 오늘날 신강의 여러 민족을 흡수하였으며, 북쪽으로는 장성을 넘어 남흉노를 통일하였고 내몽골을 통제하였으며, 남쪽으로는 그 행정구역이 5령(현 복건, 광서, 광동성)으로부터 해남도까지 이르렀다.

수나라와 당나라 시기(581~907년)에 이르러 중원 왕조의 영역은 한층 더 확장되었다. 수, 당 두 왕조 모두 한족과 소수민족이 연합하여 건립한 정권이다. 수조는 주로 한족과 선비족(鮮卑族)의 연합정권으로서, 조정(朝廷)에서 선비족 대신(大臣)이 차지하는 비율이 높았으며, 수조의 황후들 중에도 선비인들이 많았다. 당조 초기 중앙정부의 관원들 중 절반 정도가 모두 소수민족으로 구성되었다. 당조 후기에 이르러 당조 군대 중의 고급 장교들은 그 절반 이상이 거란, 돌궐, 위구르, 고려 등 소수민족들이었다. 당조 정부는 북방 소수민족의 기병에 의존해 북쪽으로 흑룡강과 바이칼 호에 이르는 지역, 서쪽으로 파이카십 호와 중앙아시아 양하 유역을 통제하였다. 오늘날 중국의 영역에서 티베트를 제외한 기타 지역 및 민족들은 모두 당나라의 구성원으로 되었다.

원나라 시기(1271~1368년)에 이르러 그 영역은 "한, 당조 영역을 중심으로 더 확장되었고, 구성원들도 한, 당나라 시기보다 더 증가되었다(有汉唐之地而加大 有汉唐之民而加多)"고 한다. 티베트의 티베트족을 포함한 모든 민족은 모두 하나의 중앙정권 내에 통일되었다. 청나라 시기(1644~1911년)에 이르러 기존의 통일된 국면은 더욱 공고해졌다.

2. 역사상의 민족 융합

수천 년 이래 중화 민족의 밀접한 교류, 단결 및 통일의 과정은 여러 민족의 대융합이 이루어지는 과정이기도 하다. 여러 민족은 이동, 잡거, 통혼 등 여러 가지 형식을 통해 문화상에서는 서로 학습하고 혈통상에서는 서로 혼합되어 서로가 서로를 포함하는 관계를 형성하였다. 그럼으로써 각 민족, 지역 간의 경계를 희미하게 만들었을 뿐만 아니라 나아가 중화 민족의 공통된 문화와 심리적 특징을 형성해냈다.

중국의 주체 민족인 한족의 형성은 여러 민족이 대융합한 결과이다. 진나라 초기 중국은 화하, 동이, 북적, 서융, 백월 등 5대 민족 집단이 있었다. 고서에는 "주나라 문왕은 서이인이다(周文王西夷之人也)"라고 적혀 있다. 여기에서 우리는 주나라 사람은 원래 화하족에 속하지 않았다는 것을 알 수 있다. 혹자의 고증에 의하면, "순은 동이인이고 공자의 제자 관중도 오랑캐이다(舜为东夷之人, 孔子的弟子管仲名夷吳, 也是夷人)"라고 했다. 당시 적인(狄人)부락은 대부분 황하 이북에 분산되었으며 화하인과 통혼한 기록도 많이 있다. 예컨대, 진(晉)나라의 국군인 중이(重耳)의 어머니가 바로 적인이었다. 남방의 오나라와 월나라에도 많은 월인들이 있었다. 진나라가 통일된 후 중원 지역에 흩어져 있던 이, 적, 융, 월 등 민족은 대부분 화하족으로 융합되었다.

한나라 이후 특히 소수민족들이 중원 지역으로 진입했을 때, 그들은 대규모적으로 한족 집단에 융합되었다. 예를 들면, 서진(西晉) 말기에 선비, 갈, 저, 흉노 등 5개 소수민족은 중원에 진입하여 각기 열 몇 개의 국가를 건립하였다. 이를 역사상에서 5호 16국(317~439년)이라고 한다. 100여 년이 지난 뒤 이러한 소수민족은 한족이라는 큰 민족의 물결 속으로 융합되었다. 지금까지 한족 성씨 가운데는 여전히 흉노의 성씨인 "호연(呼延)"이 보존되어 있다.

여진족의 금나라(1115~1234년)가 황하 유역을 점령한 후 "몇백 만"의 여진군들이 하남으로 이주하였으나, 결국 모두 한족으로 동화되었다. 원래 동북에 거주하고 있던 원래의 만주족들도 청조가 건립된 후 대부분 관내로 들어갔으며, 청조 말기에 이르러서는 만주족 문자와 언어를 버리고 모두 한어, 한문을 사용하였고 심지어 음식, 거주 등 방면에서도 모두 한족 관습을 따랐다.

중원으로 들어간 소수민족들 가운데서 일부 민족들은 주동적으로 한족의 문화에 동화되었다. 예를 들어, 선비족인 북위 효문제(471~499년)는 선비족으로 하여금 한어를 배우고 한족 복식을 따르도록 하였으며, 한족 성씨로 고치고 한족과 통혼하는 것을 격려하였다. 이를 통해 선비인과 한족의 융합을 촉진하였다. 또한 일부분 소수민족 통치자들은 한화를 반대하였다. 예를 들어, 김세종은 "한족 성씨로 바꾸거나 남방 사람들의 의복을 착용하는 것을 엄격히 금하였고, 이 규정을 어기였을 경우 호되게 처리한다(禁女直不得改稱汉姓, 学南人服装, 犯者抵罪)"고 규정하였다. 청태종 역시 다음과 같은 명령을 내린 적이 있다. "말을 타고 활을 쏘는 전통을 버리고 한족을 모방하며", "다른 나라의 복식을 모방하고 머리를 묶으며, 발을 동이는 사람은 큰 벌을 받는다"고 했다. 뿐만 아니라 만주족과 한족이 통혼하는 것을 금지하였고 만주족이 상업과 농업에 종사하는 것을 반대했으며, 심지어 동북 3성을 봉쇄하여 한족들이 그곳을 개간하는 것을 금지하였다.

하지만 민족의 융합은 역사 발전과정에서의 필연적 추세이자 하나의 진보적인 현상이다. 특히 중원 지역의 한족보다 사회경제 발전수준이 낮은 소수민족이 한족문화가 농후한 황하 유역에 진입하게 되면 결국 한족문화에 융합될 것임이 틀림없었다. 엥겔스(Engels)는 "문명 수준이 낮은 정복자들도 대부분의 경우 자신들이 정복한 나라의 비교적 높은 경제적 수준에 적응해야만 했다. 뿐만 아니라 정복한 인민들에 의해 동화되거나 심지어 대다수 사람들은 정복한 나라의 언어를 사용하였다"고 말하였다. 중국 역사에서 중원에 진입한 소수민족 통치자들의 경우 모두 이러한 문화 융합의 결과를 가져왔다.

원대의 몽골족도 역시 마찬가지이다. 원나라 통치자들은 일찍이 민족 격리정책을 엄격히 실행하였다. 어느 학자가 단언하기를, "원조는 몽골주의를 신봉하였으며 한문화와 한인은 존중을 받지 못했다"고 하였다. 하지만 실제로 몽골 통치자들은 통치의 수요를 위해, 1233년 연경(燕京)에 국자학(国子学)을 세우고 몽골 자제들로 하여금 한어와 한문을 배우게 하였다. 구비라이(忽必烈)는 왕자와 가까운 신하들의 자제들에게 한족의 유가를 배울 것을 요구하였고, 황자는 모두 이중 언어 교육을 받아야 한다는 명령을 내렸다. 어느 학자의 고증에 따르면, 원조 과거(科举)의 전후 16과에서는 1,139명의 진사를 채용하였는데, 그중 몽골족이 300여 명이나 되었다. 사실 한문의 경적에 몰두하고 시험에 몰두한 몽골의 자제들은 헤아릴 수 없이 많았다. 원나라 조정은 또 공자를 대성 문선왕으로 봉했고, 굴원(屈原)을 충절 청렬공(忠节 淸烈公)으로 봉했으며, 류종원(柳宗元)을 문혜 소령공(文惠 昭灵公)으로, 두보(杜甫)를 문정(文贞)으로 봉하였다. 이를 통해서도 원나라 시기에도 유학을 숭상했음을 알 수 있다. 원 왕조 말년, 많은 몽골인들이 이미 한족 성씨로 개명했고, 한족의 풍속관습을 따랐다. 원조가 멸망한 후 몽골인의 계급적 우세가 사라지자 대부분 몽골인은 빠른 속도로 한족에 융합되었다.

한나라 이후 대대로 서역의 많은 승려와 상인, 군인들이 중원으로 들어 왔다. 학자들은 문헌으로 고증할 수 있는 130여 명의 구술자에 대하여 전문적으로 연구하였으며 그들이 모두 한문화의 영향을 받았다는 것을 증명하였다. 그중에는 신강의 투루판인(吐鲁番人), 화전인(和田人), 길목살이인(吉木萨尔人), 파미르 고원의 서부(葱岭西)에서 온 우즈베키스탄인(乌兹别克斯坦人), 아랍인(阿拉伯人)과 페르시아인(波斯人) 등이 포함되었다. 고대의 문헌에는 많은 서역 사람들이 무리를 지어 중원에 왔다고 기록되어 있다. 예를 들면, 한령제 시기 팔도(八度)라는 대월씨인(大月氏人)이 "수백 명 대월씨인을 거느리고 한조에 귀화하였다." 또 당조의 섬서(陕西)성 예천현(醴泉县) 북쪽에 있는 "온숙령이라는 산의 명칭은 한나라 시기 온숙국인(温宿国人, 지금의 신강 아커쑤)이 그 곳에서 농사짓고 방목함에 따라 지어진 이름이다(有山名温宿岭者, 本因汉时得温宿国人, 令居此地田牧, 因以为名)"라고 한다. 당조의 우전국(于阗国, 현재의 신강 화전)은 5,000명의 군대를 중원으로 파견하여 "안사의 난"을 평정하는 데 협조한 적이 있었는데, 그 뒤로 군인들이 우전국으로 돌아왔다는 소식은 없었다. 참전한 후로 그들은 이미 중원에 융합되었다는 것을 알 수 있다. 당조의 장군 위지경덕(尉迟敬德)은 우진인으로서 당시 한족 민간 중의 문신(门神)으로 그 명성을 날려 왔다.

수천 년 이래 한족이 소수민족에 융합되고 또 한족과 소수민족이 서로 융합되었다는 기록들이 많다. 예를 들면, 진시황은 50만 명의 중원인을 거느리고 당시의 남월에 진입했는데, 그중 많은 사람들이 월인에 융합되었다. 수조 말기, 중원에 반란이 일어나 수많은 한족이 북으로 도망가거나 포로가 되어 막북 돌궐족의 노예가 되었다. 그리하여 당조가 건립된 후 당태종은 초원에 사람을 파견하여 화폐와 비단으로 수만 명의 한인을 찾아왔다. 회홀, 토번, 속특(粟特), 돌궐 등과 같은 민족의 많은 상인과 사절들이 중원에 와서 한족 여자와 결혼한 뒤 아내를 본 지방으로 데려갔다는 기록들도 많다. 예를 들면, 정관 3년에 당조 정부는 장안에서의 한 차례를 조사를 통해 한족 여성을 아내로 맞이한 호객(胡客, 서역지구의 상인)이 천여 명이나 됨을 발견했다. 또한 일부분의 한족들이 소수민족에 의해 강탈 혹은 점령당한 뒤 소수민족에 의해 동화된 사례도 있다. 예컨대, 당조의 하서주랑(河西走廊)이 토번에 의해 반세기 넘어 점령된 이래로 당지의 한족들은 모두 토번의 복장을 착용하였다. 명대 왕건의 「양주행(凉州行)」은 한족 부녀자들을 강탈당한 후의 상황을 반영하였다.

凉州四边沙浩浩, 汉家无人开旧道
边头州县尽胡兵, 将军别筑防秋城
万里人家皆已没, 年年旌旗发西京
多来中国收妇女, 一半生男为汉语

양주의 주변이 황량하니 개척하려는 한인들이 없고,
또한 양주의 각 현이 오랑캐 병사들에게 점령되었으니,
장군은 다른 곳에 성을 세워 서역을 방어하거늘,
양주의 주변에는 인가가 없지만,
관청에서는 해마다 병사들은 파견하여 서경으로 보낸다.
중원에 들어온 오랑캐들은 많은 한족 부녀자들을 겁탈하였고,
그들의 후대들은 반수가 한어를 구사할 줄 알았다.

이러한 역사적 사실은 몇천 년 이래 한족이든 소수민족이든지를 막론하고 서로 간의 혈통적 융합은 종래로 단절된 적이 없었다는 것을 말해준다.

제7절 민족관계의 몇 가지 문제

1. 통일과 분열

우리는 중국을 고대로부터 통일된 다민족 국가라고 말한다. 그것은 어디까지나 모호하고 총괄적인 단어에 지나지 않는다. 역사적으로 이런 통일된 다민족 국가는 고정불변한 것이 아니다. 다민족 국가의 통일과 영역은 모두 각 왕조에 따른 국가 형태의 형성 및 발전의 과정이 있다.

첫째, 중국의 통일적 국면은 부단히 확대되고 공고화된 것이다. 중국에서 가장 최초로 형성된 국가는 기원전 21세기에 건립된 하조로서, 하조의 영역은 현재 하남, 산서, 섬서 등 몇 개 성의 부분적 지역을 포함한다. 당조에 이르러 하조는 북쪽으로 흑룡강과 바이칼 호, 서쪽으로 파이카십 호와 중앙아시아 양하 유역에 이르는 광활한 영토를 통제하였다. 오늘날 중국의 영토에서 티베트 이외의 기타 지역과 민족은 이미 통일된 당조의 일부분으로 되었다. 원조 시기에 이르러서는 티베트 이내의 모든 민족과 지역은 하나의 중앙집권하에 통일되었다.

둘째, 중국에서 문자 기록이 나타난 이후의 몇천 년 역사과정을 통틀어 통일은 시종 하나의 중요한 추세였다. 중국은 몇 차례 분열된 적이 있었으나, 그것은 대체로 많은 지방할거 정권과 민족 정권으로 분열된 것이었다. 수천 년 되는 역사에서 통일 기간은 분열 기간보다 훨씬 길었고 통일은 시종일관 중국 역사의 주류를 구성하였다. 그렇다면 왜 수천 년 이래 통일은 시종 중국 역사의 주류로 되었는가. 그것은 거의 모든 민족이 통일을 희망하고 쟁취하였기 때문이다. 역사적으로 볼 때, 통일을 위해 노력한 민족에는 한족 이외에도 흉노, 돌궐, 선비(북위 왕조), 저족(진나라 이전 왕조), 거란(요나라), 몽골족(원조)과 만주족(금조와 청조) 등이 있었다. 이것이 바로 수천 년 이래 중국이 시종 통일된 하나의 다민족 국가를 유지할 수 있었던 중요한 원인이다. 그러한 원인에서 우리는 또 중국의 통일은 여러 민족의 인민이 공동으로 창조한 것임을 알 수 있으며, 그 가운데서 한족, 몽골족, 만주족이 중요한 작용을 했음을 알 수 있다.

셋째, 역사상 중국의 영역은 역대 중앙 왕조 혹은 한족 정권이 통제하는 강역을 포함할 뿐만 아니라 미처 중앙 왕조의 영역에 귀속되지 않은 지방 및 소수민족 정권도 포함한다. 역사상 중국 영역 내의 여러 민족은 중앙 왕조의 관할하에 있든 아니면 독립 정권을 건립한 시기든 또는 통일 혹은 분열시기이든지를 막론하고 모두 중국의 민족이다. 예를 들면, 진한 시기의 흉노, 수·당 시기의 돌궐, 거란인이 건립한 서요(西辽, 1125~1211년), 회홀인이 건립한 하라칸조(哈拉汗朝) 등의 민족이 생활하고 통제했던 구역은 모두 중국 영역의 일부분이었고 그들이 건립한 정권은 모두 중국 내에 부속된 서로 다른 민족 정권이었다. 비록 분열시기에 타민족 정권을 타지역 혹은 외국으로 간주하기도 했으나, 전체 역사적 흐름 속에서 살펴보면 그것은 중국이 통일된 다민족 국가를 형성하는 과정에서의 하나의 분열 시기이며, 타민족 정권과 중앙정권의 관계는 국내 서로 다른 민족 정권 간의 관계이지 중국과 외국의 관계는 아니었다. 그들의 역사는 모두 중국 역사의 일부분이었다.

2. 각 민족의 공헌

계급사회에서 서로 다른 계급 간의 관계는 불평등하고 서로 다른 민족 간의 관계도 역시 불평등하다. 세계사와 중국사에서 이와 같은 불평등 관계는 보편적인 것이다. 하지만 오늘날 우리는 반드시 여러 민족은 모두 평등하다는 원칙에 의해 역사상의 민족관계를 이해하고 파악해야 한다.

중국의 통일과 영역, 역사와 문화는 중국의 여러 민족들이 함께 창조하고 개발한 것이다. 중국의 역사는 중국 영역 내 각 민족 역사의 총체이기도 하다. 우리는 여러 민족의 역사적 발자취를 관찰하고 분석할 때, 반드시 민족 평등의 원칙에 근거하여야 한다. 우리가 말하는 민족평등은 주요하게 여러 민족이 당연히 누려야 할 권리를 말한다. 역사적 문제에서 동일한 기준과 표준으로 각 민족의 역사 활동을 평가하고 가늠해야 한다. 평등하다고 하는 것은 결코 각 민족들의 작용이 평등하다는 것은 아니다.

중국의 역사에서 보면, 중원 지역이 비교적 발달한 봉건사회로 있을 때, 어떤 변경지역의 소수민족은 그때까지도 농노제 사회에 처해있었고 개별적인 지역은 노예제 사회, 심지어 씨족 사회에서 벗어나지 못하였다. 각 민족이 처한 지역 및 그 발전수준과 인구규모 등의 차이로 인해 역사상에서의 그들의 공헌과 작용은 서로 달랐다. 그 가운데서 한족은 줄곧 주도적인 작용을 해왔다.

한족이 역사에서 주도적인 역할을 할 수 있었던 것은 한족 인구가 많은데 그 원인이 있기도 하지만, 더욱 중요한 것은 그들이 비교적 선진적인 생산방식 및 발달한 경제와 문화를 갖고 있었기 때문이다. 한족이 다른 민족에게 정복되어도 결과는 마찬가지이다. 맑스는 "역사의 불변의 법칙에 의하면, 야만적인 정복자는 항상 그들이 정복한 민족의 비교적 발달한 문명에 정복된다"고 하였다. 중국 역사에서 선비(북위), 거란(요), 여진(금), 몽골(원), 만주(청) 등의 민족들은 연이어 한족 지역을 정복하였다. 그들은 중원에 진입하기 전에 모두 중원의 한족보다 낮은 발전단계에 처해 있었기에, 중원에 진입한 후 한족 고유의 생산방식과 문화를 변화시키지 못했을 뿐만 아니라 오히려 점차 한족 문화에 동화되었다. 이런 맥락에서 저명한 역사학가 전백찬(翦伯赞)은 "나는 선비인, 거란인, 여진인이 중국 영토의 2분의 1을 통제한 시기, 몽골인, 만주인이 전 중국을 통치한 시기에도 한족은 여전히 중국 역사에서 주도적인 역할을 했고 본다"고 하였다.

3. 민족 전쟁과 민족 영웅

역사적으로 볼 때, 중국의 여러 민족 간에는 전쟁이 다수 있었다. 물론 전쟁이 민족관계에서 현상이기도 하겠지만 우리는 그에 앞서 수천 년 이래 다민족의 관계를 주도한 것은 평화적인 교류 및 경제, 문화와 정치에 있어서의 정상적인 교류였다는 것을 알아야 한다. 구시대의 사학가는 늘 편협한 민족주의적 편견을 가지고 있었으며, 그로 인해 민족 간의 전쟁을 지나치게 강조하였다. 반면에 민족 간의 정상적인 교류 및 중국 각 민족의 통일에 미친 교류의 의의를 간과한다. 사실상 여러 민족이 서로 화목하게 지내고 공존한 기간은 전쟁 기간보다 훨씬 더 길었다. 역사상 각 민족의 평화로운 공존이야말로 가장 중요한 부분이었고, 전쟁은 그다음으로 가는 제2의 요소이다. 민족 간 모순이 점차 악화되고 평화적 공존을 유지할 수 없는 상황에 직면해야만 비로소 전쟁이 일어나게 되는 것이다.

역사적으로 중국 내 여러 민족 간에 발생한 여러 차례 전쟁은 비록 하나의 내전이지만 그 성격에 있어서는 차이점이 있다. 전쟁을 하는 쌍방은 정의와 비정의, 침략과 반침략, 압박과 반압박, 정복과 반정복, 통일과 분열의 차이점이 있다. 어떻게 그러한 전쟁의 성격을 평가하고 분별하는가 하는 것은 하나의 중요하고 복잡한 문제이다. 우리는 그러한 전쟁을 평가할 때 우선 편협한 민족주의에서 벗어나야 한다. 즉, 대한족주의의 입장에 서거나 어느 소수민족의 입장에서만 고려해서는 안 되며, 반드시 하나의 다민족 국가라는 입장으로부터 출발하여 평가해야 한다.

전쟁의 성격을 판단하려면, 우선 전쟁이 어느 계급이 일으킨 것이고 그 목적은 무엇이며 어떤 정책의 연속인가 하는 것을 파악해야 한다. 민족 전쟁은 계급사회의 산물이다. 왜냐하면 그러한 전쟁은 각 민족의 통치계급이 유발한 것이 아니면, 통치계급의 민족 압박과 착취의 정책이 추동한 것이기 때문이다. 여러 민족의 통치계급은 더욱 많은 지역과 인민을 통치하고 더욱 많은 재화를 약탈하기 위해 기타 민족과 지역에 대해 전쟁을 발동하게 된다. 예를 들면, 흉노, 선비와 돌궐족 등 북방의 초원민족은 중원 지역과 서역 도시국가에 대해 약탈과 정복전쟁을 일으켰고, 한무제는 대원(지금의 우즈베키스탄)을 정복하는 전쟁을 일으켰다. 이와 더불어 금조가 남송에서 시작한 전쟁, 몽골제국이 중원과 서아시아, 유럽을 정복하고자 한 전쟁들은 모두 침략의 성격을 띤 전쟁들이다. 따라서 침략을 받은 민족, 지역 혹은 국가에서는 자신들의 국가를 지키고 민족의 생존을 위해 전쟁을 하게 된다. 이는 정의적인 반침략전쟁이다.

역사적으로 어떤 변경의 소수민족 지도자는 본 민족 인민을 착취하고 노예화하는 소수 통치자들의 특권을 보호하기 위해, 국가의 통일을 반대하고 심지어는 외국의 세력과 결탁하여 조국을 분열하는 전쟁을 일으켰다. 이러한 전쟁들은 모두 반동적인 것이다. 따라서 이와 같은 반동세력을 타격하기 위한 전쟁은 정의적인 것이고, 그 지역의 소수민족 인민의 이익에 부합되는 것이며 또한 국가의 통일에 유익한 것이다. 비록 여러 민족 통치자들이 본 민족에 대한 통치계급들의 권익을 확대하기 위해 침략전쟁을 유발했지만, 그러한 전쟁 가운데서 일부 전쟁은 애초 전쟁을 발동한 통치자들의 주관적인 목적과 완전히 상반되는 결과와 객관적 효과를 가져왔다. 레닌은 "역사적으로 볼 때, 항상 이러한 전쟁이 존재했다. 그러한 전쟁은 비록 모든 전쟁과 마찬가지로 피할 수 없는 비참한 재앙, 폭행, 재난과 고통을 야기했지만, 그것은 여전히 진보적인 전쟁이다. 다시 말하면, 그러한 전쟁은 인류의 발전에 유리한 것이었고 해롭고 반동적인 제도(전제제도와 농노제)로 유럽의 가장 야만적인 전제체제(터키와 러시아)를 타파하는 데 큰 도움을 주었다"고 하였다. 중국의 역사에서 일부 민족 간의 전쟁도 이러한 성격을 띤다. 그러한 전쟁은 반동적이고 낙후한 제도를 폐지하고 국가의 통일과 민족 융합을 촉진하였다.

역사상의 민족 전쟁에서는 일부 걸출한 지도자들이 나타나 사람들의 존경을 받았다. 그들 중 일부 지도자들은 전쟁을 통해 분산된 부락을 통일된 민족으로 융합시켜 본 민족의 발전과 강성을 촉진하였다. 예를 들면, 몽골족의 칭기즈칸(成吉思汗), 만주족의 누르하치(努尔哈赤) 등이다. 또한 어떤 사람은 반침략전쟁에서 다른 민족의 침공에 용감하게 저항함으로써 본 민족 인민의 요람과 생명, 재산을 지켜냈다. 예를 들어, 한족인 악비(岳飛)와 우겸(于谦) 같은 인물들로서, 그들은 모두 본 민족의 영웅들이다.

중국 역사에는 또 다른 영웅 인물들이 있는데 그들은 외세 침략에 저항하고 중화민족을 보호하는 전쟁에서 큰 공헌을 하였다. 예를 들면, 명조 시기 왜구를 반격한 척계광(戚继光), 네덜란드 침략자들로부터 대만을 수복한 정성공(郑成功), 아편전쟁에서의 임칙서 등은 모두 중화 각 민족의 영웅들이고 전국 인민의 존경을 받아왔다. 위에서 제시한 민족 영웅들이 본 민족의 이익을 위해 표현한 용감함, 지혜로움, 자아희생정신은 중국 역사의 한 페이지에 영원히 기록될 것이며, 여러 민족 인민의 발전을 격려할 것이다.

회족의 결혼식 풍경

한어 민족

汉语 民族

한족 汉族

회족 回族

＊＊＊

중국 내에서 한어(汉语)와 장어(藏语, 티베트어)를 사용하는 민족은 한족(汉族)과 회족(回族)이다. 중국에는 한족의 인구수가 가장 많고 지역적으로도 가장 광범위하게 분포되어 있다. 거기에 정치, 경제, 역사, 문화 등 요인들로 인해 한어는 여러 민족이 공동으로 교류할 수 있는 공통적 언어가 되었다. 일부 민족, 예를 들어 만주족(满族), 사족(畲族) 등은 자기 민족의 고유 언어가 존재하지만 현재는 기본적으로 한어를 공용어로 사용한다. 회족 선민들 역시 아랍어, 페르시아어, 돌궐어 등 다양한 언어를 사용하였으나, 회족들이 하나의 민족공동체를 형성한 이후부터는 한어를 공용어로 사용하였으며, 이는 회족의 중요한 민족적 특징의 하나이다.

한어는 세계에서 역사가 유구한 언어 중 하나이다. 학자들의 연구에 따르면, 한어는 적어도 만 년 이상의 역사를 가지고 있다. 한어는 기나긴 역사 발전과정을 통해 형성되었다. 한어의 형성과 발전은 한족의 형성 및 발전과 긴밀히 연계되어 있다. 한족은 중원 지역에서 발원하여 중원 지역 각지로 이동해 세력을 확장하였으며 그러한 발전과정에서 여러 민족과 융합되었다. 역사적으로 인구이동, 민족교류, 문화적 상호작용 및 환경의 다양성 등 여러 가지 복합적인 요소의 영향을 받아왔기 때문에, 같은 한족이라도 거주하고 있는 지역에 따라 문화적 차이가 존재한다. 이러한 문화적 차이는 특히 언어에서 두드러지는데, 한어에 존재하는 대량의 방언(사투리) 혹은 토속어의 차이가 이에 해당한다. 일반적으로 중국어에는 7가지 방언, 즉 북방(北方)방언, 오(吳)방언, 상(湘)방언, 간(贛)방언, 객가(客家)방언, 민(閩)방언, 악(粵)방언이 존재한다. 각 방언 간에는 서로 의사소통을 통해 교류를 진행하기 어렵기 때문에, 상호간의 원활한 의사소통을 통한 교류를 위하여 중국정부는 한어에 근거하여 표준어인 보통어(普通话)를 정립, 반포하였다. 표준어는 북방방언을 기초로 하고 북경 음성을 표준음성으로 하여 만들어졌다.

사실 넓은 중화 지역에서 한족들이 서로 교류하고 상호간에 동질감을 형성하는 데 있어 한어는 간과할 수 없는 중요한 요소이다. 한자(汉字)는 상주(商周)의 갑골문과 금문에서 변화되었다. 진시황(秦始皇)은 중원대륙을 통일한 이후, 국가의 통일성을 위해 문자의 통일을 꾀하였다. 그리하여 모든 문건에는 같은 문자를 사용하도록 하는 서동문(书同文)을 명하였는데, 이때 소전(小篆)체가 통일된 문자로 사용되었다. 진(秦)나라 시기에는 소전체 이외에도 예서(隶书)가 존재하였는데, 예서는 한(汉)나라 시기까지 사용되다가 동한(东汉) 말기에 와서는 해서(楷书)로 변화되었고 위진남북조(魏晋南北朝) 시기에 이르러 해서가 통용문자로 지정되어 지금까지 이어지고 있다. 한어는 현재 중국에서 널리 사용되고 있는 언어이다. 많은 소수민족들이 민족 고유의 언어를 보유하고 있지만 문자는 존재하지 않고 있는 경우가 많기 때문에, 대부분의 소수민족은 한자를 통용문자로 사용하고 있다. 그러나 일부 민족은 한자를 차용하여 자기 민족의 문자를 창조하기도 하였다. 중국에서 한어를 통용어이자 표준어로 지정한 것은 한족의 사회발전과 함께 각 민족 간의 문화 교류 및 국가 통일에 중요한 역할을 하였다. 20세기 50년대부터, 중화인민공화국(中华人民共和国) 정부는 문화 개혁을 계획적으로 진행하면서 한어를 바탕으로 표준어인 보통어를 중국 내 통용어로 정립하면서 한어가 그 기능을 십분 발휘할 수 있도록 도왔다. 오늘날 중국 현대화 발전과 더불어, 표준어로써의 한어 및 한자는 점차 중요한 국제 통용문자로 되었다.

회족이 한어를 사용하게 되는 과정은 그들의 인구 분포의 과정을 통해 설명할 수 있다. 중국 내에서 각 민족은 다양한 형태로 분포되어 있다. 그중에서 회족은 분포의 광범성에 있어서 기타 소수민족이 비견할 수 없을 정도로 분포의 범위가 크다. 그 때문에 회족은 다른 소수민족보다 더욱 많고 더욱 광범위한 자치지역 다시 말해 하나의 자치구(自治区), 두 개 자치주(自治州), 11개 자치현(自治县) 및 다수의 민족향(民族乡)을 가지고 있다. 인구수로 볼 때, 닝하회족자치구(宁夏回族自治区)의 회족 인구수는 전 구 인구의 3분의 1밖에 되지 않으며, 한족 인구수가 그 지역 인구수의 대다수를 차지한다. 전국 회족의 6분의 1가량의 회족만이 닝하회족자치구에 거주하고 있으며, 회족이 상대적으로 집거하고 있는 서북지역의 인구도 전국 회족 인구 총수의 절반도 되지 않는다. 반대로, 약 99% 이상의 위구르족(维吾尔族)은 신강위구르자치구(新疆维吾尔自治区)에 집거하고 있고, 절대다수의 티베트족, 장족(藏族), 몽골족(蒙古族)은 각자의 자치구 내에 분포하여 거주하고 있으며, 그 외의 소수민족들도 자신의 크고 작은 전통집거 지역에서 살고 있다. 이것이 바로 회족이 기타 소수민족과 구별되는 부분이다. 비록 회족의 인구수는 천만 명도 되지 않지만, 이들은 중국의 각지에 분포되어 있으며 대부분 한족과 어우러져 집거하고 있다. 이러한 광범위한 인구 분포의 특성은 회족이 자신들의 생존환경에 적응하는 데 필요한 한어를 습득하도록 하게 만든 요인이 되었다. 이 밖에도 구성원의 다양성도 회족들로 하여금 한어를 자신들의 민족 통용어로 사용하게 만든 중요한 원인이다. 회족은 다양한 국가와 지역에서 왔으며, 아랍인, 페르시아인, 중부아시아 돌궐어족의 여러 민족, 중국의 한족, 몽골족, 위구르족으로 구성되어 있다. 이처럼 서로 다른 민족 구성원들로 이루어진 회족은 민족융합과정 속에서도 자신들의 고유한 언어, 예를 들면 페르시아어, 아랍어, 중앙아시아 민족어 및 한어, 몽골어, 위구르어 등을 가지고 있었다. 그러한 회족이 민족의 형성 및 발전과정에서 최종적으로 한어를 그들 민족의 언어로 선택한 것은 자신들이 거주하고 생활하는 한족 지역에 적응하기 위해서였다. 그리고 회족으로 융합되는 과정에서 국내외 각 민족 구성원들 간의 언어적 교류를 원활하게 진행하기 위해서였다. 공통 언어의 등장은 회족이 형성되는 중요한 조건이다. 회족이 공통 언어로써 한어를 사용하게 된 것은 회족이 중국의 다른 소수민족과 구별되는 중요한 특징이다. 결국 회족의 문화발전 수준이 한족과 비슷한 수준에 놓일 수 있는 것도, 회족이 한어를 사용하고 또 중국 전역에 걸쳐 광범하게 분포되어 있는 특징에서 비롯되었다고 할 수 있겠다.

한족(汉族)

1. 민족개관

한족은 세계에서 가장 규모가 큰 민족이다. 2000년의 인구 통계에 의하면, 중국의 한족은 1,137,386,112명으로서, 중국 총인구수의 91.53%를 차지한다.

한족은 중국의 전국 각지에 널리 분포하여 거주하고 있으며, 이러한 분포적 특징은 통일된 다민족국가인 중국이 형성 및 발전하는 과정에서 점차적으로 확립된 것이다. 한족은 황하 유역의 중하류에서 발원하였으나, 전쟁, 인구이동, 각 민족 간 교류에 의한 민족 융합으로 인해, 남송(南宋) 시기에 이르러 회하 이남에 한족들이 증가하면서 점차 북방을 초과하는 국면이 형성되었다. 이러한 추세는 원

(元), 명(明), 청(淸) 시기에 이르러 더욱더 확대되었으며, 특히 양쯔 강 삼각주, 주강 삼각주 등 농업이 발달한 지역에 한족 인구가 더욱 집중되었다. 청조 말기, 변경을 지킨 것이 소수민족이었던 반면에, 북방 각 성의 백성들은 자발적으로 "관동지역으로 이동하고(闖关东)", "서쪽으로 이동(走西口)"하였으며, 만리장성을 넘어 동북, 내몽골로 이동하였다. 게다가 역사적으로 한족들은 정부의 조직 아래 혹은 자발적인 형식으로 농업발전에 유리한 여러 민족 지역으로 이동하였다. 그리하여 20세기 50년대 이전까지, 티베트를 제외한 모든 변경지역에는 상당한 수의 한족들이 분포되었다. 근현대 상·공업의 발전과 더불어 한족 인구는 점차 대·중도시에 집중되었다. 한족들은 중국의 방방곡곡에 거주하고 분포되어 있으며, 일부 변경지역에서도 그들은 소수민족과 잡거하고 있다. 이렇게 한족은 장강, 주강, 황하, 회하, 요하, 송화강 등 큰 강의 중하류에 집거하고 있고 여러 변경에서도 생활하고 있다.

중국은 유럽-아시아 대륙의 동쪽에 위치하여 있으며 육지의 면적은 960만 km²에 달한다. 폭원이 넓고 동, 서, 남, 북의 자연환경이 차이가 현저한 데다가 민족이 많기 때문에, 서로 다른 지역의 한족 문화와 그 지역의 서로 다른 소수민족의 문화가 상호작용하는 차원은 서로 다르다. 따라서 인문 경관이 각기 다른 인문지리지역, 즉 문화지역을 형성하였다. 한족의 인문지리지역에 대한 구분에 있어서는 서로 다른 의견이 존재한다. 하나는 연해 문화지역, 내지 문화지역, 서부 문화지역으로 구분하는 것이고, 다른 하나는 관동 문화지역, 연조 문화지역, 황토 고원 문화지역, 중원 문화지역, 제로(齊魯) 문화지역, 회하 유역 문화지역, 바촉(巴蜀) 문화지역, 경상(荆湘) 문화지역, 판양(鄱阳) 문화지역, 오월(吳越) 문화지역, 영남(岭南) 문화지역, 대만해협 량안 문화지역으로 구분하는 것이다. 마지막으로 화남, 화동, 화중, 화북 동부, 서부, 서남 등 7개 인문지리지역으로 구분하는 것이 있다. 이상의 구분은 대부분 역사지리지역, 자연지리 범위와 전통 문화적 연계에 의한 구분으로서, 한족문화 특징의 다양성을 반영하였다.

그 외 장기적인 역사 발전과정 중에서 상당한 수의 한족이 해외로 이주하여 세계 각지에 널리 분포되었다. 그들 중에는 외국 국적으로 편입되어 현지의 화예(华裔)가 된 사람들도 있고, 중국 국적을 보류하고 세계 각지에서 화교로 살고 있는 사람들도 있다.

2. 민족의 기원과 사회발전

한족은 하나의 민족 공동체로서, 오랜 역사 발전과정 중에서 여러 민족 구성원들을 융합하여 형성되었으며, 화하족(华夏族)을 그 기원으로 한다. 고대사에 나오는 전설에 의하면, 화하족은 또한 상고시대 염황 씨족부락 집단으로부터 형성된 것이다. 화하족은 하조 시기부터 형성되기 시작하였다. 하조는 중국에서 건립된 첫번째 국가로서, 전설 속 황제의 후예-우의 아들 계가 기원전 21세기에 건립한 것이다. 기원전 16세기에 황하 하류 부근의 동이(东夷) 집단부락의 지도자 탕이 하조를 멸망시키고 상조를 건립하였다. 반경(盤庚) 시기에 상의 수도는 엄(奄)으로부터 은(殷)으로 옮겨졌으며, 그때로부터 상조는 은상으로 불렸고, 후세 사람들은 상을 직접 은으로 부르기도 했다. 동이(东夷)는 하조 사람들이 동방에 있는 부락 집단을 칭하는 말이다. 전설에 의하면, 상의 시조 기(契)는 하조의 우와 같은 시기의 사람으로서, 우를 도와 홍수 방지에 공을 세웠기에 "상(商)"으로 봉했으며, 상인(商人)이라는 명칭은 거기서 나온 것이다. 상이 하를 멸망시키고 황하 중하류의 두 개 큰 집단부락을 통일시켰으며 그때로부터 하인(夏人)과 상인(商人)의 융합 과정이 시작되었다. 기원전 11세기 서양의 여러 부락 집단은 주무왕의 주도하에 상을 멸망시키고 주조를 건립하였다. 주인(周人)은 서부 강인(羌人) 중에서 분화된 한 갈래이다. 주조가 건립된 후, 국가에서는 전국적으로 분봉제를 실시하였다. 구체적으로 말하자면, 종실, 친척, 공신들에게 전국의 토지를 분봉하였고, 중주(宗周), 성주(成周)만 천자가 직접 통치하는 외에, 나머지 땅들은 모두 제후들이 통치하도록 분봉하였으며, 제후들은 천자의 명을 받아야 한다. 그리하여 주나라 사람들이 하, 상의 사람들과 융합되는 현상이 나타나게 되었다.

서주 시기부터 화, 하라는 단일한 칭호 혹은 두 개를 합한 화하라는 칭호가 나타나 이, 만, 융, 적을 구분하는 명칭으로 쓰였다. 춘추전국 시기에 이르러 화하는 대량의 이, 만, 융, 지를 융합하여 안정된 공동체를 형성하였지만 통일을 이루지는 못하였다. 기원전 221년, 진(秦)은 6국을 합병하고 중국 역사에서 최초로 되는 통일된 전제주의 봉건국가를 건립하였다. 진시황은 전설 중의 삼황오제를 하나로 합쳐 호를 황제라 하고 시황제(始皇帝)로 자칭하였다. 그러한 명칭은 "2세대, 3세대 내지 만 세대까지 끝없이 전해 내려가"는 것을 목적으로 창조된 것이다. 진시황 시기부터 중국 역대 왕조의 통치자들은 "황제"라는 칭호를 계속해 사용하였다. 전국 시기에 "논밭 한 모의 크기가 다르고 차 궤적이 다르며 율법이 다르고 옷 제작방법이 다르며 언어가 다르고 문자가 다른 상황"을 변화시키기 위하여 진시황은 지방 행정제도를 통일하고 중앙집권 군주제도를 실시하였으며, "문자를 통일하고(书同文)", "수레바퀴 사이의 거리를 6자로 통일함으로써 차륜의 궤도를 같게 하였으며(车同轨)", 통일된 도량형을 사용하는 등 일련의 조치를 취했다. 그는 또 명을 내려 함양을 중심으로 사방으로 통하는 도로를 건설하여, 서로 간의 연계를 강화하였으며, 화하 민족이 그 이후의 역사 발전과정 중에서 통일된 한민족(汉民族)을 형성하는 데 역사적 기초를 마련하였다. 진조의 강대함, 명성과 위엄이 널리 퍼져, 주변지역에서 사는 이웃들은 진조 이후 상당히 긴 역사 기간 동안 중원 일대에서 사는 화하족을 여전히 진인(秦人)이라고 불렀다. 예를 들면 인도 등 나라는 예로부터 중국을 지나(支那: 脂那: 至那)라고 칭했고, 현재 서양 사람들도 중국을 "China"라고 부르는데, 그 시초를 추적해보면 모두 "진인(秦人)"이라는 칭호와 관련됨을 알 수 있다.

기원전 206년에 건립된 한조는 진조에 이어 강성하였으며, 화하 민족으로 하여금 한족의 발전과 진화를 실현하도록 하였다. 정치상에서 한무제는 자사제도(刺史制度)를 창설하여 전국을 13개 군현으로 나누었으며, 편호제민을 실시하여 정부의 허락 없이는 마음대로 이동하지 못한다는 규정을 내렸다. 동시에 삭번(削藩)을 실시하여 제후들의 부분적 토지들을 중앙에서 직접 통치하였다. 또한 경제상의 연계를 강화하기 위해 전국적인 범위 내에서 상업망을 건립하였으며, 그로 인해 상품유통이 크게 발전하였다. 그 외에도 오주전으로 화폐를 통일하였다. 문화사상 방면에서 한무제는 동중서(기원전 179~기원전 104년)의 백가를 폐하고 유가만 숭상하자는 건의를 받아들여, 유가 사상으로 하여금 통치계급의 정통사상으로 자리잡게 하였다. 이 모든 조치는 화하 민족이 진조 이후인 한조에 들어 한층 더 발전함으로써 최종적으로 한족으로의 전환을 완성하였음을 말해준다. 이러한 전환은 한족이라는 족칭의 출현을 의미한다. 즉, 한조의 강성 및 한족과 여러 민족 간의 관계가 발전함에 따라 변경의 여러 민족이 한족을 진인이라고 부르던 것이 점차 한인으로 부르기 시작했으며, 한조의 백성들도 스스로를 한인이라고 불렀다. 여기서 한은 한(汉) 왕조의 한에서 기원되었다. 한조가 한을 국호로 정한 것은,

개국 황제 유방(刘邦)이 한왕으로 책봉되었기 때문이다. 유방이 즉위한 후, "한(汉)"은 조대를 칭하는 명칭으로 되었다. 이 시기 한인이라는 단어는 초보적으로 민족을 칭하는 명사로 특징지어진다.

한조 이후 특히는 동진 16국과 남북조 시기 오호(伍胡)가 중국 북방에 국가를 건립하여 통치계급으로 부상함에 따라, 한인, 한어 등 명칭은 호, 이 등 민족과 구별하는 단어로 자리매김되었다. 요, 금, 원 시기에 한인, 한아 등 칭호는 더욱 보편적이고 빈번하게 사용되었다. 요나라는 거란과 한인 두 개 민족으로 형성되었는데 쌍방지간에는 충돌도 있었지만 그보다는 서로 동화되는 현상이 더욱 많았다. 당시 사람들은 한족과 거란은 늘 한집이라고 여기는 경향이 있었는데, 러시아에서는 지금도 중국을 거란이라고 부르는 경우가 있다. 위진 시기부터 수·당을 거쳐 요, 금, 원에 이르기까지 주하, 주화, 중화, 중국 등 전통적인 칭호가 여전히 보편적으로 사용되었지만, "한인(汉人)"이라는 칭호는 이미 오래전부터 다른 민족이 혹은 스스로가 통일된 하나의 민족을 지칭하는 칭호로 되었다.

한족의 발전과 강성은 장기간의 민족 융합 과정과 갈라놓을 수 없다. 한조 초기에 중국은 이미 남에는 대한(大汉)이 있고 북에는 강호(强胡)가 있는 국면을 형성하였다. 여기서 강호는 흉노 등 북방의 유목 민족을 가리킨다. 장기간의 밀접한 교류 과정(전쟁, 무역과 다양한 형식의 문화교류)에서 초원 문화를 대표하는 강호 민족과 농경문화를 대표하는 대한 민족은 점차 융합되었다. 농경지역에서 살아가던 일부 흉노 유목민은 1세기부터 점차 그 부근의 한족 농민들과 잡거하면서 반농반유목민의 생활을 하였다. 흉노 정권이 분열된 후 남흉노는 지금의 내몽골 경내에 남아서 점차 관내의 한인과 잡거하여 살았다. 한무제 시기(기원전 140~기원전 86년) 흉노의 영토인 감숙 서부에 돈황(敦煌), 구천(酒泉), 무위(武威), 장액(张掖) 등 네 개의 부를 설치하고 21만 명이나 되는 한족들을 받아들였다. 진한 시기부터 전쟁과 화친, 강제 혹은 자발적 도경을 통한 외족의 유입과 한족의 이동 현상은 전 봉건사회를 관통하였다. 결국 그것은 부단히 한족에게 새로운 구성원을 확충해주었으며 한족의 발전을 촉진하였다. 특히 동진 16국부터 남북조 시기까지 북방의 민족은 대규모적으로 중원 지역에 진입하며, 흉노, 저인(氐人), 선비인, 강인은 선후로 중원 지역과 화북 지역에 정권을 건립하였다. 이 시기 호인이 한족 성씨로 바꾸고, 호-한이 통혼하는 현상이 매우 보편적으로 발생했으며, 대량의 비한족 인구가 한족에게 흡수되었다.

　수·당 시기는 중국 봉건사회 발전과정에서의 전성기였다. 중앙집권 통치의 강화는 문화적인 방면에서 한족들이 더욱 광범위하게 기타 민족들과 교류를 진행하고, 나아가 서로 다른 민족 문화를 흡수할 수 있는 역사적 조건을 마련해주었다. 특히 한족 문화의 대표인 당조 문화는 국내외 여러 민족 문화가 대융합을 이루는 역사 발전과정에서 발전하고 강성해짐으로써, 중국 문화사와 세계문화사의 하나의 고봉으로 되었다. 당시 당조에서는 각 민족의 발전에 부합되는 하나의 비교적 개명한 정책을 실시하였으며, 호한이월공일체(胡汉夷越共一体)라는 사상을 제창함으로써, 여러 민족을 마치 "하나 같이 사랑하자(爱之如一)" 하는 사상을 전파하였다. 당조 군대 중에는 호인부락이 많았을 뿐만 아니라, 많은 소수민족들은 정부의 중요한 직무를 담당하고 있었으며, 그들 가운데는 재상 직위에 있는 소수민족만 하여도 수십 명에 달했다. 그 후 당조 경내 및 경성에서 생활하고 있던 많은 소수민족들은(경내에서 상업활동에 종사하는 소수민족도 포함) 점차 한족에 융합되었다. 그 외에도 당조에서는 대외개방정책을 실시하여 세계의 많은 나라 및 지역과 경제, 문화적 교류를 진행하였으며, 당조는 고도로 발전한 문화로서 세계 많은 나라의 각광을 받았다. 따라서 국외에서는 한인을 당인(唐人)이라고 불렀다. 현재 유럽, 북미 등 많은 국가에서는 화교의 집단 거주지역에 "당인 거리"를 건설함으로써, 한족의 전통문화와 생활방식을 지속적으로 유지하고 있다.

　5대 10국 시기 여러 지방정권은 소수민족이 건립한 것이다. 이러한 정권들의 통치자와 그의 부하들은 정권이 멸망된 후에 한인의 일부분으로 되었다. 송, 요, 금 시기 대량의 주변 민족들은 중원 지역에 진입하였는데, 그중에는 적지 않은 사람들이 한족문화의 영향을 받아 본 민족 본유의 특징을 변화시켜 점차 한족에 융합되었다. 원조 시기의 전례 없던 정치적 통일은 서로 경계를 정하고 할거하는 분열 국면을 타파하였으며, 따라서 수많은 변경 민족들이 중원으로 이동하였다. 그들은 한족 경제와 문화의 영향을 강하게 받음에 따라 자연스럽게 한족에 융합되었다. 명조 시기 여러 민족 간의 경제, 문화적 교류는 매우 빈번했으며, 그 과정에서 통혼과 자연적 융합은 보편적인 현상이 되었다. 청조는 만주족이 건립한 왕조로서, 청조의 통치자들은 넓은 국토를 지키고 여러 민족의 반항을 진압하기 위해 대량의 만주족들을 관내로 이동시켰다. 청조가 멸망한 후 당시 사회

환경과 민국 정부의 민족정책에 따라 여러 곳에 분산되어 있던 만주족들은 현지 민족들과 공동으로 생활하게 되었다. 그중 많은 사람들은 한족과 융합되어 한족 민족 공동체에 새로운 활기를 불어넣었다.

역사상 원, 청 두 왕조를 제외하고 중국 경내에는 줄곧 전국 혹은 지방성적인 한족 정권이 존재해왔다. 원, 청 두 왕조는 비록 소수민족이 건립한 것이지만, 이 두 왕조도 여전히 한족 지역의 경제를 국가 건립의 기초로 하고, 진한 이래의 전통적인 국가 제도를 계승하여 한문화가 주도적인 작용을 일으켰다. 한마디로, 한족의 주체적 지위는 흔들린 적이 없었을 뿐만 아니라 오히려 다른 소수민족들이 부단히 한족에 융합되었다. 물론 역사적 발전과정 속에서 한족들이 기타 소수민족에 동화된 경우도 있지만, 중국 인구 중 한족이 절대적 우세를 차지하고 있기 때문에 소수민족이 한족에 동화된 수량이 훨씬 더 많다. 그러한 동화와 융합을 거쳐 한족 인구는 당한 시기의 5,000만으로부터 청조 시기 4억으로 발전되었으며, 2014년을 기준으로 인구 13억에 달해 세계적으로 인구가 가장 많은 민족으로 되었다.

3. 경제생활

한족은 인구가 많고 그 분포지역이 넓으며, 각 지역의 자연경제 조건도 다종다양하다. 그 때문에 한족 사회 경제는 다양한 층위 및 구조로 표현된다. 그럼에도 불구하고 한족은 자고로 농업을 위주로 하는 민족이기에 지금에 와서도 한족 농업인구는 절대다수를 차지한다. 역사적으로 볼 때, 한족 및 그 선조들이 최초로 활동한 황하 유역은 농경에 적합한 자연지리 조건을 구비하였다. 그러한 조건은 그 지역 내에서 농업을 가장 적합한 생산 활동으로 선택되도록 하였으며, 따라서 농업은 중국 고대 문명의 주요한 물질적 기초가 되었다. 중국 역대 통치자들은 모두 농업을 중시하였고 춘추 시기에 이미 농업으로 나라를 건설하고자 하는 치국사상이 형성되었다. 농업은 한족의 전통 항업으로 되었으며, 따라서 점차 해가 뜨면 일을 시작하고 해가 지면 휴식하는, 남자는 경작하고 여자는 직조하는 동양의 전형적인 자급자족의 소농 경제 및 향토관념을 수립함으로써, 중국 봉건사회의 유지와 발전에 기초를 닦아놓았다. 한족들이 거주하는 광활한 지역에서는 장기간의 농업 생산 실천 과정에서 발달한 수력관개 기술과 정밀한 경작 기술을 창조하였다. 중국은 역사적으로 많은 수리공정을 건설하였는데 그중 일부분은 현재까지도 사람들에게 유리한 점을 제공해주고 있다. 예를 들면 기원전 3세기 중엽 진족(秦蜀) 군수 이빙이 건설한 두장옌(都江堰)은 고대의 성도 평원을 전국에서 가장 유명한 양식창고 중의 하나로 만들었을 뿐만 아니라 "천부지국(天府之国)"이라는 칭호까지 수여받으며 현재까지도 성도평원에 많은 이득을 가져다주고 있다. 경작 기술 방면에서 한족은 예로부터 농기, 토양 개량, 밭이 쉴 수 있도록 밭을 구역화하여 구역별로 돌려가며 경작하기, 비료, 종자, 토양의 수분유지, 종자 선택, 신품종의 배양, 농기구 개량 등을 중시하였다. 동시에 타민족들에게서 농작물 품종들을 새로 흡수하고 또 새로운 경작기술을 학습하였기 때문에 농작물 품종이 매우 풍부하였다.

한족 농민들이 사용하는 전통 농기구에는 쟁기, 갈퀴, 호미, 낫 등이 있다. 벼농작 지역의 대형 농기구에는 탈곡기, 풍차, 멍석 등이 있다. 황하 유역 이북에서는 황소, 말, 노새를 이용해 경작하였고 황하 이남의 벼농작 문화지역에서는 물소를 이용해 경작하였다. 현재 평원의 한전 농경지역에서는 트랙터로 경작하고 수확하며 운반하고 전기 탈곡기로 탈곡한다. 이에 반해, 남방의 물이 풍부한 지역에서는 대부분 소를 이용해 경작하며 트랙터는 운반에만 사용한다.

한족 분포의 광범위함으로 인해 내몽골, 청해, 신강 등 지역에서 생활하고 있는 한족들은 부근의 목축업 민족의 영향을 받아 목축업 생산에 종사하는 목민으로 되었거나 반농반목의 혼합 경제유형으로 발전하였다. 즉, 한편으로는 밀, 조, 수수, 옥수수, 귀리 등 농작물을 재배하는 동시에 다른 한편으로는 목축을 길렀다. 그들의 생활방식은 혼합 문화의 특징을 띠고 있다. 즉, 주식은 면식을 위주로 하며, 육류와 유제품이 음식 중에서 중요한 지위를 차지한다. 연해 지역과 섬에서 생활하고 있는 일부분 한족들은 해산물 어획과 양식업에 종사한다. 그들의 생산도구는 과거에는 주로 나무배와 그물이었지만, 현재는 기범선(机帆船), 디젤을 동력으로 하는 어선, 그물을 끌어올리는 기계 등을 사용한다.

역사상 한족의 수공업은 세계적으로 앞자리를 차지하였다. 특히 방직, 도자기, 제지(造纸), 인쇄 등 분야에서 전업적인 장인들을 배출하였을 뿐만 아니라, 국내외 시장으로 진출하는 제작 중심을 형성하였다. 한족의 최초의 방직업은 마방직으로서, 면을 대량적으로 재배하기 전에 한족 백성들은 대부분 삼베로 된 옷을 착용했다. 견직은 대체로 상조 시기에 출현한 것으로 볼 수 있으며, 춘추전국 시기에 이르러 비단은 이미 귀족들이 보편적인 옷감으로 되었다. 동한 시기에 견직 기술은 크게 제고되었고 견직품의 품종도 다양화되었다. 구체적으로 명주, 비단, 단(緞), 도안이 있는 방직품(綢), 방직용 가는 실(紗) 등이 있었다. 한족의 방직업은 기술이 발달했을 뿐만 아니라 품질도 우월하여 줄곧 세계의 앞자리를 차지하였다. 또한 방직품은 중국 역대 대외무역의 주요한 상품으로 되었으며, 그로 인해 중서무역의 통로를 "실크로드"라 불렀다. 원조 시기 면방직업이 발전되어 장강 하류에는 전문적으로 면직품을 생산하는 도시가 형성되었다. 명·청 시기에 이르러 면방직업은 많은 농촌과 도시에 보편화되었다. 또한 자토(瓷土)로 정밀한 도자기를 만드는 것은 한족의 장점으로서, 상조 시기부터 이미 원시적인 도자기가 나타났으며 생활기구로 사용되기도 했다. 수·당 시기에 이르러 도자기 제조 기술은 크게 제고되어 청도자기, 백도자기 등 단일한 색채의 유약을 사용한 두 갈래 도자기 계열을 형성하였다. 그 이후인 송조 시기의 도자기는 여러 가지 단일한 색채의 유약으로 만들어졌으며, 도자기 표면에 균열적인 무늬를 만들어 넣을 수 있었다. 유명한 도자기의 수도 경덕진(景德镇)은 송 경덕 기간(1004~1007년)에 궁전에 도자기를 만들어 제공한 것을 계기로 이름을 얻어 점차 국내외에서 유명해졌다. 도자기는 중국에서 오래전부터 대외무역의 중요한 상품이다. 또한 제지술도 한족이 발명한 것이다. 종이가 발명되기 전, 중국에서는 글자를 동물의 가죽, 청동기 표면, 죽판, 목판 및 값비싼 비단 위에 썼다. 동한의 채륜은 선인들의 경험을 집대성하여 나무껍질, 삼을 이용해 종이를 제조하여 광범위하게 보급하고 사용하였다. 그 후 제지술은 한국, 일본과 중아시아 여러 나라에 전파되었고, 아랍을 통해 유럽에 전파되어 세계문화 발전에 중요한 작용을 일으켰다. 그뿐만 아니라 인쇄술도 한족이 발명한 것이다. 인쇄술은 제지, 화약, 지남침과 함께 중국의 4대 발명으로 불리며, 4대 발명은 세계 문명에 대한 한족의 중대한 공헌이라 할 수 있다. 송(宋) 인종 시기(1041~1048년), 평민 필승은 활자 인쇄술을 발명하여 흙으로 글을 만든 다음 인쇄 조판하였다. 그가 발명한 인쇄술은 매 글자를 반복적으로 사용할 수 있어, 기존에 매번 책을 인쇄할 때마다 한 번씩 글자를 새기는 절차를 변화시켰다. 그 후 나무, 동, 연 등에 글자를 새겨 반복적으로 사용할 수 있는 차수를 늘였다. 활자 인쇄술은 후에 세계 각국으로 전파되어 세계적으로 1,000여 년 동안 광범위하게 사용되었다.

"중농경상(重農輕商, 농업을 중시하고 상공업을 가볍게 여김)"은 한족 전통사회 경제의 중요한 특징이다. 진한 이후 상인을 제압하는 일련의 정책과 조치들이 출현하였다. 즉, 상인들이 국가시험에 참가하는 권력을 박탈하여, 그들로 하여금 부유하지만 권력을 장악하지 못하게 하였다. 또한 많은 세금을 받아들였으며, 소금, 철, 술 등 중요한 상품은 국가에서 관리하였다. 그뿐만 아니라, 평준제도를 실시하여 부유한 상인들이 큰 이익을 얻지 못하게 하였다. 게다가 상인들이 비단옷을 입는 것을 금지하였고 병사를 조련하지 못하게 하였으며 말을 타지 못하게 함으로써, 상인들의 사회적 지위를 떨어뜨렸다. 당조에서는 심지어 상인 혹은 장사를 하는 호적을 가진 사람들은 국가가 징병할 때 가장 먼저 징조하는 대상으로 되어야 한다는 규정을 세웠고, 상인 자녀들은 응시 및 출사를 못 한다고 규정하였다. 이와 같이 상업을 억제하는 정책과 조치들은 한족 사회 상업의 발전을 크게 저해하였다. 그럼에도 불구하고, 사회 분공이 발전하고 여러 지역 상품이 서로 달라짐에 따라 여러 민족은 경제상에서 서로 의존하게 되었으며, 경제적 교류도 필요한 활동으로 되었다. 경제적 교류는 또 반대로 도시 규모의 확대와 경제적 기능을 제고시켰다. 양한 시기의 장안, 낙양은 전국의 정치, 문화 중심지였을 뿐만 아니라 중요한 경제중심이었다. 수 · 당 시기부터 근대 철도 교통이 발전하기 전까지 운하의 작용에 의해 발전된 도시는 모두 경제 발전과정에서 중요한 작용을 하였다. 특히 한족과 변경 여러 민족 간의 경제적 교류 및 변경 민족 지역과 세계와의 교류를 통해 한족의 의식주행을 풍부하게 하였으며, 서부아시아, 중부아시아, 남부아시아, 서남아시아에서 전해온 많은 농작물과 수공업 제품들, 그리고 중국 남북방 지역의 농작물과 경작기술의 교류는 한족 지역의 농업 경제와 수공업 발전에 깊은 영향을 미쳤다. 명조 중후기에 중국에서는 자본주의 맹아가 나타나기 시작했다. 19세기 중엽부터 20세기 30년대까지 연해지역 및 교통이 발달한 내지의 대중 도시에 있는 한족 집거지역에서는 근대 공업이 일정 정도 발전하였다.

4. 전통관념과 종교 신앙

1) 전통관념

한족 전통사회에서의 가족 관념은 그 뿌리가 아주 깊다. 옛 시기 종법을 제정하고 상복을 만드는 것은 모두 혈연 친족관계를 대표하는 구족과 오복을 표준으로 하였다. 구족이란 본인 및 그 이상인 아버지, 할아버지, 증조할아버지, 고조할아버지와 그 이하인 자, 손, 증손, 현손을 통틀어 구대(九代)를 말한다. 이러한 구족과 관련되어 나타난 것이 오복 상복제도이다. 즉, 죽은 자의 친족 관계에 따라 구족 중 효복의 질 및 효복 착용 시간을 결정히는 제도를 말한다. 오복제도에는 참최(斬衰), 자최(齊衰), 대공(大功), 소공(小功), 시마(總麻) 등 5가지가 있다. 오복과 구족은 친척 관계의 밀도를 상징한다. 일상생활 가운데서 사람들은 보통 오복을 입었는지에 따라 친족관계의 멀고 가까움을 판단한다. 한족 사회를 놓고 말할 때, 친족관계는 부계를 중심으로 하며, 부계 가족의 계승을 가장 중요한 일로 간주한다. 이러한 관념은 한족들의 전통적인 인구 인식에 막심한 영향을 주었으며, "자식이 많으면 복이 많다"는 말도 이로부터 나온 것이다.

한족들의 고대 국가관념은 가족 관념과 상호 연관된다. 국가는 부계가족 관념의 무제한 확대판이다. 황제를 군부(君父)로 숭상하고 백성들은 그 자민(子民)으로 여겼다. 이러한 제도하에 도덕규범은 시종 혈연관계와 특권을 등급화하는 충, 군, 효, 친을 기본 원칙으로 하였다. 마치 집과 국가의 결합처럼 자신을 다스리고 집을 안정시키는 것은 나라를 다스리고 천하를 평정하는 것과 같은 것이다. 효의 기능은 가정으로부터 국가 생활의 광범한 영역에까지 확대되었다. 따라서 국가 통치에서의 군신관계와 가정에서의 부자관계는 모두 효의 규범을 따라야 하며, 인륜관계를 논할 때 항상 이 두 가지를 병렬시켜야 한다. 즉, "군군신신, 부부자자"인 것이다. 효를 우선시하고 천하의 제1사상이 가장 돌출하게 표현된 것이 바로 『여람·효행편(呂覽·孝行篇)』과 유가 후학 십의(十义)이다. 『여람·효행편』에서는 반증의 방법으로 "법도에서 벗어난" 모든 행위를 전부 "불효"의 결과로 보았다. 즉, 나의 몸은 부모가 준 것이니 부모가 선사한 몸으로 일을 하니 어찌 효도를 하지 않을 수 있겠는가, 일상생활에 정중함이 부족한 것도 불효요, 군자를 위해 일을 한다 해도 충성하지 아니하면 역시 불효이니라. 관리가 신중을 기하지 않는다면 그것 또한 불효이고, 친구지간에 신임이 없어도 불효인 것이니라, 전쟁에서 용감함이 부족하다면 그것 역시 불효라고 보았다. "십의"는 인의라고도 한다. 십의의 요지에 대한 구체적인 설명은 『예기·예운편(礼记·礼运篇)』에 나온다. 인의라 함은 부친의 자애, 자식의 효, 형의 어질함, 남편의 정의, 아내의 복종, 윗사람의 베풂, 아랫사람의 순종, 군자의 인자함, 신의 충성심 등을 말한다.

한조에 이르러 통치자들은 오직 유가(儒家)사상만 숭상하였다. 동중서는 유가 윤리 사상의 기초 위에서 삼강오륜을 제기함으로써, 효친과 충군을 기본 원칙으로 하는 완정한 하나의 봉건 종법 윤리체계를 건립하였으며, 따라서 그것은 고대 한족 사회 윤리 도덕과 입법의 중요한 기초가 되었다. 송명 시기의 이학(理学)은 종법 윤리를 계통화·철학화함으로써 천리를 보존하고 사람의 욕망을 없애자는 수양 방법과 천리를 최고의 범주로 하는 이론 형태를 제출하였다. 또한 삼강, 오상을 다듬어서 직접 천리로 본토화·신성화하여 천리가 더욱 사변적인 것으로 되었으며, 따라서 그것은 한족 사회의 생활방식과 사람들의 사유 및 관념에 심원한 영향을 미쳤다. 서양의 일부 학자들이 유학을 유교(儒教)로 보는 이유는 유가 사상이 한족 사회의 모든 방면에 깊이 침투되었기 때문이다. 특히 봉건사회 문인, 학자, 사대부, 관리 심지어 황제까지 모두 유가 교조를 경전으로 삼고 신의 지시로 간주하여 그대로 집행함으로써, 전통적인 한족 사회 사상영역에서의 유가사상의 지배적인 지위를 강화하였다. 이처럼 유가학설을 신봉하였기에 한족들은 일반적인 상황에서 온화하고 관용적이며 서로 존경하고 양보하며 예절을 지키는 민족 고유의 성격을 형성 유지하고 있다.

2) 종교 신앙

한족들이 신앙하는 종교는 통일되어 있지 않다. 하지만 역사적으로 볼 때, 한족에 대한 종교의 영향은 결코 소홀히 할 수 없는 것이다. 특히 자연만물에 대한 숭배와 조상숭배는 한족 생활에서 매우 중요한 지위를 차지하였다. 역대 중원 왕조에서의 천, 지, 일, 월, 산, 하 및 조상에 대한 숭배는 일상생활에서 매우 중요한 구성 부분이었다. 그뿐만 아니라 백성들이 민간에서 부단히 계승, 발전시킨 민간 종교 활동은 아주 보편적인 것으로 되었다. 혈연관계를 기초로 하는 종법 제도의 영향으로 말미암아, 종교관념에서는 조상숭배가 특별히 중요하게 여겨지는 사항이었다. 하늘을 받들고 선조를 모시는 종교활동은 보통 종법등급제 국가와 종족 가족 내 조직에서 집행하였다. "불효에는 세 가지가 있는데, 그중 가장 큰 불효가 아내를 맞이하지 않고 자식을 낳지 않는 것이다(不孝有三, 无后为大)"라는 사상이 한족 사회에 뿌리 깊게 박힌 원인은, 한족들이 만약 하나의 성씨가 단절된다면, 모든 가족 자산이 다른 성씨 사람에게로 넘어간다는 관념이 강했기 때문이다. 한족은 다른 사람이 자기 가족 조상의 무덤을 파헤친 것에 가장 큰 치욕을 느끼며, 자식이 없는 것을 가장 큰 불효라고 생각한다. 이러한 사상은 모두 조상 숭배로부터 큰 영향을 받았기 때문이다. 종법제도의 실시로 인해 한 개인의 종교제사 활동에서의 지위는 그의 종법등급 제도에서의 지위에 의해 결정된다. 그 때문에 상, 주조 이래 자연세계에 대한 제사나 인류의 최고 지배자 천(天)의 권력, 즉 하늘의 권력은 오직 황제만이 집행할 수 있는 것이었다. 왜냐하면 황제는 천명(天命)을 받아 인민을 통치하는 진용천자(真龙天子)이며, 황제를 통해서만 천의 은혜를 향수할 수 있고, 또 사람과 하늘의 관계를 처리할 수 있는 자는 오직 황제뿐이기 때문이다. 매년 하늘에 대한 제사와 기도는 모두 황실의 일이며, 일반 백성들은 조상들에게 제사를 지낸다. 백성들은 집 혹은 종묘에 조상의 영패를 공양하고 매년 청명절마다 음식과 종이돈을 준비하여 산소로 가서 성묘(扫墓)한다. 성묘 역시 조상숭배의 한 가지 형식이다. 중국은 상조 이전에는 사망자를 매장하고 표시를 하지 않았기에 묘 앞에 가서 제사를 지내는 풍습이 없었다. 주조부터 묘에 무덤을 만들어 표시하기 시작했으나, 귀족들은 여전히 종묘에 가서 제사를 진행했다. 하지만 서인은 종묘를 세울 수 없었기에 민간에서의 묘제가 생겨났던 것이다. 춘추전국 시기 문서에는 벌써 곡묘(哭墓)가 기재되었다. 한조 시기 종묘에서의 예의를 능묘에 옮겨 조상에 대한 제사의 중심은 종묘에서 능묘로 전이되었고 묘에서 제사를 지내는 것이 하나의 풍습으로 되었다. 동한 시기에는 황제부터 백성에 이르기까지 모두 묘에서 제사를 진행했다. 그 때문에 왕충은 『논형』에서 "옛날에는 종묘에서 제사를 진행했고, 지금 묘에서 제사를 진행한다"라고 말했다.

불교는 인도에서 기원하여 1세기에 중국의 한족 지역으로 전파되었다. 그 과정에서 불교에는 중국 특색이 있는 많은 교파들이 형성되었다. 구체적으로 천태종(天台宗), 삼론종(三论宗), 정토종(净土宗), 유식종(唯识宗), 율종(律宗), 화엄종(华严宗), 밀종(密宗),

선종(禪宗) 등 교파들이다. 전국에는 대량의 불교 사원이 있는데 불교는 한 시기 봉건 통치자들의 지지하에 크게 발달하였다. 그러나 유교사상이 지배적인 지위를 차지하고 있는 중국에서 불교는 시종 부차적인 지위에 처해 있었다. 한족 지역의 불교는 중국 태족 지역에서 유행하는 소승불교와 티베트족 지역에서 유행하는 대승밀교와는 달리 대승현교를 위주로 한다. 한족 지역의 불교는 중국 봉건 사회와 그 사회에서의 문화적 요소를 바탕으로 부단히 개조되고 발전되어 한족 전통문화 특색이 있는 종교체제를 형성하였으며, 한족의 철학, 문학, 예술 등 방면에 중대한 영향을 미쳤다.

도교는 중국에서 탄생하여 성장한 종교이다. 도교는 동한 시기에 고대 무술(武術)과 방술 및 황로지학의 기초 위에서 형성되어, 동진남북조 이후 광범하게 전파되었을 뿐만 아니라 점차 많은 파벌을 형성하였다. 도교는 "도(道)"로 교의 이름을 명명하였는데 도는 신앙의 핵심이다. 도교의 모든 교리, 교의와 수련방술은 모두 도로부터 시작된다. 도교의 도는 선진 시기의 도가에서 유래되었는데 교리의 중심이자 최고의 신앙인 도는 대도(大道), 상도(常道)라 불리기도 한다. 이는 언제 어디에나 존재하는 것으로서, 천지만물을 창조하는 시작이고 근본이며 천지만물이 존재하는 근본적인 바탕이다. 도는 보이지도 않고 만질 수도 없지만 수련을 거쳐 획득할 수 있다. 도를 얻은 후에는 도와 같이 할 수 있고, 불로장생할 수 있으며 신선으로 될 수 있다. 장생하고 신선이 되는 궁극적인 목표에 도달하기 위해, 도교에는 도공, 도술 혹은 방술수련이 있다. 예컨대 복식, 행기, 부적 등이 이에 해당한다. 도교에서 숭배하는 최고의 신은 삼청, 즉 원시천존(元始天尊), 영보천존(灵宝天尊), 도덕천존(道德天尊)이다. 도교는 일종 다신교이기 때문에 삼청을 제외하고도 각종 천신(天神), 지기(地祇), 인귀(人鬼) 및 많은 선진(仙真)으로 하나의 복잡하고 완정한 체계를 이루었다. 여러 신 간에는 품위상의 등급이 있는데 그 등급은 아주 삼엄하다. 도교의 고전은 『도장』으로서, 교의 규범에는 오계(伍戒)와 십선(十善)이 있다. 오계는 첫째, 살생하지 않고, 둘째, 음주하지 않으며, 셋째, 겉과 속이 다르면 안 되고, 넷째, 도둑질을 하면 안 되며, 다섯째, 음탕해서도 안 된다는 등 5가지를 말한다. 십선은 첫째, 부모에게 효성하고, 둘째, 직분, 임금, 스승에 충성하며, 셋째, 사랑과 마음으로 만물을 대하고, 넷째, 참을성과 포용력이 있어야 하며, 다섯째, 직접적으로 악을 폭로하고 제거해야 하며, 여섯째, 자신을 헌신하여 어려운 사람을 구원해야 하며, 일곱째, 동물을 기르고 나무를 심으며, 여덟째, 길에 우물을 두고 다리를 세우며, 아홉째, 이로운 점을 발휘하고 해로운 점을 제거하며, 열째, 세 가지 경률을 읽음으로써, 공손한 태도를 유지해야 한다는 등 10가지를 말한다(孝順父母; 忠事君师; 慈心万物; 忍性容非; 谏诤处恶; 损己救穷; 放生养物; 种植果林; 道边舍井; 种树立桥; 兴利除害; 教化未悟; 读三宝经律; 恒奉香花供养之). 도교의 이러한 계율에서 우리는 유, 사(释), 도의 융합을 찾아볼 수 있다.

역사적으로 볼 때, 도교 궁관에는 도교 제자가 많지 않지만 도교의 사상과 신앙은 한족 민간에 심원한 영향을 미쳤다. 도교에서의 사악을 물리치고 정의를 세운다거나, 남에게 도움을 주는 것을 쾌락으로 느낀다는 등의 신선 이야기는 한족 사회에 널리 퍼졌으며, 또한 "여덟 명의 신이 바다를 건널 때, 각기 자신의 재능을 보여준다", "한 사람이 도를 닦아 신선이 되면, 닭과 개도 승천한다"는 등의 이야기도 이미 일상생활에서의 생활용어가 되었다. 도교가 중국 문화사에서 중요한 지위를 차지하기에 수많은 학자들이 도교에 대해 연구하였고 또 많은 성과를 거두었다. 최근 정부에서 구체적인 종교 정책을 실시하는 상황에 좇아, 각지의 도관 산문(山门)을 재건하였으며 일부 도관은 유명한 유람 관광지로 되어 사람들이 도교 문화를 이해하는 데 보기 드문 장소를 제공하고 있다.

한족 사회에서 민간 종교 신앙은 매우 보편적인 것이다. 한족의 민간 종교는 그 발전과정에서 불교와 도교의 영향을 많이 받았다. 만물에는 영혼이 존재한다는 관념 아래 한족 사회에서의 신은 많은 영역을 포함할 뿐만 아니라, "신"의 종류는 더욱 헤아릴 수 없이 많다. 그중 가장 대표적인 것은 용에 관한 신앙이다. 용에 대한 한족들의 숭배는 원시적인 토템숭배로부터 발전되어 온 것이다. 한족 민간신앙에서 용은 만능이며 민간에는 용과 관련된 수없이 많은 전설이 있다. 용은 또한 강, 하, 호, 해의 신으로 간주된다. 그러므로 옛 시기에 전국 각지에는 용왕묘가 즐비했으며, 가물을 만나면 용왕묘에 가서 비가 내리기를 빌었다. 현재 한족들의 관념 속에는 용은 길함을 상징한다는 의식이 일정 정도 자리잡고 있다.

옥황상제는 중국 민간신앙 중의 최고의 신이며, 그의 부하들은 각기 자신의 직무를 담당하고 있다. 예를 들면 민왕(민간에서는 염왕, 염라대왕이라고 칭함)은 지옥의 신으로서 인간의 생사를 관리하고, 토지신(민간에서 토지 할아버지라 칭함)은 고대의 사신으로서 지방신이며, 성황신은 도시 수호신이다. 옛날 농촌에는 토지묘가 있었고 도시에는 하나의 성황묘가 있었다. 부엌신(민간에서는 부엌 할아버지라 칭함)은 가신(家神)으로서 옛날 한족 민간신앙 중에서 가장 보편적인 신이었다. 보통 집집마다 모두 부엌신 패위를 공양한다. 부엌신은 집의 모든 일들을 옥황상제에게 고하는 신으로 여겨졌으며, 따라서 한족들은 매년 음력 12월 23일, "부엌신이 승천"하는 날에 맥아당 등 종류의 제물을 공양하여 부엌신의 입이 붙어버려 집안의 나쁜 일을 옥황상제에게 전하지 못하도록 하였다.

인물 숭배에 있어서는 조상숭배 외에 영웅, 성인들도 백성들에 의해 공양되는 대상이었다. 예를 들면 삼국 시기 촉나라의 명장 관우는 민간에서 관영감, 관제라 불렸고, 각 곳에 많은 관제묘가 설립되었다. 백성들은 자주 관제묘에서 절을 올려 병을 물리치고 재난이 없기를 기도하였다.

점을 치거나 관상, 운명을 보는 활동은 과거 한족들에게 매우 보편적인 활동이었다. 선진시기 문헌에는 무당이 점을 쳤다는 사실이 기재되어 있으며, 상, 주 시기 국가에서는 무(巫), 주(祝), 보(卜) 등 관직을 설치하여 큰일이 생겼을 때마다 점을 쳤다. 상조의 폐허에서 발견된 갑골문에는 점을 쳤다는 내용이 많았으며 과거에는 그것을 보사(卜辭)라고 불렀다. 한조에는 무술(巫術)로써 남을 속이는 설법, 즉 여자 무당이 무술로 사람을 속이고 저주한다는 말이 있었다. 부적을 함께 사용하는 것은 한족 요술의 하나의 특징이다. 부적은 효력이 대단한 수단으로 간주되었으며, 귀신을 물리치고 사악한 것을 피하며 병을 치료하는 데 사용된다. 부적은 노란색 종이에 적색필로 그려진 종이로서, 보통 문 위에 붙이거나 혹은 귀신의 상징물에 붙이며 또는 불에 태워 재가 된 후 복용한다. 점을 치는 방식은 아주 많으나 보통 사용되는 방식은 제비를 뽑거나, 글로 점치는 것이다. 점을 치는 목적은 미래에 발생할 일의 원인과 결과를 예측하는 데 있다. 상(相)을 보는 방법에는 관상을 보는 방법과 수상을 보는 방법이 있는데, 관상은 오관과 기색으로 화복, 길흉을 추측하고, 수상은 손금, 지문으로 인생 중의 혼인, 금전, 사업의 성패를 해석한다. 사주를 보는 것은 또 괘로 점을 친다고도 하는데, 과거에는 전문적으로 점을 치는 사람이 있었으며, 그들 가운데는 맹인이 많은 수를 차지했다. 사주를 보는 목적은 복을 추구하고 모든 일이 순조롭기를 바라는 일부 사람들의 염원을 만족시키기 위한 데 있다.

5. 민속문화

한족은 예의를 숭상하고 풍습을 중히 여긴다. 유가는 『주례』, 『의례』, 『예기』를 예속의 고전으로 삼고 있기에, 한족 예속의 역사는 주조 시기로 거슬러 올라가며, 그때로부터 한족의 예속은 수천 년 동안 지속되어 왔다. 사회발전과 더불어 일부 낡은 예속들은 점차 폐지되고, 새로운 예속이 부단히 형성되었으나, 전통적인 풍습은 대부분 그대로 보류되어 한족 예속의 전통적인 특징을 형성하였다.

한족들의 분포지역이 넓고 동서남북의 지세, 생태, 기후 등이 서로 다르기에 각 지역의 한족은 많든 적든 간에 모두 그 지역의 자연환경과 맞물리는 풍습을 형성하였으며, 장기간 동안 소수민족과 정치, 경제, 문화적인 면에서 밀접한 연계를 가져왔다. 특히 소수민족이 중국의 정치무대에 등장한 후, 그 통치자들이 중원왕조의 제도를 총체적으로 답습하기는 했으나, 대량의 소수민족들이 내륙으로 이동함에 따라 그들은 한족에게 자기 민족의 풍습을 어느 정도 주입시켰다. 예를 들면 청조에서는 한족들을 강제적으로 삭발시키고 만주족 의상을 입게 하였다. 이에 반해, 호병(胡餠), 호금(胡琴), 호상(胡床) 등은 한족들이 소수민족들에게서 자발적으로 배운 것이다. 또한 소수민족 지역에 많은 한족과 소수민족들이 잡거하였기에, 일상적인 교류 과정에서 한족들은 자연스럽게 소수민족의 풍습을 흡수하였다.

역사적으로 볼 때, 중국과 국외의 경제, 문화적 교류는 대부분 정부 측에서 주도했기에 한족은 외국 문화의 영향을 적게 받았다. 하지만 근대에 이르러 서양 문화는 한족들에게 거대한 영향을 일으켰다. 예를 들면 양복, 예모(礼帽) 등이다. 특히 최근에 와서 외국과의 교류가 확장됨에 따라, 복장, 음식, 오락 등 방면에서 한족이 받은 서양 문화의 영향은 눈에 뜨일 정도로 크다.

1) 의복

먼저 복장에 대해 살펴보도록 하자. 한족 복장은 기나긴 역사적 변천 과정 속에서 형성, 발전되어 왔다. 조대마다 복장 색깔은 모두 자기가 숭상하는 색깔을 대표했다. 예를 들면 진조 시기에는 검은색을 숭상했고, 명조 시기에는 주, 한, 당, 송과는 달리 적색을 좋아하였다. 하지만 자고로부터 우임(右衽, 오른쪽 앞섶을 여미는 형태)

의 적삼을 입는 한족 복식의 특징은 기본적으로 변하지 않았다. 예컨대 서한의 심의, 당송의 교령포, 청조의 두루마기 및 기포는 모두 우임의 특징을 띠고 있다. 청조 말기, 민국 초기에 이르러 남자들이 안에 입는 옷은 보통 윗옷의 두 섶이 겹치지 않고 가운데에서 단추로 채우게 되어 있는 적삼과 긴 바지였다. 밖에는 단추로 채우게 되어 있는 우임의 적삼을 입었다. 옷차림을 중히 여기는 사람들은 그 위에 조끼를 입는다. 소위 두루마기에 조끼 차림이라는 것이 바로 그것이다. 5·4운동 이후에 중산복이 점차 보급되었지만, 농촌에서는 여전히 두루마기에 조끼를 입는 풍습이 유행되었다.

역사상 한족 여성의 옷차림은 조대마다 일정한 차이가 있었다. 하지만 대부분은 위에는 웃옷, 아래에는 치마를 입었다. 청조 말기에 이르러 여성들은 보통 나팔 모양의 무릎 정도로 긴 적삼과 긴 바지를 입었다. 민국 후기에 이르러서는 위에 부구삼(袚口衫)을 입었는데, 그것에는 맞붙인 옷깃, 겹친 옷깃 등의 차이가 있었다. 그리고 아래에는 치마를 입었는데 치마에는 봉미(风尾)치마, 주름(百褶)치마 등이 있었다. 20세기 30년대 후부터 기포가 유행되면서 여성들의 대표적인 복장으로 부상하였다. 하지만 농촌 여성들은 여전히 오른쪽 앞섶의 짧은 적삼과 긴 바지를 입었다. 목전 한족 복식에 대한 서양 복식의 영향력은 아주 충격적이다. 하지만 최근 들어, 다시 중국식 전통 복장을 착용하는 사람들이 많아지고 있다.

고대 한족 남자들은 머리를 자르지 않고 묶은 다음 위에 관을 썼다. 청조 시기에 만주족의 영향을 받아 앞머리는 자르고, 뒷머리는 땋아서 머리 뒤로 남겨두었다. 옛 시기 여자들은 결혼 전에 머리를 땋고, 결혼 후에는 머리를 얹었다. 민국 이후 남자들은 땋은 머리를 자르고 짧은 머리를 했으며, 청년 여자들도 귀에 닿는 단발을 하였다.

2) 음식

한족의 음식 문화는 풍부하고 다양하다. 한족은 농업 민족이기 때문에 한족 음식에는 오곡, 과일, 야채의 비중이 크다. 주식에 있어서 남방은 쌀을 위주로 하고 북방은 면을 위주로 하기에 "남쌀북면"이라고도 한다. 한족은 요리 기술을 중히 여기며 일상생활 중의 주식과 부식 모두 그 양식과 조합에 주의를 기울인다. 그들에게 꽃빵(馒头), 구운 떡(烙饼), 밥, 면은 가장 흔한 주식이다. 부식은 볶음 요리가 위주이고 국과 밑반찬도 있다. 한족의 볶음 요리는 조미료가 다양하고 색깔, 향기, 맛 등을 모두 구비한 것으로 이름 나 있다. 한족 요리는 동서남북 각지의 기후와 물산의 차이로 인해, 장기적인 발전과정 중에서 각자 특색이 있는 지방 요리를 형성하였다. 그중 천, 로, 월, 민, 상, 환, 절, 소 등 8대 요리 계열이 가장 유명하다.

한족 음식 중에는 고정된 명절 음식이 있다. 예를 들면 춘절(구정)의 물만두, 보름의 탕원(湯圓), 단오의 종자(粽子), 추석의 월병 등이다. 명절 혹은 연회에서는 술을 떠날 수 없다. 그 때문에 술은 한족의 중요한 음료이다. 한족의 술 양조 역사는 매우 유구하다. 『열녀전(烈女传)』과 『사기·은본기(史记·殷本纪)』에는 각기 하걸의 "술연못", 은주왕이 "술로 연못을 만들었다"는 기재가 있다. 이는 히조, 상조 시기부터 이미 술을 제조할 수 있었을 뿐 아니라 귀족들에게는 술을 좋아하는 풍습이 생겼다는 것을 말해준다. 한족 문화에는 술에 관한 전설이 헤아릴 수 없이 많다. 또한 연회에서 두 사람이 동시에 손가락을 내밀며 하나의 수를 외쳐 만약 그 수와 두 사람의 손가락의 수가 일치하면 승리하는 게임(猜拳行令)은 이미 한족들의 하나의 오락으로 되었다. 한족에게 있어 기쁜 날에 술에 취하는 것은 이해가능한 행위이지만, 술을 마시고 주정 부리는 행위는 사회의 질책을 받아야 하는 추행으로 간주되었다.

차는 한족들이 가장 자주 마시는 음료이다. 손님에게 차를 권하는 것은 손님을 대접하는 한족 예절의 하나이다. 고대에 한족 풍습에는 차를 혼인 예물로 보내는 풍습도 있었다. 한족은 가장 처음으로 차를 재배하고 만들어 마신 민족으로서, 그들은 독특한 풍격이 있는 자신들만의 "차(茶)문화"를 형성하였다. 곳곳에 널린 차관은 문인 및 풍아한 선비들이 차를 음미하고 대화를 나누며 이야기를 듣고 예술을 논의하는 곳으로서, 차관은 지방 문화, 오락 및 정보 교류의 중심이 되었다. 현대에 이르러서는 음악, 곡예, 경극 등 형식의 찻집으로 발전하였다.

3) 주거형태

한족은 그 분포 지역이 넓기에 지역마다 서로 다른 주거 양식을 형성하였다. 그렇다 하더라도, 현대의 주거양식인 아파트가 생기기 전에 한족들은 대부분 원락(院落)을 이루어 거주하였다. 농촌에는 원락이 줄을 지어 하나의 독립된 마을을 형성하였다. 보통 북방에는 촌들이 비교적 크고 원락의 배열이 질서정연하게 되어 있지만, 남방에는 자연환경의 제약을 받아 분산된 주민호가 많다.

한족 가옥의 전통적인 양식은 나무로 된 지붕받침이 처마를 떠받드는 구조로 되어 있으며 이를 큰 지붕이라 부르기도 한다. 이러한 전통식의 가옥 건축은 반파유적의 풀, 흙, 나무망 구조와 하모도 유적지의 난간식 구조에서부터 발전되어 온 것이다. 장기간의 융합과 교류를 거쳐 서한 시기에 이르러 진조의 벽돌, 한조의 기와와 나무 구조가 결합된 완정한 하나의 건축체계를 이루었다. 이러한 지붕받침은 물체를 받치는 역학 작용을 할 뿐만 아니라, 인테리어의 예술적 효과를 산생하여 한족 가옥 건축의 농후한 민족 풍격을 체현하였다. 역사 발전과정에서 이러한 전통 가옥은 또 유리기와, 기둥과 대들보를 채색화로 장식한 궁전형식, 청색 벽돌과 까만색 기와로 된 간단하고 소박한 형식 등 세 가지로 분류되었다.

옛날 한족들은 여러 세대가 함께 거주하는 대가정적인 생활을 중히 여겼다. 부유한 가정의 가옥에는 보통 상방과 하방, 정방과 측방, 내원과 외원 등이 있다. 또한 좌우가 무조건 대칭되어 정원과 건축의 조화를 이룰 것에 대한 요구가 높았다.

주택은 한족의 생활 전반에서 매우 중요한 부분을 차지한다. 특히 과거에는 재부를 축적하는 목적의 하나가 바로 가옥을 건축하는 것이었다. 집을 지을 때는 반드시 풍수를 보는 사람을 청하여 적절한 곳을 선택하였고, 땅을 파고 기둥을 세울 때에는 꼭 황도길일(黃道吉日)을 택했으며, 심지어 성대한 의식을 진행하기도 했다. 현재 농촌의 한족들은 자체적으로 집을 지어야 하지만 도시 한족들은 대부분 국가에서 통일적으로 건설한 아파트에 거주한다.

한족의 교통의 역사에 대해 살펴보면 한족 고대의 교통 도구는 육상의 소차, 마차, 수레, 해상의 배, 뗏목 등이 있었다. 고대의 수레바퀴, 차축은 모두 나무로 만들어졌다. 수레바퀴를 고무로 제작하기 시작한 것은 근대 이후의 일이었다. 한조 이후에는 수레바퀴에 철을 씌우는 기술을 발명하였으며, 그 기술은 현재 농촌에서 사용되는 수력차와 손수레에 사용되고 있다. 최초의 수상 교통 기구는 쪽배였다. 『주역·계사(周易·系辭)』에는 황제(黃帝) 시기, 나무를 갈아 쪽배를 만들었다는 기록이 있는데, 당시 쪽배는 나무에 구유 형식의 구멍을 파서 만든 것이었다. 그 이후에는 나무로 배를 만들었다. 현재에는 윤선이나 기동선이 주요한 수상 교통도구로 되었지만, 나무배와 뗏목이 완전히 도태되지는 않았다.

교통의 편리를 위해 도로를 닦는 것은 국가와 지방의 대사였다. 『시경(诗经)』에는 주도(周道)에 대한 기록이 여러 곳 있으며, 서주 시기부터 인공 도로가 나타났다고 하였다. 진시황 시기에 치도(驰道)를 건설함으로써, 함양을 중심으로 사방으로 통하는 교통망을 형성하였다. 그 후의 통치자들은 도로 건설을 매우 중요하게 여겼다. 예를 들면 수조에서는 낙양을 중심으로 남북 대운하를 개척하여 문화적 교류와 물자의 교류에 매우 중요한 작용을 일으켰다. 당시 다리를 건설하고 길을 닦는 일은 선을 베풀고 덕을 쌓는 일로 여겨졌으며 민간에서는 늘 돈 많은 부자들이 투자하여 길을 닦는 선행이 행해져 사회적으로 많은 찬양을 받았다.

4) 성명과 호

한족의 성씨는 그 수가 비교적 많은 관계로 인해, "백가성(百家姓)"이라고도 불린다. 그러나 실제 한족의 성씨는 백가를 훨씬 넘는다. 성씨는 가족 계통을 표시하는 칭호이다. 일반적인 상황에서 자녀들은 아버지 성씨를 따르나, 최근에 들어 어머니 성을 따르는 경우도 있다. 한족의 성은 이름 앞에 놓이며 성과 이름을 합쳐 성명이라고 한다. 한족들은 대부분 초등학교 다닐 때부터 공식적인 이름을 사용하며, 그것을 학명 혹은 대명이라고 한다. 학교 다니기 전에는 보통 아명을 많이 사용한다. 한족의 이름은 대부분 두 글자 혹은 한 글자이다. 관습적으로 동족 동년배 형제거나 자매의 이름들은 한 글자가 같거나 혹은 글의 뜻이 서로 연관된다. 또 어떤 이름은 글로 순위를 알린다. 예를 들면 백(伯)은 맏이, 중(仲)은 둘째를 표시하는 것과 같은 것이다. 과거 일반 가족의 여자는 아명만 있고 학명이 없었으며, 결혼 후에 아버지 성에 남편의 성을 붙인다. 예를 들면 장왕씨, 류리씨라고 부른다. 또 어떤 경우에는 아버지 성 혹은 남편의 성 뒤에 씨(氏)를 붙인다. 예를 들면 조씨, 리씨 등이다.

성명은 대부분 공식적인 장소에서 많이 사용된다. 친족 관계 중에서 후배가 선배 혹은 동년배 중 장자의 이름을 직접 부르지 못하며, 친족에서의 칭호를 불러야 한다. 한족의 친족 호칭은 매우 복잡하다. 성별, 촌수, 멀고 가까움, 서열의 다름에 따라 호칭도 서로 구별되는데, 비교적 가까운 친척 중의 윗사람은 보통 아명으로 후배를 부른다. 농촌의 일부 가정에서는 아이에게 아명을 지어줄 때, 구잉(狗剩) 등 비천한 글로 지어줌으로써, 액운을 면하고자 한다.

옛날 한족들은 이름 외에 "자"가 있다. 『예기 · 곡예상(礼记 · 曲礼上)』에는 "남자는 20살이 되어 관례를 치를 때 이름과 자를 지으며, 여자는 성인이 되어 성인식을 할 때 이름과 자를 짓는다(男子二十, 冠而字女子许嫁, 笄而字)"라고 기재되어 있는데, 보통 자와 이름은 뜻, 형태, 발음 등에 있어 서로 대응하는 관계를 이룬다. 예를 들면 신기질(辛弃疾), 자유안(字幼安)은 글자와 뜻이 대응하는 경우에 속한다. 자의 사용은 이름을 함부로 불러서는 안 될 때의 상황을 해결해주었으며, 사람들은 이름을 불러서는 안 되는 상황에서는 자를 사용하였다. 현재는 소수의 노인들 외에 자를 사용하는 사람이 별로 없다.

호는 자호 또는 별호라고도 부른다. 호는 주로 문인과 일정한 사회적 지위가 있는 사람들 사이에서 사용되며, 일반 백성들에게는 호가 없다. 호는 성, 이름, 자와 연결되는 것이 일반적이기는 하나 경우에 따라서는 관련이 없을 수도 있다. 보통 거주, 환경, 적관 및 자신의 특징, 애호, 취미, 지향 등을 호로 정한다. 예를 들면 도잠의 『오류선생전(伍柳先生传)』에서는 "주택 부근에 버드나무 5개가 있어 호를 언이라 하노라"고 하였다. 또한 구양수는 만년에 고적이 천 권, 책이 만 권, 가야금 하나, 바둑 한 판, 술 한 주전자, 학이 한 쌍이 있다고 하여 호를 "육일거사"라고 칭하였다.

5) 혼인 · 가정

한족은 기나긴 봉건사회에서 부모가 혼인을 도맡아 하고 또 매매를 위주로 하는 봉건적 혼인 제도를 형성하였다. 혼인에서 남여 쌍방의 만남은 전적으로 부모의 결정과 중매인의 중매에 의해 결정된다. 인생의 중요한 의례로서 한족의 결혼과정은 매우 규범화되었다. 즉, 혼인과정에는 납채(남자 측에서 중매인을 찾아 여자 측에게 혼담을 꺼낸다), 문명(남자 측에서 사람을 보내어 여자의 생년월일을 묻는다), 납길(좋은 날을 약혼날짜로 택하여 신부 측에 알린다), 납징(신랑 측에서 신부 측에 예물을 보낸다), 청기(택한 혼인 날짜를 여자 측에 알려 허락을 받는다), 친영(신부를 맞이한다) 등의 육례가 있다.

육례 중 친영의 내용이 가장 풍부하고 다채롭다. 친영을 할 때에는, 신랑 측에서는 사람을 파견하여 신부 집에 가서 영친(迎亲)하고 신부 측에서도 마찬가지로 사람을 파견하여 신부를 송친(送亲)한다. 과거 신부는 꽃가마에 앉아 신랑 집에 간다. 예를 올리는 의식을 진행할 때, 신랑 신부는 먼저 천지에 절을 올리고, 다음으로 부모에게 절을 하며, 마지막으로 부부가 맞절을 한다. 그리고 신랑 신부는 합방한다. 신랑 신부의 침대 위에는 대추, 밤, 땅콩 등을 뿌린다. 그것은 발음과 비슷한 뜻으로 자식을 빨리 보고, 아들 딸 모두 낳기를 바라는 아름다운 염원을 표시한다. 첫날 밤, 한족들의 풍습에는 신혼부부의 방에 몰려가 신혼부부를 놀리는 풍습이 있다. 대부분은 청년들이 신랑 신부를 난감하게 하는 술수로 신혼부부를 놀린다. 시대가 변함에 따라 당대의 한족 혼인풍습에는 많은 변화가 생겼다. 자유연애, 예물을 받지 않고 결혼을 간소하게 치르는 것이 당대 청년들이 추구하는 시대적 풍모가 되었다. 한족은 백년해로의 혼인관계를 숭상한다. 과거 여성들은 많은 예의범절을 따라야 했으며, 그들에게는 이혼을 제기할 권리가 없었다. 하지만 남자는 7가지 이유(7가지 신부를 버리는 이유. 즉 여자가 자식이 없고, 음란하고, 시어머니에게 순종하지 않고, 말이 많고, 도둑질하고, 질투하고, 고치기 어려운 질병에 걸림)로 신부를 버릴 수 있다. 봉건사회에서 한족 여성들의 낮은 지위는 또 민며느리혼(童养婚), 황혼(荒婚), 명혼(冥婚), 전처혼(典妻婚) 및 다처혼(多妻婚) 등 낡은 풍습에서도 엿볼 수 있다. 현재 이러한 풍습들은 이미 사라져 버렸다.

한족 가정에서 노인을 존경하고 어린이를 사랑하는 것은 하나의 기풍이다. 과거 한족 가정에서는 남자의 권력이 위주였고, 여자는 종속 지위에 처하였다. 가사 분담에 있어서도, 남자는 밖에 일을 맡고, 여자는 집안일을 해야 한다고 생각했다. 이러한 가족 관념의 영향으로 인해, 대를 이어가는 것은 가정의 핵심문제였을 뿐만 아니라 혼인의 주요 목적이었다. 자식들이 결혼한 이후에도 부모는 보통 아들과 함께 생활하였고, 여러 세대가 함께 사는 풍습을 숭상하였다. 현재에는 산아제한정책의 실행으로 중년 혹은 청년 부부들은 보통 자식이 하나 아니면 둘을 낳기에, 한 집안에 세 식구 혹은 네 식구인 가정이 점차 증가되었다.

6) 상·장례

한족은 장례를 매우 중요시한다. 역사적으로 한족 장례는 시체를 관목에 넣어 토장하는 것이 관례이다. 그러므로 사람들은 관습적으로 임종 전에 관목을 선택하고 상복을 준비해둔다. 사망자의 시체는 직접 화장하지 않고 며칠 놔두며 그 기간에 친척들로 하여금 조상(吊丧)을 하게 하고 집사람들은 죽은 사람을 위해 혼령을 지켜줘야 한다. 한족의 장례 풍습에서 연장자가 돌아가면 그 자손들이 삼베옷을 입고 머리에 흰 것을 두르는 것으로 효를 표시하는 풍습을 "피마대효(披麻戴孝)"라고 한다. 현대 장례 의식에 참가하는 사람들은 보통 가슴에 하얀 꽃을 달고 팔에 검은 띠를 맨다. 옛날 한족들의 출빈의식은 매우 복잡하였다. 출빈 과정에 종이돈을 뿌리거나 심지어 중과 도사를 불러 경문을 외우며 또 종이사람과 종이말을 만든다. 장례가 끝난 후에는 칠일날에 한 번씩 총 49일 동안 공양을 드리고, 백일이 되는 날에 중을 불러 참회하고 복을 구하며, 1주년을 기념하는 등 의식을 진행하며 또 죽은 사람의 위패를 사당에 모셔 제사를 지내는 의식이 있다. 그 외에도 죽은 사람을 위해 영전을 지키는 동안 술을 마시지 못하고 결혼하지 못하며 향락하지 못하는 등의 많은 금기가 존재했다. 현대 한족의 장례 풍습은 점점 간소화되는 방향으로 바뀌고 있다. 예를 들면 도시에서는 주로 화장을 하고, 의식은 주로 유체와 고별하고, 추도회를 열며, 유체를 화장하고 유골함을 안치하는 등 순서로 진행된다.

7) 명절

한족들은 갑자(甲子)를 기준으로 연대를 기록한다. 즉, 갑, 을, 병, 정, 무, 기, 경, 신, 임, 계 등 열개 천간(天干)과 자, 축, 인, 묘, 진, 사, 오, 미, 신, 유, 술, 해 등 12개 지지(地支)가 결합되어 형성된 60개년을 한 개 윤회로 하며 60년이 지날 때면 "갑자를 바꾼다"고 한다. 12가지 지지는 각기 1개의 동물과 조합하여 자-쥐, 축-소, 인-호랑이, 묘-토끼, 진-용, 사-뱀, 오-말, 미-양, 신-원숭이, 유-닭, 술-개, 해-돼지 등을 형성함으로써 12개 띠를 구성한다. 12개의 띠로 연도를 기록한다는 것은 어느 해에 출생하면 어느 동물, 즉 무슨 띠에 속함을 의미하며, 따라서 상대방의 띠만 안다면 그의 생년을 추정할 수 있다. 한족 민속에는 12개 띠 상극설이 있다. 이에 따라 옛날에는 배우자를 찾을 때 상대방이 무슨 띠에 속하는지에 주의를 돌려 상극의 가능성이 있는지를 본다.

한족들의 전통명절은 대부분 농력으로 계산한다. 현재에는 농력을 구력 혹은 음력이라고 하며, 12개월, 24개 절기로 사계절의 변화를 표시하는데 이는 농업 생산에 있어 중요한 의미가 있는 것이다. 음력 정월 초하루를 춘절(春节)이라고 하는데 이는 한족 전통명절 가운데서 가장 큰 명절이다. 매년 춘절 때면 사람들은 섣달그믐날에 벌써 집에 모인다. 춘절을 보내기 위해 많은 물건들을 사들이고 집안을 깨끗이 청소하며 친척들과 친구의 선물들을 준비한다. 또한 집집마다 연화와 대련(对联)을 붙인다. 섣달그믐날에는 집에 모여 앉아 같이 밥을 먹는데 이것을 "연야밥(年夜饭)"이라고 한다. 이날 밤을 새우는 사람들도 있다. 정월 초하루부터 남녀노소 모두 새 옷을 입고 친척과 친구들 간에 새해 인사를 올린다. 이날 아이들이 어른들에게 세배를 하는 풍습이 있는데, 어른들에게 세배를 하면 일정한 세뱃돈을 받는다. 춘절 기간에는 묘회와 화회 등 민간 오락 활동이 있다.

정월 15일은 원소절(元宵节)로서, 상원절(上元节) 혹은 등절(灯节)이라고도 부른다. 원소절 기간의 주요 활동은 원소를 먹는 것과 등회를 감상하는 것이다. 청명절(清明节)은 24절기 중의 하나로서 점차 한족들의 명절로 되었다. 이날 사람들은 묘를 쓸고 제사를 지낸다. 또한 어떤 곳에는 청명절을 전후로 봄놀이를 하고 버드나무를 심는 풍습이 있다. 현재에는 청명절에 열사 능원에 가서 열사를 추모하는 것이 청소년들에게 의의 있는 활동으로 되었다. 5월 5일은 단오절이다. 단오절에는 주로 종자(粽子)를 만들어 먹고 용선 경기를 한다. 8월 15일은 한가위이다. 한가위는 한 가족이 같이 모여 밥을 먹고, 월병(月饼)을 먹으며 달구경을 한다. 그 외에도 민간에서는 7월 7일 비렁뱅이의 날(乞巧节), 7월 15일 중원절(귀신절), 9월 9일 중양절 등 명절을 비교적 중시한다.

이러한 전통명절 이외에도 일부 특정 기념일을 명절처럼 여기는데, 예를 들면 5월 1일은 국제 노동절, 10월 1일은 국경절, 3월 8일은 여성의 날, 5월 4일은 청년의 날, 6월 1일은 어린이날과 같은 기념일도 점차 한족 명절문화의 중요한 부분이 되었다.

6. 문학예술 및 과학기술

한족은 역사의 기나긴 흐름 속에서 여러 민족의 문화를 흡수하고 융합하여 찬란한 문학, 예술 및 과학기술을 발전시켰다. 그러한 것들은 역사가 유구할 뿐만 아니라 넓고 심오하며 다채롭다. 이 방면의 성과는 주로 다음의 몇 개 방면에서 표현된다.

1) 문학

고대 한족의 문학 발전 가운데서 시가의 발전은 현저한 지위를 차지하였다. 예를 들면 초사, 악부, 당시, 송사 등 많은 예술적 가치가 높은 작가 및 작품이 있었다. 그중에 굴원(약 기원전 340~기원전 278년), 이백(701~762년), 두보(712~770년), 백거이(772~846년), 소식(1037~1101년), 육유(1125~1210년), 신기질(1140~1207년) 등 작가들은 중국 문화사뿐만 아니라 세계 문화사에서도 공인하는 명인들이다. 산문은 한족문학 중 비교적 빨리 출현하고 오랜 시간 동안 쇠퇴되지 않은 체재이다. 선진 시기 주자 백가들의 작품은 대부분 산문형식이었으며, 그중 『묵자』, 『맹자』, 『장자』, 『순자』, 『한비자』 등은 모두 문학적 가치가 매우 높은 작품들이다. 양한 시기에 시정을 논하는 산문도 비교적 많았는데, 그것은 선진 시기 산문의 특징이기도 하다. 위진남북조 시기에 출현한 산문들에서는 화려한 형식을 추구하고자 했다. 당조 말기에 이르러 한유(768~824년), 유종원(773~819년) 등은 진한 시기의 고문을 회복하는 운동을 창도하였다. 구양수(1007~1072년), 소순(1009~1066년), 증공(1019~1083년), 왕안석(1021~1086년), 소식, 소철(1034~1112년) 시기에 고문을 회복하는 운동은 큰 성과를 이루었으며, 이상의 산문 작가들을 "당송 8대가"로 불렀다. 20세기에 이르러 산문 창작은 점차 통속화되었다. 소설의 창작은 명·청 시기에 이르러 많이 발전하였으며, 당시의 성과는 문학사에서 당시, 송사와 비견할 만한 것이었다. 세계에 이름을 날린 작품으로는 『삼국연의』, 『수호전』, 『서유기』, 『금병매』, 『유림외사』 등이 있다.

한족 문학작품은 한자로 표현한 것이다. 한자는 세계상에서 가장 오래된 문자 중의 하나로서, 탄생해서부터 현재까지 약 6,000여 년이라는 역사를 가지고 있다. 지금 사용하는 한자는 선진 시기의 갑골문과 금문으로부터 변화되어 온 것으로서 형체로 보면 그림으로부터 필획으로 변화되었고, 상형문자로부터 상징문자로 변화되었으며, 복잡한 것에서부터 간단한 것으로 변화되었다. 한자는 원칙상 표현 형태, 표현 의미, 형태 음성 등에 따라 만들어진다. 한 개 문자는 한 개 음절을 가지며, 절대다수는 형성 문자이다. 고대 한족은 글 쓰는 공구와 재료가 부족했기에, 갑골, 금문, 죽간, 면박에 글자를 새겼으며, 그로 인해 구두어와 일정한 차이가 있는 서면어를 형성하게 되었다. 이것이 바로 소위 말하는 문언문(文言文)이다. 일반적으로 사용하는 한자는 보통 5,000자에서 8,000자 내외이다. 매 한자는 모두 간결하고 명확한 함의를 가진다. 비록 동일한 한자가 한어 방언에서 사용되는 발음이 서로 다르다 하더라도, 그 의미는 동일하다. 한자의 특수한 성격과 기능으로 인해 중화민족의 선조들은 방형 한자로 세계상에서 가장 유구하고 완정하며 찬란한 중국 고대문자를 기록하고 보존해왔으며, 동시에 서면언어의 통일을 유지해왔다. 한자는 중국의 유구한 역사, 드넓은 지역, 방언이 많은 국정에 맞춰 한족의 발전과 통일에 매우 관건적이고 특수한 작용을 일으켰으며, 동시에 풍부한 한문 문학작품도 세계문화 보물고에 찬란한 한 페이지를 남겨놓았다.

2) 예술

한족들 가운데는 미술, 서법, 공예, 음악, 무도, 희곡 등 방면에서 이름 떨친 명인들이 많다. 그들은 모든 사람이 탄복해 마지않는 성과를 거두었다. 그중 미술, 서법, 전통극의 특유한 풍격은 특히 세상 사람들의 각광을 받아왔다. 한족의 가장 대표적인 전통 미술은 수묵화로서, 수묵화는 관습적으로 국화(国画)라고 불리기도 한다. 수묵화의 소재에는 인물, 산수, 꽃, 새, 동물 등이 있으며, 화가들은 보통 그림 위에 시를 쓰고 이름을 남길 뿐만 아니라 그 위에 주색 도장을 찍는다. 그리하여 시, 서, 인은 그림과 조합을 이루어 사위일체가 된다. 시, 서, 인의 수준은 그림의 가치에 직접적인 영향을 주며 사절(四绝)을 구비한 작품을 최고의 작품이라고 한다. 이후에 한자 쓰기는 점차 서예로 발전하였는데, 서예에 사용되는 도구 종이, 먹, 붓, 연적은 "문방사보(文房四宝)"로 불렸다. 중국 역사에는 유명한 서예가들이 많다. 예를 들면 삼국 시기의 종요(151~230년)는 개서에 능했고, 동진 시기 왕희지(321~379년)는 행서와 초서에 능해 서성(书圣)이라고 불렸으며 후세에 심원한 영향을 일으켰다. 북조의 위비는 강력하고 온화한 풍격으로 서법 역사상에서 일정한 지위를 차지하였다. 당조 서예는 남북의 정화를 총결한 기초 위에서 서법의 역사를 한 단계 높은 수준으로 끌어올렸다. 이 시기에 구양순(557~641년), 우세남(558~638년), 저수량(596~658년 혹은 659년), 안진경(709~785년), 회소(725~785년), 유공권(778~865년), 장욱 등 후세 사람들이 숭상하는 서예가들이 나타났으며, 구양순, 안진경, 유공권 등 화가들의 작품은 후세 서법의 모범으로 되어 각기 구체, 연체, 유체로 불렸다.

희곡(戏曲)은 한족의 전통 예술형식으로서 그 종류가 다종다양하다. 예를 들면 북방의 평극, 강소 · 절강(江浙) 일대의 월극, 서북의 진강(秦腔) 등이다. 특히 한족 고전 희곡 예술의 대성인 경극(京劇)은 세계적으로도 독자적인 한 파를 형성하였다. 경극은 건륭황제 말년에 나타나기 시작했다. 당시 여러 지방극은 북경에 들어가 연출되면서 4대 회반(四大徽班)을 위주로 호북의 한조(汉调)와 군곡(昆曲), 진강(秦腔) 등 지방 희곡의 종목, 곡조, 연출 방법을 흡수하여 하나의 새로운 희곡 연출체계를 형성하였다. 그리고 그것이 형성된 지점이 북경이기에 경극이라는 칭호를 가지게 되었다. 연출 방법에 있어 경극은 부르고, 읽고, 하고, 때리는 등 요소들의 결합을 주장하는데, 부르는 것은 서피(西皮), 이황(二黄)을 위주로 하고, 반주는 경호(京胡), 얼호(二胡), 피리(笛), 수르나이(唢呐) 등 관현악기와 징(锣), 북(鼓) 등 타악기를 위주로 한다. 극을 감상하는 것은 현재까지도 한족 지방 민속의 중요한 내용으로 자리잡고 있다.

3) 수학

한족의 수학 방면에서의 성과는 세계 문화사에 혁혁한 공헌을 하였다. 하상 시기 한족 선조들은 십진위법을 확립하였고, 서한 시기에는 첫 수학 저작『주패산경』이 출현했으며, 이 저서에서는 구고정리(勾股定理)를 인용하였다. 동한 시기에는 『구장산술』이 나타났는데, 거기에는 분수, 개평방, 개립방, 부수, 일차방정식의 풀이방법이 기재되었다. 송조 시기의 소옹(1011~1077년)은 1차 방정식으로부터 4차 방정식의 풀이 방법을 발견하였다. 이와 같은 성과들은 세계의 앞자리에 차지하였다. 원주율의 발견은 더욱 자랑할 만한 성과이다. 특히 남조 조충지(429~500년)는 원주율의 수치를 소수점 7자리 숫자까지 정확하게 계산해냈는데, 이는 서방보다 1,000여 년이나 앞선 것이었다.

당대 국제 수학 연구영역에서의 일부 중요한 성과는 중국 사람의 성씨로 명명하였다. 예를 들면 함수를 해석하는 하도행(夏道行)의 연구는 국외 일부 함수 대가에 의해 하도행 함수라고 불렸다. 또한 하도행의 범함적분과 불변척도를 측정하는 방면의 연구 성과는 국제 수학계에서 "하부등식"이라고 불렸다. 수학자 화라경과 왕원은 1960년 이후 대수 수론의 방법으로 다중 적분의 근사치를 계산하는 방법을 창조하였으며, 그들의 연구 성과 또한 국제 수학계의 "화-왕방법", "화-왕참수"라고 불렸다. 수학자 진경윤은 1973년에 논문을 발표하여 200여 년 동안 해결하지 못한 골드바흐의 추측에 대한 증명의 진척을 추진하였다. 현재 국제적으로 진경윤의 (1+2)를 "진씨 정리"라고 한다. 수학자 후진정(侯振挺)은 1974

년 확률론 연구에서 매우 큰 활용 가치가 있는 "Q과정 유일성 준칙"의 "최소 비부 해법"을 제출하여 수학계에서 "후씨 정리"라 불리며, 1978년 영국 대유손(戴維遜) 기념상을 받았다.

4) 천문 역학

한족은 농업에 종사하는 민족이다. 천문 역학은 모든 농업과 밀접한 관계를 가지고 있기 때문에 한족은 이 두 영역을 매우 중시하였으며, 두 영역에서 전 세계가 주목할 만한 큰 성과를 이루었다. 『상서·요전(尚书·尧典)』의 기재에 따르면 한족은 일찍이 일월성신(日月星辰)의 운행법칙을 이용하여 일 년 사계절을 구분하고 일 년을 366일로 확정하였으며 윤년을 설치하는 방법으로 시간을 조절하였다. 상조 시기에 더 나아가 1년을 12달로 나누고 윤년을 13달로 나누었으며, 큰 달은 30일, 작은 달은 29일로 정하였다. 갑골문에는 또한 태양 흑자에 관한 기록도 있다. 춘추전국 시기에 사람들은 벌써 금, 목, 수, 화, 토 등 오대 행성의 운동주기를 측정하고 그 움직임을 측정하고 묘사하였으며, 28숙의 거리를 측정하고 1년 중 24절기의 날짜를 확정하였다. 동한 시기 저명한 과학자 장형이 발명한 혼천의는 천상(天象)을 정확히 나타낼 수 있었다. 당조 고승 일행(673~727년)은 세계적으로 가장 먼저 항성의 이동 현상을 발견했을 뿐만 아니라 가장 먼저 자오선을 측정하였다. 그가 제작한 수동혼천의는 세계에서 가장 처음으로 기계로 작동되는 시계였다. 원조 시기의 곽수경은 전국에 27개 관성대를 설치하여 천체를 측정하였으며, 그가 편제한 『수시력』은 매년을 365.2425일로 규정하였다. 이는 유럽 양력과 기본적으로 비슷한 것이기는 하나, 유럽의 것보다는 300여 년 더 빨리 출현한 것이었다.

5) 농학

한족은 농학을 중시하였는데 한족의 전통 농업은 동방 집약형 농업이다. 그 특징은 토양을 깊이 갈고, 각종 유기 비료를 제작하고 사용하며, 분류를 나누어 재배하고 합리적으로 밀식하며 간작 및 그 관리에 중시를 돌리는 것이라 할 수 있다. 한족이 축적한 농업 방면에서의 경험은 세계 농업 발전사에 특수한 공헌을 하였다. 또한 한족이 발명한 선진 농기구와 과학적인 경작 방법은 세계의 많은 지역에서 참고하여 사용되고 있으며, 농업 저서인『사승지서(氾胜之书)』,『제민요술(齐民要术)』,『왕진농서(王帧农书)』,『농정전서(农政全书)』는 모두 한족들의 생산 경험을 기초로 창작된 것으로서, 저서에 기재된 농업 생산 경험은 역사상에서뿐만 아니라, 현재에도 농업 생산 발전에 참고적 가치를 제공하고 있다. 중국이 창건된 후, 농업 방면의 연구에서는 농업 고국의 우수한 전통을 발굴하는 데 주의를 돌렸고, 선조들의 생산경험 기술을 정리 고찰하여 전파하였으며, 토, 비, 물, 종, 밀, 보, 관, 공 등 팔자(八字)방침을 총결하고 과학적 재배의 방법을 창도하였다. 동시에 농기구, 화학비료, 농약과 플라스틱 박막(薄膜)의 생산에 힘을 기울였다. 또한 다른 나라의 현대화 농업발전 경험을 흡수하는 데 전력을 다했다. 나아가 첨단 과학기술 영역, 예를 들면 유전자 공정학, 현대 세포 배양기술, 고광효육종 등 방면의 연구를 적극적으로 전개함으로써 세계가 주목하는 성과를 거두었다.

6) 의학

한족은 중의중약 체계를 건립하였다. 중의 치료는 망(색), 문(성), 문(병), 진(맥) 등 방법으로 맥의 상태, 신체 특징과 병 증세를 진단하여 병의 원인을 찾아내며, 약물, 침, 안마 등 방법으로 치료하는 것을 말한다. 동한 말기 저명한 외과의사 화타(?~208년)가 사용한 마취제와 개복수술은 당시 세계에서 가장 선진적인 기술이었다. 동한 장중경이 편제한『상한잡병론(伤寒杂病论)』은 임상 경험을 총결한 하나의 우수한 저작으로서 후세에 아주 큰 영향을 미쳤으며, 그로 인해 장중경은 후세 사람들에게 "의성"이라고 불렸다. 당조의 의학대가 손사막(581~682년)이 집필한『천금방(千金方)』은 방제학(方剂学)에 관한 저작으로서, 거기에는 5,300여 가지의 처방이 수집되었다. 그 저작은 그 후 중의학의 고전으로 되었으며 손사막은 후세 사람들에 의해 "약왕"이라고 불렸다. 명조의 이시진(1518~1593년)이 편찬한『본초강목(本草纲目)』에는 1,892가지 약물에 관한 내용들이 수록되어 있으며 후세 중의 발전에 중요한 공헌을 하였다.

중의학은 일본, 한반도, 동남아 각국에 큰 영향을 미쳤다. 중의학은 송조 시기부터 서양에 전파되기 시작했는데 구체적으로 971년 광주에 설치한 시박사(市泊司)에서는 전문적으로 58가지 약재를 아랍을 거쳐 유럽에 판매한 것이 그 시작이다. 이시진의『본초강목』은 서유럽 각국에 전파되었는데, 당시 다윈도 이 책을 참고

한 적이 있었으며, 그는 『본초강목』을 중국고대 백과전서라고 하였다. 그리고 중국의 인두법(人痘法)도 유럽에서 두 세기 동안 전파되던 끝에 마침내 영국의 마호메트 아리 진납(真納)에 의해 우두법(牛痘法)으로 발전되었으며, 중의학이 천연두를 소멸하는 데 미친 영향은 대단히 큰 것이었다. 침 기술의 전래와 보급은 역시 잘 알려진 한족의 의술이다. 현대사회에서 중의는 기존 경험을 바탕으로 새로운 발전을 가져왔다. 각 지역의 중의원, 중의 연구소 등 부문에서는 병을 치료하는 대중의 수요를 만족하는 동시에 중의 방면의 인재를 부단히 배양함으로써, 중의학을 보다 발전시킬 수 있도록 노력하고 있다.

7) 과학 발명

중국은 세계상에서 맨 먼저 자석의 극성을 발견한 나라이다. 전국 시기에 사람들은 자석의 극성을 이용하여 나침판인 시남(司南)을 발명하였다. 『한비자·유도(韓非子·有度)』에는 시남에 관한 최초의 기재가 있는데, 이 저서는 대략 기원전 3세기에 집필된 것이다. 북송의 심괄이 집필한 『몽계필담(梦溪笔谈)』에는 자석을 갈아 지남침을 만드는 방법에 대해 상세히 기록되어 있다. 지남침의 중요한 구성 요소 중의 하나는 자유로 돌 수 있는 자침이다. 자침은 지역 자력의 작용하에 자력 자오선 평면 내에 유지할 수 있는데, 바로 이러한 성능을 이용하여 방향을 구분할 수 있다. 지남침은 항행에서 자주 사용되며 주요한 해상 교통도구이다. 화약도 한족의 중요한 발명 중의 하나이다. 관련 기록에 따르면, 화약은 고대 단약을 만드는 사람이 장생불로단을 찾고 금은을 제련할 때 발명한 것이다. 원시 화약이 기재된 최초의 문서로는 기원전 2세기의 『회남자(淮南子)』이다. 화약이 전쟁에 사용되었다는 최초의 기록은 북위 여도원의 『수경주』에서 찾아볼 수 있다. 북송 시기에 이르러 정부는 개봉에 정식으로 화약 제조 공장을 건립하여 불화살(火箭), 불구(火球), 불대포(火炮) 등 무기를 제작하였다. 송금 시기에는 또 폭발력이 비교적 강하고 살상력이 큰 벽력포(霹雳炮), 진천뢰(震天雷) 등 철포(铁炮)를 제조하였다. 이 외에도 비화총(飞火枪), 투화총(突火枪) 등 관형(管型)무기가 있는데 후세의 관형무기는 바로 이와 같은 무기를 기초로 하여 발전된 것이다. 화약은 대체로 원조 시기, 육로와 해로를 통해 아랍과 유럽에 전해졌으며, 그때로부터 무기의 역사에는 일련의 변혁이 일어났다.

과학기술에 대한 한족들의 성과는 인쇄, 제지, 항해, 건축 등 방면에서도 표현된다. 한족은 총명하고 지혜로우며 세계 문명을 위해 탁월한 공헌을 하였다.

회족(回族)

1. 민족개관

회족은 중국에서 인구가 비교적 많고 널리 분포되어 있는 소수민족이다. 2000년의 인구 통계에 의하면, 중국 회족의 인구는 9,816,805명으로서, 전국 여러 민족 가운데서 한족, 티베트족, 만주족 다음으로 제4위를 차지하고 있다.

회족은 전국 각지에 분포되어 있다. 북으로는 흑룡강, 남으로는 해남도, 서로는 파미르 고원, 동으로는 동해까지 회족은 광범위하게 분포되어 있다. 그 분포의 특징은 넓게 분산되어 있으며 작게 집중되어 있다고 요약할 수 있다. 전국의 대다수 현과 시에는 모두 회족 주민이 있으며, 그 가운데서도 녕하(宁夏), 감숙(甘肃), 청해(青海), 신강(新疆), 하남(河南), 하북(河北), 산동(山东), 운남(云南) 등에 비교적 많이 분포되어 있다. 역사, 생활관습 등 원인으로 회족이 살고 있는 지역이라면, 대부분 청진사(清真寺)를 중심으로 집거하는 형태를 이루는데, 도시에서는 한 개 가도를 형성하고, 농촌에서는 한 개 촌락을 이루어 서로 다른 규모의 집거지를 형성한다.

회족은 전국적으로 분포되어 있다. 광활한 토지 및 다종다양한 자연환경과 경제적 조건은 회족의 사회 발전에 큰 영향을 미쳤다. 첫째, 경제적 방면에서 현재 생활하고 있는 생태환경과 맞물려 다층적이고 다구조의 형식을 이루고 있다. 둘째, 중국 여러 민족과 함께 잡거해 살아가는 현상이 두드러지게 나타나고 있다. 회족은 주로 한족과 잡거해 살고 있으며 신강, 내몽골, 티베트(西藏) 등 지역에서도 위구르족, 몽골족, 티베트족 등의 민족과 잡거해 살고 있다. 셋째, 문화적으로 차이가 있는 민족이다. 민족 문화의 계승은 그 민족의 생존환경을 벗어날 수 없다. 전국 각지에 분포되어 해당 지역의 생산조건, 생활환경의 영향 아래 대대로 살아온 회족들은 문화 방면에서의 지역적 차이를 형성하였다. 지역성은 회족 문화 특징 중의 하나이며, 그러한 지역성은 회족 문화의 다양성과 풍부함을 보여줄 뿐만 아니라, 회족 문화의 개방성과 포용성도 잘 보여주고 있다. 물론, 회족 민족의 지역성은 문화의 동일성의 기초 위에 형성된 것이다.

회족은 전국적으로 분포되었기에 지방 자치 지역도 많이 가지고 있다. 녕하는 성 1급의 회족 자치구이다. 지방 1급의 회족 자치는 신강 창길 회족자치주(新疆昌吉回族自治州), 감숙 림하 회족자치구(甘肅臨夏回族自治州)로 나뉜다. 이 외에도 신강 언기(新疆焉耆), 감숙 장가천(甘肅張家川), 청해 화융(青海化隆), 청해 문원(青海门源), 하북 대창(河北大厂), 하북 맹춘(河北孟村) 등 6개의 회족 자치현을 갖고 있다. 그리고 운남 서부에 위산이족 회족자치현(巍山彝族回族自治县), 동부에 심전회족이족자치현(寻甸回族彝族自治县), 귀주(贵州)에 귀주위녕이족묘족자치현(贵州威宁彝族苗族回族自治县), 청해에 민화(民和)와 대통(大通) 등 두 개의 회족·토족자치현이 있다.

2. 민족의 기원과 사회발전

원·명 시기에 형성된 회족이 점차 전국 각지에 분산된 것은 역사 발전의 결과로서, 자체의 특수한 형성 과정과 그 문화적 특징에서 비롯되었다.

회족의 기원은 당송 시기 화교 거처인 무슬림(穆斯林) 번객(蕃客)으로 거슬러 올라가 볼 수 있다. 역사적으로 당송 시기는 중국에서 봉건사회가 고도로 발전하고 대외로 개방한 중요한 시기이다. 당시 서아시아 아랍인은 서로는 대서양에 이르고, 동으로는 중국 서부에 이르는 이슬람교를 대표로 한 대식국(大食国)을 건립하였다. 중국과 아랍 두 나라는 육상으로는 실크로드, 해상으로는 중국 남해로부터 페르시아 만에 이르는 향료의 길을 지나면서 정치, 경제와 문화 등 방면에서 빈번하게 왕래하였다. 『구당서·서역전(旧唐书·西域转)』의 기록에 따르면, 당고종 영휘(永徽) 2년(651년)에 대식국의 제3임 국왕 하리발오스만(哈里发奥斯曼, 644~656년 재위)은 처음으로 사신을 파견하여 중국을 방문하였는데, 쌍방은 그때로부터 정식으로 교류하기 시작하였다. 그 후 대식국의 사절들은 부단히 중국을 방문하였으며 아랍, 페르시아 등지의 무슬림 상인과 교학자 간의 교류가 끊이질 않았다. 그들은 주로 중국 동남 연해인 광주, 천주(泉州), 양주(扬州), 항주(杭州)에 왔고, 내륙 쪽으로는 장안(长安),

회족 가족

개봉(开封)으로 들어가 향료, 상아, 보석, 약재와 서각 등을 판매하였으며, 돌아갈 때에는 중국의 비단, 차, 도자기 및 기타 상품들을 가지고 갔다. 그들은 주로 상업을 위주로 하였기에, 중국인들은 그들을 번상인, 번객, 호상이라 불렀다. 그들 중 많은 사람들은 자국으로 돌아가지 않고 중국에 남았는데, 당시 이들을 주당(住唐)이라 불렀고 그 후대들은 토박이 번객이라 불렀다. 이에 당송 정부에서는 그들의 생활관습을 고려하여 전문 거주지역인 토방을 특별히 만들어주고 그들이 집거할 수 있도록 하였다. 토방 내에서 그들은 본국의 생활관습, 기존의 종교 신앙을 유지할 수 있었으며 내부 사무도 자체적으로 해결할 수 있었다. 하지만 이 시기의 무슬림 토객은 교민의 성질을 갖고 있었으며, 중국 안에서 한 개의 민족으로 구성되지는 못했다. 원조 시기에 회인들이 대대적으로 동으로 이동함에 따라 신분상의 변화가 생기기 시작했으며, 회회토객, 남토회회로 불리기 시작하면서 점점 회족 민족을 구성하는 초기 구성요소로 되었다.

회족의 초기 구성원들은 주로 13세기 칭기즈칸과 그 후손들이 서정(西征)함에 따라 동쪽으로 이주한 중아시아인, 페르시아인, 아랍인 그리고 동서 간 교통이 열리면서 빈번히 동쪽으로 이동해온 무슬림 상인들이다. 이들은 대부분 이슬람교를 신앙하였으며 원나라의 관방 문서에서는 이들을 회회(回回)로 통칭하였다. 회회라는 명칭은 북송 심괄(沈括)의 『몽계필담』에 가장 먼저 기재되었다는 인식이 일반적인 것으로, 당시의 회회는 주로 당조 이래 안서(지금의 신강 남부 및 충령 서부 지역) 일대의 회홀인을 지칭하는 것이다. 이 시기의 회회는 원나라에서 말하는 회회와는 함의가 다른 것이다. 원나라의 회회인은 주로 당시 중국에 온 색목인으로 구성되었다. 그들 중 절대다수는 군사, 농민, 장인, 상인, 종교인과 학자들이며, 그들은 전국 가지에 널리 분포되었다. 사시에는 원나라 시기 회회가 중국에 널리 분포되었다고 기록되어 있다.

　　명조 시기에 와서도 중아시아 등 지역의 무슬림들이 중원으로 들어왔으며, 그들은 서쪽으로는 감숙, 동쪽으로는 빈해, 북쪽으로는 요동, 남쪽으로는 전계(滇桂)

회족 아이들

에 이르는 거의 대부분 되는 성에 안착되었다. 그 외 남양의 무슬림도 중국에 정착하였다. 이들은 모두 회족을 구성하는 구성원들이었다.

동쪽에서 온 무슬림을 제외하고도 회족의 민족 구성원 중에는 한족, 몽골족, 위구르족 등 민족들이 있었고 심지어는 유태인들도 있었다. 동쪽에서 온 무슬림 특히 원조 시기의 회회인은 절대다수가 거리적 이유나 전쟁의 영향으로 가족과 함께 이주할 수가 없었다. 그리하여 그들은 중국의 각지에 정착한 후 현지의 다른 민족 여성, 특히 한족 여성과 통혼하였다. 이러한 여성들은 남편을 따라 이슬람교를 신앙하게 되었고 따라서 회족의 구성원이 되었다. 그 외 원나라 시기 일부 몽골인은 이슬람교를 받아들여 점차 회회인과 융합되었고, 명나라 시기 이슬람교를 신앙하던 위구르인들은 내륙으로 이동하여 점차 회족과 융합되었다. 그리고 유태인들은 북송 시기 중국 개봉 등 지역에 거주하게 되었고, 유대교(一賜教)를 신앙했는데, 그들의 종교 의식은 이슬람교에서 진행하는 의식, 예를 들면 머리에 천을 휘감는 것, 돼지고기를 먹지 않는 것, 할례를 진행하는 것, 매일 예배를 하는 것 등과 비슷하였기에, 명 · 청 시기 유태인들은 파란 모자 회회 또는 청회회라고도 불렀다. 그들 중에는 현지 회족과 결혼하거나 아니면 회회라 자칭하여 점차 회족으로 융합된 사람들도 적지 않았다.

3. 경제생활

회족은 전국 각지에 분포되어 있다. 그들은 남방의 연해지역에서도 살고, 서북의 건조 · 반건조 지역에서도 살며, 초원 해발이 낮은 평원, 분지, 그리고 평탄하지 않은 산지와 고원에서도 산다. 지역이 광활하고 각지의 경제조건이 다종다양한 객관적 실제와 맞물려, 회족 인민의 경제생활과 민속은 다층적이며 다주의 구조의 특징을 띠게 되었다. 감숙, 녕하, 청해 등 지역의 회족은 농업을 위주로 하고 목축업을 겸해서 경영하며, 신강과 내몽골 지역의 회족은 농업과 목축업을 결합하거나 아니면 목축업이 위주이며, 하남, 하북, 산동 등 내지 회족은 농업에 종사하는 외에 계절성적인 작은 규모의 상업, 수공업을 운영한다. 그리고 운남 및 서남 각 성의 회족은 농업과 상업을 함께 경영하거나 상업, 운수업을 위주로 한다. 또한 동북 대흥안령 지역의 회족은 임업을 위주로 하고, 해남도 등 동남 연해 지역의 일부 회족은 항해나 어업에 종사한다. 전국 도시에 분산된 회족은 대부분 상업이나 각종 서비스업에 종사한다.

1) 농업

회족의 경제생활이 다양성을 띠게 된 것은 그것이 형성되고 발전한 역사적 과정과 무관하지 않다. 비록 각 지역 회족의 직업 구성이 다양하다고 하더라도, 현재 회족들이 가장 많이 종사하고 있는 업종은 여전히 농업이다. 왜냐하면 회족은 농업 경제를 위주로 하는 중국 봉건사회에서 형성되었기 때문이다. 따라서 그러한 상황은 회족의 민족 농업경제 형성의 필요한 조건으로 되었다. 회족의 주요 유래는 원나라 시기 동쪽에서 온 회회인이며 그 가운데서 특히 많은 것이 군인들로서, 그들은 척후 기병에 편입되어 구비라이가 전국을 통일하는 전쟁에 참여하였다. 그들은 전쟁을 하지 않을 때에는 생산노동에 참여하였다. 즉, 말에 올라서는 전쟁을 준비하고, 말에서 내려서는 경작하고 방목을 했다. 회회 군사들은 전쟁이 끝난 후 각지에 파견되어 농업에 종사하면서 농민으로 살아갔으며, 이 시기 형성된 집거와 방목(牧羊) 간의 경제적 연계는 그 이후의 회회 농민들이 소, 양을 방목하는 것을 부업으로 삼게 된 기초가 되었다. 이와 같이 원나라 시기 둔전 등 형식으로 시작된 회족 농업 경제는 비교적 발달한 중국 사회의 농업 생산 발전 수준에 힘입은 것으로서, 그들은 초기부터 철제 농기구를 사용하였으며, 당시 한족의 간작, 이모작 등 선진적인 경작 방법을 배웠다. 그 때문에 회족의 농업 경제 발전의 역사는 중국의 기타 민족에 비해 짧지만, 발전 속도는 상대적으로 빨랐다.

회족 농민은 토지를 아주 소중하게 여긴다. 역사적으로 회족이 비옥한 토지를 소유한 경우는 극히 적으며 대부분은 메밭, 모래땅, 강기슭 땅, 움푹 파인 땅, 알칼리성 토지와 삼변(산 변두리, 개펄 변두리, 사막 변두리), 두 말단(도랑 말단, 골짜기 말단) 등 지역에서 경작하였다. 하지만 그들은 생활환경의 열악함에 굴복하지 않고 완강하게 현지의 환경에 맞서 상이한 지리조건에 따른 다양한 경영들을 진행하였다. 예를 들면 모래밭, 변두리 땅, 도랑 옆, 길옆, 집 앞뒤의 빈터에 식수조림을 하거나, 토지에서 자라난 짚가리나 가지와 잎, 산풀로 목축 양식업 등을 발전시켰다. 토지 경영으로 얻는 수입만으로는 부족했기에, 회족 인민들은 수입을 증가하기 위한 다양한 방법을 모색했으며, 그 과정에서 회족의 농업 생산은 상업과 가축사육업 및 수공업과 서로 결합을 이루게 되었다. 그러한 결합은 나아가 농부 산품을 상품으로 전환시키는 데 유리했을 뿐만 아니라, 각 민족 간의 물자교류를 촉진하는 작용을 일으켰다.

2) 수공업

회족의 수공업 생산 경영은 그 역사가 유구하다. 회족의 구성원들 중에는 원나라의 회회 장인도 포함되는데, 그것은 몽골군이 서쪽 정벌 과정에서 포로가 된 장인들을 죽이지 않고 그들을 동방으로 끌고 왔기 때문이다. 회회 장인은 중국에 온 후 주로 건축, 방직, 무기, 가죽, 담요 제작, 금은 그릇 제조, 양조 등 업종에 종사하였다. 이러한 양상은 그 후 회족의 직업 분포에서 수공업 생산을 직업으로 하는 부류를 형성하는 데 기초를 닦아놓았다. 수공업 생산 전통을 계승하는 과정에서 형성된 수공업은 아래와 같은 세 가지 유형으로 분류된다.

첫째 유형은 도자기 제조업이다. 원나라 시기부터 현재에 이르기까지 많은 회족 집거지에는 모두 도자기를 굽는 가마가 있으며, 그들이 제조한 도자기의 민족적 풍격은 주로 도안에서 나타난다. 즉, 회족은 일반적으로 기하 도형이나 아랍 숫자로 도안을 새기며 인물, 동물을 소재로 하는 도안은 금하고 있다. 주로 회족 특유의 찻잔, 즉 뚜껑이나 손잡이가 없는 찻잔과 꽃병에 위에서 언급한 도안들을 많이 사용하고 있다.

둘째 유형은 모피 가죽 가공업이다. 모피 가죽 가공업은 회족의 전통 수공업의 중요한 구성 부분이다. 회족은 농업을 발전시킴과 동시에 목축업을 겸하기에, 북방의 일부 지역에서는 이미 반농반목지역을 형성하였으며 따라서 모피업이 매우 발달되었다.

셋째 유형은 제약업이다. 제약업은 회족의 의약학과 밀접히 연관되는 전통 항업이다. 회회 의학은 역사적으로 매우 큰 영향력이 있는 것으로, 원나라 시기에는 전문적으로 회회 약물원을 설치하였고, 명나라 시기에는 저명한 『회회약방(回回药方)』이 출현했다. 또 명·청 시기에는 회회 태의원을 설치하였을 뿐만 아니라, 개인적으로 운영되는 회회약방도 적지 않았다. 일반적으로 회족은 향약, 조약, 설사약을 많이 제조하며, 전통적인 회회 의학의 장점, 예컨대 밀제침약(蜜制浸药), 로쇄제제(露洒制剂), 적비제(滴鼻剂), 수구제(漱口剂) 등을 유지하고 있다. 그 외 회족 민간에서는 일부 보건 약품들도 자체적으로 제조하는데, 그중 양고기에 약을 배합한 보건품이 비교적 효과적인 것으로 알려져 있다.

3) 상업

회족의 경제 생활관습 가운데서 가장 두드러진 현상의 하나가 바로 상당한 수의 회족들이 상업에 종사한다는 것이다. 회족들은 경상(经商)에 능한 것으로 세상에 이름을 날렸는데, 경상은 회족들이 역사적으로 형성해온 전통적인 경제 생활관습으로서, 그러한 전통의 형성은 회족이 신앙하고 있는 이슬람교와 밀접한 관계가 있다. 이슬람교 경전에서는 경상의 지위와 의의에 대해 여러 차례 강조하였다. 또한 그러한 강조를 통해 경상은 알라신이 좋아하는 사업이며 상인은 숭고하다는 관점을 충분히 긍정해주었다. 그뿐만 아니라 이슬람교의 마호메트도 경상에 종사한 적이 있었다는 사실은 회족의 경제생활에 커다란 영향을 주었다. 그 때문에 농업을 중시하고 상업을 경시하는 중국 봉건사회의 국책이나 상인을 기시하고 차별하는 전통적인 관념이 상업 영역에서 발전을 도모하고 재부를 창조하는 회족들의 활동을 막지는 못하였다. 특히 회족의 독특한 음식관습과 종교생활의 수요는 사육, 도살, 소와 양 가공 기술 방면의 발전과 청진 음식 항업의 확대를 추진하였으며 회족의 일상생활과 여행의 수요를 만족시켰다.

회족의 상업활동은 역사적인 연속성을 띠고 있으며, 그것은 회족 사회 환경의 발전에 따라 변화되는 것이다. 일찍이 당송 시기부터 회족의 선민은 아랍, 페르시아 등 지역으로부터 중국에 와서 경상하였다. 그들은 주로 동남연해와 장안 등 여러 대도시에 거주하면서 또한 감숙, 신강, 운남 등지에 들어가서 향료, 약재, 서각, 보석, 정향, 호두, 호마 등 물건들을 팔았으며, 중국에서 비단, 자기, 종이, 대황 등을 구입해서 돌아갔다. 그들 중에는 중국에 남아 거주하면서 장기간 동안 무역에 종사한 사람들도 있다. 원나라 시기 회회 상인은 당송 이래의 경영방식을 계승하였을 뿐만 아니라 보기(宝器)와 향료를 관청 및 고관 귀인들에게 판매하였다. 또한 일정한 특권에 의해 소금, 양식, 가축을 대량으로 구입하여 운반해갔다. 명나라 시기에 이르러 해상무역의 쇠퇴로 인해 회족 상인들은 외국의 향료, 약재, 보석을 구입해 팔던 것에서부터, 국내의 농업, 수공업 상품을 파는 쪽으로 방향을 바꾸었다. 그러한 상품 중에는 소양, 가죽, 모피 등 축산품과 차, 소금, 양식 등 생활필수품이 포함되었다. 회족 인구가 증가함에 따라 유동 인구도 부단히 증가되었으며, 따라서 회민이 경영하는 도살업과 그와 상관되는 양과 소를 키우는 축산업, 청진식당업이 자연적으로 발전하기 시작했다. 청조 시기에 회족 상업은 북방의 각 대도시에서 발전하였을 뿐만 아니라 점차 중·소도시와 농촌에서 발전되기 시작했으며, 나아가 서북, 동북, 서남 등 변강 민족 지역에서도 상업이 발전되기 시작했다. 회족 상인의 상업활동을 통해 변강 소수민족 경제와 한족 및 연해 민족 경제 간의 연계는 더욱 강화되었으며, 중국 변방 민족지역의 개발과 중외 경제, 문화적 교류도 촉진하였다.

회족은 상업에 종사하는 과정에서 양호한 도덕관습을 양성하였다. 구체적으로 말하자면, 매매의 공평성과 호혜호리를 주장하고, 낭비와 불의지재(不义之财)를 금하며, 고리 착취를 반대하였다. 회족은 모든 무슬림은 필요한 생활비 이외에는 모두 구제세를 낼 책임과 의무가 있다고 생각하였다. 따라서 자산을 갖고 있는 상인은 더욱 책임을 전가할 수 없다. 그 때문에 회족 상인은 의를 중히 여기고 재물에 눈이 어둡지 않으며, 자선 사업을 좋아한다. 빈곤자와 빚을 갚지 못하는 자, 어려움에 직면한 자, 학자, 민중의 이익을 위해 일하는 자 등은 보통 그들이 구제하는 대상으로 여겨지고 있다.

4. 종교 신앙

7세기 중엽부터, 동쪽에서 온 회회 선민은 이슬람교를 중국에 가지고 왔으며, 이슬람교는 점차 민족 특색이 있는 종교로 진화되어 회회(回回) 민족 사상문화의 중요한 내용으로 됨으로써, 회족의 형성과 발전에 커다란 영향을 미쳤다.

이슬람교에는 교파가 많다. 그러나 각 교파 사이에는 구체적인 예의에서의 일부 세부적인 차이가 존재할 뿐 신앙의 원칙은 일치한다. 그 원칙이 바로 이슬람교의 "6대 신앙"이다. 즉, 알라, 천신, 사자, 경전, 후세, 운명 등을 신앙하는 것이다. 사상 방면에서의 신앙을 제외하고 이슬람교에서는 또 일련의 종교 수업과 예의를 정하여 사상 신앙이 행동상의 실천으로 이어지도록 하였다. 종교 수련에는 넘(念), 예(礼), 재(斋), 과(课), 조(朝) 등 5가지가 포함되는데, 중국의 회족 학자는 이를 "5공"이라고 한다. 5공이란 5가지 종교 수업, 신유예공(身有礼功), 심유넘공(心有念功), 성유재공(性有斋功), 재유과공(财有课功), 명유조공(命有朝功)을 말하는데, 어떤 사람들은 이러한 5공을 5상이라고도 부른다.

첫째, 넘공. 이는 신앙에 대한 무슬림의 직접적인 표현 방식이다. 즉, 아랍어로 외우는 증명사(作证词), 즉 "나는 증명한다, 오직 알라만이 만물의 주인이다. 나는 증명한다, 마호메트는 주의 사자이다"라는 것이다. 회족 무슬림은 증명사를 청진언이라고 한다. 청진언은 회족 무슬림들이 낭송하는 빈도가 가장 높은 단어이다. 남녀노소를 막론하고 모두 아랍어로 낭송하는 것을 배워야 하며 그것으로 신앙의 진정성을 표현해야 한다.

둘째, 예공. 배공(拜功)이라고도 한다. 이는 무슬림이 알라에 대해 귀순, 은혜, 찬송, 기도, 참회 등을 표하는 하나의 종교의식이다. 이슬람교에서의 규정에 의해, 무슬림은 매일 반드시 메카의 카바신전(克尔白)을 향해 다섯 번의 예배, 즉 파즈르 예배, 주흐르 예배, 아스르 예배, 일몰 예배, 이샤 예배를 올려야 한다. 매일 다섯 차례의 예배를 제외하고도 무슬림은 매주 금요일마다 한 차례의 단체 예배를 진행해야 하며, 매년 라마단이 끝나는 날(开斋节)과 고이방절(古尔邦节)에는 집단 예배를 진행해야 한다. 경건하고 정성스러운 회족 무슬림은 배공을 엄격히 준수한다. 하지만 매일 다섯 차례의 예배를 진행하지 못하는 사람들도 있으며, 그러한 사람들은 집단 예배와 회례에만 참석한다.

셋째, 재공. 이를 봉재(封斋), 파재(把斋), 폐재(闭斋)라고도 한다. 이슬람교에서는 매년 회교력 9월(채맥단월)에는 반드시 한 달 동안 대낮에 단식을 진행해야 한다. 라마단 기간에는 매일 동트기 전과 해가 진 후에 식사를 해야 하고 대낮에는 물을 마시거나 음식을 먹어서는 안 되며, 성관계를 금해야 한다. 재계의 목적은 의지를 굳히고 인내의 정신을 단련하며 가난한 자의 기아를 몸소 체험하고 생활에서의 탐욕을 제거하는 데 있다. 즉, 과욕을 없애고, 알라에게만 전념하는 것이다. 회족 군중들은 매년 한 번씩 진행되는 라마단을 대단히 중요하게 생각하며, 라마단을 "존귀한 월"이라고 칭한다. 재계를 하는 신도들은 반드시 동트기 전에 배불리 먹고 마시며, 날이 밝은 후부터 태양이 질 때까지 모든 음식을 단절하고 태양이 진 후에만 음식을 먹는다.

넷째, 과공. 즉, 자카트이다. 이는 이슬람교에서 규정한 조세이며 제빈세(济贫税)라고도 한다. 자카트는 재산에 따라 납세해야 하며, 상품과 현금은 생활 잉여의 2.5%, 농산품은 생활 잉여의 5%에서 10% 정도를 납부해야 한다. 회족의 자카트는 대체로 매년 청진사에 학량(学粮)을 납부하고, 성직자(阿訇)와 만라(满拉)에게 생활비를 제공하며, 라마단 기간에는 가족 성원 수에 따라 라마단이 끝나는 날(开斋捐)에 납부하고, 평소에 가난한 자에게 베푸는 등의 내용으로 구성된다.

다섯째, 조공. 즉, 참배하는 것이다. 아랍어로 하길(哈吉)이라고 한다. 이슬람교에서는 무릇 신체가 건강한 무슬림은 경제적 조건과 생활 여건이 허락하는 상황하에서 성별에 관계없이 일생 동안에 적어도 한 번은 메카로 가서 참배해야 한다. 따라서 메카에서 참배를 진행한 무슬림은 "하길"이라고 부른다. 중국과 메카는 멀리 떨어져 있을 뿐만 아니라, 사회환경, 재력 등으로 인해 역사상에는 참배를 다녀온 회족은 극히 적다. 그러나 최근에는 회족 인민들의 생활수준이 향상되어 자비로 참배하러 회족 참배자 수는 해마다 증가하고 있다. 참배에 다녀온 회족은 회족 구성원들 가운데서 특별한 영예를 받으며, 참배하고 돌아올 때 그들은 무슬림 친우들의 성대한 대접를 받는다.

5. 민속문화

회족의 민속문화는 이슬람교의 영향을 많이 받았기에 농후한 종교적 색채를 띠고 있다. 하지만 회족은 화하 고국의 한문화가 절대적 우세를 차지하고 있는 중화 대지에서 궐기한 민족이기에, 결코 자신들을 둘러싼 문화적 환경의 영향에서 벗어날 수 없으며, 불가피적으로 그러한 문화적 요소들을 섭취하고 융합됨으로써 자신들이 처한 생존환경에 적응하게 된다. 그러므로 회족 문화는 이슬람 문화와 중화 문화가 서로 뒤엉키고 서로 융합되어 형성된 것이며, 그 내용과 표현 형식 또한 풍부하고 복잡하다. 결국 회족 문화는 순수한 "이슬람" 문화가 아니며 "중국화"된 문화는 더더욱 아니다. 그것은 "회족화"된 문화로서, 이슬람 문화와 중국 전통 문화의 완벽한 결합으로 형성된 문화인 것이다.

1) 의복

전국적인 범위에서 봤을 때, 회족의 복식은 기본적으로 그 지역의 풍습에 맞춰 따라가는 형식이다. 인접해 있는 민족, 특히 한족 복식과 비슷하기에, 역사상에는 한장회(汉装回)라는 칭호도 있다. 하지만 기타 민족과 잡거해 살아가는 회족은 현지 민족의 풍습에 따라 옷을 입는다. 예를 들면 신강에서는 위구르족, 카자흐족 복장을 착용하고, 운남에서는 백족, 이족, 태족의 복장을 착용하며, 티베트에서는 장족 복장을 착용함으로써, 대단히 강한 적응력을 보이고 있다.

회족의 전통 복장은 성별에 따라 남성 복장과 여성 복장이 있다. 회족 남자 복장에서 가장 전형적인 표징으로 되는 것은, 바로 머리에 쓰는 흰색의 챙이 없는 모자(回回帽, 회회모)이다. 이러한 복식은 이슬람교 신앙과 관련된다. 구체적으로 말하자면, 이슬람교 5공 중 하나인 예배할 때에 예배자는 머리 부위를 반드시 막아야

전통의상을 입은
회족 남성

하며, 앞이마와 코끝은 땅에 닿아야 하는 규정으로 인해 이러한 모자를 착용하
게 되었다. 따라서 모자를 쓰지 않고 예배를 하면 교의에 어긋나는 것이 되며 또
챙이 있는 모자를 쓰고 예배를 하기에는 많은 불편함이 따른다. 이러한 상황에
서 마침 챙 없는 흰 모자가 이러한 결점을 보완해주었기에, 회회모는 예배모라
고도 불린다. 현재 회족들이 쓰고 있는 흰 모자는 단지 예배할 때이거나 혹은 단
지 종교적 원인으로 인해서만 착용되는 것이 아니라, 이미 회족이라는 민족 신
분을 나타내는 하나의 상징으로써 사용되고 있다.

　회족은 또 흰 모자 외에 머리에 태사달이(太斯达尔, 수건)를 착용한다. 기록에 따르면
마호메트는 이슬람교를 전파할 때 머리에 태사달이를 착용하고 예배를 진행하였
다고 한다. 태사달이를 착용할 때에는 몇 가지 주의할 점들이 있다. 앞면은 앞이
마 머리 부근까지만 감고, 앞이마는 감지 않는다. 만약 이마까지 감는다면, 머리
를 땅에 부딪치며 예배하는 데 불리하다. 수건의 한쪽은 한 팔꿈치 정도 남겨서
조끼 뒤에 걸치고, 다른 한쪽은 감은 후에 머리 뒤쪽의 수건 안에 넣는다. 예전에

는 태사달이를 착용하는 회족들이 비교적 많았지만, 지금은 대부분 작은 흰 모자를 쓰고 소수의 성직자(阿訇)와 만라(滿拉) 그리고 노인들만 태사달이를 착용한다.

　조끼는 회족 전통 복장의 중요한 구성요소이다. 회족들은 남녀를 불문하고 모두 조끼 입는 것을 좋아한다. 특히 회족 남자들은 흰 셔츠 위에 중국식 윗옷의 두 섶이 겹치지 않게 가운데서 단추로 채우게 되어 있는 청색 조끼를 입는다. 즉, "흰색과 청색의 배합으로" 된 스타일의 옷차림을 한다. 또한 그들의 옷차림은 검정색과 흰색의 색상 대비가 선명하여 청신할 뿐만 아니라 풍격이 고상하고 우아하다. 조끼의 재질은 계절에 따라 다르며, 소재는 보통 겹옷, 면, 가죽 등을 사용한다. 조끼는 밖에 입을 수도 있고 코트 안에 입을 수 있다. 회족은 깨끗한 것을 좋아하기에 예배 시기에는 깨끗하고 청결하게 자신을 가꾼다. 그뿐만 아니라 회족은 무술을 좋아하기에 조끼는 그들의 생활관습과 맞물려 아주 편리하고 실용적인 점들을 제공해주고 있다.

　회족의 여성들의 치장은 남다르고 독특한데, 그 가운데서 가장 특징적인 것이 바로 머리를 덮는 수건이다. 그것에는 일반적으로 하나의 통일된 양식이 있다. 즉, 수건을 머리부터 써서 어깨에 걸치며 양 귀를 덮고 턱에는 단추가 있어 머리 전체를 덮는다. 보통 소녀와 결혼한지 얼마 되지 않은 여성들이 녹색을 사용하고 중년 여성은 검정색을 쓰며 노년 여성들은 흰색을 착용한다. 이 특수한 복장은 초기 아랍 유목 민족들이 초원에서의 강한 바람을 막기 위한 수단으로 사용하던 생활관습에서 유래된 것으로서, 점차 이슬람교에서 규정한 무슬림 여성의 머리장식으로 되었다. 『코란』 24장 31절에서는 다음과 같은 규정이 있다. "신도 여성들에게 알려라, 시선을 낮추고 하반신을 가리고 장신구를 드러내지 말라, 자연적으로 드러난 것은 제외하더라도 말이다. 그리고 면사로 가슴을 가리고 함부로 장신구를 드러내지 말라, 만약 자기의 남편, 부친, 시아버지, 아들, 남편의 아들, 형제, 형제의 아들, 자매의 아들이 아니고서는 함부로 드러내지 말라." 아랍 국가에서 무슬림 여성들은 보통 히잡으로 얼굴을 가림으로써 『코란』의 규정에 따른다. 하지만 중국 회족 여성들의 전통 복장에서는 히잡을 착용하지 않고 수건으로 머리, 귀, 목 등을 가린다. 어떤 여성들은 수건을 두르지 않고 백색 간호사 모자와 같은 모자를 즐겨 쓴다. 왜냐하면 그러한 모자는 편리할 뿐만 아니라 머릿수건처럼 머리를 덮을 수 있기 때문이다. 수건은 점차 회족 여성 복장의 특징이 되었다.

　회족 여성의 전통적인 복장은 단추로 채우게 되어 있는 우임(右衽, 오른쪽 앞섶을 여미는 형태)의 옷과 무릎까지 오는 두루마기로 중·노년 여성들은 보통 어두운 색을 착용하고, 처녀들은 대부분 빨간색, 녹색을 입는데 처녀들은 옷에 선을 새겨 넣거나 색수를 넣거나 선을 두른 것을 좋아한다. 또한 어떤 이들은 옷의 앞가슴과 앞섶 쪽에 꽃을 수놓는다. 현재 회족 여성들의 복식은 대부분은 그 지방의 풍습을 따르는 것이 일반적이지만, 서북 지역에서는 짧은 티나 짧은 치마를 입지 않는다. 회족 문화중심인 청진사에서는 여성이 치마를 입고 청진사에 들어오는 것을 금지한다.

2) 음식

　회족의 음식관습은 전국 각 지역에 분포된 회족의 지역적 분포와 함께 선명한 지역적 특색을 띠고 있다. 예를 들면 연해 지역의 회족들은 해산물을 즐겨 먹고, 내륙 지역의 회족은 닭, 오리, 소, 양을 즐겨 먹으며, 남방 회족은 대다수 입쌀을 즐기고 북방에서는 밀가루 음식을 먹는다. 고한 지역에서 사는 회족은 진한 맛의 음식을 먹고 온난 지역에 사는 회족은 담백한 것을 먹는다. 서북 지역에서 사는 회족들 간에도 음식관습의 차이가 있다. 예를 들면 서안 사람들은 양고깃국에 떡을 먹는 것을 좋아하고, 난주 사람들은 우육면 먹기를 즐긴다. 그 외 녕하에서는 새끼 양고기를 즐겨 먹고, 청해에서는 고기꼬치(手抓(식))를 즐겨 먹는다.

　회족 음식관습 중에 일부는 이슬람교 신앙에서의 규정과 밀접한 연관이 있으며, 그러한 규정은 이슬람 『코란』의 『성훈』에 의해 형성된 것이다. 총체적으로 볼 때, 음식은 깨끗하고, 질병을 위방하며 건강을 지킬 수 있는 것이어야 한다는 원칙을 주장하며, 합법적이고 건강에 좋은 동물, 식물 등 식품을 사용할 것을 권장한다. 하지만 돼지고기, 피, 자사물(自死物, 죽음의 원인을 알 수 없는 죽은 동물) 및 주류는 금기해야 할 음식들이다. 이슬람교에서의 음식에 관한 규정은 세계 모든 무슬림이 반드시 지켜야 할 규칙들이다. 비록 국정이 다르고, 민속이 다르며, 입맛이 다를 뿐만 아니라 음식 원료도 해당 지역에서 채취하고 요리 기술과 조작 방법도 서로 다르지만, 기본적인 금기 사항에서는 다른 것이 없다. 그 때문에 회족은 돼지고기, 자사물, 피를 먹지 않으며, 음주(연회에서는 보통 차로 술을 대신함)를 하지 않는다.

회족의 요리는 비교적 풍부하다. 일반적으로 튀기고, 굽고, 데치고, 볶고, 절이고, 삶고, 찌는 것을 위주로 하고 조미료를 많이 사용하며, 입맛이 진하다. 그리고 지역에 따라 요리들은 서로 다른 풍격을 형성하였다. 예를 들면 서북의 새끼 양고기 찜, 삶아서 잘게 썬 소나 양의 고기 및 내장, 양꼬치, 북경의 양고기 튀김, 양고기 구이, 오리 구이, 양고기 샤브샤브, 삶은 소고기, 절인 소양고기 등 음식들은 모두 전국적으로 유명한 음식들이다. 회족들의 밀가루 음식도 비교적 특색이 있다. 예를 들면 서북 지역의 소고기라면, 다진 고기라면, 양고기 소가 들어간 떡 및 만두, 당면에 가늘게 썬 돼지고기를 넣고 끓인 국 등과 회족의 전통 음식 유향(油香), 꽈배기(馓子) 등은 모두 회족들이 즐겨 먹는 음식들이다.

회족들은 보통 차를 마시며, 진한 차를 즐겨 마신다. 중국의 회족은 전국 각지에 널리 분포되었기에, 그들이 차를 마시는 관습도 각기 자체의 특성을 가지고 있다. 예를 들어 서안의 회족은 끓인 호차(煮湖茶)를 즐겨 마시고, 녕하 남부 산간 지대 및 감숙, 청해 등 지역의 회족 집거지에서는 개완차(盖碗茶)를 즐겨 마신다. 개완차는 보통 차뚜껑, 찻잔, 차받침으로 구성되는데, 삼포대 혹은 잔(盏子)이라고도 한다. 보통 먼 곳에서 손님이 오면, 찻잔부터 먼저 올린다. 서북 지역의 회족은 집에 손님이 오면 대부분 개완차를 대접한다. 개완차는 일반적으로 찻잔에 차와 설음 설탕, 대추, 깨, 용안, 구기자, 건포도, 호두씨 등을 넣은 찻잔에 끓인 물을 부어 만들며, 차가 우러나기를 몇 분 동안 기다렸다가 찻잔을 두 손으로 손님에게 드린다. 차를 마실 때는 왼손은 차받침을 쥐고 오른손으로 차뚜껑을 쥔 상태에서 찻잔의 내용물을 한 번 밀친 뒤, 한 모금씩 마시기에 괄완자(刮碗子)라고도 한다.

3) 주거양식

회족은 전국에 분포되어 생활하기에 회족들의 주거 환경은 대체로 자신들을 둘러싼 환경의 변화와 직접적으로 연관된다. 전반적으로 봤을 때, 현지 한족의 주거와 별다른 차이점이 없다. 회족이 밀집한 북방 농촌의 회족은 보통 단층집에 거주하고 있으며, 그들이 거주하고 있는 단층집은 구조가 비교적 다양하다. 예를 들면 녕하 남부 산지대의 회민은 관습적으로 단층집 위에 작은 칸을 지어 놓는다. 그것은 망루와 비슷하며, 통속적으로 높은 집이라 부른다. 보통 주인이 예배를 진행할 때 사용되며, 예배 시 애들이나 기타 외부 사람들이 방해하는 것을 방지하는 역할을 한다. 대부분의 회족은 단층집에서 살고 있으나, 황토 고원에서 살고 있는 일부 회족들은 아직도 토굴집에서 생활한다. 토굴집은 애요(崖窑)와 고요(箍窑)가 있다. 애요(崖窑)는 일반적으로 구릉지대를 선택하여 먼저 한 개 면을 없앤 뒤 동굴을 파서 짓는다. 그 동굴의 양식은 정방형 바닥에 둥근 지붕으로 되어 있으며, 깊이는 열 몇 미터이고 너비는 3m에서 4m 정도이며, 높이는 3m 남짓이다. 동굴 입구는 보통 흙벽돌 혹은 돌을 쌓아서 만들며, 창문도 만든다. 일반적으로 한 가정에는 몇 개의 토굴집이 있으며, 주로 객요(客窑)와 화요(火窑)로 나뉜다. 화요는 요리를 하고 침실용으로 쓰인다. 고요(箍窑)는 강 부근 혹은 강가에 흙벽돌 혹은 조개풀과 진흙을 사용하여 짓는다. 먼저 동굴 모루를 짓고, 다음 궁형의 골을 모루 위에 놓고 흙벽돌 한 층에 풀이 섞인 흙을 한 층 바르는 것을 반복하여 만든다. 그렇게 형성된 동굴은 궁형 모양을 띤다. 마지막으로 밖에 밀이나 보리 짚이 섞인 굵은 흙을 발라주고 마른 다음 그 위에 또 한 층의 보드라운 흙을 발라 표면이 부드럽고 평평하게 보이도록 한다.

현대화가 가속화됨에 따라 회족 인민들의 주거생활에도 커다란 변화가 생겨 기와집들이 점차 흙집과 토굴집을 대체하고 있으며, 도시에서 살아가는 많은 회족들은 아파트에 거주하고 있다. 하지만 회족의 특수한 생활습성, 즉 같은 민족끼리 집거해 살기를 좋아하는 습성에 의해 회족들의 거주지는 소집거 형태의 거주 특징을 띠고 있다. 따라서 전국 각지에는 회족촌, 회족 거리들이 형성되었다. 회족 집거 지역에서, 청진사는 민속 생활의 핵심이다. 청신사는 회족들의 종교활동 중심일 뿐만 아니라, 회족 군중들의 혼례, 상례 및 식용 가축을 도살해주는 등의 서비스를 제공해주는 곳이기도 하다. 이처럼 회족들의 종교생활과 일상생활이 모두 청진사와 밀접한 관계가 있기에 그들은 보통 청진사를 거주지역의 중심에 건립한다. 요컨대 청진사는 회족 신앙의 물질적 표현이자 현실 생활 중의 생활지표이다.

4) 혼인 · 가정

회족은 아이가 태어나면 경명을 짓는다. 회족은 태어난 후에 성직자(阿訇)더러 경명(혹은 교명)을 짓게 하여, 아기가 태어난 후 이슬람교 신앙과 밀접한 연계를 맺도록 한다. 경명은 보통 이슬람교 성인의 이름을 사용하는데 예를 들면 이사(尔撒),

회족의 결혼식 풍경

누하(努哈), 이보라흠(伊卜拉欣), 이사마의(易斯马仪), 우소복(优素福), 목살(穆萨), 다오덕(达吴德), 엽하아(叶哈雅) 등 이슬람교 경전에 나오는 선각자들의 이름을 사용한다. 또한 마호메트(穆罕默德), 우메얼(欧麦尔), 아리(阿里), 하상(哈桑) 등은 이슬람교사에서의 중요한 인물들의 이름을 사용하기도 한다. 이와 같은 이름들은 남자아이의 이름으로 많이 쓰이고, 여자애들은 보통 아미나(穆哈穆德之母), 해드쳐(穆哈穆德之妻), 아이사(穆哈穆德之妻), 파투마(穆罕默德之女儿阿里的妻子) 등을 많이 사용한다. 명명 의식이 있는 날, 가정 조건이 허락되는 집안에서는 양을 잡고, 일반적인 가정에서는 음식을 만들어 성직자(阿訇), 이웃 친척들에게 대접함으로써 축하를 표한다.

일반적으로 학명은 밖에서 출근하거나 학습을 할 때 쓰이며 경명은 보통 집안 혹은 거주지역 내에서만 사용한다. 하지만 성직자는 회족 청년이 결혼식을 올리는 날, 신랑 신부의 혼서에 경명을 써준다.

회족의 결혼 풍습은 이슬람교의 영향을 받았을 뿐만 아니라 중국적인 요소의 영향도 받았다. 회족의 혼인은 결혼조건, 요구, 금기 조례상에서 이슬람교의 혼인법과 일치하지만, 이슬람교의 혼인법을 어기지 않은 전제하에서 회족 혼례풍습의 일부 예절과 절차에는 중국 한족문화의 유가사상의 흔적이 많이 남아 있다.

회족의 결혼식 풍경(2)

회족의 혼인이 성사되는 전제 조건은 쌍방 모두가 무슬림이어야 한다는 것이다. 하지만 회족 남성이 이슬람교에 귀의하는 기타 민족의 여성을 아내로 맞이하는 경우도 있다. 일반적으로 회족과 통혼하는 비무슬림 청년은 정식으로 결혼식을 올리기 전에 먼저 이슬람교에 가입하거나 귀의해야 한다. 교에 가입하는 의식은 보통 성직자가 교에 가입하는 자에게 『코란』과 『성훈』에서의 유관 장절을 읽어준다. 그 장절의 대체적인 뜻은 알라의 명령을 받아 그(혹은 그녀)를 교인으로 받아들여 알라께서 그들에게 복을 하사하기를 바란다는 뜻이다. 이러한 의식을 마친 뒤 회족의 일반적인 결혼 절차에 따라 결혼식을 거행한다.

회족은 전국 각지에 분포되었기에 현지 민족 풍습의 영향을 받으며 따라서 결혼 풍습도 매우 다양하다. 일반적으로 회족 집거구에서 사는 회족들의 결혼 풍습은 전통적인 색채가 농후한 데 반해, 동남 연해 지역의 회족은 한족 혼례풍습의 영향을 많이 받아왔다. 회족의 전통적인 혼례 풍습에서 혼례식 전의 절차에는 아래와 같은 세 가지 절차가 있다.

먼저, 중매를 선다. 부모들은 자녀가 성장한 후 그들의 혼사를 고려하기 시작한다. 남자 측에서 어느 집의 여자를 보고 혹은 소문을 듣고 마음에 두었다면, 먼저 남자 측 어른들이 선물을 들고 중매인에게 가서 자기 자식을 위해 중매를 서 달라고 한다. 때로는 중매인이 주동적으로 양가를 위해 중매를 서는 경우도 있다. 사회가 발전함에 따라 현 시대 남녀들은 중매가 없이도 서로 알고 지내며 마음에 드는 상대를 만나 사랑을 싹틔운다. 그래도 결혼을 하려면 중매인이 중간에서 소개를 해야 한다. 그렇지 않으면 규칙을 모른다고 비웃음을 사게 된다.

다음으로, 약혼을 한다. 서북 지역의 회족들은 약혼을 정차(定茶)를 보낸다고 한다. 남자 집에서는 회족들이 즐겨 마시는 차, 사탕, 용안, 견과류 등을 각기 붉은 종이에 싸서 여자 집에 보낼 옷감, 화장품 등과 함께 중매인과 남자 집 사람더러 여자 집에 가져가도록 한다. 여자 집에서는 차 및 식사를 준비하여 손님을 대접해야 한다. 연회가 끝난 후, 쌍방은 가족들 앞에서 "살라무(아랍어로 하는 무슬림 안부)"라고 말함으로써 혼사를 결정한다. 여자 집에서도 손님을 바랠 때 적당한 선물을 남자 집에 보낸다. 약혼할 때, 남자 집에서는 큰 예물들을 준비해야 한다. 즉, 여자 측에 금품, 사계절 복장, 화장품 등을 선물하고, 여자 측에서 보낸 리스트에 따라 여자 측 직속 친척 어른들에게 일일이 얼음사탕, 차 등 예물을 준비해야 한다. 예물을 보내면 쌍방의 혼사가 완전히 결정되었다는 것을 의미한다.

마지막으로, 혼례식을 치른다. 회족의 혼례는 보통 주마일(主麻日) 혹은 라마단이 끝나는 날(开斋节), 고이방절(古尔邦节) 등 중대한 명절 전후에 많이 거행된다. 회족 혼례에서의 일부 의식, 예를 들면 신부를 맞이하는 것, 신혼 방에 땅콩, 대추를 놓는 것 등은 한족의 풍습과 비슷하다. 하지만 회족 혼례에서의 하나의 특수한 의식은 성직자를 청하여 니카하(尼卡哈)를 읽는 것이다(아랍어로 "결합"을 의미하는 것이며 혼인서약서와 같다). 그 외 일부 지역의 회족 혼례에는 혼례식 날 재봉술을 보이는 풍습이 있다. 구체적으로 말하자면, 신랑이 신부가 처녀일 때 집에서 한 모자, 신발과 양말, 베개 수건 등을 사람들에게 꺼내어 감상하게 하는 풍습이다. 회족의 전통 혼례는 보통 3일 동안 진행된다. 첫날에는 중요한 의식을 거행하고, 둘째 날에는 신부 집의 여자 하객들을 신랑 집에 청하여 연회를 치르고, 셋째 날에는 근친(回门)하러 간다. 신랑 신부는 신랑 측의 여자 하객들과 함께 신부 집에 와서 함께 연회를 치른다. 또한 신랑 신부는 신랑의 친척 혹은 이웃집의 대접을 받는다.

이혼은 회족에게 있어 보기 드문 현상이다. 그것은 마음대로 이혼을 할 수 없다는 이슬람교의 규정에서 영향을 받아 오래전부터 형성되어 온 하나의 풍습이다. 이슬람교에서는 부부간 감정이 확실히 파열되고 도저히 함께 생활하기 힘든 상황에서, 공증인의 조정을 거쳐서도 여전히 효과가 없을 경우에는 쌍방 모두 이혼을 제기할 권리가 있다고 규정하였다. 그렇다고 해서 이혼을 권장하는 것이 아니라 부득이한 경우에만 이혼을 허락한다는 것이다. 그 때문에 회족들 중에서 부부지간에 갈등이 생기고 감정이 상했을 때에는 노인들이 주동적으로 나서서 조정해주고 될수록 그들이 쉽게 이혼하지 않도록 설득하여 가정의 화목과 사회의 안정을 유지하도록 노력한다. 하지만 부부관계에 명확한 문제가 있어 부부가 함께 지내지 못할 경우에는 이혼도 가능하다. 만약 남자가 이혼을 제기할 경우에 남자 측에서는 여자에게 준 재물을 다시 돌려받지 못한다. 또한 이혼 시에 여자가 임신했거나 혹은 2세 미만의 아이가 있으면 남자는 자식을 부양할 의무와 책임이 있다. 이혼한 여자 혹은 미망인은 모두 재가할 수 있으나 반드시 일정한 시간이 지난 후에 재가해야 한다. 『코란』에서 규정한 기간은 4개월 10일이다. 이혼 후 일정한 시간이 지나 복혼하고자 하는 여성들도 있는데, 그것 또한 허용되는 것으로서 누구도 간섭하거나 저지하지 못한다.

5) 상 · 장례

회족의 장례 풍습은 초기의 이슬람교 특성을 비교적 잘 유지하고 있다. 즉, 간단하고 소박하며 빠른 특성을 띤다. 그리고 어디서 사망하면 어디에 매장하는 것을 주장하고 있으며 망자를 고향으로 모셔 오는 것을 반대한다. 이를 천하의 토지에 천하의 회민을 매장한다고 한다.

회족은 사망을 무상(无常) 혹은 귀진(归真)이라고 하고, 파묻힐 시체를 매체(埋体)라고 하며 사망자를 망인(亡人)이라고 한다. 회족은 임종 전에 자녀들과 친구들을 불러 놓고 유서를 읽는다. 이를 구환이라고도 한다. 구환은 동의 혹은 허가를 뜻하는 회족의 전문 용어이다. 임종자가 호흡을 멈추면, 먼저 사망자의 전신을 깨끗이 씻어주고, 다음 개번(开番, 염복을 말함)으로 온몸을 감싸 덮는다. 개번은 흰색 천으로 만드는데, 이것은 이슬람교에서 흰색을 숭상하고 흰색 천을 가장 깨끗하다고 여기기 때문이다. 또한 청백한 몸으로 왔다가 청백한 몸으로 간다는 것을 의미한다.

회족의 장례에는 다음과 같은 몇 가지 특징들이 있다.

첫째, 망자에게 장례를 치러주어야 한다. 이슬람교에서는 사망한 무슬림을 위해 알라에게 기도를 하는 것은 무슬림의 공동 의무와 집단적 책임이라고 생각한다. 그 때문에 누군가가 사망했다면, 일반적으로 주위의 회족 모두가 장례에 참가하여 기도를 드린다. 장례를 마친 후, 망인을 청진사 공유의 탑포(塔布, 아랍어로서 함이라고 함. 망인을 이동하기 위해 제작한 장방형 모양의 나무함으로써 회족은 경함 혹은 탑포함이라고도 함) 내로 이동해가야 하는데, 4명 혹은 8명에서 윤번으로 묘지로 모셔가 매장한다. 탑불을 이동해갈 때에는 중도에서 사람을 바꾸어도 되지만, 절대로 땅에 놓으면 안 된다. 여성은 일반적으로 장례에 참가하지 않는다.

둘째, 토장(土葬)을 한다. 토장은 이슬람 상장 제도의 가장 기본적인 내용이다. 그에 반해 화장은 금기사항이다. 그것은 이슬람교에서는 불은 알라가 생전에 나쁜 일을 저지른 사람을 사후 처벌할 때 사용하는 수단이라고 여기기 때문이다. 사회적으로 화장이 성행하는 현재, 정부에서는 무슬림이 자신들의 풍습에 따라 토장을 하는 것을 허용한다. 일반 지역에서는 전문적인 토지를 내어 회족의 묘지로 쓰게 함으로써, 회족 인민들의 수요를 최대한 만족시켜주었다. 토장 외에 상황에 따라 다른 매장 방법을 사용할 수도 있다. 예를 들면 여행 도중 배 위에서 사망했을 경우에는 토장을 할 수 없으므로 장례를 치른 후 수장을 할 수도 있다.

셋째, 장례 절차의 진행 속도가 빠르다. 회족은 빠른 장례를 주장한다. 망인은 일반적으로 3일을 초과하여 두지 않는다. 이는 이슬람교의 영향을 받은 것이다. 이슬람교에서는 금세는 내세의 파종과 경작 장소로서 생은 사의 기점이고 사는 생의 필연적 결과라고 인식한다. 금세는 순간적인 것이고 후세야말로 영원히 존재하는 것이다. 그 때문에 무슬림은 죽음을 부활되어 알라에게 귀속되는 것으로 인식하고 있으며, 생명의 결속이라고 생각하지 않는다. 이러한 종교설에 기초하여, 무슬림은 속장(速葬, 빠른 장례)을 일종 합리적이고 아름다운 행위라고 간주하면서, 망인이 하루 빨리 알라가 있는 곳으로 돌아가서 행복을 누리고 불옥(火獄)을 피하기를 바란다.

넷째, 장례를 검소하게 지낸다(薄葬). 이슬람교의 장례는 가장 검소하고 가장 평등하다. 사망자 생전의 빈부 차이에 상관없이, 모두 동일한 규격으로 만든 개번을 사용하고, 동일한 크기의 묘에 매장하며, 어떠한 순장품도 허용하지 않으며 동일한 순서에 따라 장례를 치른다. 그리고 또 많은 무슬림들이 와서 장례에 참가하며, 망인의 유체를 옮기는 데 일체 비용을 들이지 않는다. 이슬람교에서는 망인에게 효복(孝服)을 입히는 것을 주장하지 않으며, 망인에게 장례를 치리는 사람들의 복장이 깨끗하고 소박하면 된다고 생각한다. 일부 지역의 회족 장례식에서는 상장을 입거나 혹은 검은 수건을 두르기도 하지만, 이러한 풍습은 한문화의 영향을 받아 생긴 것으로 이슬람교의 규정에는 없는 것이다.

이 외에도 일부분 지역의 장례 풍습에는 첨가된 의식도 일부 존재하고 있다. 예를 들면 망인의 유체를 매장하기 전에 향을 피우고, 경학을 전수하고 낭송한 다음에 매장을 한다. 매장 후 7일, 40일, 100일, 1년이 되는 날에 사망자 가족에서는 모두 기념 활동을 진행한다. 동시에 성직자를 청하여 "독경"을 하고 망인을 위해 향을 태우며 경을 읊은 뒤 여러 차례 사망자에게 기도를 하는데, 이를 "유분(游坟)"이라고 한다. 그해 이후 친척들은 해마다 성직자를 청하여 경을 읊고 망인을 기념하기 위한 의식을 거행한다.

6) 명절

회족의 민족 명절은 주로 라마단이 끝나는 날(开斋节), 고이방절(古尔邦节), 성기절(圣纪节) 등이 있다. 세계의 무슬림과 마찬가지로 회족의 민족 명절은 모두 회회력 혹은 회력을 사용한다. 즉, 이슬람 교력을 사용한다.

이슬람 교력은 고대아랍의 역법과 이슬람교의 수요가 결합되어 탄생된 것이다. 관련 사료에 기록된 바에 의하면 622년 9월 24일, 이슬람교 창시인 마호메트는 메카 귀족들의 압박에서 벗어나기 위해 교인들을 영솔하여 메디나로 갔다. 그때로부터 이슬람교가 발전하기 시작하였고 결국 이슬람교를 바탕으로 아랍 반도가 통일되었다. 이 중대한 전환점을 기념하기 위하여 제2임 지도자 하리발 구매이는 마호메트가 메디나로 옮긴 그해를 기준으로, 아랍 태음년 1월 1일(622년 7월 16일)을 원년 원단 기념일로 규정하였으며, 따라서 이를 희길래(천이)력(希吉来历)이라 불렀다.

이슬람 교력은 태음력에 속한다. 즉, 달이 한 번 차고 이지러지는 주기를 한 개월로 정하였으며, 1개월은 29일 12시 44분 2.8초이다. 일 년은 12개월로서, 홀수월은 큰 달 30일로 정하고, 짝수 월은 작은 달 29일로 정했다. 1년은 354일 48분 33.6초이다. 윤달은 두지 않으며 약 3년마다 한 번씩 윤일이 있고 30년을 한 주기로 하며, 매 한 주기에는 11개의 윤일이 있다. 그것들은 모두 2, 5, 7, 10, 13,

16, 18, 21, 24, 26, 29 등 해의 12월 말에 첨부되었다. 윤일이 있는 해를 윤년이라 하며, 1년은 355일이다. 회귀년(回归年)과 비교하면, 이슬람 교력에서의 일 년은 실제 날수보다 10일 21시 1분 정도 적으며, 2.7개 회귀년에 비해서는 한 달 적고, 32.6개 회귀년보다는 1년 적다.

이슬람 교력에서 음력을 사용하기에 일 년은 355일 혹은 354일로 현재 국제적으로 통용되는 양력보다 10일 혹은 11일 적다. 또한 윤달이 없기에 위에서 언급한 이슬람 교력으로 회족의 전통명절을 계산한다면, 국제적으로 통용되는 양력 날짜와 다르게 된다. 이러한 역법은 과거 청진사의 성직자가 장악하고 있으며, 회족 일반 군중은 그에 대해 잘 모른다. 근래에 와서 중국 이슬람교 협회에서는 역사학자 진원 교수의 『중국회력대조표』에 근거해 『양력음력이슬람교력대조표』를 발행하였으며, 회족 일반 군중들의 참고적 자료로 활용되고 있다.

회족의 명절은 거주환경의 영향을 강하게 받아 지역적인 색채를 많이 띠고 있다. 일반적으로 도시의 회족은 한족의 영향을 많이 받아 중국의 전통명절인 춘절, 원소절, 추석 등 명절을 보낸다. 그렇다 하더라도, 회족 명절과 한족의 명절에는 여전히 뚜렷하게 구별되는 점들이 존재한다. 예를 들면 구정 기간에 회족들은 춘련(春联)을 붙이지 않으며, 향을 피워 제사를 지내지 않는다. 또한 음력 12월 23일(小年)을 세지 않으며 그믐날은 밤을 새우지 않고 만두도 먹지 않는다. 그리고 폭죽을 터뜨리지 않고 세배를 드리는 풍습도 없으며, 춘절에 대한 중시도도 한족에 비해 낮다.

라마단이 끝나는 날(开斋节), 고이방절(古尔邦节), 성기절(圣纪节)은 모두 이슬람교에서 온 것이기에, 이는 회족의 종교 명절일 뿐만 아니라 민족 명절이기도 하다.

라마단이 끝나는 날(开斋节), 즉 바이람은 아랍어로 'Lesser Bairam'이며 이 명절은 무슬림 라마단이 끝나는 날로서, 회족들이 가장 성대하게 보내는 명절이기도 하다. 이날 오전에는 회례를 진행하고, 다음 성직자에게 인사를 올리고 서로 "살라무"라고 문안을 올린 뒤, 각자 친인들의 묘지로 가서 경을 읊는다. 묘지에서 돌아오면 친지나 친구 집에서 유쾌하게 명절을 보낸다. 중국 정부에서는 이날 무슬림의 공휴일로 정했다.

고이방절(古尔邦节)은 아랍어로 'Eid al-Adha'이며 희생을 바친다는 뜻으로, 헌생절(献牲节), 도생절(宰牲节)이라고도 불린다. 회족은 이 명절을 충효절(忠孝节)이라 부른다.

이 명절은 라마단이 끝나는 날(开斋节)로부터 70일이 되는 날에 진행하며, 이슬람 교력 12월 10일에 진행한다. 이슬람교 규정에 의하면, 교력 12월 상순은 무슬림 이 메카에 가서 참배하는 날이다. 참배가 끝나는 날에는 소와 양을 잡아 경축하 며 모든 사람이 함께 모여서 식사를 하는데 이를 헌생이라 부른다. 고이방절은 바이람에 버금가는 중요한 기념일로, 이날 회족들은 목욕을 하고 화려한 옷차림 으로 회례에 참여하여 서로 축하를 보낸다. 이날에는 기름 튀김과 꽈배기 외에 도 소, 양, 낙타 등을 잡는다. 경제적 조건이 허락되면 인당 양 한 마리 잡고, 일곱 명이서는 함께 소나 낙타를 잡는다. 잡은 고기는 친구나 성직자, 가난한 사람들 에게 나누어준다. 이날 회족은 또 묘지로 찾아가 고인을 기린다.

성기절은 이슬람교 창시인 마호메트의 탄생 기념일이다. 마호메트는 아랍 태 음력(571년) 3월 9일 혹은 12일에 태어났다. 마호메트 서거 300년 후 시아교파(什叶 派)의 파티마(法蒂玛) 왕조(909~1171년) 시기에 처음으로 애급에서 마호메트 탄생일을 기 념하였으며, 그 후 점차 다른 나라에서도 진행하기 시작했다. 마호메트는 이슬람 교력 11년(632년) 3월 12일에 서거했는데 전하는 데 의하면, 탄생일과 서거일이 같 았다고 한다. 그 때문에 회족들의 성기(圣纪)활동은 마호메트의 탄생과 서거를 기 념하는 두 가지 의의를 모두 갖고 있으며, 이 활동을 성회를 거행한다고도 한다. 그때가 되면 사람들은 사원에 가서 예배를 올리고 성직자가 경전을 읊는 것을 듣고 또 마호메트의 평생 업적과 품덕에 대한 찬송을 들으며 따라서 그에 대한 그리움을 표한다.

6. 문학예술과 과학기술

1) 문학

회족은 한어, 한자를 사용하며 따라서 그들의 문학작품도 한어 문학 창조의 영 역에 속한다. 회족은 많은 우수한 문학 연구와 인재들을 산출했는데, 명나라의 이지(李贽)와 현대의 장승지(张承志), 확달(霍达) 등은 모두 중국 문학을 풍부히 하였다.

회족 문학 중에서 민족적 특색이 가장 강한 것이 바로 민간문학이다. 회족 민 간문학은 회족 노동 인민들의 사회생활을 반영하였다. 즉, 문학에서의 창작과 유전, 기술과 찬송은 늘 회족의 사회생활과 함께하였다. 나아가 그것을 통해 우리는 회족 인민들의 심리적 변화의 여정을 접할 수 있을 뿐만 아니라 회족 사회 관습의 독특한 풍격도 터득할 수 있다.

회족 민간문학에는 주로 민간 전설 이야기, 서사시와 설창(说唱)예술 등이 있다. 그 내용에는 회족의 유래에 관련된 전설, 예를 들면『회회의 유래(回回的来历)』,『회한은 자로부터 친척이다(回汉自古是亲戚)』등을 포함할 뿐만 아니라, 본 민족 역사 발전 과정 중 걸출한 인물과 이슬람교 발전 중의 성현을 찬송한 작품, 예를 들면『정화의 전설(郑和的传说)』,『성인우험기(圣人遇险记)』등도 포함한다. 또 지방 풍물전기, 예컨대『발채처녀(发菜姑娘)』,『언기마(焉耆马)』, 애성 이야기를 엮은『마오형과 작은 콩 동생(马伍哥与尕豆妹)』,『붉은 두견새(红杜鹃)』등이 있다. 회족의 민족 문학은 사상 감정과 표현형식에 있어 특징적이다. 그 외에도 언어적 표현에서 아랍어나 페르시아어 또는 지방언어, 본토박이 언어를 자주 사용하는 것이 특징적이다. 그뿐만 아니라, 회족 민간문학의 내용에서 기타 민족과 서로 교류하고 영향을 받은 흔적들이 찾아볼 수 있다. 특히 한족과 아랍 민간문학은 회족 민간문학에 많은 영향을 주었다. 회족은 각 민족 문학작품의 정수를 흡수하여, 자신들의 문학작품을 더욱 화려하고 다채로운 예술로 승화시켰다.

2) 예술

회족 예술에서 비교적 특징적인 것이 바로 민간 공예 제작과 아랍문 서법이다. 민간 공예제작 중에서의 조각 예술은 중국 조각 예술에서도 일정한 지위를 차지한다. 회족의 조각 기술은 청진사나 주거 건축에 자주 사용된다. 청진사의 조각은 청색 기와를 많이 사용하고 색채를 올리지 않아, 우아하면서도 소박하고 수수한 느낌을 준다. 또한 전체 청진사와 혼연일체를 이루고 있어, 사람들에게 우아하고 조용하며 장엄하고 경건한 느낌을 준다. 도안의 소재는 아랍문과 각종 식물들이며, 동물을 소재로 사용하는 것은 금한다. 조각 기술에서는 주요한 부분을 원이나 반원으로 처리하고 화면은 튀어나오도록 하여 눈에 확연히 들어오게 하며 부차적인 부분이나 전체를 받쳐주는 부분은 양각식(浮雕式)으로 처리한다. 동시에 재료 사용에서는 여러 가지 칼법을 활용하여 빛의 그림자에 서로 다른 효과를 내는 것을 중시하여 서로 다른 대상은 각기 서로 다른 질감을 낼 수 있도록 만든다. 예를 들어 산석의 무게, 나무줄기의 굵고 단단함, 나뭇잎의 무성함, 꽃잎의 풍족함 등에서 서로 다른 질감을 받게 하는 것이다. 근래에 와서 회족 조각가들은 고전 건축을 재건하고, 공원을 건설하는 등 방면에서 능력을 과시하고 있으며 회족 민간 예술의 재능과 지혜를 충분히 보여주고 있다.

아랍문 서법은 이슬람 조형 예술의 중요한 구성부분으로서, 그것은 중국에서의 이슬람교의 전파와 맥을 같이 한다. 초기 아랍문 서법은 주로 청진사의 장식이나 비문에 새겨졌는데, 그 필체는 기본상 아랍 본토 서법의 모습을 그대로 보류하였다. 즉, 풍격에 현저한 변화가 없고, 필획이 간결하며 구조가 명백하여 회족들은 그것을 양체(洋体)라고도 불렀다. 이후 회족은 대대로 "양체" 서법의 기초위에서 부단히 탐구하고 창조하여 점차 회족 특유의 아랍문 서법을 형성하였다. 아랍문 서법의 특징은 중아합벽(中阿合璧)의 경자필(经字画, 문자의 내용에 유명한 명언들이 많이 들어가고 구조나 형식이 도형으로 많이 표현되기에 칭한 용어임)을 구현했다는 것에 있는데, 그것은 아랍문 서법과 이슬람 예술이 실제 회족의 문화생활 속에서 구체적으로 운용되고 발전된 것이다. 그것은 또한 아랍문 서법의 고유한 자태를 보유했을 뿐만 아니라, 한자 서법의 구도, 필획 구조, 필법, 문자로 묘사하는 방법(着墨), 소재(题款), 인장 등 구성(章法)과 융합되어 높은 예술적 가치를 보유하고 있다.

3) 과학기술

회족은 그 발전과정에서 중화 민족의 과학기술 발전을 위해 많은 기여를 하였다. 예를 들면 천문학 방면에서, 원나라 시기의 회회인 찰마로정(扎马鲁丁)은 1267년 원세조 구비라이에게 『만년력』을 만들게 하여 전국에 공포하고 시행하도록 하였으며, 북경에 관상대를 건립하고 혼천의(浑天仪), 서위의(斜纬仪), 평위의(平纬仪), 지역의(地球仪), 방위의(方位仪), 천구의(天球仪)와 관상의(观象仪) 등 7가지 천문 의기를 제조하였다. 명조 시기에 이르러서는 천문대(钦天监)에 전문적인 회회 역과를 설립하고 회족 천문학자 흑적아(黑的儿), 아두라(阿都拉), 데리미실(迭里弥实), 정아리(郑阿里) 등 수십 명을 북경에 들여 역법을 논의하도록 하였으며 천상(天象)을 추측하게 했다. 그리고 마사이흑(马沙亦黑), 마리마(马里麻)를 채용하여 회회 역서를 번역하게 하여, 관방의 『대통력』과 함께 사용하였다. 건축학 방면에서는, 회회인 흑질아정소(黑迭儿丁素)의 건축 설계가 유명하다. 그는 세계 유명 도시의 하나인 원나라 대도시 설계사 중의 한 명이다. 또한 군사 방면에서 회회 군장이 제조한 "회회포(回回炮)"는 중국 무기업에서 독특한 지위를 차지하였다. 의학 방면에서 회회 의학은 풍부한 경험과 원리를 후세들에게 많이 전수하였다. 저명한 『회회 약처방』 이외에 원나라의 회회 명의 살리미실(萨里弥实)은 중의를 심도 깊게 연구함으로써, 약 처방을 수집하고 개정하여 『서죽당경험방(瑞竹堂经验方)』이라는 중의 의학서적을 펴냈다. 의학자 홀사혜(忽思慧)는 회회 의학과 한족, 몽골족 등 민족의 의약학과 영양학을 결합시켜 『음선정요(饮膳正要)』라는 책을 출판하였으며, 이 책은 중국 최초의 음식위생과 영양학 방면의 저작이다. 명·청 시기에 이르러 회족의 의약 기술은 더욱더 발전하였는데, 북경의 저명한 왕회회고약(王回回膏药), 마사원약정(马思远药锭), 중경오소방고약정완산(重庆伍素芳膏药丸散) 및 회회 전통 향료업과 관련되는 향약 제조 등은 현재까지도 널리 사용되는 약품들이다.

전통의상을 입은 어원커족 부부

만-퉁구스어족 민족
满-通古斯语族 民族

만주족 满族

시보족 锡伯族

어원커족 鄂温克族

어룬춘족 鄂伦春族

혁철족 赫哲族

＊＊＊

만-퉁구스어족 민족은 알타이어계 만-퉁구스 언어를 사용하는 민족을 가리킨다. 알타이어계에는 모두 세 가지 어족, 즉 만-퉁구스어족, 몽골어족, 돌궐어족을 포함하여 도합 50여 개 민족에 약 1억가량의 인구로 구성된다. 그들은 주로 러시아연방, 중국, 카자흐스탄, 우즈베키스탄, 키르기스스탄, 투르크메니스탄, 아제르바이잔, 터키, 몽골, 아프가니스탄, 파키스탄, 이란, 키프로스와 서아시아, 동유럽의 일부 나라에 분포되었다. 이러한 나라들 가운데서 알타이어계 민족이 가장 많은 나라는 러시아이고 그다음은 중국이다. 구체적으로 말하자면, 중국의 소수민족 가운데서 만-퉁구스어족에 속하는 민족으로는 만주족(满族), 시보족(锡伯族), 어원커족(鄂温克族), 어룬춘족(鄂伦春族)과 혁철족(赫哲族)이 있으며, 그 인구수는 총 10,914,427명(2000년)에 달한다. 이와 같은 민족 및 그 선조들은 중화민족의 중요한 구성부분으로서 고대로부터 백두산과 흑룡강 및 송료, 송눈과 삼강평원의 풍요롭고 아름다운 토지에서 노동하고 생활하면서 발전해왔다. 그들은 통일된 다민족국가가 형성되고 발전해나가는 과정에서 어렵과 수렵에 유목과 농경을 함께 경영하는 경제문화 유형을 창조하였고, 따라서 뚜렷한 동북의 지역적 특징을 띤 민족 문화를 형성했다. 그 때문에 학술계에서는 만-퉁구스어족 민족을 "동북민족"이라고 부른다.

지금의 동북은 중국의 요녕성, 길림성, 흑룡강성(내몽골자치구의 동부와 북부 지역도 포함) 등 3개의 성을 가리키며, 청조 시기에는 동북 지역을 "관동"이라 불렀다. 17세기 이후, 제정러시아는 중국 흑룡강 이북, 우수리강 이동, 사할린(库页岛) 등 지역을 포함하는 100여 만km²의 영토를 병탄했다. 그 후로부터 만-퉁구스어족 민족은 두 나라에 떨어져 살게 되었고, 따라서 두 나라에 분포된 민족으로 되었다. 세계언어계보의 분류에 의하면, 만-퉁구스어족 민족은 주로 러시아의 원동 지역에 분포되었으며, 애문극인(埃文克人), 애문인(埃文人), 널길달이인(涅吉达尔人), 나내인(那乃人), 오이기인(乌尔奇人), 오대개인(乌位盖人), 오라극인(奥罗克人), 오라기인(奥罗奇人) 등 8개 민족으로 분류된다. 그중 애문극인(埃文克人), 애문인(埃文人)은 중국의 어원커족과 동일한 민족이고 나내인(那乃人)은 중국의 혁철족과 같은 민족이며 현재 중국과 러시아 경내에 거주하고 있다. 우리는 이들을 과계민족 혹은 과경민족이라 한다.

만-퉁구스어족 민족은 오래된 민족으로서 그 역사가 유구하다. 그들의 역사는 3,000년 전으로 거슬러 올라갈 수 있다. 고대 사료를 훑어보면, 민족학과 고고학의 자료를 바탕으로 우리는 알타이어계의 만-퉁구스어족 민족의 발전 맥락과 궤적을 아래와 같이 귀납할 수 있다. 하나는 숙신계통이다. 즉, 숙신, 읍루, 물길, 말갈, 여진, 만주 및 명·청 시기 동북의 여러 민족이다(예를 들면 시보족, 어원커족, 어룬춘족, 혁철족 등). 다른 하나는 예맥계통이다. 예를 들면 예맥(濊貊), 옥저(沃沮), 부여(夫余), 고구려(高句麗) 등이다.

주나라 시기(기원전 11세기), 흑룡강 지역에 숙신국, 길림성 경내에 부여국이 건립되었다. 당조에 이르러 말갈족들은 경박호 부근에 발해국을 건립하였고, 여진족은 회녕부(会宁府, 지금의 흑룡강성 아성시)에 대금국을 건립하였으며, 누르하치는 요녕의 신빈(新宾), 요양(辽阳)과 성경(盛京)에 후금국을 건립했고 입관한 뒤 청조로 칭하였다. 북방의 소수민족은 부단히 중원으로 남하하였고 중원의 한민족들도 북방으로 이동하기 시작했다. 그로 인해 중원의 선진적인 생산기술과 문화가 점차 북으로 전파되었다. 남북 민족의 상호 이동은 민족 인구의 분포 구조를 변화시켰을 뿐만 아니라 문화의 광범위한 교류와 융합을 촉진하였다. 동북 만-퉁구스어족 민족의 이와 같은 특징은 전 중국 더 나아가서는 전 세계적으로 특수한 지위를 차지한다.

역사적으로 볼 때, 만-퉁구스어족 민족은 오랜 기간 동안 같은 지역에서 생활했다. 따라서 여러 민족은 서로 사이좋게 지냈을 뿐만 아니라, 그 지역 내에서 민족 융합은 보편적인 현상이 되었다. 그들은 동일한 생산과 생활 방식을 갖추었으며, 다신 숭배, 만물유령의 원시종교인 샤머니즘을 신앙하였다. 종교 활동으로부터 볼 때, 샤머니즘의 주요 기능은 첫째, 본 민족을 위해 재앙을 없애주고 민족 구성원들을 평안하게 생활하도록 보호해주고, 둘째, 종교 명절에서의 제사를 통해, 날씨가 좋고 오곡이 풍성하며 가축들이 흥성하기를 기원하며, 셋째, 신에게 기도하고 춤추는 방식으로 제사를 지냄으로써 사람들의 병을 치료한다. 한 지역 내 민족 구성원들은 너 나 할 것 없이 모두 샤머니즘 세계관의 영향을 받아왔기에, 그들의 심리 상태, 사유방식과 심미, 정서 등은 서로 동일하거나 유사한 점들이 많다.

만주족(滿族)

1. 민족개관

만주족은 중국 소수민족 가운데서 인구수가 좡족 다음으로 제2위를 차지하는 민족이다. 2000년의 인구 통계에 따르면, 만주족은 10,682,262명으로서, 주로 요녕(辽宁), 흑룡강(黑龙江), 하북(河北) 및 북경(北京), 천진(天津), 상해(上海), 서안(西安), 산동(山东), 녕하(宁夏), 내몽골(内蒙古)와 신강(新疆) 등 성, 시, 자치구에 분포되어 있으며, 각 지역 내의 한족들과 잡거하고 있다. 중국 행정제도에 의하면, 요녕성의 신빈(新宾), 수암(岫岩), 청원(青原), 본계(本溪), 환인(桓仁), 관전(宽甸), 북진(北镇) 등 7개 만주족 자치현에 거주하고 있는 만주족의 인구수는 전체 만주족 인구수의 50%를 차지한다. 그리고 하북성의 청용(青龙), 풍녕(丰宁), 관성(宽城)과 위장(围场) 등 4개 만주족 몽골족자치현과 길림성의 이통(伊通) 만주족 자치현을 합하면 전국적으로 모두 12개 만주족자치현이 있다. 만주족은 큰 범위에서는 분산되고 작은 범위에서는 집거해 생활한다. 그들은 역사적으로 자신들의 민족 언어와 문자를 갖고 있었으며, 만어(满语)는 알타이어계의 만-퉁구스어족 만어의 한 갈래에 속한다. 1599년 누르하치는 어얼더니(额尔德尼)와 갈개(噶盖)에게 몽골문 자모를 활용하여 만문(满文)을 창제하도록 명령하였으며, 그가 관할하는 범위 안에서 만주족 문자를 널리 보급시켰는데, 그러한 문자들은 "동그라미가 없는 옛 만문"이라 불렸다. 황태극은 1632년에 달해(达海)에게 명령을 내려 문자를 개진하도록 하였으며, 개진 후의 문자를 "동그라미가 있는 만문"이라 했다. 1644년 만주족이 입관한 이후인 강희, 옹정 연간에 만어와 한어를 겸하여 사용한 적이 있었다. 건륭, 가경 연간 이후 만주족들은 상층부터 평민에 이르기까지 모두 한문을 사용하였다. 현재에는 학술연구기구와 관련된 극소수의 사람들만 만문을 알고 있으며 만문은 이미 거의 사라진 상태이다(현재 만어문에 능통하고 전문적으로 교학, 번역에 종사하는 연구자는 수십 명밖에 되지 않는다).

동북 지역은 요녕, 길림, 흑룡강 등 3성을 포함하여 관습적으로 "동3성"이라 불리며, 총 면적은 855,600km²를 차지한다. 이 지역은 대륙성 기후에 속하고 겨울이 길고 추우며 여름에는 무덥고 습하며 겨울과 여름의 온도 차가 크고 변화가 명확하다. 북부의 연강수량은 300~50mm, 연무기간은 100~150일이고, 남부는 해양의 영향을 받아 연강수량이 500~1,000mm이고 연무기간이 160~200일이다. 지형적 특징은 삼면이 산으로 둘러싸여 있고, 서쪽은 대흥안령과 요서 구릉, 북쪽은 소흥안령, 동쪽은 백두 산지와 요동 구릉이다. 이곳은 삼림이 무성하고 야생동식물자원이 풍부하며 특히 "동북 삼보(인삼, 담비 모피, 녹용)"로 유명하다. 이 외에도 동북범, 붉은곰, 두루미 등 각종 진귀한 동물들이 있다. 지하자원으로는 석탄, 철, 석유, 금이 있으며 자원들을 캐는 광산들도 있다. 동북 지역의 중부에 위치한 송요평원(또는 동북평원)은 중국에서 가장 큰 평원이자, 저명한 곡창(谷倉) 중의 하나이다. 이곳에서는 콩, 수수, 옥수수, 밀, 조, 벼, 담배, 아마, 사탕수수 등 경제 작물들이 많이 생산된다.

동북 지역은 강줄기가 사방으로 뻗쳐 있어 수산물 자원이 풍부하다. 흑룡강, 우수리강(烏蘇里江), 두만강 및 압록강 등은 흥안령과 백두산 외측을 에워싸고 송화강, 눈강, 요하는 산지의 내측과 송요평원과 교차되어 하나의 수계를 이루고 있다.

2. 민족의 기원과 사회발전

만주족의 역사는 매우 유구하다. 만주족은 3,000년 전의 숙신으로 부터 기인하는데, 이는 중국 동북에 대한 문헌 기재에서 가장 일찍 나타난 민족이다. 그들은 백두산과 흑룡강 사이에 머물면서 원시적인 어렵 생활을 하였으며, 전설 중의 순우 시대부터 중원 지역과 연계를 맺었다. 전국시대 이후 숙신인들은 숙신을 읍루로 고쳤으며, 그때로부터 읍루인은 나무와 돌로 만든 화살을 이용하여 짐승을 수렵하였고, 오곡을 심고 돼지를 길렀으며, 천을 짜고 작은 배도 만들었다. 4세기부터 7세기(남북조, 수당 시기)까지 숙신과 읍루의 후예들은 물길(勿吉), 말갈 등 명칭으로 나타났으며, 인구수도 증가하여 수십 개의 부락으로 발전되었다. 그 후 여러 부락은 속말(粟末), 백산(白山), 백돌(伯咄), 안차골(安車骨), 불열(拂涅), 호실(号室), 흑수(黑水) 등 7개 부락으로 합병되었다.

7세기 말에 대조영(大祚榮)은 속말 부락을 중심으로 송화강의 상류, 백두산의 북쪽 기슭 일대에 진국(振国)이라는 지방 정권을 건립하였다. 713년, 당조는 대조영을 발해군왕(渤海郡王)으로 책봉하고 또 홀한주도독(忽汗州都督)으로 봉하였다. 그로부터 진국은 국호를 발해라고 하였다. 발해 건국 전후(725년), 당조는 흑수 말갈 지역에 흑수군을 설치하고 따라서 흑수부를 설치하였으며, 흑수 말갈 각부의 지도자에게 각기 도독(都督), 자사(刺史) 등 관직을 하사하였다. 그리고 장사감독(长史监之)을 설치하고 이(李)씨 성을 하사하였다. 또한 운휘장군(云麾将军)을 흑수 경략사(黑水经略使)로 봉했는데, 그것은 흑룡강 유역에 세워진 당조의 직속 지방기구가 되었다. 요(辽)가 발해국을 멸망시킨 후에 거란인들은 흑수 말갈을 여진이라 부르기 시작하였다. 12세기 초엽에 완언부(完彦部)를 중심으로 여진인들은 아골타(阿骨打) 지도자의 영도하에 출병하여 요를 물리치고 1115년에 금(金)을 세웠다. 그들은 요와 북송을 차례로 멸망시키고 남송과 100여 년 동안 대치하였다.

13세기 초에 몽골이 금을 멸망시키고 원(元)나라를 건립하자 여진인들은 원조의 통치를 받게 되었다. 원조에서는 여진인들에 대해 원조의 풍습을 따르게 하고 원조의 풍습을 기준으로 다스리는 정책을 실시하였으며, 만호부(万户府)와 천호소(千户所)를 설치하여 관할하게 하였다. 당시 여진인들은 지금의 흑룡강성 의란(依兰)을 중심으로 송화강 유역과 흑룡강 중하류 및 우수리강 유역에 분포되었고, 동으로는 바다까지 분포되었다. 이들 여진족이 바로 만주족의 직속 선조이다.

15세기 초에 명조가 동북지역을 관할하게 되면서 북쪽으로는 외흥안령, 동쪽으로는 바다 및 사할린 섬, 서남쪽으로는 길림성과 흑룡강성까지 뻗치는 지역에 차례로 384개의 위(卫)와 소(所)를 건립하였다. 1403년, 수분하(绥芬河) 상류에 건주위(建州卫)를 설립하였고 또 1412년에는 회녕사에 건주좌위(建州左卫)를 설립하였다. 이 두 개 위는 이후 혼강(浑江) 유역으로 자리를 옮겼다. 1442년에는 건주좌위로부터 건주우위(建州右卫)가 분리되었으며, 건주삼위는 모두 요동 일대로 자리를 옮겼고 일부 여진인들은 송화강을 거슬러 큰 굽인돌이 있는 곳까지 올라왔다. 그들은 역사적으로 해서여진(海西女真)이라 불렸다. 그리고 흑룡강과 우수리강의 우적하(兀狄哈)는 야인여진이라 불렸다. 1583년, 건주좌위의 지휘자이자 맹가첩목얼(勐哥贴木儿)의 제6대 손자인 누르하치가 조부와 부친이 피살된 것에 분개하여 병사를 출동시켜 전쟁을 일으켰는데, 그는 30년에 걸쳐 여진 각부를 통일하는 위대한 대업을 완수하였다. 1616년, 누르하치는 혁도아라(赫图阿拉)에서 한(汗, 한국에서는 '칸'이라는 발음이 더욱 친숙하다)으로 되었고 따라서 건국 연호를 천명(天命)이라 정했으며, 국호를 대금(大金)으로 칭했다. 그것이 바로 역사에서 말하는 후금(后金)이다.

1626년, 누르하치가 병으로 세상을 뜨게 되자 그의 제8자인 황태극이 즉위하였고 그 이듬해에 연호를 천총(天聰)으로 고쳤다. 그가 바로 청태종이다. 1635년 11월 22일, 황태극은 명령을 내려 여진의 옛 칭호를 폐지하였으며, 족명을 만주(满洲)로 고쳤다. 그때로부터 만주족이라는 새로운 민족 칭호가 나타났다. 이듬해 황태극은 성경(지금의 심양)에서 황제라 칭하고 연호를 숭덕(崇德)이라 고쳤으며 국호를 대청(大淸)이라고 바꾸었다. 1644년 청군이 입관함에 따라 북경을 수도도 정하였다. 만주족은 신해혁명 이후 만족(满族)으로 개칭되었다.

만주족이 중원에 입주하고 전국을 통일할 수 있었던 가장 중요한 이유 중의 하나가 바로 정치, 군사와 생산기능을 갖춘 팔기제도(八旗制度)가 있었기 때문이다. 1601년, 청태종 누르하치는 여진족의 우록제(牛录制)의 기초 위에서 우선 정황, 정백, 정홍, 정람 등 4기를 건립하였고, 1615년에는 또 양황, 양백, 양홍, 양람 등 4기를 건립하여, 만주팔기 조직을 정식으로 편성하였다. 그리고 1635년에 몽골팔기(蒙古八旗)에 대한 편성을 완성하였고, 1642년까지 한군팔기(汉军八旗)로 최종적인 편성을 완수하였다. 이와 같이 전후 27년을 걸쳐 팔기조직이 전부 완성되었다. 그후 편제는 늘렸으나 팔기제도에는 여전히 변동이 없었으며, 이러한 상황은 청조 말기까지 유지되었다.

팔기의 기본조직은 우록이다. 우록은 원래 씨족제도 시기 여진인의 생산과 군사조직이었다. 그들은 행군하거나 사냥하러 나갈 때 각자 자기가 속하는 기(旗)와 채(寨)에 따라 움직였으며, 매 10명 중 한 사람을 지도자으로 정하여 우록액진(牛录额真, 우록은 화살, 액진은 주인이라는 뜻)으로 불렀다. 나머지 9명은 한 사람의 지휘에 따라야 한다. 누르하치는 전쟁에서 합병된 각 부락의 귀족, 관원 이하 노복 이상의 계층을 통일적으로 조직하여 300명을 한 우록으로 하는 집단을 구성하였고, 각 우록에 한 명의 액진(좌령)을 두었으며, 다섯 우록에 하나의 갑사액진(참령)을 설립하였다. 그리고 다섯 갑사는 하나의 고산(固山), 즉 기(旗)를 구성하고 기의 지도자을 고산액진(이후 도통으로 칭함)으로 임명하였다. 팔기제도는 건립 초기부터 군사, 생산, 행정 세 가지 기능을 행사했으며, 모든 성원은 모두 각자의 기에 예속되어 평소에는 평민으로 살면서 농사를 짓고 전쟁 시에는 군에 입대하여 싸움터에 나갔다. 이와 같이 팔기제도에 따라 진행되는 여러 활동은 언제나 생산, 행정, 군사, 형법, 민생 등의 국가 기능을 구현하였다. 이러한 측면에서 팔기제도는 각종 직능을 겸비한 국가의 일종 조직 형식이라 할 수 있다. 청군이 입관한 후 청조의 통치자들은 팔기제도를 이용하여 만주족 등 민족에 대해 인신적인 박해를 가했으며, 따라서 팔기제도는 생산 방면에서의 기능이 점차 약화된 반면, 군사, 행정 방면에서의 기능이 점차 강화되어 청조 통치자들의 주요한 통치 기반이 되었다. 팔기제도는 창립에서부터 와해될 때까지 모두 300년이라는 시간을 겪었으며, 그동안 만주족의 발전을 촉진하는 데 중대한 기여를 하였다. 만주족, 몽골족, 한족은 장기간 동안 동일한 지역 내에서 생활하면서 경제, 문화, 생활 등 방면에서 서로 교류하고 서로 영향을 주었으며, 따라서 각 민족 간의 정치, 경제와 문화영역에서의 밀접한 관계를 촉진하였다. 팔기제도는 만주족 사회의 기본제도로서, 만주족 사회의 발전뿐만 아니라 전국의 통일과 영토의 안정에 대해 적극적인 작용을 일으켰다.

3. 경제생활

동북 지역은 만주족의 발상지로서, 그곳의 자연생태 환경은 만주족 선민들이 수렵업과 채집업에 종사하게 된 결정적 요인이다. 역사서에서는 요금 시기의 여진족에 대해 배고픔과 목마름을 잘 견뎌내고 말타기와 활쏘기에 능하며 가파른 절벽을 날듯이 오르내리며, 물을 건너는 데 배와 노가 필요 없고, 말과 함께 물을 헤엄쳐 건넌다고 하였다. 심지어 말타기와 활쏘기는 금나라와 청나라 만주족의 풍습이 되었다고 했다. 그들의 전통적인 사냥 방식은 떼 지어 포위하기이다. 그리하여 청조의 전성기에는 각 사냥터에서 매년 음력 11월에는 대위(大圍), 음력 12월 말에는 군위(軍圍), 봄과 여름에는 말의 수와 살찐 정도를 보고 사냥을 결정하였다. 이후에는 인구가 늘고 남쪽으로 진출하게 됨에 따라 농업이 발전하게 되었다. 당시 농경의 최대 특징은 병사와 농민이 하나가 되는 것이다. 즉, 밖에 나가면 병사이고 논에 들어오면 농민으로 되는 것이다. 역사에서는 둔전제와 성년이 된 사람에게 전답을 주어 농사를 짓게 하고, 죽으면 국가에 반환하는 제도를 실행함으로써, 만주족의 대규모적인 농경생산을 시작하였다. 그때로부터 곡물과 면화의 산량이 눈에 뜨일 정도로 증가하였고, 농경기술은 한민족과의 교류과정에서 부단히 제고되었다. 현재 만주족의 농업은 전형적인 농경 경제문화 유형에 속하며, 만주족 인구의 80% 이상 되는 인구가 농업에 종사하고 있다. 그들은 모두 동북 3성과 하북성의 농촌에 분포되어 있으며, 재배하는 농작물은 주로 콩, 수수, 옥수수, 밀, 벼, 조, 담배 등으로, 농업 생산은 이미 일정한 규모에 도달하였다.

4. 종교 신앙

만주족은 샤머니즘을 믿는다. 샤먼은 퉁구스어로서 '미친 사람'이라는 뜻이다. 샤먼은 주로 궁정 샤먼과 민간 샤먼 두 가지로 나뉜다. 청조 초기 궁궐 안의 샤먼은 당자(堂子)를 설치하여 하늘에 제사를 지냈고 매번 출병하거나 혹은 적을 방어할 때 혹은 진군하기 이전이거나 전쟁에서 승리하여 돌아왔을 때에는 모두 만어로 경을 읊고 살풀이 의식을 진행하며 하늘에 제사를 지냈다.

민간 샤먼에는 살풀이 샤먼(跳神)과 제사를 관리하는 가정 샤먼(家薩滿)이 있다. 마을마다 살풀이를 담당하는 신들린 무당이 한 명씩 있으며, 그들은 살풀이로 병을 치료하는 것을 직업으로 삼는다. 가정 샤먼은 한 성씨인 가문에 한 명씩 있으며, 조상에게 제사를 지낼 때면 경서를 읊고 굿을 한다.

만주족 가옥의 서쪽 벽에는 모두 한 자 여덟 치의 넓이, 한 자 반 장 길이의 조상판목(祖宗板)이 놓여 있는데, 이를 악철고(渥徹庫)라 부른다. 제사를 지낼 때는 성스러운 칼과 화살을 놓고, 엄마 주머니 혹은 삼신할머니라고 부르는 황색 천주머니를 걸고, 그 안에 9~12cm 길이의 자손끈 혹은 장수끈이라는 것을 넣어둔다. 조상에게 제사를 지내기 전에 먼저 조상의 관을 서쪽의 구들에 옮겨오고, 세 개의 탁자 위에 기장쌀로 만든 각종 요리를 올려놓는다. 그다음에 가장이 조상의 관을 열고 전 가족은 촌수에 따라 가장 높은 사람부터 세 번 절을 올린 후 차례로 남북 구들에 올라가 앉는다. 이때 샤먼이 전신을 무장하고 허리에 방울을 달고 손에 북을 지고 조상 앞에서 춤을 추기 시작한다. 의식을 진행할 때는 먼저 세 바퀴 돌고 세 걸음을 후퇴한 후 경서를 읊으면서 춤을 추는데 이는 보통 3일 밤낮에 걸쳐 진행한다. 일반적으로 조상에게 제사를 지낸 후에는 하늘에 제사를 지낸다. 만주족의 모든 가정집의 정원에는 모두 가림벽(影壁)이 있으며, 그 가림벽

뒤에는 높은 방패, 즉 소라간(素罗杆)이라는 것이 있는데, 그 꼭대기에는 돼지 목뼈를 넣어둔다. 제삿날에는 반드시 온몸에 잡털이 없는 검정 수컷돼지를 골라 도살한 후 돼지의 장과 방광 등 물건을 소라간 안에 넣는다. 이를 까마귀가 날아와 먹게 두는데, 삼일 안에 까마귀가 다 먹어버리면 길하다고 여긴다. 돼지고기는 작게 썰어서 좁쌀 안에 넣어 죽을 만들어 친구와 이웃, 행인들을 청하여 먹게 하는데, 반드시 당일 안에 집 밖에서 죽을 다 먹어야만 길하다고 여긴다.

청군은 입관한 후 샤먼에서의 제사를 규범화시켰다. 건륭 연간에 발행한 『만주제신제천전례(满洲祭神祭天典礼)』에서는 샤먼 제사 예의 내용, 절차, 예의 및 축사에 대하여 상세하고 명확히 규정함으로써, 만주족 샤먼 제사를 궁정 샤먼과 민간 샤먼 할 것 없이 모두 다 법규에 따라 진행하도록 하였다.

5. 민속문화

1) 의복

만주족 복장의 특징은 장포와 조끼(马褂, 남자들이 장포 위에 입는 허리까지 오는 짧은 상의)로, 이 의상들은 허리를 꽉 졸라매는 것이 특징이고 소매도 좁다. 장포는 기포(旗袍 치파오)라고도 하는데 그것은 계절에 따라 단(単), 조끼, 면, 가죽 등 네 가지로 나뉜다. 옷깃을 왼쪽으로 여미는 옷이 대부분이고 옷깃이 없는 것도 있으며 옷깃을 사면으로 헤치는 옷도 있다. 또한 옷들은 허리를 꽉 졸라매고 소매가 좁고 말굽형이어서 말을 타고 활을 쏘는 데 편리하다. 조끼는 행고자(行褂)라고도 하는데, 이는 장포 밖에 걸치는 복장으로서 옷깃이 높고 맞섶이며, 옷자락이 트이고 허리 부분까지 길며 두 소매가 짧다. 장포와 조끼, 흰 양말에 청색 신발은 남성의 전형적인 복장이었으나, 현재에는 그러한 스타일의 차림새를 하지 않는다.

여성들의 기포는 넓은 허리의 직통식으로부터 점차 몸에 꼭 맞는 유선형으로 변하여 여성의 몸매와 부드러우면서 현숙한 성격을 충분히 드러낼 수 있는 모양으로 변하였다. 현재 기포는 중국 여성을 대표하는 전형적인 민족 복장으로 발전되었으며, 21세기에 이르러서도 여전히 세계적으로 유행되는 복장의 하나로 되고 있다.

전통의상을 입은
만주족 여성

전통의상을 입은
만주족 여성(2)

2) 음식

만주족의 주식은 주로 콩가루떡(豆面餑餑), 찐빵(豆包), 콩면말이(豆面卷子), 구운 찹쌀떡(黏火燒)이다. 가장 민족적 특색이 있는 것은 살기마(薩其瑪)와 산탕자(酸汤子)이다. 살기마는 만주족의 유명한 간식으로 향기롭고 달콤하면서도 맛이 있다. 그것은 곡물가루와 계란, 설탕, 깨, 청홍사(青红丝)와 해바라기씨 등을 원료로 만들며 지금은 현대 식품공업품의 하나로 발전하였다. 산탕자는 만주족 민간에서 여름에 즐겨 먹는 식품인데, 그것은 옥수수를 물에 담가 부풀린 후 갈아서 풀 모양으로 만들고 발효됐을 때, 거기에 야채, 소금을 넣어서 국으로 만드는 것이다. 산탕자는 맛이 향기롭고 신맛이 나서 식욕을 증진시키는 데 효과적이다. 요리로는 주로 삶은 돼지고기, 선지순대(白肉血肠), 산채당면(酸菜粉条), 샤브샤브(火锅) 등이 있다.

샤브샤브의 역사는 유구하다. 일찍이 1,400여 년 전부터 중국에는 동으로 만든 신선로가 있었으며, 추운 동북 지역에서 가장 먼저 유행되었다. 당시에는 주로 동가마 숯불에 닭고기 국을 끓여먹었다. 국물에 산채(酸菜)와 당면을 넣어 돼지고기, 양고기, 닭고기, 생선 샤브샤브를 할 수도 있고, 때로는 꿩고기, 노루고기, 사슴고기와 말고기를 넣기도 한다. 또 어떤 때에는 각종 산버섯, 예를 들면 방버섯(棒蘑), 원버섯(元蘑), 초버섯(草蘑), 해라이버섯(海拉尔蘑) 등으로 국을 만든다. 만주족은 이웃들과 명절을 같이 보내며 고기, 산채, 버섯, 고기들을 한 가마에 넣어 샤브샤브 만드는데 그 맛의 종류가 사람보다도 더 많고 다양하다. 오늘날 신선로의 품종은 점점 증가되어 예전의 돼지고기, 양고기, 토끼고기 등 단일한 샤브샤브로부터 종합 신선로로 발전되었으며 심지어 각종 고기를 얇게 잘라서 "4생, 8생, 12생(한 접시의 생고기를 일생이라고 함)"으로 나오는 국화 신선로도 있다. 그중 요녕성 수암 만주족자치현에서 유행한 삶은 돼지고기, 선지순대, 산채, 당면 신선로가 가장 특색이 있다.

3) 주거형태

만주족은 집을 지을 때, 서쪽을 귀하게 여기고 물과 가까운 곳을 길하게 여기며, 산에 의지하는 것을 넉넉하게 여겼다고 한다. 청조 초기 만주족의 주택은 북쪽에 자리잡고 남쪽을 향했으며, 대부분 집들은 동쪽에 문을 두었는데, 그 모양이 주머니 같아서, 주머니방(口袋房) 혹은 깔때기 같아서 깔때기실(斗室, 금나라 때 심양에 지어진 고궁의 청요궁이 동쪽 외딴 곳에 남쪽으로 문을 낸 주머니 집으로서, 300년 전 청태종 황태극의 침소와 제사 지내던 곳으로 쓰였음)이라

고 하였다. 입관 이후의 만주족의 주택에는 정방형의 널찍한 정원이 있는 것이 특징이다. 북쪽에 자리잡고 남쪽을 향한 주택을 정방(正房)이라 하는데, 정방에는 보통 3칸 혹은 5칸이 있으며 중간으로 문을 열고 들어가면 당옥(堂屋)이 있고, 서옥(西屋)은 귀한 곳이라 하여 상옥(上屋)이라 한다. 상옥에서는 집안의 윗사람들이 거주하고, 동옥(东屋)에서는 아랫사람들이 거주하며 동옥은 하옥(下屋)이라고도 한다. 정원 좌우 양변의 건축에는 동, 서로 방이 있는데 이를 상방(厢房)이라고 하며, 또 안뜰 담장을 크게 만들고 문루가 있는 집은 전형적인 사합원(四合院)이다. 현재까지도 북경에는 사합원 구조의 집들이 있다. 동북의 농촌은 일가일호에 하나의 정원이 있는 3칸짜리 기와집을 짓는 것이 일반적이다. 하지만 동, 서 상방을 만들고 안뜰담장을 벽돌 혹은 나무로 만들어놓으며 대문을 남쪽으로 향하게 하고 정원 안에 가림벽을 만들어 소라간을 세워놓는 경우도 있다.

만주족의 옛 주택은 세 가지 특징이 있다. 첫째는 굴뚝은 집의 측면에 세우는 것이고, 둘째는 집안의 남, 북, 서 3면에 온돌을 만드는 것이며, 셋째는 창문지를 창문 밖에 바르는 것이다.

마증(马會)은 만주족의 가장 주요한 교통도구이다. 만주족은 원래 수렵을 위주로 산속에서 활동하였고 남녀노소를 불문하고 말타기에 능하였다. 그러한 만주족의 전통은 청조가 전국을 통일하고 안정된 국면이 나타난 이후부터 점차 사라지기 시작했다. 전쟁이 줄어듦에 따라 만주족들은 대부분 농업 생산에 종사하게 되었고, 생활환경이 안정됨에 따라 말타기는 부차적인 교통수단으로 그 지위가 하락되었다. 배는 수상에서의 중요한 교통도구로, 작은 배와 큰 배 두 가지로 나뉜다. 작은 배 중 나무로 만든 배인 위홀(威忽, 만주어로 독목선)은 만주족이 일상적으로 사용하는 수상 교통도구이다. 이런 위홀과 같은 독목선은 동북지역 어디서나 볼 수 있다. 추운 계절에 강이 얼었을 때는 말구유(马槽)로도 쓸 수 있다. 그 외 위홀보다 더 작은 우편결(尤便撓) 또는 찰하(札哈, 만주어로 거룻배)가 있는데, 그러한 배는 두세 명만 탈 수 있는 작은 배다. 흑룡강 일대에서 이런 배는 자작 나무껍질로 만들어졌는데 비록 초라하지만 급한 일이 있을 때 적시에 사용할 수 있다는 강점이 있다. 큰 배는 체적이 크고 사람과 화물을 많이 실을 수 있는 배를 말한다. 만주족이 입관한 후 정부 측과 민간에서 사용한 큰 배는 한족이 사용하는 배와 큰 구별은 없

었다. 이 외에 차와 가마도 만주족의 전통 교통도구였으나, 그동안의 변화 과정 속에서 점차 사라지게 되었다.

4) 혼인 · 가정 및 상 · 장례

만주족 역사에서의 결혼 풍습은 아래와 같은 면에서 특징적이다. 첫째, 민족의 우열을 중시한다. "만주족 옛 풍습에는 모든 혼인은 민족의 상하 지위를 우선적으로 살펴보아야 하며, 당분간의 빈곤은 고려하지 않는다." 둘째, 팔기제도 하의 정치적 혼인이다. 일반 백성들 중에서 여자들은 우록장경을 확실히 알아본 후 결혼해야 하고, 가까운 혈통인 왕베륵(王貝勒), 베자공(貝子公) 및 외척의 자녀가 결혼할 나이가 되면, 이름과 연령을 태후한테 바쳐 태후가 직접 배우자를 선택해 준다. 이를 지혼(指婚)이라 하고, 만어로 전혼(拴婚)이라고 한다. 셋째, 조혼 및 혼인을 도맡아 하는 것이 보편적이다. 청조 시기 길림 지역에서의 혼인 연령은 10살 이하가 일반적이었으며, 10살 이후에 하는 결혼은 모두 늦은 결혼이라고 여겼다. 혼인은 일부일처제를 따랐고 같은 성끼리는 결혼을 하지 않는다. 약혼의식은 남자 측에서 중매인을 청하여 여자 집에 가서 혼담을 꺼내고, 선후로 세 번 정도 가서 여자 집 부모들의 동의를 얻은 후 진행한다. 남자 집에서는 여자 집에 예물, 예를 들면 돼지, 술, 돈, 옷 및 장신구 등을 준다. 여자 집에서는 예물을 그 여자의 개인 재산으로 여긴다.

결혼할 때 신부는 남쪽 온돌에 하루 종일 앉아 있는데 이를 좌복(坐福)이라 한다. 저녁에는 땅에 탁자 하나를 놓고 탁자 위에 두 개의 술 주전자와 작은 술잔을 올려놓은 다음, 신랑이 신부의 손을 잡고 탁자 주위를 세 바퀴 돈 후에 술을 마신다. 온돌 위에는 한 쌍의 촛불을 켜놓으며 온밤 끄지 않는다. 친척과 친구들은 그날 밤 축가를 부르고 검은 콩을 뿌리며 북적북적 거리면서 마음껏 논다. 삼일 후 신랑 신부는 친정집에 간다.

상 · 장례 의식에 있어서 만주족은 초기에 화장을 했을 뿐만 아니라 수장도 하였다. 중원에 진입한 후 한족의 영향을 받아 만주족의 상장 풍습은 토장으로 변화되었다. 만주족의 풍습 중 조상판목을 서쪽 온돌 위에 공상하기에 서쪽 온돌은 존귀한 것이며 사람은 서쪽 온돌 위에서 죽으면 안 된다. 사람이 숨을 거의 거두게 될 때면, 반드시 남쪽 온돌로 이동해야 한다. 사람의 사후에는 흰 천으로 얼굴을 가려, 돌아간 사람으로 하여금 하늘을 보게 해서는 안 된다. 또한 시체를 온돌 가장자리에 놓고 머리는 문을 향하게 하며, 집의 대들보를 가로 지나서도 안 된다. 노년은 온돌과 평행이 되게 놓고 중년은 온돌 가장자리보다 낮아야 하며 어린아이들은 좀 더 낮게 놓는다. 시체를 입관시킬 때 문으로 들고 나가서는 안 되며 반드시 창문으로 들고 나가야 한다. 그것은 문은 사람이 걸어가는 것이며 죽은 자는 오직 창문으로만 나갈 수 있다는 인식에서 비롯된다. 사람이 돌아간 후 상갓집에서는 집에 대번(大幡)을 걸어야 한다. 즉, 정원의 서쪽에 높이가 약 1장 5자 되는 고간(高杆)을 세워 그 위에 대번을 걸어놓는다. 대번은 길이가 9척이고 붉은 천과 검은 천으로 만든 것으로, 대번의 두 쪽 끝은 모두 검은색으로 하고 중간은 붉은색으로 한다. 만주족들은 번을 죽은 자의 영혼이라고 인식한다. 사람이 돌아간 후에는 바로 장례를 치르는 것이 아니라, 하루 혹은 세날 혹은 5일, 7일 동안 두었다가 장례를 치른다. 출관하는 날은 꼭 홀수인 날이어야 하며 짝수인 날에 출관해서는 안 된다. 왜냐하면 짝수날에 출관하면 집에 누군가 또 돌아간다는 것을 의미하기 때문이다.

청명, 7월 1일, 7월 15일, 12월 30일은 제사를 지내는 날이다. 청명에 제사를 지내는 것을 요녕성 수암만주족자치현 일대에서는 삽불탁(插佛托)이라고 한다. 불탁은 살구 나뭇가지를 옥수숫대에 끼워 넣고 위에 오색지로 치장한 것이었다. 옥수숫대는 벌거벗은 불탁 어머니, 오색지는 색동옷을 상징한다. 불탁을 꽂는 것은 혼령들에게 산 사람들을 보호해주기를 바라는 것이었다. 음력 12월 30일 제사를 지낼 때에는 고기와 밥을 올려놓는데, 고기는 한 사발씩, 밥은 조상 수만큼 한 사람당 한 사발 올려놓는다. 또한 보따리를 태우는데, 먼저 어두운 종이를 접어 주머니 모양으로 만든 다음 안에 금은 장식을 넣고 겉에 조상들의 이름을 썼다. 이와 같이 독특한 영혼숭배의 형식은 만주족 상장문화의 특징을 이룬다.

5) 명절

만주족의 명절은 2000년을 기준으로 모두 28개이다. 섣달그믐날(除夕), 춘절(春节), 등궁절(灯宫节), 등절(灯节), 첨창절(添仓节), 편춘(鞭春), 굿절(跳神礼), 청명절(清明节), 로파두 제사 지내는 날(祭老把头), 잿날(庙会), 단오절(端午节), 충왕절(虫王节), 중오절(重伍节), 걸교절(乞巧节), 백중절(中元节), 추석(八月节), 중양절(重九节), 천신(荐新), 풍작을 경축하는 무도회(庆丰收舞会), 배등

제(背灯祭), 제성(祭星), 아부카은두리(阿布卡恩都哩), 달조종(挞祖宗), 마법리옥수니(玛法里渥输尼), 북해스케이트회(北海滑水会), 동지(冬节), 납팔절(腊八节), 음력 12월 23일(小年) 등이 있다. 만주족의 여러 명절 중에 춘절, 등절, 편춘, 추석, 중양절, 칠석절, 작은 설 등은 한족 풍습으로부터 기원한 것으로서 전승되는 과정에서 만주족만의 특징적인 풍습으로 발전하였다.

춘절은 만주족의 전통적인 명절로서, 매년 음력 정월 초하루에 보내며 명절기간은 보통 3일에서 5일 정도이다. 과거에는 정월 15일까지 춘절을 보냈다. 명절 전에는 정원을 청소하고 대련(对联)을 붙이고 종이(笺)와 안전창(窗花), 복자(福子)를 걸며, 설맞이 음식을 준비하고 떡을 찌며 주걱 모양인 떡을 굽는다(烙黏水勺). 초하룻날 새벽 자시에 폭죽을 터뜨리면서 묵은해를 보내고 새해를 맞이하며, 공품을 진열하여 조상에게 제사를 지냄으로써 신령님한테 온 가족이 새로운 한 해에 평안하고 안전하며 모든 일이 뜻대로 되기를 기도한다. 새해가 시작되면 온 집 식구들은 단원(团圆)교자를 먹는데 이를 췌원보(揣圆宝)라고 한다. 저녁에는 아랫사람들이 윗사람들한테 절을 올려 새해 인사를 하고, 가장들은 어린이한테 세뱃돈을 준다. 종가근친들은 서로 새해 인사를 올리고 친척과 친구들은 서로 청하여 잔치를 벌인다. 무도회는 명절 활동의 중요한 내용이며 초하루부터 초닷샛날까지 사람들은 모두 한곳에 모여 함께 춤추고 노래하며, 높은 나무다리를 타는 춤도 춘다.

6. 문학예술과 과학기술

1) 문학과 사학

만주족의 문학에는 설창(说唱)문학과 작가문학이 있다. 설창문학에는 악기의 반주가 있어야 한다. 예를 들면 만주족의 청음자제서(清音子弟书), 즉 고사(鼓词)에는 가사만 있고 대사가 없으며, 고판삼현(鼓板三弦)을 배합하여 연출한다. 이 영역에서의 저명한 작가로는 학려(鹤侣), 한소창(韩小窗)이 있다. 학려는 『차화(借靴)』, 『유경정(柳敬亭)』, 『시위탄(侍卫叹)』으로 이름을 날렸고, 한소창은 『전덕보(全德报)』, 『미씨탁고(糜氏托孤)』, 『로구연(露旧缘)』으로 이름을 떨쳤다. 만주족의 팔각고(八角鼓), 노래 곡조(唱腔)와 고사(鼓词)는 아주 생동적인 것이 특징이다. 청대 소설가이자 만주 정백기(正白旗)의 포의관령(包衣

籤領에 속한 조설근(曹雪芹)은 저명한 소설 『홍루몽(紅樓夢)』을 집필했는데, 소설의 앞부분인 80회는 조설근이 쓴 것이고 뒤 40회는 만주 양황기의 하인 고악(高鶚)이 써서 완성한 것으로 총 120회로 되어 당시의 가장 유행하였던 소설이다. 작가는 가, 사, 왕, 설이 4대 봉건가정을 배경으로 하여 주인공 가보옥과 임대옥의 비극적인 사랑을 바탕으로 하여 부패한 봉건사회를 해부하고 비판하였다. 이 작품은 걸출한 현실주의 창작 정신을 표현하여 중국 고전문학의 수작 중 하나로 꼽는다. 17세기 후반기 만주의 나란성덕(纳兰性德)은 사로 유명했는데 유명한 저작으로는 『음수사집(饮水词集)』 등이 있다. 그는 경치와 애정묘사에 능하였으며, 그의 작품은 대단히 높은 예술적 가치가 있는 것으로 평가된다. 청조의 제일 여문사로 불우는 서림태청[西林太青, 즉 고태청(顾太清)]의 저작 『천유각집(天游阁集)』 중에서 「동해어가(东海渔歌)」는 아주 높은 가치가 있는 것으로 문학계에서 평가되고 있다. 현대에도 많은 만주족 작가들이 배출되었는데, 저명한 소설가이자 연극가인 로사(老舍)가 대표적이다. 중국이 성립되기 전에 창작한 『낙타상자(骆驼祥子)』, 『사세동당(四世同堂)』은 모두 낡은 사회를 폭로하고 비판하는 명작들이다.

만주족은 사학 방면에서도 많은 성과를 거두었다. 그중 가장 유명한 것이 『만문로당(满文老档)』인데, 거기에는 만주족의 궐기 및 청나라가 개국할 때의 많은 활동들이 기록되어 있다. 이 책에는 1607년부터 1636년까지의 역사적 내용들이 상세하고 확실하게 기록되어 있어 사료적 가치가 아주 높다. 소목련(昭木连)의 『소정잡록(啸亭杂录)』은 작가가 직접 귀로 듣고 눈으로 본 청나라의 제도, 예의를 둘러싼 일들, 인물, 잡록으로 만들어진 책으로 만주족 역사를 연구하는 데 참고 가치를 제공하고 있다. 부찰돈숭(富察敦崇)의 『연경세 시기(燕京岁时记)』는 실제 조사 자료를 이용하여 북경 세시풍습을 묘사한 저작이며, 현재 여러 언어로 번역되어 외국에도 출판되었다. 그 외 청나라 정부에서 『명사(明史)』를 수정할 때에도 만주족들이 참가하였다.

근 50년 동안, 중국에서는 만주족의 역사, 언어, 문화 및 팔기 사회조직, 제도 등 영역에 대해 넓게 탐구하고 연구하였고 그 결과 많은 새로운 성과를 거두었을 뿐만 아니라 연구의 새로운 국면을 개척하였다. 그러나 만학(满学)이라는 개념은 근년에 와서야 비로소 중국 학계에 정식으로 등장하였다. 만학 자체의 변화와 흐름은 모두 세 단계로 나누어 볼 수 있다. 첫 번째 시기는 1949년부터 1956

년까지의 태동기이고, 두 번째 시기는 1966년부터 1977년까지의 정체기이며, 세 번째는 1978년부터 그 이후까지의 발전기이다. 중국이 창건된 이래, 전문적으로 만어를 연구하는 학술 기구를 세웠고 만주족 역사와 언어를 연구하는 전문적인 인재를 양성하였으며, 만주족 언어와 역사를 발굴하는 사회조사를 전개하여 『만주족 간사(满族简史)』와 『만족간지(满族简志)』를 편찬하였다. 또 오랫동안 방치해 뒀던 만문 자료들을 정리하여 만주족 역사 문화에 대한 연구 논문과 연구 저서들을 출판하였다. 만주족의 역사와 문화에 관한 연구는 중국이 창건되기 전의 50년 동안의 공백기를 타파하고 새로운 학술적 시작을 맞이하게 되었으며, 새로운 학문적 분위기를 형성하게 되었다. 10년의 문화대혁명의 시기에도, 만학에 대한 연구는 간헐적으로 진행되었다. 중국 제일 역사박물관(원 고궁박물원 명청당안부)에서는 만문 자료들을 정리하면서, 『만문로당』을 본격적으로 번역하기 시작하였고 전문적인 만문 연수반을 개설하였다. 이 시기 만문의 기원에 대한 연구는 정부의 중시 아래 새로운 연구 성과를 거두었다. 또한 일부 학자들은 "비판적 자료를 수집"한다는 명의 아래 하루 종일 도서관에 있으면서 문헌 자료를 기록한 후에 대량의 사료 서적과 학술 논저들을 출판하였다. 근 20년간 중국 만학계와 외국 만학계는 광범위한 학술적 교류를 진행하였는데, 이러한 학문적 개방은 중국 개혁개방 정책의 산물이라 할 수 있다. 이와 같은 개방성은 만문 자료를 외국 만학 학자에게 개방하고 해내외에서 서로 방문 학자들을 파견하며 국제 학술회의에 참석하도록 하며, 국내에서 국제 학술회의를 개최할 뿐만 아니라, 공동 연구를 진행하고 외국의 만학 논저들을 번역 출판하는 등 활발한 대외 교류로 이어지고 있다.

2) 음악, 무용, 연극, 서화

만주족의 악기에는 주로 팔각고(八角鼓), 태평고(太平鼓), 방울(铃), 이현(二弦), 대삼현(大三弦), 용피리(龙笛) 등이 있다. 만주족의 설창 예술은 비교적 발달되었는데, 설창 예술에는 청음자제서, 팔각고 및 각 민족 인민들의 환영을 받는 만담(相声) 등 형식들이 있다. 전통 무용에는 망식(莽式), 샤먼 무용(萨满舞)이 있다. 망식이라는 것은 민간에서 스스로 즐기는 무용 형식의 일종으로서, 명절이나 경사스러운 장소에서 연출하며 남녀노소를 불문하고 윤번으로 춤을 추는 것을 말한다. 후에 궁정에 전파되었고, 연회에서 유쾌하고 즐거울 때면 황제와 대신들도 망식을 추게 되었고,

건륭 8년에 이를 "경륭무(庆隆舞)"라 명명하였다. 샤먼 무용에는 독창, 대창, 선창과 합창 등이 포함되며, 무용동작이 예스럽고 소박하면서 호방하여 민족 특색이 농후하다. 만주족의 연극 작품은 아주 풍부하다. 그중 비교적 유명한 것으로는「의원사종(澜园四种)」,「고백당전기(古柏堂传奇)」,「도화선(桃花扇)」등이 있다. 왕소농(汪笑侬)은 청나라 말기의 이름난 연출 예술가였고, 정연추[程砚秋, 원명은 염추(艳秋), 자는 옥상(玉霜)]는 중국 성립 전후 경극 무대의 정파(程派)의 대표로서 그가 각본을 써서 연출한「황산루(荒山泪)」,「금쇄기(金锁记)」는 관중들의 많은 찬사를 받았다.

청나라 시기의 만주족은 황제와 왕족으로부터 시작하여 일반 문인에 이르기까지 모두 서법과 회화에 전념하였고 따라서 이 시기에 저명한 서화가들이 많이 나타났다. 강희 황제는 어릴 적부터 붓과 먹을 좋아하여 글을 아주 잘 썼는데 직접 쓴 화선은 외국에 널리 알려졌다. 건륭 황제는 장성 내외, 장강 남북의 풍경 및 명승지를 배경으로 많은 작품들을 남겼다. 팔기의 자제 중에도 서법에서의 초, 예, 호, 해 등 방면에 능통한 자들이 적지 않았다. 예를 들면 철보부인(铁保夫人)은 대초에 능하였고, 안태(安泰)는 예서에 능하였으며, 혁회(奕绘)는 호서에 능하였고, 항유(恒裕)는 소개로 유명하였다. 가경 황제의 형이자 화석성친왕(和硕成亲王) 영성(永瑆)은 어느 글씨체나 모두 쓸 줄 알았기에, 당시 사람들은 그의 탁월한 기예(绝技)에 탄복해 마지않았다. 조정 관리, 학사, 서법을 전공하는 사람들 가운데에도 그를 초월하는 자는 얼마 없었다. 종실의 왕공 대신과 팔기의 자제들 중에는 그림을 전공하는 사람들이 많았고 그들은 인물, 동물, 꽃, 산수화 방면에서 많은 성과를 보였다. 종실에서는 신정군왕(慎靖郡王)의 자경도인구회(紫琼道人久神)가 가장 돌출하였는데, 당시 저명한 화가인 도부향(陶鬼乡)은 그의 그림을 보면서 "산과 골짜기에는 고상하면서도 다정한 분위기가 감돌며, 더욱 묘한 것은 한 층 한 층 산과 골짜기를 그려내는 화법으로서, 그로 인해 그림의 경치는 더욱 단아하고 자연스러워 보인다"고 찬양하였다. 그 외에도 망곡립(莽鹄立)은 인물을, 아이패(阿尔稗)는 호랑이와 매를, 백심(柏心)은 말을, 그리고 서성(书诚)은 매화를 잘 그리며, 당대(唐岱)는 산수화로 유명하다. 여기서 특히 주목해야 할 것은 명조 이후 청조의 지두화(指头画)가 상당히 발전하였다는 것이다. 팔기의 자제인 영보(瑛宝 또는 梦禅)는 지두화를 전공하였다. 그의 작품은 사람들이 앞다투어 구매하는 작품으로 되었고, 구매한 사람은 그것을 귀중한 보물로 여기기까지 했다. 만주족은 서화 예술 방면에서 아직까지도 많은 인재들을 배출하고 있으며, 현대사회에서의 계공(启功) 선생의 서법은 많은 사람들의 높은 찬양을 받고 있다.

3) 교육과 과학기술

청조의 황제는 무력으로 천하를 통일한 후, 나라를 다스리고 안정시키기 위해 교육에 중시를 돌리기 시작했으며 따라서 다양한 수준의 학당을 건립하였다. 강희 황제 시기부터 황자에 대한 교육은 점차 정규화되었다. 이로 인해 성궁근학(圣明勤学)의 전통적인 가풍을 형성하였을 뿐만 아니라, 이와 같은 교육이 대대로 내려오면서 다수의 종실 문인들을 양성하였다. 강희제는 그 본인이 문화적 수양이 아주 높았는데, 그러한 문화적 수양은 중국 역대 황제들에게서는 찾아보기 힘든 것이었다. 옹정 황제와 건륭 황제도 문화 방면에서의 조예가 아주 깊었다. 그들의 주관하에 『고금도서집성(古今图书集成)』, 『역상고성(历象考成)』, 『사고전서(四库全书)』, 『황여전람도(皇興全览图)』 등 많은 고전들이 편찬되었다.

청조 황실에서는 황실 후대의 교육을 매우 중요시했는데, 이 교육은 모두 세 가지 형식으로 나누어 이루어졌다. 첫째, 모든 황자와 황손은 6살이 되면 상서방(上书房)에 가서 글을 배워야 한다. 두 번째 형식은 종실학당, 즉 종학이다. 종학은 청태조 누르하치의 아버지인 탑극세(塔克世)의 직속 자손들로 구성된 학당으로 그들은 모두 황색 띠를 다는 것으로 황손임을 표시하며, 따라서 그들은 황색 띠(黃带子)라고도 불렀다. 그들 중 관직에 있지 않은 자제들은 연령이 10세 이상이면 모두 종학에 들어가야 한다. 세 번째 형식은 각라학(觉罗学)이다. 무릇 탑극세(塔克世)의 동종 방계 자손이면 모두 각라(觉罗)라고 부르고 빨간 띠를 다는 것으로 그것을 표시하며, 따라서 그들을 빨간 띠(红带子)라고 불렀다. 그들 역시 10세 이상이 되면 모두 각라학에 들어가야 한다. 종학과 각라학은 모두 종인부(宗人府)에 속한다. 이 두 학교에 들어가서 공부를 하는 애신각라(爱新觉罗) 자제 가운데서 성적이 우수한 자에게는 장려를 준다. 황실에서는 일반적인 만주족 자제의 교육에도 중시를 돌렸다. 순치, 강희, 옹정, 건륭 등 황제들은 선후하여 북경에 경사팔기관학(京师八旗官学), 경산관학(景山官学), 함안궁관학(咸安宫官学), 세직관학(世职官学), 팔기의학(八旗义学), 교방관학(教坊官学), 건예영관학(健锐营官学) 등 만주족 학교를 세웠다. 이러한 학교들은 황실 가족의 상서방, 종학, 각라학과 함께 하나의 완정된 만주족 교육체계를 구성하였고 그러한 교육체계는 300년 동안이나 지속되었다. 이 교육체계의 운행은 만주족 문화교육의 발전을 촉진하였으며, 광서 연간에 이르러 팔기관학은 모두 신식학당으로 개편되었다.

만주족은 과학 방면에서 상당한 발전을 가져왔으며, 주로 인삼증자법(人參蒸煮法), 야철술, 무기제조 및 건축 방면에서 많은 성과를 거두었다. 우선, 청조는 입관하기 전부터 홍의대포를 주조할 수 있었고 그 위력은 돌을 부수는 정도에 이르렀다. 대포를 쏠 때에는 그 소리가 수십 리에 울려 퍼지며, 나아가는 거리 또한 칼, 창, 화살과는 비견할 수 없는 것이었다. 황태극은 가장 먼저 주조된 홍의대포 위에 "하늘이 대장군을 응원하고 보호하다(天佑助威大将軍)"라는 글자를 새기라 명하였다. 청나라의 만주족은 수학, 천문학, 지리학, 농학과 수리공정학 등 과학영역에서 돌출한 성과를 거두었다. 예를 들어 수학 저서 『수리정운(數理精蘊)』에서는 고금 중외의 모든 초등 수학을 계통적으로 소개함으로써 자체의 체계를 이루었는데 이 저서는 당시 중국 수학의 새로운 발전을 보여주는 하나의 계통적인 수학 교과서로 되었다. 강희제는 수학에 능하였고 천문, 역법, 농업, 수리, 지리측량 등 여러 방면의 과학 연구를 추진하였다. 강희제가 집권하던 시기 『역상고성(万象考成)』, 『령대의상지(灵台仪象志)』, 『강희영년역법(康熙永年历法)』, 『제의상도(诸仪象图)』 등 가치가 있는 천문역법 저작들이 연이어 출간되었으며, 이 시기의 천문학은 새로운 수준에 도달하였다.

지리학 방면에서의 가장 큰 성과는 『황여전람도(皇舆全览图)』의 출현이다. 『황여전람도』는 중국에서 제일 처음으로 제작된 가장 과학적이고 가장 정확한 전국 지도로, 강희 황제가 청나라의 영역을 분명히 알고 자손들에게 강산을 수호하도록 교육시키기 위해 강희 47년(1708년)에 명을 내려 제작한 것이다. 지도의 정확성을 확보하기 위하여 그는 과학적 측량 기술을 장악하고 있는 서방 전도사에게 업무를 맡겨, 그들에게 전국 각지에 내려가서 산천과 도로를 측량하여 각 성의 지도를 만들게 하였으며, 그것을 기반으로 전국 지도를 만들었다. 전국 지도는 강희 57년(1718년)에 완성되었으며, 삼각측량법을 사용하여 천문점, 즉 천문 1도에 200리로 지도를 제작하였기에 정확도를 확보하였다. 이러한 측량 방법은 중국뿐만 아니라 전 세계적인 측량 제도사에서도 전례 없던 것이었다. 당시 만들어진 전국 지도는 아시아에서 만들어진 지도 중에서 가장 훌륭한 지도인 것은 물론, 전

유럽의 지도에 비해서도 가장 훌륭하고 정확한 것이었다. 이는 만주족뿐만 아니라 전 중화 민족의 영광과 자랑인 것이다.

시보족(锡伯族)

1. 민족개관

시보족은 중국 소수민족 가운데 인구가 비교적 적은 민족 중 하나다. 2000년의 인구통계에 의하면, 전국의 시보족은 총 188,824명으로 그중 신강위구르자치구에서 살고 있는 시보족은 34,566명이며, 주로 이리하싸크 자치주 차부차얼(察布查尔)시보족자치현과 확성(霍城), 공류(巩留) 두 현에 집거해 있다. 그리고 요녕성에는 132,615명이 거주하고 있다. 1983년 6월, 심양시 신성자(新城子)구에 흥륭대(兴隆台)시보족 민족향을 건립하였다. 그 외 주로 개원, 의현, 북진, 신민, 풍성 등지에 집중적으로 분포되었다. 길림성에서는 3,168명이 살고 있으며, 주로 부여, 토난(洮南), 전곽이라시 몽골족자치현(前郭尔罗斯蒙古族自治县)에 분포되었다. 흑룡강에는 8,886명 정도 집거해 있으며, 주로 쌍성(双城), 치치하얼, 하얼빈, 두이백특(杜尔伯特)자치현에 분포되어 있으며, 내몽골자치구에서는 3,023명이 살고 있으며, 주요하게 동부 지역에 분포되어 있다. 마지막으로 북경시에는 1,491명이 거주하고 있다.

시보족은 자기의 언어, 문자를 가지고 있으며 언어는 알타이어계 만-퉁구스족 만어문에 속한다. 그들 언어의 80% 이상은 만주에서 따온 것으로, 모음은 길고 짧음을 나누지 않으며 복합모음이 비교적 많음과 동시에 모음은 조화를 이루는 현상을 보인다. 또한 체언은 그 수와 범주가 제한되어 있고, 명사에는 제3인칭의 반대 요소에 다른 요소를 종속시킨다. 그리고 동사에는 태, 체, 식 등 범주가 있으며 허사 또한 매우 풍부하다. 시보족의 문자는 1947년 만주어를 바탕으로 개혁하여 만든 것이다. 문자를 쓸 때에는 오른쪽에서 왼쪽으로 병음문자를 쓰며, 현재 사용하는 자모는 모두 121개의 음절 자모로 주로 신강 시보족들이 사용하고 있다. 이에 반해, 동북 지역의 시보족은 보편적으로 한어를 사용한다.

명말 청초, 시보족은 동북의 눈강과 송화강 유역에 거주하였으며 과이심(科尔沁) 몽골에 종속되었다. 강희 31년, 시보족은 만주3기(양황, 정황, 정백)에 편입됨에 따라 치치할, 백두나(伯都纳, 현 길림 부여현), 우라길림(乌拉吉林, 현 길림시) 3성 등 지역에 거주하게 되었으며, 흑룡강 장군과 길림장군에 예속되었다. 청나라 통치자들은 인구수가 많은 시보족들이 반란을 일으킬 것을 염려하여 변강의 여러 지역에 분산시켜, 절대 한 지역에 집거하지 못하게 나누어서 다스리는 정책을 실시하였다. 그래서 강희 38년(1699년)부터 강희 40년(1701년)까지 청나라에서는 3성의 시보족 병사와 가족들을 북경, 성경(盛京) 및 소속된 각지로 이동시켜 해당 지역에서 맡은바 역할을 수행하도록 하였다. 이것이 바로 시보족의 제1차 이동이었다.

건륭 29년(1764년), 청 왕조는 준갈이(准噶尔)를 소멸하고 대소탁무의 란(大小卓木之乱)을 평정하고 나서 이려(伊犁)에 장군 아문을 건립하였으나 병력은 여전히 부족하였다. 그리하여 성경(盛京)에 소속된 17개의 도시와 진에서 젊고 기력이 왕성하며, 말타기와 활쏘기에 능한 시보족 병사 1,000명, 방어에 능한 말 잘 타는 용감한 장군 10명, 3,275호의 가구, 총 4,295명을 이려로 이동시켰다. 이것이 바로 시보족의 제2차 이동이었다. 이와 같은 역사적인 이동으로 인해 시보족들은 주로 중국의 동북, 서북 등 지역에 거주하게 되었으며, 현재와 같은 분포 구조를 형성하게 되었다.

신강 시보족이 거주하는 찰포찰이(察布查尔)자치현은 신강 위구르자치구 이려하살극(伊犁哈萨克)자치주의 직속현이며, 신강 서부 천산지맥인 우손산 북면, 이려강 이남의 하곡분지에 위치해 있다. 동경 80도 31분부터 81도 43분, 북위 43도 17분부터 57분 사이에 위치했으며, 서쪽은 러시아와 잇닿아 있다. 전체 현의 동서 길이는 90공리이고 남북 넓이는 70공리이며, 총면적은 4,430km²로서, 지세는 동남에서 서북 방향으로 기울어졌다. 남쪽 우손산 산어귀의 해발고는 1,600m 이상이고 주봉(백석봉)은 3,460m이다. 이 지역은 춥고 습하며 우손산 봉우리에는 일 년 내내 눈이 덮여 있으며, 눈이 녹아 많은 개울을 형성하였기에 수원이 충족하다. 그리하여 이 지역에는 추위에 잘 견디는 식물들이 많이 자란다. 이 지역은 또한 여름 목장이기도 하다. 구릉지역과 경사진 평원의 해발고는 650m에서 1,600m 사이이며, 토양층의 두께는 높이에 따라 다른 즉, 일반적으로 60cm에서 90cm 사이이다. 이 지역의 토양은 대부분 관개된 흑색 석회토(灰钙土)이며 황토가 대부분이다. 이곳은 경작하고 목축에 유리한 지역이기에 밀과 기름 원료 산지일 뿐만 아니라 봄과 가을의 목장이기도 하다. 하곡평원의 해발고는 590m에서 650m 사이이고 그 토양은 대부분 초전토(草甸土)와 관개된 습지흙(沼泽土)이며, 토양층은 비교적 두껍고 수초가 풍성하여 벼 생산기지로 활용되고 있다. 또한 이리강 남안을 따라가면 삼림지역이 있는데, 여기는 겨울철 방목기지이다.

이 현은 대륙성기후에 속한다. 이려 분지, 중부, 동부, 남부, 북부 세 면이 천산산맥에 둘러싸여 있고 서부가 광활하기에 북빙양 기류의 영향을 쉽게 받으며 따라서 기후가 비교적 온화하고 습하다. 그리하여 늦봄, 초여름에는 비가 많으며 평균 강수량이 200mm에 달한다. 그리고 겨울철과 초봄에는 눈이 많으며, 적설량은 보통 50~60cm에 달한다. 연평균기온은 섭씨 8.5°C이고 연무기간은 약 165일이며, 연일조시간은 2,800시간이다. 이와 같이 기온, 강수량 등 객관적 조건들은 모두 각종 농작물의 성장에 유리한 환경을 제공해 주었다.

요녕성에 분포된 시보족은 요하, 훈하(渾河), 태자하(太子河) 유역에 흩어져 있으며, 길림성, 흑룡강성에 있는 시보족은 송눈평원과 요하평원에 거주하고 있다. 이와 같은 지역들은 토양이 비옥하고 수원이 충족하기에 관개에 유리하고 경작과 방목에 알맞은 지역들이다.

2. 민족의 기원과 사회발전

시보는 본 민족이 스스로 부르는 명칭이다. 한문 사료에는 실위(失韦), 실위(室韦), 시비(矢比), 서극(西棘), 서북(西北), 석백(席百), 석비(席比), 석(席帛), 석(锡), 십백(什伯), 실백(实伯), 서비(犀毗) 등 명칭으로 기재되어 있으며, 이러한 명칭에서 시기마다 음역과 쓰기가 다르게 사용되었음을 알 수 있다. 단어의 함의는 적어도 두 가지 방면으로 해석할 수 있다. 하나는 서수(瑞兽) 혹은 띠고리(带钩)라고 하는 것에서 유래되었다는 것이다. 『한서흉노전』(안사고주-顔师古注)에서는 황금 서비(犀毗)를 후(胡)의 띠고리라고 하였으며 선비 혹은 사비(师比)라고도 불렀다. 이것은 시보족들이 짐승 모양의 띠고리를 즐겨 사용한 것과 연관이 있다. 다른 하나는, 지명에서 유래된 명칭이라는 것이다. 즉, 청나라에서는 해라이시남실위산(海拉尔迪南室韦山) 일대를 시보라 불렀는데(청조여도), 그 지명이 그 지역 사람들의 칭호로 되었다는 것이다.

시보족의 족원과 관련하여 현재 학술계에는 다음과 같은 견해들이 있다. 하나는 시보족과 만주족은 그 기원이 하나라는 관점이다. 이러한 관점을 지니고 있는 양빈(杨宾)은 그의 저서 『류변기략(柳边纪略)』에서 "석북과 만주족의 조상은 하나다(席北……与满洲同祖)"라고 했다. 다른 하나는 시보족은 고대 선비족의 후예라는 관점이다. 『시보족 간사(锡伯族简史)』의 저자가 바로 이러한 관점을 가지고 있다. 청나라 학자 하추도(何秋涛)는 『삭방비승(朔方备乘)』에서 "시베리아는 선비의 옛터이므로 시보라는 이름을 가지게 되었다"고 하였다. 고고학자 미문평(米文平)은 대흥안령 북쪽 산꼭대기와 산기슭에서 탁발(拓跋) 선비들의 옛 폐허인 석실(石室)-알선동(嘎仙洞)을 발견했는데, 이는 시보족은 선비의 후예라는 관점에 유력한 증거를 제공해주었다.

선비족은 고대 중국 북방의 동호족계의 할 갈래로서, 초기 그들은 대흥안령 및 후룬베이(呼伦贝尔) 초원 지역에서 유목생활을 하였다. 동한과 제영원(帝永元) 원년(89년), 북흉노는 한 나라 장군 두헌(窦宪)에 의해 패하였으며, 그 후 대부분의 흉노는 서쪽으로 이동하였다. 그리고 흉노가 떠나간 자리를 선비족들이 점차 채우게 되었다. 동한 환제(桓帝. 158~167년) 시기 지도자 단석괴(檀石槐)의 지도 아래 선비는 강대한 부락연맹을 결성하였다. 육조(六朝) 시기 선비 중 모용(慕容), 탁발(拓跋), 우문(宇文) 등 부락은 황하 유역에 정권을 건립한 적이 있었다. 그러나 소수의 선비족은 옛터를 떠나지 않고 여전히 작이하(绰尔河), 조하(洮河), 눈강, 송화강 일대에 거주하였는바 이들이 바로 시보족의 선조이다.

3. 경제생활

시보족은 근면하고 용감한 민족이다. 그들은 초기에는 수렵, 어업으로 생계를 유지했는데 노루, 고라니, 멧돼지, 사불상 등을 잡아 의식(衣食)을 해결했고, 창, 활, 막대기 등 원시적인 무기로 함께 사냥물을 포위하는 방식으로 사냥을 진행하였다. 「수렵가(狩猎歌)」에서는 이를 "눈이 나비처럼 날릴 때 둘러싸여 질주3하며 많은 산을 답파하니 사냥꾼의 개선가가 울려 퍼지네"라고 묘사하고 있다. 17세기 이후 시보족은 만주족 팔기에 편입되었다. 청 정부의 '균전제'에 근거하여 토지를 얻었으며 시보족은 송눈평원에서 농업을 시작하였는바 일찍이 비교적 높은 농업 생산기술을 장악하고 있었다. 시보족이 생산한 입쌀은 청나라 초기 명성이 높았다. 비록 목축업, 수공업, 어업과 수렵에도 종사하지만 농업은 이미 시보족의 중요한 경제활동으로 되었다. 농작물로는 밀, 수수, 보리, 옥수수, 벼, 메기장(糜子), 기장, 유채씨, 참깨, 해바라기씨, 감자, 담배 등이 있다. 기후 등 원인으로 인해 대부분 농작물은 일 년에 일모작하며, 윤작하고 경작을 늦추는 등 전통적인 방법으로 토지의 비옥도를 유지한다. 즉, 한 부분의 땅을 개간하여 2년 내지 3년 동안 경작한 다음 일정한 기간 동안은 그 땅을 그대로 놔두고 다른 땅을 개간하는 방법과 같은 것이다. 이러한 생산방식은 중국이 창립되기 이전까지 유지되었다.

시보족은 신강 이리로 온 바로 그해에 본래 있던 탁하이(綽哈尓) 도랑을 복구하였고 1만여 무의 황무지를 개간하였다. 이후 인구가 증가됨에 따라 시보족의 생활은 더욱 어려운 상황에 처하게 되었다. 하지만 그들은 어려움을 극복하고 여러 차례의 실패와 좌절을 거듭한 끝에 1802년에 끝내 찰부찰이(察布査尓)산 어구에 큰 도랑을 건설하였다. 이 공정은 6년이라는 시간을 거쳐 완성된 간고한 공정으로서, 수로의 길이는 200리에 달하며 "찰부찰이(시보족의 양식창고라는 뜻)" 도랑이라 명명하였다. 그때로부터 이리하의 물을 끌어와 사용할 수 있었고, 자연과 맞서 생존할 수 있었다. 또 시보족 회원성 팔기 병사와 협력하여 이리하 상류의 물을 끌어 올려와 도광 연간에 "황거(皇渠)"를 건설함으로써, 이리하 북안의 토지를 관개할 수 있도록 하였다. 19세기 70년대에 이르러 시보족은 선후로 하이박호(哈尓博户)와 아포덕라(阿布德拉) 도랑을 건설하여 황량하고 인적이 없는 이리하 남안을 개간하여 조국의 서북 변강에 자신들의 제2 고향을 건설하였다.

4. 종교 신앙

시보족의 초기 신앙은 샤머니즘인데 샤먼은 세습할 수 없다. 샤먼인이 일단 결정이 되면, 새로 선정된 샤먼인은 위 샤먼인의 지도 아래 일반적으로 3년 동안의 훈련 기간을 거치게 된다. 가장 중요한 것은 상도제(上刀梯)를 통과해야 하는 것인데, 상도제는 진정한 샤먼인이 될 수 있는지를 가늠하는 중요한 의식이다. 선량하고 신에 충성하는 사람은 순조롭게 그 의식에 통과될 수 있다. 의식은 보통 밤에 진행된다. 의식 장소에는 등불이 환하게 켜져 있고 그 광경이 아주 신비스러우며 분위기 또한 긴장되어 있다. 도제(刀梯)에는 18급에서 49급까지 다양한 급별이 존재한다. 상도제를 진행하는 자는 머리에 신모(神帽)를 쓰고 샤먼 복장을 착용하며 맨발에 탬버린을 들고, 스승의 지휘 아래 현장으로 걸어 들어간다. 의식이 시작되면 염소 피를 한 모금 마시고 맨발로 칼날을 밟으며(칼날은 노란색 종이로 한 층 싸맨 것), 계단 위로 한 걸음씩 올라가는데, 이때 북쪽을 봐서는 안 되며, 제일 높은 계단까지 올라간 다음 고개를 들고 위를 쳐다보다가 쓰러진다. 깨어난 후 스승은 신령이 이륵토(依勒吐) 샤먼을 받아들였다고 선포한다. 그때부터 샤먼은 신을 자신의 몸에 청하여 귀신을 잡고 악마를 쫓아내며 병을 치료하고 재앙을 없앰으로써, 스스로를 사람과 신 사이의 매체로 여기면서 그 역할을 다한다. 전하는 것에 의하면 시보족 샤먼은 여자 샤먼이 먼저 나타났고 그 후에 남자 샤먼이 생겼다고 한다.

16세기 말엽, 통치계급의 선도 아래 라마교가 전파되기 시작했다. 1886년 서쪽 이리(중국 신장 위구르 지역의 한 지명)로 옮겨간 시보족은 그곳에서 세 번째 라마절을 지었으며 그것을 정원사(靖遠寺)라고 불렀다. 정원사의 면적은 15,000㎡나 되며 그 명성이 전국적으로 널리 퍼졌다. 또한 1707년에는 심양에 라마사(喇嘛寺)라고도 불리는 시보족 가묘인 태평사를 건립하였다. 하지만 라마교를 신앙하는 기타 민족과는 달리, 절 내에서는 석가모니 불상뿐만 아니라, 관공(关公) 불상도 공양하였다. 이와 같은 사실을 통해 시보족은 하나의 통일된 종교를 형성하지 못했음을 알 수 있다.

그 외 시보족은 또 희리마마(喜利妈妈)와 해이감(海尔堪) 조상신도 공양하였다. 희리마마(喜利妈妈)는 가족성원의 안전과 흥성을 기도하는 여신으로서, 정실 서옥의 서북쪽에 놓고 공양한다. 구체적으로 말하자면, 길이가 2장이 되는 작은 활과 화살, 가늘고 긴 천 조각을 걸어놓은 삼노끈을 큰 주머니 안에 넣고 희리마마를 모시는 자리 위에 걸어놓는다. 해마다 섣달그믐날이 되면 그것을 꺼내어 서북쪽으로부터 동남쪽으로 가면서 향을 피우면서 절을 한다. 음력 2월 2일이면 주머니에 넣어서 다시 원위치에 걸어놓음으로써(보통 삼노끈에 돼지, 양 등의 등뼈를 걸어놓음) 새로운 세대의 시작을 표시한다. 작은 활과 화살을 걸어놓는 것은 남자아이가 탄생하기를 기원하는 것이고, 가늘고 긴 천 조각을 걸어놓으면 여자아이의 탄생을 기원하는 것이며, 작은 요람을 걸어놓으면 며느리를 맞이하기를 바라는 것이다. 그리고 작은 장화를 걸어놓으면 자손이 많기를 기도하는 것이고 화살주머니를 걸어놓으면 자식이 커서 말과 활을 잘 다루는 사람이 되기를 바라는 것이며, 동전을 걸어놓으면 생활이 부유하기를 기원하는 것이다. 분가했을 경우에는 희리마마를 새롭게 공양해야 한다.

해이캔(海尔堪)은 가축을 보호하고 가족이 잘되기를 비는 남자 신이다. 정실 서쪽 칸의 바깥 서남 벽 지붕 아래에서 공양하며 벽에 구멍 뚫고 안에는 나무상자를 놓고 상자 안에 목조품 혹은 흙인형, 신불의 화상을 넣는다. 주인은 자신이 가장 아끼는 말을 해이캔이 타도록 해야 하는데, 그 의식은 대단히 장중하다. 먼저 말 꼬리에 깃털 혹은 붉은색의 가늘고 긴 천 조각을 맨 후 말을 위패에 매놓고 향을 피움과 동시에 절을 하면서 소원을 빈다. 의식이 끝나면 그 말은 곧 신의 전용 말로 된다. 한마디로, 시보족은 여러 신을 신앙하며 만물에는 영혼이 있다고 믿는다. 역대로 시보족은 자연숭배, 조상숭배, 영혼숭배를 유지해왔으며, 일찍이 샤머니즘과 라마교도 그들의 신앙이 된 적이 있었다.

5. 민속문화

1) 의복 · 음식 · 주거형태

청나라의 시보족 남자들은 청색, 하늘색, 갈색 옷을 즐겨 입었으며 여자들은 다양한 색상의 바둑판무늬가 있는 수건을 즐겨 사용하였다. 어린이들은 다양한 색상의 꽃 천으로 된 옷을 많이 입는다. 남자들은 말을 탈 때, 편리하게끔 좌우 가랑이가 벌어진 두루마기와 짧은 도포를 많이 입었으며 돔형 모자를 즐겨 쓴다. 여성들은 기포(중국 여성이 입는 원피스 모양의 의복)를 입고 바짓단을 묶으며 흰 양말에 수놓은 신발을 신는다. 처녀들은 한 가닥으로 드리우는 땋은 머리를 하는 것이 일반적이며, 결혼을 한 후에는 머리를 얹는다. 여성들은 귀걸이, 팔찌, 반지 등을 끼기 좋아하며, 나이 든 여성들은 봄, 여름, 가을 등 세 계절 모두 흰 수건을 두르며, 겨울에는 솜 모자를 쓰는데 모자 주변에는 바다표범의 가죽을 꿰맨 곤추모(坤秋帽)라는 모자를 쓴다. 현재 동북 시보족의 복장은 현지 한족과 만주족의 복장과 거의 비슷하다. 신강의 시보족 여성들은 기포를 즐겨 입으며, 기포의 앞섶, 하단, 소매에 도안을 박아 넣는 것을 좋아한다.

시보족의 음식은 거주지역이 다름에 따라 차이가 있다. 동북 지역 시보족의 주식은 주로 수수쌀, 입쌀, 옥수수 등이고 그다음으로 많이 먹는 음식은 밀이다. 부식으로는 주로 현지에서 생산되는 각종 야채 및 돼지고기, 닭고기 등을 먹는다. 그중 돼지고기, 돼지 선지, 돼지 대장으로 만든 선지순대(白肉血肠)와 샤브샤브(火锅子)가 가장 보편적으로 즐겨먹는 요리다. 이 외에 세 가지 특수한 밥이 있는데 하나는 다자반(馇子饭)으로 소고기, 양고기, 돼지고기 등을 잘게 썰어 멥쌀과 함께 끓여서 만든 죽을 말하며, 죽에는 조미료와 소금을 넣어 먹는다. 다른 하나는 수수쌀과 콩을 생선을 넣고 끓인 국이다. 마지막으로는 산탕자(酸汤子)이다. 산탕자는 물에 담가 부풀린 옥수수를 끈적거릴 때까지 간 다음 약간 신맛이 날 때 만든 국이다. 국에는 야채, 소금 등을 넣는다. 신탕자는 향이 약간 신맛이 나기는 하나, 식욕을 증진시켜 준다. 신강의 시보족은 현지 유목민족의 영향을 받아 밀크티, 버터에서 정제한 기름, 우유 덩어리 등 유제품을 즐겨 먹는다. 그리고 찐 호박 속 만두(南瓜蒸饺)와 삶아서 잘게 썬 양의 내장으로 만든 전양석(全羊席)이 있다. 가을에는 부추, 피망, 샐러리, 양배추, 당근 등을 잘게 썰어 절인다. 시보족은 개고기를 먹지 않는다.

시보족은 초기에 천막, 초가집, 마가자(马架子)에서 살았으나, 현재는 대부분 기와집에서 산다. 시보족의 집은 보통 남쪽을 향하며 실내에는 일반적으로 칸이 세 개 있다. 서쪽을 귀하게 여기는 풍습이 있으며, 온돌은 남쪽, 서쪽, 북쪽 등 3면으로 둘러져 있다. 손님은 서쪽 온돌에 모시는 것으로 존경을 표시한다. 시보족은 보통 물이 풍부하고 풀이 무성하며 경치가 아름다운 곳에 마을을 건설한다. 그뿐만 아니라, 마을 내부의 가가호호들은 서로 긴밀히 연결되어 있어, 사람들은 마을 공동체 개념이 아주 강하며 이웃 사이가 화목하다. 시보족은 녹화를 중히 여기며 거리 또한 넓고 깨끗하다. 예전에는 마을 주변에 성벽을 쌓아 낮에는 열어놓고 밤에는 닫으면서 마을을 지킨다.

명·청 시기 시보족의 교통 운수 수단은 말, 소, 낙타, 스키, 우마차, 썰매, 카누, 가죽배 등이었다. 건국 후에는 주로 말, 마차, 당나귀 차, 소달구지, 고무타이어차량 등이었다. 현재에는 촌마다 도로가 건설되었고 자동차 또한 증가되었을 뿐만 아니라 정기적으로 운행하는 차량도 생겼다. 비록 교통 운수업이 많이 발전되고 진보되었지만 말과 썰매는 여전히 환영받고 있으며, 특히 겨울에는 썰매가 가장 좋은 교통수단으로 사용되고 있다. 신강의 시보족은 썰매를 전문적으로 만들어 팔기도 한다.

2) 혼인 · 가정과 상 · 장례

시보족은 일부일처제를 실행하며 두 집안의 사회적 지위와 경제적 조건이 비슷한 가정끼리 혼인을 맺는다. 중국이 창건되기 이전 시보족의 혼인은 약혼에서 결혼에 이르기까지 전적으로 부모가 맡아 진행했다. 약혼 방식에는 지복약혼(指腹訂婚)과 일반 약혼이 있다. 혼례는 일반적으로 3일 동안 진행하며 주로 남자 집안에서 도맡아 한다. 혼례식 후 9번째 되는 날, 신랑 신부는 친정 부모님께 인사를 드린다. 1개월이 지난 후 신부는 친정집에 근친(省月, 결혼하여 일 개월이 된 후에 신부가 친정에 돌아가서 수일 머물고 오는 풍습)을 간다. 혼인 후 아내는 남편과 함께 살면서 한 가정의 일원으로 되며 주요한 노동력이 된다.

시보족에게 있어서 이혼은 수치스러운 일이다. 그들은 사별했다면 3년이 지나야 다른 배우자를 찾을 수 있으며 과부는 복상 시기가 끝나야 재가할 수 있다. 시보족의 혼인에는 약탈혼, 민며느리혼, 데릴사위혼 등 풍습들이 있다.

시보족 가정에서는 서열이 가장 높은 남자가 가장이 되며, 가법 또한 엄격하다. 반드시 연장자를 존중하고 어린이를 사랑하며 서로 양보하며 근검절약을 원칙으로 집안을 꾸려야 하며, 도박, 성매매, 술과 싸움을 해서는 안 되며 가정은 화목해야 한다. 보통 한 가정에 3대가 같이 살며 4대 혹은 5대가 같이 사는 대가정들도 있다. 부모가 생전일 경우 아들은 분가할 수 없다. 만약 부친이 먼저 세상을 뜬다면, 맏아들이 가장으로 된다. 시보족에는 "맏형은 아버지의 오른손이다"라는 속담이 있다. 만약 큰아들이 분가해서 나간다면, 부모는 막내와 같이 생활한다. 외삼촌도 가정에서 부친과 동등한 권리를 갖고 있으며 혼인, 장례와 같은 큰일은 꼭 외삼촌과 상의해야 한다. 시보족은 남존여비 사상이 강하며 딸은 일단 시집을 간 이후부터는 친정집의 일에 관여해서는 안 된다. 문예가 깊은 집안이라고 해도 며느리에게 글을 가르칠지언정 딸에게는 글을 가르치지 않는다. 그래서 과거에는 딸을 학교에 보내는 집이 거의 없었다.

시보족은 일반적으로 토장을 하며 특수한 상황에서는 화장하거나 천장(天葬)을 한다. 매개 하라(哈拉)마다 모두 자신의 고정된 묘지가 있는데 보통 마을 밖의 산등성이 혹은 지세가 높고 건조한 곳을 택한다. 묘지 주위는 담을 쌓으며 주변에는 나무를 심는다. 무덤의 배열 순서에는 엄격한 요구가 있다. 또 시보족은 합묘(合墓)를 중히 여기는데, 합묘란 실은 부부가 같은 무덤의 다른 관에 있다는 뜻이다. 남자 관은 왼쪽, 여자 관은 오른쪽에 배열하고 두 개 관에 모두 구멍을 뚫어놓는데, 그것은 부부가 저승에서도 다시 만날 수 있도록 하기 위해서다.

이 외에도 산모가 난산하여 돌아갔을 경우 화장을 하며, 태어나 2개월 내에 요절한 아이는 천장(天葬)을 한다. 최근 국가에서 이풍이속의 새로운 풍습을 제창함에 따라 장례 풍습도 점점 간단하게 변화되었고, 화장하는 풍습이 더 많이 받아들여지고 있다.

3) 명절

먼저, 회친절(懷親節)에 대해 살펴보자. 회친절은 4·18절 혹은 서천절(西迁節)이라고도 한다. 이 명절은 시보족의 서쪽 이주를 기념하기 위한 명절이다. 매년 음력 4월 18일이 되면, 시보족은 돼지를 잡아 절에 가서 공양을 하며, 수수밥을 먹고 같이 모여 앉아 이주 역사에 대해 듣고 또 서북 변강을 보위한 시보족의 위대한 업적을 찬양하며, 이별한 동포들을 회억한다.

다음으로 말흑절(抹黑節)이 있다. 매년 정월 십오 혹은 십육일이면 시보족은 아침 일찍 일어나 떼를 지어 한 집, 한 집 들어가서 얼굴에 검은 칠을 한다. 전설에 의하면, 몇백 년 전 시보족은 밀과 벼 작물이 추위에 얼어서 검은색으로 된 것을 신이 벌한 탓이라고 여기면서 재해를 없애고 신에게 사죄하기 위해 검은 얼굴로 하고 매년 정월 15일 혹은 16일 신이 인간 세상에 올 때 신에게 죄를 빌고자 하였다. 이 명절은 현재까지 전해 내려왔으며, 청소년의 오락 활동으로 되었다. 이 외에도 시보족은 설날, 춘절, 청명절, 단오절과 추석 등 명절을 보내고 있다.

시보족의 체육활동은 아주 풍부하고 다채롭다. 전통적인 체육 활동으로는 경마, 씨름, 양궁, 역도, 수영 등이 있는데 그중 씨름과 양궁이 가장 유명하다. 중국 건국 후 시보족의 씨름과 양궁은 국가의 공식적인 경기 항목으로도 선정되었으며, 시보족 출신의 우수한 양궁 선수들은 중국의 양궁 발전에 큰 기여를 하고 있다.

6. 문학예술과 과학기술

1) 민간문학

시보족 문화예술에서 민간문학은 가장 중요한 비중을 차지한다. 민간문학 가운데서도 민요가 가장 다채로운데, 비교적 완전한 형태로 전래되는 민요로는 「서천지가(西迁之歌)」, 「객십갈이지가(喀什噶尔之歌)」, 「라서칸도지가(拉西汗图之歌)」, 「엽기나(叶琪娜)」, 「해란격격(海兰格格)」, 「삼국지가(三国之歌)」 등 6부이다. 그중에서도 가장 역사적으로 참고 가치가 있는 민요는 「객십갈이지가(喀什噶尔之歌)」이다. 이 민요는 장격얼지란(张格尔之乱)을 평정한 역사적 사건에 대해 기술하고 있는데, 전체 시는 거의 900행에 달한다. 라서칸도지가(拉西汗图之歌)에서는 라서칸도라는 시보족 청년이 목숨을 다하여 군사 방어 임무를 완수함으로써 변강의 감시 초소(卡伦)와 역참을 지킨 이야기를 서술하였으며 전체 시는 900여 행에 달한다. 「엽기나(叶琪娜)」는 시보족의 어업 및 수렵생활을 반영한 서사가이며 「해란격격(海兰格格)」은 남편이 아내를 그리는 노래로서, 추모의 노래라고도 부른다. 그 외 「샤먼가(萨满歌)」도 광범위하게 유행되었는데, 샤먼이 굿을 하며 병을 치료할 때 부르는 노래로서, 샤먼노래에는 샤먼무용도 동반된다.

전설 이야기 중에서 영향력이 가장 크고 온전하게 서술할 수 있는 것으로는 『희리마마(喜利妈妈)』, 『막흑절의 유래(抹黑節的来历)』, 『선비수의 전설(鲜卑兽的传说)』 등 3부가 있다. 이들 이야기는 내용이 풍부하고 언어가 소박하며 생동하고 아름다우며 대대손손 전해져왔다. 또한 이야기 속에 속담, 수수께끼의 내용들도 풍부하여 가히 삼라만상을 포함했다고 할 수 있다.

2) 음악 무용

시보족 음악은 연극 음악과 가사 음악으로 구분할 수 있다. 연극 음악에는 평조(平调)와 월조(越调)가 있는데, 평조는 동북 지역에 있을 때 사용하던 창법이며 월조(越调)는 서쪽으로 이동한 후에 형성된 창법이다. 가사 음악에서 유명한 것으로는 전야가곡조(田野歌曲调), 해란격격 곡조, 수렵가 곡조, 천이가 곡조, 요람곡 곡조 등이 있다.

시보족 악기는 종류가 많지 않다. 시보족 특유의 악기로는 묵극나(墨克纳), 동포이(东布尔), 위적(苇笛) 등이 있다. 민간 무용에는 샤먼무용, 패륜무(贝伦舞)가 있다. 패륜무는 남여가 함께 쌍을 이루어 추는 춤인데 먼저 남자가 등장하여 몇 번 춘 다음 적당한 여자 파트너와 함께 추는 춤으로 음악의 리듬이 경쾌하다. 또한 느린 절주로부터 빠른 절주로 변해가면서 점점 고조를 일으키는 것이 특징적인 것으로 청년 남녀들 사이에서 가장 많이 유행된다.

시보족은 부지런하고 용감한 민족이다. 인구수는 상대적으로 적은 민족이지만 그 역사는 아주 유구하다. 또한 시보족은 여러 지역에 흩어져 살고 있으나, 중국의 경제적 개발과 건설 및 동북, 서북 변강의 안전을 위해 위대한 공헌을 한 민족 중의 하나이다.

어원커족(鄂温克族)

1. 민족개관

어원커족은 중국 민족 가운데 인구가 비교적 적은 민족 중의 하나이다. 2000년의 인구 통계에 따르면, 중국 어원커족은 총 30,505명이며 그중 26,201명은 내몽골자치구(内蒙古自治区)에 거주하고 있다. 더욱 구체적으로 말하자면, 어원커족자치기에는 어원커족이 8,621명이 거주하고, 자치기 내에 오로고아(敖鲁古雅) 어원커민족향이 있다. 찰란둔시(扎兰屯市)에는 어원커족이 983명이 있으며, 살마가(萨马街) 어원커민족향이 건설되어 있다. 그리고 근하시(根河市)에도 오로고아(敖鲁古雅) 어원커민족향이 설립되어 있으며, 어원커족이 351명이 거주하고 있고 아영기(阿荣旗)에는 어원커족이 1,866명 있고 차바기(查巴奇) 어원커민족향, 음하달알이(音河达斡尔) 어원커민족향, 득리기이(得利其尔) 어원커민족향이 설립되어 있다. 또한 막리달와달알이족(莫利达瓦达斡尔族)자치기에는 어원커족이 4,923명 거주하고 있으며, 이 자치기에도 바언(巴彦) 어원커민족향과 두라이(杜拉尔) 어원커민족향이 설립되어 있다. 그리고 진바이호기(陈巴尔虎旗)에는 어원커족이 1,867명 거주하고 어원커 소목(苏木)이 설립되어 있다. 이 외에도 흑룡강성에 2,706명이 거주하고 있으며, 눌하시(讷河市)에는 흥왕(興旺) 어원커민족향이 설립되어 있다. 어원커족은 행정적으로 한 개 민족자치기와 아홉 개의 민족향을 가지고 있으며, 목축지역에 가장 많이 분포되어 있다. 그 버금으로 농업지대에 많이 분포되었으며 삼림지역에 상대적으로 적게 분포되었다. 그 외에도 하북성, 요녕성, 산동성, 광동성과 북경시에 분포되어 있다.

어원커족 언어는 알타이어계 만-통구스어족에 속하는데 해라이(海拉尔), 신바이호(陈巴尔虎), 오로고아 등 세 가지 방언으로 나뉜다. 일상생활 가운데서 자기 민족 언어를 사용하고 있는 어원커족은 약 2만 명 정도 된다. 어원커족은 문자가 없다. 그 때문에 목축지역에서는 몽골문과 한문을 사용하고 농업지역과 삼림지역에서는 한문을 사용하고 있다. 과거에 어원커인은 만문을 배우고 사용한 적이 있었으며, 근대에 이르러서 일부 어원커족들은 일본어와 러시아어를 배우기도 했다.

어원커 언어는 18개의 자음과 9개의 모음으로 나뉘며 자음과 모음에는 모두 길고 짧음의 구분들이 있다. 모음과 협체(谐体)는 비교적 엄격하고 정연하며 언어는 기본적으로 주어가 앞에 있고 보어가 뒤에 있다. 그리고 체언에는 수사, 격조사, 종속 등 어법이 있다. 또한 80% 이상의 단어가 다음절이며 수렵, 목축, 지모, 식물 등과 관련되는 단어들이 풍부하다. 어원커인은 대화를 나눌 때 늘 제스처를 하는 것으로 어조를 강하게 나타낸다.

어원커족의 제일 큰 집거구는 1958년 8월 1일 설립된 어원커족자치기이다. 어원커족자치기는 대흥안령 지맥의 구릉지대에 위치해 있으며 그곳에는 19,000km²의 천연 목장이 있고 목장에서는 열 몇 가지 목초가 자라고 있다. 자치기에는 강이 많이 분포되어 있는데, 가장 큰 강은 휘하(辉河)와 이민하(伊敏河)이고, 그 외에도 시니하(锡泥河), 유나하(维纳河) 및 유나하 지하수 등이 있다. 또한 크고 작은 호수가 총 600여 개나 있다. 이 지역은 물과 풀이 풍부하여 목축업의 발전에 유리한 자연조건을 갖추고 있다. 또한 이 지역에는 8,300km²나 되는 삼림이 있으며, 삼림에는 야생동물이 많다.

주요한 야생동물로는 사슴, 들개, 곰, 멧돼지, 노루, 스라소니, 수달, 친칠라, 들꿩, 백조, 오계(乌鸡) 등이 있다. 그뿐만 아니라 삼림에서는 세계에서 보기 드문 귀중한 목재-장자송(樟子松)과 고금동서에 널리 알려진 흰 버섯이 자란다. 또한 휘하 양안에는 75만 무의 천연 갈대가 있으며 매년 갈대의 수확량은 3만 톤 이상으로 제지공업에 원료를 제공해주고 있다. 마지막으로 자치기에는 석탄, 철, 금, 동, 수정과 석유 등의 풍부한 지하자원이 매장되어 있다.

2. 민족의 기원과 사회발전

어원커라는 민족 명칭은 본 민족이 스스로 칭한 명칭으로서, 역사적으로 어원커족들은 소룬(素倫), 통고사(通古斯), 아고특(雅庫特)인 등으로 불렸다. 사실상 이 세 부류의 민족은 모두 한 개 민족이다. 그들은 공통한 언어와 풍습을 가지고 있는데 다만 거주지역이 다름에 따라 생산과 생활 면에서 일부 차이가 있을 따름이다. 1957년에 당과 인민정부는 소룬, 통고사, 아고특 인민들의 의사에 좇아 세 민족의 명칭을 통일하여 어원커족이라고 하였다. 어원커는 '삼림에서 살고 있는 사람들'이라는 뜻이다. 또는 '산 남쪽 비탈에서 살고 있는 사람들'이라고 해석하기도 한다. 두 가지 해석 모두 어원커족의 조상은 삼림에서 생활하는 수렵 민족이었다는 것을 말해준다.

고고학과 인류학의 연구에 의하면, 일찍이 기원전 2000년, 즉 동석기 병용 시대에 어원커족의 조상들은 외 바이칼 호와 바이칼 호 연안지역에 거주하였다. 고대 바이칼 호 연안 주민의 복장에 달아놓은 조가비 원환의 위치는 17, 18세기 어원커인이 가슴에 달았던 진주 그리고 샤먼법의(薩滿法衣) 위에 장식한 조가비의 원환의 위치와 완전히 일치하였다. 인류학에서 수집한 자료에서도 이와 같은 사실이 증명되었다. 즉, 흑룡강 상류와 석륵객하(石勒喀河) 동굴 안에서 어원커족의 체질을 구비한 두개골이 발견되었는데 그것과 함께 발견된 것은 바이칼 호 지역의 특유의 문화와 장식품이었다. 이와 같은 결론은 어원커인의 전설과도 부합되는 것이다. 어원커족 노인의 구술에 의하면, 어원커족의 고향은 륵나하로서 그 지역에는 라마 호(바이칼 호)가 있었으며, 그들의 조상은 라마 호의 높은 산에서 기원되었다는 것이다. 또한 어원커족의 고향이 흑룡강 상류인 석륵객하라는 전설도 있다. 요컨대 어원커족의 조상은 일찍이 바이칼 호의 동쪽과 흑룡강의 상류 석륵객하 일대의 삼림에서 창, 활로 사냥하고 물고기를 잡으면서 생계를 유지하였다. 그 당시에는 가마와 칼이 없었기 때문에 사냥해서 잡은 짐승들의 가죽은 얇은 돌조각으로 벗겨서 구워 먹었다. 또한 자작나무 껍질로 만든 통에 물고기를 넣고 가열한 돌을 이용하여 끓여서 먹었다. 돌을 가열하는 방법은 먼저 두 돌덩이를 부딪쳐서 불씨를 생성시킨 다음 자작나무 껍질로 불을 일구어 가열하는 방법과 같다. 어원커족은 겨울에는 짐승 가죽을 입고 여름과 가을에는 물고기 껍질로 만든 옷을 입었으며 물고기도 아주 많이 먹는다. 그리고 그들은 자작나무 껍질로 만든 촬라자(撮罗子)에서 살았다. 당시 그들은 여전히 모계씨족사회(母权制氏族社会)를 유지하고 있었다.

기록에 따르면, 어원커족의 민족적 기원은 북위 시기 현 흑룡강성 상, 중류에 있던 실위(室韦), 특히 북실위, 발실위(钵室韦), 심밀단실위(深末室韦) 및 당나라 시기 바이칼 호 동북쪽 태원(苦境) 삼림지역인 사록의 국(鞠) 부락 등에서 찾아볼 수 있다. 그 후 그들은 동쪽으로 이동하였는데, 그중 한 갈래는 흑룡강 중류 아극살(雅克萨, 러시아의 아르바진) 일대로 이동하여 발전하였다. 원나라 시기의 사료에는 바이칼 호 동쪽의 흑룡강 유역에 거주하고 있는 어원커인들을 "삼림 속의 백성"이라고 기록되었을 뿐만 아니라, 그들을 순록에 물건을 싣고, 썰매를 타면서 사슴을 쫓는 사람들이라고 기재하였다. 또한『명일통지(明一统志)』에는 북산야인 또는 승록출인(乘鹿出入)이라고 기록되어 있으며, 청나라 문헌에서는 그들을 소문부와 사록(使鹿)의 객모니캔(喀穆尼堪, 소문별부)이라고 기록하였다.

17세기 중엽 이후 제정러시아의 침략으로 인해, 청나라는 어원커족을 대흥안령의 눈강 각 지류로 이주시켜 포특하총관아문(布特哈总管衙门)에 귀속시켰다. 1732년, 청나라는 포특하 지역에서 1,600여 명의 어원커족 병사를 뽑아서 가족과 함께 호룬패이(呼伦贝尔) 초원지역으로 이동시켰는데 그 후예가 바로 현재 어원커족자치기에 거주하고 있는 어원커족이다.

역사, 지리 등 여러 가지 요인으로 인해 원시 삼림에서 수렵에 종사하며 살아가던 소수의 어원커인들은 중국 건국 전까지도 여전히 원시 공사 말기인 부계가족 공사 단계에 처해 있었다. 하지만 목축업과 농업에 종사하던 대다수 어원커인들은 19세기 이후부터 가장노예제로부터 벗어나 봉건사회로 진입하게 되었다.

3. 경제생활

어원커족은 역사적인 원인 및 민족 이동으로 인해 경제적으로 세 가지 유형의 산업을 형성하였다. 첫 번째 유형은 목축업이다. 즉, 호룬패이(呼倫貝尔) 초원에서 현재의 어원커족자치기, 진바이호기 어원커족이 종사하고 있는 경제생산 유형이다. 이곳의 어원커족은 200여 년간 목축업에 종사하였으며, 따라서 목축업은 그들 생활에 커다란 발전을 가져왔을 뿐만 아니라 어원커족의 기둥산업이 되었다. 두 번째 유형은 농업과 수렵을 함께 경영하는 유형이다. 주로 눈강 및 그 지류 유역, 즉 지금의 막력달와달알이족자치기(莫力达瓦达斡尔族自治旗), 아영기(阿荣旗), 자란둔시(扎兰屯市)와 흑룡강성 눌하시 등 지역의 어원커족이 종사하고 있는 경제 생산 유형이다. 이 일대에서 어원커족은 비교적 일찍 사냥, 농업, 목축업, 어업에 종사하였을 뿐만 아니라, 교환을 목적으로 하는 상품생산을 발전시켰으며, 뗏목을 만들고 목탄을 굽고 목패, 목탄을 태우며 개암, 모기버섯을 채집하고 대바퀴차를 제작하는 등 일에 종사하였다. 그중 대흥안령 산지대에서 살고 있는 어원커족의 수렵업은 경제구조에서 비교적 큰 비중을 차지하며, 이 외에도 사냥을 위주로 하는 여러 가지 경제 생산 유형을 형성하였다. 그에 반해, 눈강 평원의 어원커족의 경우, 농업 생산이 비교적 큰 비중을 차지하는바 그들은 이미 농업을 위주로 하는 경제 유형을 형성하였다. 세 번째 유형은 수렵경제이다. 대흥안령 서북쪽에 거주하는 지금의 근하시 오로고아 어원커민족향의 어원커족들이 종사하는 경제 생산 유형이며 그들은 오래된 수렵생산과 순록 사육업을 유지하고 있다. 어원커족은 현재 중국에서 유일하게 순록을 사육하는 민족이다. 순록은 사불상이라고도 하는데 그 명칭은 머리는 말과 같지만 말이 아니고, 뿌리도 사슴 같지만 사슴이 아니고 몸은 당나귀와 흡사하지만 당나귀는 아니고 발굽은 소와 같지만 소가 아닌 동물이기에 지어진 명칭이다. 순록은 성질이 온순하고 추위에 잘 견뎌내는 동물로서 추운 곳은 좋아하지만, 더운 곳은 싫어하며 주로 기후가 몹시 추운 침엽삼림 또는 침활교림지대에서 산다. 순록은 삼림의 이끼와 석예류(石蕊类) 식물을 즐겨 먹으며 아직까지 반 야생 상태에 처해 있다. 통계에 따르면, 건국 전 400여 마리에 지나지 않던 순록이 1994년에 이르러서는 811마리로 증가되었다. 세계적으로 순록은 총 500만 마리 정도 되며, 주로 러시아, 캐나다 등 북유럽 국가에 분포되었다. 중국의 어룬춘족도 과거에 순록을 사육한 적이 있으나 현재는 어원커족의 수렵민만 순록을 사육하고 있다. 그 때문에 오로고아는 "순록의 고향"이라고 불리고 있다. 개혁개방 이후부터 어원커족들은 다종경영 발전의 길을 적극적으로 모색해 나가고 있다.

4. 종교 신앙

어원커족의 종교 신앙은 비교적 복잡하다. 대부분의 어원커족의 신앙은 샤머니즘, 만물유령(万物有灵), 다신숭배(多神崇拜)이나 유목 지역 내의 어원커족은 라마교도 함께 신앙하고 있다. 신바이호기와 오로고아의 어원커족 중에는 동정교(东正教)를 신앙하는 경우도 있다.

어원커족은 불을 매우 숭배하는바, 불은 주인을 상징하는 신으로서 만약 어느 집의 화주(火主)가 꺼진다면 그 집은 후손이 끊길 위험이 있다고 여겼다. 유목 지역에서 어원커족은 음력 12월 23일은 화신이 회천(回天)하는 날이라고 여기며 해가 진 후 화신에 제를 지낸다. 제사에는 남녀가 모두 참가한다. 제를 지내는 여성은 불 앞에 꿇어앉아 '후일예(呼日耶), 후일예'라고 외우면서 화신께 한 해 동안 저지른 잘못들을 용서해주기를 빈다. 사람들은 모두 화신께 절을 올린다. 제사 당일로부터 3일 동안 철기 혹은 나무로 불을 피우거나 재를 긁는 것을 금지해야 한다.

길아기신(吉雅奇神)은 가축신을 가리킨다. 어원커인은 가축은 길아기신이 선사한 것이기에 행운의 신이라고 여긴다. 매년 정월 15일 혹은 6월, 가축이 살이 찌면 길아기신께 제사를 지내는데 공물로는 아목소(阿木苏), 즉 기장쌀 또는 입쌀우유죽을 올린다. 제사에 사용되는 우유죽은 반드시 본 씨족 성원 가운데서 시집을 가지 않은 처녀에게 먼저 먹게 한 후 모두가 함께 나누어 먹는다.

백나사신(白那査神)은 산신이다. 백나사는 큰 나무 위에 그려놓은 수염이 긴 노인의 형상을 한 신으로, 어원커족은 모든 야수는 모두 백나사가 사육하는 것이기에 사냥을 하여 야수를 얻은 것은 백나사가 선사한 것이라고 간주한다. 그래서 만약 백나사신이 그려 있는 큰 나무를 보면, 짐승 고기로 올려 제사를 지내야 한다. 또한 술을 마시고 식사를 하기 전에는 먼저 백나사신에게 인사를 올림으로써 이후에도 많은 짐승을 사냥할 수 있도록 빈다.

어원커족은 오력릉(烏力楞, 가정공동체) 신인 마로(瑪魯)를 대단히 숭배한다. 마로는 어원커인의 조상과 관련된 신이다. 마로는 한 개 원형가죽 주머니에 담겨 있는 12개 물건과 신령의 총칭으로서, 사람들은 신령 우상이 담겨 있는 가죽 주머니를 마로라고 부른다. 사냥꾼은 들개나 사슴을 잡았을 때 마로에게 제사를 지내야 한다.

유목 지역의 어원커족 중에는 집에 불상을 모시는 경우도 있는데, 그들은 장례식을 올릴 때 라마를 청해서 경을 읽도록 한다. 하지만 진바이호기와 오로고아의 어원커족의 혼례 또는 장례 등 의식에서는 동정교의 내용들을 일부 찾아볼 수 있다. 그렇다 하더라도 어원커족의 종교 신앙에서 가장 오래된 신앙은 여전히 샤머니즘이다.

5. 민속문화

1) 의복 · 음식 · 주거형태

유목 지역의 어원커족은 양가죽으로 옷을 만들어 입으며, 옷은 계절에 따라 긴 옷, 짧은 옷으로 나뉜다. 그들 복식에는 호유목(胡儒木)라고 부르는 가죽외투가 있는데 결혼식을 올릴 때 반드시 이러한 옷을 예복으로 입어야 한다. 그 외 손님과 친구를 만날 때나 명절 시에 입는 복장은 호포책소옹(浩布策苏翁)이라는 양가죽 옷인데, 이러한 옷의 변두리에는 여러 가지 꽃무늬를 수놓는다. 과거에는 옷에 동으로 만든 단추 혹은 은행나무 단추와 옥석 단추를 달았다. 진바이 후기 어원커족 여성은 여름과 겨울 모두 원피스를 입는데, 웃옷은 약간 좁고 아래 치마는 주름이 많고 넓고 크다. 원피스는 청색과 남색이 가장 많고, 테두리는 녹색이 가장 많다. 눈강 유역에 거주하고 있던 어원커족은 예전에 대부분 노루 가죽으로 옷을 만들었다. 그리고 오로고아에서 생활하고 있는 어원커족은 옷, 모자, 신과 장화, 이불 등을 모두 짐승 가죽으로 만들었다. 근 100여 년 전부터 그들은 면으로 옷을 만들기 시작하였다. 여자들은 일반적으로 원피스를 입기 좋아하는데, 원피스의 옷섶은 비교적 크고 옷섶 위는 하얀색과 녹색 테두리를 많이 하며, 밑자락은 비교적 넓고 두 섶은 겹치지 않고 맞섶이다. 나이가 많은 여성들은 푸른색, 까만

전통의상을 입은
어원커족 여성 3대

색 원피스를 많이 입고, 어린 여자들은 빨간색과 하늘색의 꽃 및 풀무늬가 있는
옷을 많이 입는다. 남녀 모두 조끼를 잘 입는 편이며, 들개 가죽으로 만든 장화를
많이 신는다. 현재 유목지역과 삼림지역에서 생활하고 있는 어원커족 여성들은
본 민족의 전통복장을 즐겨 입는다.

   어원커족의 음식 풍습은 구체적인 상황에 따라 다양한 특징을 형성하였다. 유
목 지역 내에서는 우유, 고기와 국수를 주식으로 하며 우유차를 마시는 것을 대
단히 중요시한다. 고기는 양고기와 소고기를 많이 먹으며 그 밖에 말고기, 낙타
고기, 양고기, 들개고기도 먹는다. 고기는 삶아서 직접 먹기도 하고 고깃국 국수
를 만들어 먹기도 한다. 이에 반해, 농업지역의 어원커족은 여전히 전통적인 고
기와 우유는 먹으나, 주식에 있어서는 점차 양곡으로 대체되었다. 그들이 먹는

주요한 양곡으로는 기장, 귀리, 메밀, 보리 등이다. 근 몇십 년 들어 밀, 옥수수, 조 등을 재배함에 따라 옥수수, 좁쌀과 밀가루가 주식으로 되었다. 봄과 여름철에는 산나물을 캐서 날것으로 먹거나 혹은 소금에 절이거나 푹 삶아서 먹는다. 원전업(園田業)이 발전함에 따라 열콩, 오이, 배추, 감자, 고추, 가지 등 야채들도 재배하여 먹는다.

수렵에 종사하는 어원커족은 아직도 고기를 주식으로 한다. 들개, 사슴, 노루 등 짐승의 간, 신장 등만 날것으로 먹고, 다른 음식들은 모두 익혀 먹는다. 익히는 방법들로는 푹 삶는 방법, 굽는 방법, 국을 끓이는 방법 등이 있다. 그중 비교적 특색이 있는 음식으로는 불고기와 구운 빵이다. 불고기는 뾰족하게 깎은 나무 꼬챙이에 고기를 꿰어서 모닥불 위에 올려놓고 굽는데, 고기 겉면이 익어서 고소한 냄새가 나면 칼로 베어서 먹는다. 입쌀과 잘게 썬 고기를 함께 끓여서 고기죽을 만들어 먹기도 하고 삼림 속에서 양파, 버섯 등을 채집하여 소금에 절이거나 국을 끓여서 먹기도 한다. 그 밖에 순록 우유와 우유차도 마신다.

깊은 산속에서 수렵을 하는 어원커족들은 촬라자(撮罗子)라고 하는 집에서 생활한다. 촬라자를 지을 때 먼저 3가닥의 교차된 통나무로 삼각형의 틀을 만들고 다시 20개의 낙엽송 막대기로 원추형을 만드는데, 그 높이는 약 3m 내외이고 밑부분의 직경은 4m 내외이다. 여름에는 촬라자의 외부를 자작나무 가지로 덮어놓고, 겨울에는 들개 가죽으로 덮어놓는다. 그리고 촬라자의 꼭대기 부분에는 연기가 나가도록 구멍을 내며 출입문은 일반적으로 해가 뜨는 쪽으로 설치하고 촬라자 중앙에는 가마를 놓는다. 1958년부터 수렵에 종사하는 어원커족은 점차 정착생활을 하게 되었으며, 토목구조인 목각릉(木刻楞)집과 기와집에서 생활하게 되었다. 하지만 산속에 들어가 수렵을 할 때에는 여전히 촬라자를 사용하는 전통을 유지하고 있다.

유목 지역의 어원커족은 과거에 촬라자와 비슷한 집에서 생활하였는데, 촬라자의 외부는 갈대 또는 담요로 덮어놓았다. 또한 초가집과 러시아식 판집에서 생활하는 어원커인들도 있었지만 대다수 사람들은 주로 몽골포(蒙古包, 파오거의 속칭으로 둥그런 모양의 이동식 천막 가옥을 말하며 우리에게는 '게르'라는 명칭으로 익숙하다)에서 생활하였다. 특히 1978년 이후부터 어원커족 유목인들은 점차 정착적인 생활을 하게 되면서, 기와집에서 살게 되었고 몽골포는 유목할 때에만 사용하는 것이 되었다.

농업지역에서 살고 있는 어원커족은 오래전부터 이미 토목구조로 된 집에서 생활하였다. 그들의 집은 칸이 두 개 혹은 세 개로 되어 있는데, 두 칸으로 되어 있는 집에서는 서쪽 방을 객실로 하고 동쪽 방을 주방으로 사용한다. 또한 서쪽 방을 귀하게 여기는 풍습이 있다. 서쪽 방에는 일반적으로 남, 서, 북 3면에 온돌이 있으며 남쪽 온돌에서는 어르신들이 주무신다. 창문은 남쪽과 서쪽에 만든다. 정원 내의 정실 앞 좌우에 창고와 외양간을 만들고 마당 주위에는 버드나무 가지로 만든 울바자를 세워놓는다. 현재는 기와집을 짓는 것이 보편화되었다.

어원커족의 전통적인 교통운수 도구는 썰매와 순록이다. 그러나 유목지역과 농업지역에서는 주로 말과 차를 사용한다. 20세기 70년대에 들어 어원커족 집거구의 교통운수사업은 커다란 발전을 가져왔으며, 철로, 도로가 건설되었을 뿐만 아니라 어원커족 농민, 유목인, 수렵인 가정에는 보편적으로 자동차, 소형 트랙터, 모터사이클 등 교통운수 도구가 구비되어 있다.

2) 혼인 · 가정과 상 · 장례

어원커족은 일부일처 씨족외혼제를 실시하며 혼인은 전적으로 부모들이 맡아서 진행한다. 어릴 때 남녀의 부모들끼리 혼사를 결정하는 경우도 있고 심지어 지복혼 혹은 요람혼(搖籃婚, 갓난아기 혼인을 결정하는 풍습)도 있다. 조혼은 아주 보편적인 일이다. 약혼한 후에는 예물을 보내야 하는데 지역에 따라 풍습이 조금씩 다르다. 어떤 곳에서는 말, 젖소, 양을 보내고 또 어떤 곳에서는 순록 등을 보내는데, 예물의 많고 적음은 가정의 경제적 상황에 따라 결정된다. 혼례 방식도 지역마다 약간의 차이를 보이고 있다.

오로고아향의 어원커인 혼인 풍습에서는 결혼 당일에 남자 쪽의 오력릉을 무조건 여자 쪽의 오력릉 부근으로 옮겨가야 한다. 그리고 저녁에는 모닥불을 피워놓고 춤추고 노래를 부르면서 오락을 한다. 이튿날, 신부 측 오력릉의 사람들은 신랑 측 오력릉으로 가서 결혼식에 참가함으로써 신부는 정식으로 신랑에게 시집을 가게 된다.

어원커기(鄂溫克旗, 청나라 팔기 중 하나)의 어원커인은 결혼하기 전에 남자 쪽 몽골포를 먼저 여자 쪽 몽골포 옆으로 가져가야 한다. 또한 혼례식 날에 신랑은 반드시 양 한 마리와 30근 내지 40근 되는 술을 가지고 여자 집으로 가야 한다. 여자 측 가장은 신랑에게 새 옷을 선물하여 바꿔 입힌다. 경제적 조건이 허락되는 집에서는 신랑에게 말 한 필과 안장 도구를 선사하고, 양을 잡으며 술과 고기를 접대한다. 다음 신부는 말 또는 차에 앉아 성이 같은 집안 부녀자의 배웅하에 신랑 집으로 간다. 한차례의 연회가 끝나면 결혼식도 끝난다.

진바이호기의 어원커족은 도혼(逃婚)식과 같은 자유로운 혼인풍습이 있다. 청춘남녀가 연인관계를 맺은 후에 남자 쪽 부모는 새로운 몽골포를 만드는데 그 옆에 새로운 촬라자도 함께 지어준다. 혼례식 날 신랑과 신부는 서로 시간과 지점을 미리 정해놓고 함께 말을 타고 촬라자안으로 도망간

전통의상을 입은
어원커족 부부

다. 거기에서 기다리고 있던 노부인은 여자의 여덟 갈래의 양태를 두 갈래로 따 줌으로써 결혼했음을 표시한다. 신랑 신부는 함께 신랑 부모님 집에 가서 먼저 조상에게 절을 올리고 다음으로 화신에게 절을 올리며 마지막으로 부모님께 절한다. 이와 동시에 신랑 쪽에서는 반드시 친척 두 명을 파견하여 신부 집에 가서 술을 권하고 하달(哈达)을 드리며, 갖은 방법을 다하여 신부의 부모를 기쁘게 해야 한다. 이때 신랑 측의 두 사람은 다음과 같은 노래를 부르기도 한다.

말발굽은 서로의 거리를 줄여준다네.
청년 남녀여,
그동안 서로 모르고 지내던 두 가정을 친척으로 만들었구나.
우리의 손에 든 하얀 하달을 드리면서

부모님의 축복을 받자구나.

찰랑찰랑 넘치는 술잔이여,

그대로 건배하시지요.

신부 부모들이 술을 마시면 곧 결혼을 동의하는 것으로 된다. 어원커족은 일반적으로 토장(土葬)을 하는데, 과거에는 풍장(风葬)과 화장(火葬)을 하는 풍습도 있다. 유목지역의 어원커족은 노인에 대한 장례 의식을 매우 중요시한다. 사망자에게 수의를 입히고 그 자리에 남색 장막을 두르며, 머리맡의 상에는 익은 양고기, 우유식품 등을 놓고 머리 옆에는 담배 한 주머니를 놓는다. 영구를 잠시 안치시키는 기간에는 가족들한테 알려 조문을 한다. 시체를 입관한 후에는 우마차로 송장하고 아들은 맨 앞에서 우마차를 끌어야 한다. 예전에는 샤면을 불러 굿을 하면서 장례식을 올렸는데 라마교를 신봉한 이후로는 라마를 불러서 경을 읊도록 한다. 매장할 때에는 금은박지로 해와 달 모양을 만들어 사망자의 머리 위쪽에 넣는다. 매장한 이후 3일 되는 날에는 종이와 금은박지를 태우고 라마를 청하여 황지(黄纸)에 사망자의 성명, 날짜 및 제사를 지내는 자의 이름을 적어서 사망자를 매장한 방향으로부터 몇십 미터 떨어진 곳에서 태운다. 그다음 기존에 살던 몽골포에서 조금 앞으로 나아간 위치로 이사를 하고 원 몽골포에서 사망자를 놓았던 자리에는 돌을 얹어놓고 기장을 뿌린다. 그렇게 하면 자손들에게 길하다고 진행되는 풍습이다. 설사 살았던 집이 흙집이라 하더라도 라마를 청하여 경을 읊게 한다. 그 후부터 매년 청명절에는 황지를 태워야 한다.

진바이호기와 오로고아향의 어원커족 상례풍습은 동정교의 영향을 받아 죽은 자의 영구를 잠시 안치시킬 때에는 머리를 서북쪽으로 향하게 하고 발은 동남쪽으로 향하게 하며 시체 옆에는 예수상을 놓는다. 입관할 때는 계절에 따라 사망자에게 옷을 입히고 모자를 씌운다. 만약 사망자가 여자일 경우에는 머릿수건을 씌우고, 하얀색 천을 펴놓는다. 송장할 때에는 목사가 경을 읊으면서 길을 인도한다. 동정교를 신앙하지 않는 사람들은 샤면을 청해 굿을 하는 것으로서 송장을 한다. 오로고아의 어원커족은 입관할 때 사망자가 쓰던 담뱃갑, 컵, 주전자 등 물건들을 부순 후에 관 안에 넣으며 때로는 예수상과 간식은 네 조각을 넣는다. 관을 들어내기 전에는 먼저 한두 마리의 검은색 순록을 죽이고 순록의 머리를 해가 지는 방향으로 놓는데, 이는 순록이 죽은 자를 싣고 갔다는 뜻이다. 송장 과정에 관을 든 사람들은 반드시 세 번 휴식해야 한다. 사망자를 매장한 후 무덤 앞에 십자가를 세운다. 송장하는 사람들은 묘지를 떠날 때 십자가 주위를 세 바퀴 돌고 무덤 옆에서 연기를 피우며 그 연기 주위를 또 세 바퀴 돈다. 그것은 그렇게 해야만 이후에도 계속 수렵을 할 수 있다고 여기기 때문이다.

3) 명절

어원커족의 명절은 아주 많은데 역사적으로 전해져온 본 민족의 명절은 슬빈절(瑟宾节)로서, 이 명절에는 길상여의(吉祥如意), 환락상화(欢乐祥和)의 뜻이 내포되어 있다. 그동안 민족 이동이 빈번하고 거주가 비교적 분산되었기에 중국의 어원커족의 명절에서 슬빈절은 한동안 소실된 적도 있었으나, 1994년 6월 18일에 다시 회복되어 첫 번째 명절을 맞이하게 되었다. 이 명절은 민족 명절일 뿐만 아니라 민간 명절이기도 하다. 그 외 어원커족 각 민족향에는 서로 다른 명절 활동들이 존재한다. 예를 들면 미활로절(米阔鲁节), 사탁라의사절(斯particular罗依查节) 및 종교 명절제사인 오보(放包) 등이다.

미활로절은 진바이호기 퉁구스 어원커족의 수확절인데 음력 5월 하순에 진행된다. 이날 청년들은 집집마다 말에게 낙인찍어서 표시를 하고 나쁜 이빨을 뽑아버리며 갈기를 깎아주며 양을 거세한다. 노인들은 자식, 외손자, 조카들에게 암컷 새끼 양을 선물함으로써 양들이 무리를 이루어 집안이 흥성하고 번창하기를 기원한다.

스탁라의사절은 오로고아 사냥꾼들의 전통적인 명절로 매년 6월 10일에 진행된다. 명절 기간에는 최고의 사냥물을 소지하고 다니며 서로 교환하기도 한다. 그뿐만 아니라, 연회를 베풀며 춤과 노래도 연출한다. 그 과정에서 가장 중요한 것이 명절 활동이 청춘 남녀에게 약혼과 결혼의 기회를 만들어줄 수 있다는 것이다.

오보회라는 명절도 있다. 예전에 어원커족은 씨족마다에 모두 자신들의 오보가 있었을 뿐만 아니라 기, 소목(苏木)의 오보도 있다. 현재 어원커족자치기에서는 매년 음력 5월 달 중 길일(吉日)을 골라 오보에 제사를 지낸다. 오보에 제사를 지낼 때에는 소나 양을 잡아 제물로 쓴다. 어원커인은 오보에 제사를 지내는 것은 산신, 하신께 제사를 지내는 것과 같다고 인식하며, 만사가 순조롭고 가정이 흥하기를 비는 데 그 목적을 두고 있다. 오보회에서는 또 경마, 씨름, 활쏘기 등 오락 활동도 진행한다.

춘절, 2월 2일, 5월 5일, 청명, 추석과 여름, 가을철에 진행되는 나달모(那达慕) 등 명절은 다른 민족의 영향으로 인해 공통적인 명절이 되었다. 이러한 현상은 어원커 민족과 기타 민족 간의 문화적 연관성을 설명해주는 것이라 할 수 있다.

어원커족은 예절을 매우 중요시하며 상하 위계질서를 엄격이 지킨다. 젊은 사람들은 윗사람을 만나면 담배를 권해야 하며, 담배를 권할 때에는 무릎을 꿇고 몸을 옆으로 해야 하며 두 손을 모아서 인사를 올려야 한다. 설사 말을 탔다 하더라도 말에서 내려서 인사를 올려야 한다. 동년배들은 서로 화목하게 지내야 하며 어린이를 보호해야 하고, 이웃지간에는 서로 도와야 하고 어려움이 있는 사람에게는 관심을 주어야 한다. 그들은 이렇게 하는 것이야말로 전통 미덕이고 예의 관습이라고 인식하고 있다.

어원커족 사냥꾼과 목민들은 근면하고 용감하며 순박하고 활달할 뿐만 아니라 성실한 미덕을 겸비하고 있다. 그들은 도둑질을 할 줄 모른다. 사냥꾼과 유목민은 삼림과 초원에 창고를 지어 그 안에 식량과 옷, 도구 등을 저장해두며 창고는 언제나 잠그는 법이 없다. 만약 누군가 양식이나 옷, 도구 등이 필요할 때 아무 창고에나 들어가서 가져가면 된다. 그들은 외부 사람들이 자기 집을 메고 다니지 못하는 만큼 우리도 집을 나설 때 우리 집을 메고 가지 못한다. 만약 외부 손님을 접대하지 않는다면 우리도 밖에서 대접을 받지 못한다고 생각한다. 그 때문에 항상 열성적으로 손님을 대접하며 집에 손님이 찾아오는 것을 좋은 일이라고 여긴다. 유목지역에서는 보편적으로 우유차를 대접하고 수렵지역에서는 사슴이나 들개의 가슴살과 사슴 젖을 대접한다.

6. 문학예술

어원커족의 문학은 현란하고 다채롭다. 민간문학의 종류에는 신화, 전설, 이야기, 우화, 민가, 서사가, 속담, 수수께끼, 유모아 등이 있다. 대표작으로는 『창세샤먼(创世萨满)』, 『니상샤먼(尼桑萨满)』, 『어원커인의 기원은 촬라자에(鄂温克人的根子在撮罗子里)』,

『유나하의 전설(维纳河的传说)』, 『해란찰의 전설(海兰察的传说)』, 『대흥안령의 이야기(大兴安岭的故事)』와 『자작나무의 이야기(白桦树的故事)』 등이 있다. 이러한 작품들은 인류의 기원으로부터 민족의 기원에 이르기까지 역사적 인물 해란찰(海兰察) 및 지방 경치를 소개하는 내용들로 가득하며, 또한 그들의 이주 역사, 고대 생활 및 자연 경치에 대해 소박하게 묘사하고 해석하였다. 당대 문학의 저명한 작가로는 오열이도(乌热尔图)가 있는데, 그의 대표작은 『한 사냥꾼의 부탁(一个猎人的恳求)』이다.

어원커족 민가의 가장 큰 특징은 노래, 시, 춤이 혼연일체를 이루었다는 것이다. 대다수 이름 있는 사냥꾼과 유목민은 동시에 유명한 가수들이다. 민가의 곡은 호방하고 초원과 삼림 생활의 숨결을 드러내며 흥을 돋우고 즉흥적으로 작사를 하는 것이 특징적이다.

은백색의 야로하여,
은색 고기비늘과 같은 물보라가 일었구나.
거울같이 밝고 깨끗한 휘하여,
금황빛이 반짝이구나.
이 하천을 말할라치면,
바로 우리 어원커인의 고향이라네.

민간에서 가장 유명한 춤은 누급륵(努给勒)이다. 누급륵은 보통 여성들이 팀을 이루어 연출하며 춤의 스텝은 아주 독특하다. 구체적으로 말하자면, 굳세고 힘이 있으며 리듬감이 강하다. 또한 따라잡기와 발을 구르며 추는 것이 춤의 특징이다. 이 외에도 백조춤, 호랑이춤, 사냥꾼춤, 모닥불춤 등이 있는데 이들은 모두 리듬이 경쾌하고 음률이 아름다우며, 어원커족이 노래를 잘 부르고 춤을 잘 추는 특징을 표현하는 것들이다.

어원커족의 조각 공예에는 뼈 조각, 나무 조각, 자작나무 껍질 조각 등 3가지 종류가 있다. 뼈나 나무에 조각할 때에는 철로 만든 조각칼을 사용한다. 조각하여 만든 뼈 조각품으로는 젓가락, 단추, 반지 등이 있다. 순록의 안장에 사용하는 부품은 들개의 뼈로 만든 것도 있는데, 위에는 구름무늬가 새겨져 있다. 나무 조각에는 주로 신상(神像), 칼자루, 가마 등과 같은 조각품이 많으며, 자작나무에 새

긴 순록 안장 도구와 지게 등도 있다. 자작나무 껍질을 재료로 만든 제품으로는 그릇, 공기, 박스, 물통, 상자 등 여러 가지가 있다. 이러한 조각품들은 그 자체가 대단히 소박하고 고풍스러운 예술품으로써, 조각 위에 새긴 여러 가지 꽃무늬는 작품의 정교함과 아름다움에 색채를 가해준다. 조각 공구는 들개의 뼈로 만드는 데 이, 삼, 사치(二三, 四齒) 등 몇 가지 종류로 나뉜다. 무늬로는 구름무늬, 능형무늬, 파도무늬, 꽃과 새무늬 등이 있다.

어룬춘족(鄂伦春族)

1. 민족개관

어룬춘족은 중국에서 인구가 비교적 적은 소수민족 중 하나이다. 2000년 인구통계에 의하면, 중국 어룬춘족은 총 8,196명으로서 내몽골에 3,573명이 거주하고 있다. 그들은 주로 내몽골후룬베이얼(内蒙古呼伦贝尔)의 어룬춘자치기, 아룽기(阿荣族), 자란툰시남목어룬춘민족향(扎兰屯市南木鄂伦春民族乡)에 분포되었다. 흑룡강성에는 3,871명이 거주하고 있으며, 주로 흑하시신생어룬춘민족향(黑河市新生鄂伦春民族乡), 흑하시순극현신어어룬춘민족향(黑河市逊克县新鄂鄂伦春民族乡), 신흥어룬춘민족향(新兴鄂伦春民族乡), 대흥안령지역 후마현백은나어룬춘민족향(大兴安岭地区湖玛县白银纳鄂伦春民族乡), 타하현18참어룬춘민족향(塔河县十八站鄂伦春民族乡)과 이춘시(伊春市)의 가흠현(嘉荫县)에 분포되어 있다. 행정상 어룬춘족은 모두 하나의 민족자치기, 6개 민족향이 있다. 어룬춘족은 언어가 있고 문자가 없으며 지금은 한문을 통용한다. 어룬춘어는 알타이어계 만-퉁구스어족 퉁구스어에 속한다. 어룬춘어는 발전과정 중에서 자체의 특징을 형성하였다. 예를 들면 단모음(単元音)이 풍부하고 길고 짧음이 있으며, 복모음(复元音)은 아주 짧고 자음계통(辅音系统)의 구조가 간단명료하다. 어휘에는 수렵생산 방면에 관한 단어가 비교적 많다. 언어는 비교적 표준적이며 방언의 차이가 거의 없다.

어룬춘자치기(1951년 10월 1일 성립)는 중국에서 가장 일찍 성립된 소수민족자치기일 뿐만 아니라, 가장 큰 어룬춘족 집거지역이다. 자치기의 총 면적은 59,980km²로서, 대소흥안령의 삼림지대에 위치해 있으며 해발은 500m 내지 1,500m이다. 이 지역은 겨울이 비교적 길고 추우며, 전년 평균기온은 영하 섭씨 20℃ 정도이다. 이 지역에는 동식물 자원도 풍부하며, 낙엽송(落叶松), 홍송(红松), 침엽나무(针叶树种), 자작나무(桦树), 백양나무(杨树) 등 활엽 나무들이 생장하고 있다. 삼림에는 또 각종 조류와 짐승들이 많은데, 짐승으로는 호랑이, 곰, 들개, 사슴, 노래, 멧돼지 등이 있으며 조류로는 백조, 들꿩, 친칠라, 수달, 스라소니, 담비, 토끼 등이 있다. 얼기설기 엉켜 있는 하류에는 각종 물고기들이 살고 있다.

2. 민족의 기원과 사회발전

고대의 어룬춘족은 흑룡강 연안 내외 대흥안령 동쪽으로부터 동해 연안 및 사할린(库页岛)의 광활한 지역에 위치해 있다. 거주지역에 따라 어룬춘족은 또 서로 다른 자칭(自称)과 타칭(他称)이 있다. 『흑룡강지고』에서는 석륵객하(石勒喀河), 흑룡 강과 호마하(呼玛河) 유역에 거주한 사람들을 "마네커얼인(玛涅克尔人)"이라 불렀고, 정기리강(精奇里江)과 흑룡강 중류 애훈(爱辉) 일대에 거주한 사람들은 만훈인(满珲人)이라 불렀다. 그리고 흑룡강 하류와 우만강(牛满江) 일대에 거주한 사람들은 비라얼인(毕拉尔人)이라 불렀다. 현 순극현 경내의 어룬춘인들은 스스로를 비라얼인이라고 칭한다. 이와 같은 칭호는 '순록을 사용하는 사람', '산령 위의 사람', '귀순한 사람' 등 세 가지로 해석할 수 있다.

어룬춘의 민족 기원에 대해서는 발실위(鉢室韦)의 후예라는 설도 있고 발실위 외에 또 기릉인(奇楞人)인 마네얼인(玛涅尔人), 만훈인(满珲人), 비라얼인(毕拉尔人)과 토족 어룬춘족이 융합되어 어룬춘족을 형성하였다는 관점도 있다. 어룬춘족은 명조 시기에는 임중백성이라 하였고, 명조 시기에는 서림(栖林), 기릉(奇楞), 임중인(林中人), 북산야인(北山野人)이라 하였으며, 청초 시기에는 어룬춘(俄伦春), 어로춘(鄂鲁春) 혹은 어락존(俄乐春) 등이라 불렀다. 17세기 중엽, 제정러시아의 침략에 의해 청 정부는 어룬춘인을 눈강 유역 혹은 대소흥안령 일대로 이동시켜 유목과 어업에 종사하게 하였다. 말을 타는 어룬춘은 부특하기 총관아문(布特哈旗总管衙门)에서 관할하도록 하고, 걸어 다니는 어룬춘족은 반 관방(半官方)인 안달(谙达)에서 청 정부를 대신해 공물을 받도록 하였다. 중국이 성립되기 전까지 어룬춘족에게는 여전히 원시공사제의 잔여가 남아 있었으며, 해마다 어렵고 힘든 원시적인 유목·수렵생활을 하였다. 위만주국 시기에 일제는 어룬춘족에 대해 '소멸과 이용의 정책'을 실시함으로써, 어룬춘인들을 척박한 변방에 머무르게 하였다. 1951년 10월 1일, 정부에서는 대흥안령 소이구에 어룬춘자치기를 설립하였으며, 1953년부터 어룬춘인들은 산에서 내려와 자치기에 정착하게 되었다. 그로 인해 어룬춘족은 사회주의 시대에 진입하게 되었으며, 어룬춘족 역사상의 첫 비약을 실현하였다.

3. 경제생활

옛날부터 미개발의 원시림은 어룬춘족의 둘도 없는 어렵 장소였다. 이와 같은 좋은 어렵 장소가 있었기 때문에 어룬춘족의 수렵업이 유지될 수 있었다.

어룬춘족은 초기 "오력릉"을 단위로 단체 수렵을 하였으며, 수렵으로 의식문제를 해결하였다. 수렵물로 의식문제를 해결하고 나면 남는 자원이 없었기에 외부와 교환 관계가 발생할 수 없었다. 당시의 수렵 도구는 주로 창(扎枪), 화살(弓箭), 자작나무 가죽 배(樺皮船), 스키판, 사냥개, 순록 등이다. 어룬춘족들은 원시적인 수렵 생산에 종사하는 이외에 채집, 어업과 수공업에 종사하기도 한다. 그리고 수렵물들은 어룬춘족 성원들에게 균등하게 분배를 한다.

17세기 이후 화승총(火枪)은 점차 활을 대체하여 중요한 수렵 도구로 되었다. 19세기 말에 들어 어룬춘인들은 보편적으로 베라탄커총(別拉彈克枪, 엽총의 일종)을 사용하였는데, 이 총은 화승총보다 더 멀리 쏠 수 있으며 살상력이 크다. 20세기 초 어룬춘인들 중에는 현대 보병총-연발총(连珠枪)을 사용하는 사람들이 나타나기 시작했으며, 동시에 말도 대량적으로 구입하였다. 말은 또한 강력한 생산 도구이기도 했다. 총과 말이 어룬춘족 지역에 들어온 후부터 수렵물은 점차 많아지기 시작했으며 품종도 증가되었다. 따라서 수렵은 의식을 해결하기 위한 것이 아니라 주로 교환을 위한 것으로 되었으며, 더욱 많은 교환물을 얻기 위해 수렵 시간도 대폭 증가되었다. 어룬춘족에게는 일 년 중에 4개월 동안의 고정적이 생산기간이 있다. 정월부터 2월은 녹태기(鹿胎期), 4월부터 6월은 녹용기(鹿茸期), 9월부터 눈이 내리기까지는 녹미기(鹿尾期, 노루가 짝짓기를 하는 시기), 눈 내린 이후는 타피자기(打皮子期)이다. 이 4개 계절 중 동장(冬粧)을 위해 물고기를 잡고 야생동물을 수렵하는 녹미기를 제외하고, 기타 3개 계절은 주로 상품으로 교환할 사냥감을 수렵한다. 어룬춘족은 대흥안령 삼림에 거주하는 전형적인 수렵 민족이며, 그들의 경제 방식은 중국 건국 이후 크게 변화되었다. 첫째, 수렵을 위주로 하던 원시 사회는 직접 사회주의 사회로 과도하게 되었다. 둘째, 1958년에 어룬춘자치기 내의 어룬춘족은 전부 정착하게 되었으며, 정착의 기초 위에서 계획적인 수렵을 진행하였고, 기타 보조성적인 경제 생산(예를 들면 채집, 농업, 목축업 등)에도 종사하였다. 셋째, 1996년 1월, 어룬춘자치기에서는 수렵을 금지하고 경제 방식을 전환할 것을 요구하였으며, 따라서 수렵 경제 방식은 어룬춘족 생활에서 철저히 사라지게 되었다. 그뿐만 아니라, 농업, 목축업의 생산을 위주로 하고 다양한 경제 생산방식을 결합하는 경제 유형으로 전환되었다.

4. 종교 신앙

어룬춘족은 샤머니즘을 믿는다. 그 종교형식은 자연숭배, 토템숭배와 조상숭배 등으로 표현된다. 어룬춘족은 태양신(太阳神)을 대단히 숭배하며, 매년 정월 초에 태양신에게 절을 올린다. 사람들은 어려움에 직면했을 때 태양을 향해 기도를 하며, 해가 이지러졌을 때에는 천구(天狗)가 달을 먹는다고 여기면서, 동분(铜盆)을 두드리는 것으로 태양을 구원하고자 한다. 매년 정월 15일과 8월 15일에는 모두 달의 신에게 절을 올린다. 그리고 많은 별 중에서 북두성(北斗星)을 가장 신앙하며, 북두칠성이 일곱 자매로 구성된 자신들의 고각창고(高脚仓房)를 닮았다고 여기고 있다. 따라서 북두성을 창고를 주관하는 여신이라 여기면서 매년 섣달그믐날 혹은 정월 초하루 밤에 일곱 개의 향으로 북두성 신에게 제사를 지낸다. 이 외에 산신도 각별히 숭배하며, 산신은 삼림의 모든 신령을 주재하는 신으로 여기면서 수렵하여 얻은 수렵물은 산신이 하사한 것이라고 인식한다. 매년 설날이나 명절 때에는 반드시 산신에게 경의를 표시하며, 매번 사냥을 나갈 때나 산신이 있는 곳에 이르렀을 때에는 반드시 말 위에서 내려 제를 지내 산신에게 자신들을 보호해주고 복을 하사해줄 것을 기도한다. 위에서 서술한 여러 신을 제외하고도 어룬춘족들은 화신(火神), 풍신(风神), 뢰신(雷神), 홍신(虹神), 청초신(青草神), 나무신(树神) 등 많은 자연신(自然神)들을 숭배한다.

어룬춘족의 토템숭배에서는 곰과 아주 밀접한 관계를 가지고 있다. 매번 곰을 사냥했을 때에는 "잡았다", "때려 죽였다"는 단어를 사용하지 않고, "성공했다(成了)"와 "누워 잔다(睡了)"고 말하며 곰고기를 먹을 때에는 먹으면서 "가가(嘎嘎)" 소리를 내어 까마귀가 이 고기를 먹고 있음을 암시한다. 다 먹은 후에는 곰의 뼈를 모아 풍장(风葬)을 한다. 어룬춘인이 모시는 조상신을 아교유박여감(阿娇柔儒博如坎)이라 부른다. 그들의 조상은 씨족을 보호하는 보호신으로, 죽은 후에도 자손을 위해 화를 제거하여 자손들의 행복과 번창을 기원해준다고 믿는다. 따라서 그들은 3년에 한 번씩하는 족보 씨족 대회에서 조상에게 성대한 제사를 지낸다. 어룬춘족의 샤먼(무당)은 종교 활동을 진행할 때에 일체 사례금을 받지 않는다. 그뿐만 아니라, 평상시에도 노동에 종사하기 때문에 샤먼은 어룬춘족 가운데서 위신이 매우 높다.

5. 민속문화

1) 의복 · 음식 · 주거형태

어룬춘족의 복식은 아주 선명한 특징을 띤다. 그들은 노루 가죽을 옷으로 착용하며, 노루 가죽에는 긴 털, 청색 털, 빨간색 털 등의 구분이 있다. 겨울에는 긴 털의 가죽옷을 입고 봄과 가을에는 청색 털의 가죽옷을 입으며 여름에는 빨간색의 가죽옷을 입는다. 신발로는 여름에 베통(布筒)으로 된 가죽 바닥의 장화(바닥은 노루 다리 가죽으로 만듦)를 신고, 겨울, 봄, 가을 등 세 계절에는 가죽 통에 가죽 바닥으로 된 장화를 신는다. 남자의 두루마기에는 옷깃이 있고 두루마기 변두리와 소매 변두리에는 얇은 가죽을 두르며, 가죽 두루마기의 앞뒤는 모두 튼다. 그리고 허리에는 검은색의 띠를 두른다. 가죽 두루마기에 사용되는 단추는 짐승의 뼈로 만든 것이며 후에 와서야 비로소 동으로 만든 단추를 사용하였다.

어룬춘 여성의 두루마기는 남성의 것보다 더 길며 옷섶이 발을 덮는다. 그리고

전통의상을 입은 어룬춘족 여성

전통의상을 입은 어룬춘족 여자아이

전통의상과
노루 머리 가죽 모자를
걸친 어룬춘족 남성

좌우 양측에 트인 부분과 소매 부분에는 모두 꽃무늬를 수놓는다. 여성들은 노란색 두루마기를 많이 입으며 허리에는 노란색, 자색, 푸른색 허리띠를 많이 두른다.

이 외에도 어룬춘족의 의복 중에서 노루 머리 가죽 모자가 아주 특징적인데, 그 제조 방법은 하나의 완정한 노루 머리의 가죽을 벗겨내어 털, 눈, 귀, 코, 입 등을 그대로 보류한 후 무두질하여 만든 것이다. 이러한 모자의 윗부분에는 자연스럽게 우뚝 솟은 뿌리와 두 귀가 있고, 또 본래의 눈 주위에는 검은색 가죽으로 만든 안구가 있기에 머리에 쓰면 색다른 느낌은 준다. 특히 수렵할 때에 이런 노루 머리 모자를 쓰면 노루로 위장하는 역할을 하기 때문에 노루를 유도하여 가까이에 오게 함으로써 사냥에 편리를 도모해준다. 어룬춘인은 노루 다리 가죽으로 담배쌈지와 배낭을 만들며, 배낭 위에는 각종 꽃무늬를 새겨 아름다우면서 실용적이다. 노루 가죽으로 만든 통이불은 가벼울 뿐만 아니라 추위에도 견디며, 추운 겨울에 야외에서 노숙할 때에도 사용할 수 있다. 잘 때 통이불 속에 들어가면 따뜻하게 잠들 수 있다. 청조 말기, 천과 비단이 수입됨에 따라 어룬춘인들도 점차 천으로 된 옷을 입기 시작했다. 하지만 수렵할 때에는 여전히 가죽옷을 입는다.

어룬춘인은 과거에 주로 노루, 사슴, 들개, 멧돼지, 곰 등 짐승의 고기를 먹었다. 물고기와 야채는 보조식품이었다. 가장 많이 먹는 고기로는 노루고기와 멧돼지고기이다. 먹는 방법은 주로 삶아서 먹거나 구워서 먹거나 짐승의 간, 신장을 날것으로 먹는 등 세 가지 방법이 있다. 가장 보편적인 요리 방법은 삶아서 먹는 것이다. 때로는 노루, 들개, 멧돼지고기로 수파육(手把肉)을 해먹는다. 이때 불의 상태를 잘 조절하여 끓여야만 부드러운 육질의 고기를 맛볼 수 있게 된다. 고기를 구울 때에는 나무 막대기의 두 끝을 뾰족하게 깎은 다음 고기를 조각으로 썰어서 나무 막대기에 꽂는다. 그리고 고기를 꽂은 나무 막대기를 모닥불 부근에 놓아두어 불에 고기를 굽는다. 고기 표면에 황색 나는 기름이 나오면 고기가 모두 익지 않아도 먹을 수 있다. 볶는 것도 한 가지 요리 방법이다. 고기를 큼직하게 썰어서 표면과 안이 부드럽게 될 정도로 볶으면 된다. 어룬춘인의 음식 관습에서 특징적인 것으로는 간과 신장을 날것으로 먹는 것이다. 노루, 들개, 사슴을 잡은 다음 칼로 짐승 배를 갈라 간을 생으로 먹고 피를 마신다. 그들은 이렇게 하면 보신할 수 있으며 시력을 높일 수 있다고 여긴다. 어룬춘인은 또 들꿩, 꿩, 비둘기로 국을 만들어 먹기를 좋아한다. 이 밖에도 어룬춘인들은 또 곰 기름을 마시는 관습이 있다. 곰 고기는 가장 기름지고 칼로리가 높다. 가을철의 곰 한 마리는 무려 200여 kg에 달한다. 한겨울에 어룬춘인들은 수렵을 나가기 전에 곰 기름을 마시는데 그들에 말에 의하면 곰 기름은 추위에 견디도록 돕는 작용을 한다고 한다.

어룬춘족은 정주하기 전에는 줄곧 원추형의 "사인주(斜仁柱)"에서 살았다. 일명 촬라자(撮羅子)라고도 하는 이 주택은 일반적으로 손목의 굵기와 비슷한 30개 내지 40개 되는 5m 길이의 자작나무를 교차하여 지은 것이다. 겨울에는 노루 가죽으로, 여름에는 자작나무 껍질로 주위를 두른다. 사인주의 문을 향한 자리를 마로(玛路)라고 하고 좌우 양측을 오로(奥路)라고 한다. 좌측은 청년 부부의 좌석이고 우측은 노년 부부의 좌석이다. 그 외에도 어룬춘족의 주거 형태에는 다른 두 가지의 원시 건축이 있다. 즉, 언커나리쥬하한(恩克那力纠哈汉)이라는 분만실이 있고, 오륜이라는 깊은 산속의 고각창고(高脚仓房)가 있다. 수렵민인 어룬춘족이 정착하기 시작하자 정부에서는 어룬춘족을 도와 벽돌 기와집을 지어 새로운 마을을 건설해주었다. 현재 수렵민 거주지역에는 이미 상수도와 난방 설비를 설치한 현대 주택이 들어섰으며 화원, 차고, 창고, 문화센터도 들어서 자체의 기능을 수행하고 있다.

어룬춘족이 순록으로 물건을 날랐다. 순록은 사불상 또는 삼림의 배(森林之舟)라는 칭호를 가지고 있는데, 그것은 한랭한 지역에서 생활하며 늪(沼泽)과 산속, 눈 속을 다닐 수 있기 때문이다. 말이 유입된 후부터 말은 중요한 교통 도구로 되었다. 겨울철에는 스키판과 개로 끄는 썰매를 사용한다. 강을 건널 때에는 자작나무 배와 뗏목을 사용한다. 어룬춘족은 정착 생활을 시작하면서부터 자동차를 사용하기 시작했다. 1958년 대흥안령이 개발됨에 따라 깊은 산속에 철로와 고속도로가 들어서 교통이 점차 발달하였다.

2) 혼인 · 가정과 상 · 장례

어룬춘족의 혼인은 구혼, 선보기, 예물 드리기, 혼례식 등 절차를 밟는다. 구혼은 남자 쪽에서 먼저 말을 꺼내며 여자 쪽에서 동의하면 예물을 여자 쪽에 드린다. 혼례식 날 신부의 외삼촌, 큰아버지 등 친척들은 신부를 보내며, 신랑은 본 씨족 성원들을 거느리고 오력릉 부근에 가서 신부를 맞이한다. 친영이 끝나며 모닥불을 피워놓고 연회를 열며 늦게까지 술을 마시고 춤을 추면서 논다. 마지막으로 신랑 신부는 한 그릇의 노고태(老考太)기라는 죽을 마시며 칼로 고기를 한 덩어리 베어 먹는다. 이는 친밀함을 상징하는 것이며 영원히 헤어지지 않음을 표현하는 것이다. 이러한 절차가 끝나면 합방한다.

어룬춘족의 이혼 절차에는 여러 가지 제한이 있다. 여자는 자식을 두고 떠나야 하며 예물도 돌려주어야 한다. 과부가 재가를 하려 해도 여러 가지 제한이 있다. 예를 들면 아들이 낳은 여자는 재가를 할 수 없다. 또 만 20세가 안 되는 과부로 친정집에서 재가를 원하지만 시집에서 허락하지 않을 경우, 여자 집에서는 새 사위가 될 남자의 집 가족들로 말의 대열을 구성하여 돌연 습격의 방식으로 과부 집에 가서 과부를 강탈해오는데, 만약 과부가 죽은 남편의 사인주 외로 잡혀 나오면, 죽은 남편의 가족에서는 재가를 허락한다. 이때 죽은 남편 가족에서는 과부를 빼앗으러 온 말의 대열 중 임의로 두 필 내지 세 필의 말을 골라 예물로 돌려줄 것을 요구할 권리가 있다.

어룬춘족은 장례에도 자신들만의 독특한 의식이 있다. 사람이 죽은 후 좋은 옷을 갈아입히고 머리를 북쪽으로 발을 남쪽으로 놓아 사인주에 하루 내지 이틀 동안 놓아두고 망인에게 제사를 지낸다. 장례 방법에는 주로 풍장, 토장, 화장 등 세 가지가 있으며, 각 지역에 따라 장례 풍습은 서로 다르다.

3) 명절

어룬춘족은 섣달그믐날, 춘절, 태양, 달, 북두성 제사일, 보름, 청명절, 화신을 보내는 날, 미터얼제(米特尔节), 말흑절(抹黑脸) 등 8개 명절을 보낸다.

어룬춘족의 명절은 대체로 세 가지 유형으로 구분된다. 첫째는 문화 교류로 인해 한족 및 기타 민족과 공통으로 보내는 명절, 예를 들면 섣달그믐날, 춘절, 보름, 청명절 등이다. 둘째는 종교신으로 인해 형성된 여러 가지 제사일이다. 예를 들면 태양, 달, 북두성에 제사를 지내고, 화신을 보내는 등 제사일이다. 셋째로는 자기 민족의 고유한 전통명절이다. 예를 들면 얼굴에 검은 칠을 하는 전통과 미터얼제 등이다. 어룬춘족들은 정월 16일, 얼굴에 검을 칠을 하는 말흑절을 보내는데 이 명절은 아주 의의가 깊고 재미있다. 전설에 의하면, 이날 얼굴에 검은 칠을 하면 병과 재해를 제거하고 평안을 가져온다고 한다. 이날이 되면 아침부터 남녀노소는 가릴 것 없이 두 손에 솥 밑의 재를 바르고 집을 나서 서로에게 검은 칠을 해주는데 그 과정이 아주 흥미롭다. 검은 칠을 하는 과정에는 일정한 규정이 있다. 예를 들면 어른에게 재를 바를 때 반드시 먼저 어른에게 머리를 숙여 경의를 표해야 한다. 또 자녀, 며느리와 부모는 서로 재를 발라줄 수 없으며 형과 제수도 서로 발라줄 수 없다.

어룬춘족의 의식과 예의범절은 아주 오래되었고 또 아주 많다. 요약하면 다음과 같다. 첫째, 노인을 공경하는 예절이다. 어떠한 장소에서든지 상하 관계에서의 질서를 준수해야 한다. 둘째, 맞이하고 작별할 때의 예절이다. 어룬춘족은 집에 손님이 오면 손님의 담배통을 받아 담배를 넣은 후 불을 붙여 손님에게 드린다. 작별할 때에 손님은 또 자신의 담배통의 담배를 넣어 그 장소에 있는 분들에게 한 입씩 피우게 한 후 자리를 뜬다. 그리고 서로 방문하는 예절 등은 지금까지 지속되어 왔다.

6. 문학예술

문학예술은 생활에서 온다. 어룬춘족은 자기의 독특한 생활방식, 즉 수렵 생산 생활방식이 있다. 그 때문에 그들은 자신만의 독특한 문학예술을 창조하였다. 어룬춘족은 문자가 없기 때문에 그들의 창작도 일반적으로 입을 통해 언어로 창작된 것이다. 이러한 창작들은 어둠 속에서 모닥불을 피워놓고, 어룬춘 노인이 그를 에돌아 앉은 청년들에게 자기 집의 보물을 세는 것처럼 이야기를 해주는 형식으로 창작·전승되었다. 따라서 이는 청년들을 교육하는 하나의 유효한 방법으로 되었다. 동시에 어룬춘인의 문화 창작도 이러한 과정 속에서 대대로 보존되어 왔다. 어룬춘의 서사시는 마소곤(摩苏昆)의 형식으로 전해지고 있다. 마소곤은 노래하며 말한다는 뜻으로, 그 어원(语源)에는 시, 가, 무가 일체를 이룬 원시적인 예술의 함의를 담고 있다. 현재까지 수집한 마소곤 형식을 위주로 하는 서사시로는 주로 『영웅격말흠(英雄格帕欠)』, 『파일각내말일근(波尔卡内莫日根)』과 『포재하말일근(布提哈莫日根)』 등 3부가 있다. 그중 가장 전형적인 것이 『영웅격말흥』이다. 그 외의 이야기에서도 어룬춘족들이 대를 이어 살아오면서 어떻게 대자연과의 대결에서 스스로의 지혜로 어려움을 극복했는지에 대한 경험들이 진실하게 반영되어 있다. 예를 들면 『삼선녀(三仙女)』, 『모의교훈안달(毛意教训安达)』, 『아의길륜과 윤길선(阿依吉伦和伦吉善)』, 『화신(火神)』, 『모의(毛意)』, 『백의선고(白衣仙姑)』 등이 있다. 작가 문학작품으로는 오장복(敖长福)의 『아득히 먼 자작나무(遥远的白桦林)』와 『고독한 선인주(孤独的仙人柱)』가 있다. 『고독한 선인주』는 이미 드라마 「천신이 원망하지 않는 사람」으로 제작되어 방영되었다. 어룬춘족의 속담과 수수께끼는 후기에 이르러 발전되어 온 문학예술이다. "청초는 한 여름에만 무성하나, 푸른 소나무는 사시사철 푸르다", "산이 높다 하거늘 어찌 남자의 포부와 비하랴"의 속담이 대표적인 예이다. 수수께끼는 매우 광범위하게 전래되었다. 예컨대 "바다 위에 네 개의 그릇을 엎어놓는다-말굽", "한 좌의 작은 산은 둥글고 둥글다, 한 쌍의 작은 노루는 두 변두리에 누워 있는다-귀"와 같이 특색이 있는 수수께끼는 이 외에도 매우 많다.

어룬춘족은 노래도 잘하고 춤도 잘 춘다. 일상생활 속에서 특히 명절과 혼례에서 남녀노소 너 나 할 것 없이 모두 노래와 춤을 즐긴다. 민요 곡조는 비교적 온정적이고, 가사는 즉흥적이며 노래 형식은 독창, 대창과 합창으로 나뉜다. 또한 일반적으로 낭송하면서 노래를 하며 춤을 춘다. 무용의 자태는 소박하고 예스럽다. 무용의 내용은 수렵과 채집이 밀접히 결합시킨 것으로, 대체적으로 4가지 유형으로 나뉜다. 첫째로는 조류와 짐승을 모방한 곰격투무 등이다. 둘째로는 채집생활을 표현한 무용, 예를 들면 홍보눈무(红普嫩舞) 등이다. 셋째로는 오락성을 띤무용, 예를 들면 로력해눈무(鲁力该嫩舞)이다. 넷째로는 의식 성격을 띤 무용으로 예를 들면 의화납인무(依和纳仁舞)가 있다.

어룬춘족 생활에서 자작나무 껍질로 만든 제품은 많은 비중을 차지한다. 일상생활에서 사용하는 통, 바구니, 상자 등은 아주 가볍고 정교하며 유럽 생활에 매우 적합한 생활용품이라 할 수 있다. 자작나무 상자는 가장 대표성이 있는 예술품으로서 장방형과 타원형 등 여러 가지 유형이 있다. 상지의 규격은 길이가 60mm 내지 70cm, 넓이는 대략 40cm높이는 약 20cm이다. 상자 덮개의 상하 변두리에는 예스럽고 소박한 꽃무늬를 새기는데, 보기에도 아름답고 특색이 있다.

혁철족(赫哲族)

1. 민족개관

혁철족은 중국에서 인구가 비교적 적은 민족 중 하나이다. 2000년 인구통계에 따르면 중국 혁철족은 총 4,640명이다. 그중 흑룡강성에 거주하고 있는 인구는 총 3,910명으로 혁철족 총 인구의 88.21%를 차지한다. 흑룡강성은 혁철족의 유일한 거주지역이다. 혁철족의 거주지역은 행정 지역상 모두 세 개 향, 하나의 촌으로 구성되었다. 즉, 동강시가진구혁철족향(同江市街津口赫哲族乡), 팔차혁철족향(八岔赫哲族乡), 요하현사배혁철족향(饶河县四排赫哲族乡)과 가목사(佳木斯市) 시교의 오기진오기혁철족촌(敖其镇敖其赫哲族村) 등이다. 이러한 향과 촌에는 혁철족이 324가구, 총 1,286명이 거주하고 있으며 혁철족 농촌 인구의 90% 이상을 차지한다. 그중 가진구향에는 혁철족이 102가구, 472명이 거주하고 있고, 팔차향에는 101가구, 320명이 거주하고 있으며, 사배향에는 56가구, 208명이 거주하고 있다. 그리고 오기진오기혁철족촌에는 65가구, 286명이 살고 있다. 이와 같은 거주지역 외에도 혁철족들은 흑룡강성의 화천, 부금, 무원 등 현시와 길림성, 요녕성과 북경시에 분포되어 있으며 그들은 주로 도시의 주민으로 살아가는 사람들이다.

혁철족은 언어는 있으나 문자가 없으며 언어는 알타이어족 만-퉁구스어족 만어 지류에 속한다. 역사상 혁철족은 혁철어를 사용하기도 했으나 지금은 한문을 사용한다. 혁철족은 대대로 흑룡강, 송화강과 우수리강 등 삼강 유역에서 살아왔다. 이 지역은 동북 변경지대에 위치해 있으며, 기후는 한온대 대륙성 계절풍기후에 속한다. 겨울이 길고 한랭하며 여름은 짧으나 일조량이 높다. 연평균 강수량은 545mm에 달하며, 연무기간은 118일 내지 158일이다. 삼강 유역은 중요한 양식 산지로서, 땅이 비옥하며 임업과 물자원이 풍부하다. 현지의 물산자원에는 다종다양한 농작물과 임목 외에도 많은 야생동식물 물품들이 있다. 혁철족 거주지역에는 풍부한 자연 자원이 있다. 그들의 일인당 자연자원 점유율은 흑룡강성과 중국 인구의 일인당 점유율을 초과한다. 혁철족이 소유한 일인당 경작지 면적은 20ha 내외로, 그것은 전국 인구의 일인당 경작지 면적의 10배 이상에 달하며, 세계 인구의 일인당 경작지 면적의 2배에 달한다.

2. 민족의 기원과 사회발전

혁철족은 역사적으로 물고기를 먹고 물고기 가죽으로 된 옷을 입으며 개로 끄는 눈썰매를 타고 다니기에, 어피부(鱼皮部)와 사견부(使犬部)로 불렸다. 혁철족은 유구한 역사를 가지고 있으며, 중국 고대 동북 지역의 숙신, 읍루, 물길, 말갈과 야인여진 등 민족의 선조와 관계가 있다. 청조 시기 흑금(黑斤), 혁진(赫真), 혁진객라(赫真喀喇)는 혁철족의 선민이다. 그들은 거주지에 따라 서로 다른 칭호를 가지고 있다. 중국이 건립된 후 국가에서는 이들 민족의 의견에 따라 혁철족으로 민족 칭호를 통일하였다. 17세기 중엽, 제정러시아는 흑룡강성에 침입하였으며, 당시 혁철족과 기타 소수민족들은 제정러시아의 침입에 반항하여 러시아에 큰 타격을 안겨주었다. 삼강구 대첩(三江口大捷)과 우라자 전역(烏扎拉村战役)에서 혁철족은 모두 조국의 동북 변강을 수호하는 데 큰 공헌을 하였다. 이에 청조와 민국 시기에 주(州), 부(府),

현(縣)을 설립하여, 협령(協領)과 좌령(佐領)이 관할하도록 하였다. 위만주국 시기 일제는 혁철족을 약탈하고 유린하였으며, 또 종족 멸종과 독화정책을 실시함으로써 전대미문의 참상을 빚어냈다. 그리하여 혁철족은 모진 고통 속에 생활할 수밖에 없었으며 사회생활은 극도로 빈곤하고 낙후한 상황에 처하게 되었다. 나아가 혁철족 인구가 격감하여 중국이 성립되기 이전인 1945년에 혁철족은 멸족의 위기에 이르러 겨우 300여 명밖에 남지 않았다. 1948년, 공산당은 혁철족 지역에서 토지개혁을 실시함으로써, 혁철족의 생활을 보장하였다. 1956년, 흑룡강성에 첫 혁철족향 팔차혁철족향(八岔赫哲族乡)을 설립하였으며 본 민족 간부가 향장직을 담당하도록 하였다. 그 후 1963년에는 가진구혁철족향(街津口赫哲族乡)을 설립하였으며, 1985년에는 사배혁철족향(四排赫哲族乡)을 설립하였다. 1988년, 흑룡강성 인민대표대회에서는 「흑룡강성민족향조례」를 제정 및 통과시켜 법률상에서 혁철족 자치자주(自治自主)의 권리를 보장하였다.

3. 경제생활

자고로부터 삼강 유역에서 형성 발전되어 온 혁철족은 북방의 유일한 어렵 민족으로서 자체의 선명한 문화적 특징을 가지고 있다. 그들은 장기간의 수렵생산 과정에서 풍부한 어업 경험을 쌓아왔으며, 계절마다 물고기 종류에 따라 서로 다른 방법으로 물고기를 잡는다. 그들은 황어(鰉), 철갑상어, 연어 등의 물고기를 잡는 것으로 유명하다. 혁철족의 의식은 모두 어업(漁業)에 의지한다. 수렵업(狩猎业)도 혁철족 경제의 중요한 부분으로, 그들의 주요 사냥물은 담비, 사슴, 흑여우, 백여우 등 각종 짐승들이다. 과거 녹용, 담비 모피는 주로 공물(贡品)로 사용되었다. 이후 상품 경제가 발달함에 따라 혁철족은 진귀한 짐승 가죽으로 양식 등 생활용품을 교환하게 되었다. 혁철족의 농업도 140년에서 150년의 역사를 가지고 있다. 하지만 농업은 보조성적인 경제 부문으로만 존재해왔으며, 혁철족의 경작 기술은 발달되지 못했다. 큰 면적의 토지를 점유한 자도 없어 혁철족의 사회 발전은 무척이나 더뎠다. 혁철족의 경제생활을 다음의 몇 가지로 정리할 수 있다. 첫째, 20세기 50년대부터 60년대 초까지 혁철족의 주요한 생산 방식은 어업, 수렵이다. 둘째, 20세기 60년대 말부터 70년대까지, 양식을 위주로 하는 방침에 따라 국가에서는 혁철족의 농업 생산을 협조해왔으며, 그들에게 트랙터와 조립 농기계를 마련해주었다. 당의 11기 3중전회 이후 혁철족 지역에 대한 어업을 위주로 하고 양식을 자급하며 다종 경영을 하는 경제발전 정책을 회복하였다. 셋째, 1983년부터 농업 생산책임제를 실행하였으며, 집집마다 기동어선과 그물을 나누어주었다. 그리하여 형제선(兄弟船), 부자선(父子船)과 부부선(夫妻船)이 나타나게 되었으며, 혁철족은 또 전통적인 생산 방식을 회복하게 되었다. 그해에만 해도 모두 다섯 호의 만원호(万元户)가 나타났다. 하지만 20세기 90년대 이후, 어업 자원이 급속히 감소됨으로 말미암아, 혁철족의 어업 생산은 점차 내리막길을 걸었으며 수입도 대폭 줄어들어 혁철족의 생활은 어려움에 빠지게 되었다. 1994년 당시 흑룡강 농촌 소수민족의 평균 수입은 이미 1,500위안을 돌파하였으나, 혁철족들의 평균수입은 550위안 가량에 지나지 않았으며 대다수 혁철족들의 생활은 빈곤선에 머물러 있었다. 넷째, 1994년부터 각급 정부의 지지 아래, 혁철족은 생산 업종을 전환하는 데 전력을 다하였다. 1999년부터 혁철족의 경제 수입 중 어업의 비중은 점차 감소되었고 그에 반해 재배업의 비중이 점차 커졌다. 생산 업종을 바꿈에 따라 혁철족의 평균 수입은 증가세를 보였다. 하지만 혁철족의 경제 수준은 여전히 기본 생계 유지에 필요한 최저 수입 단계에 놓여 있다.

4. 종교 신앙

혁철족은 다신(多神) 샤머니즘을 신봉하며, 샤먼은 자연을 초월하는 기이한 능력이 있다고 믿는다. 혁철족의 샤먼은 급별과 파벌의 구분이 있다. 능순성(凌純声)의 저작『송화강 하류의 혁철족』에는 혁철족의 샤먼에 대해 상세히 기록되어 있다. 혁철족 샤먼의 등급은 사슴뿔 신모(神帽)에 의해 결정된다. 샤먼의 초급 신모(初級神帽)는 하나의 쇠고리로 만들어졌으며, 표면은 가죽과 천으로 둘러싸여 있고 앞에는 작은 철로 된 철신(铁神)이 있으며 주위는 유리로 된 보석들로 장식되었다. 그리고 샤먼은 연도 수에 따라 진급하며, 사슴뿔의 가짓수에 의해 등급을 구분한다. 그 등급은 3, 5, 9, 12, 15등급으로 나뉜다. 초급 신모로부터 3등급이 되는 데에는 약 3년이라는 시간이 걸린다. 그 이상의 등급부터는 시간제한이 없다. 그러나 마지막 등급인 15등급에 도달하려면, 반드시 40, 50년이라는 시간이 필요하며 15등급까지 승진하면 샤먼 신술은 지고지상의 수준에 이르게 된다. 샤먼의 파별은 하신파(河神派), 독각룡파(独角龙派), 강신파(江神派) 등 세 개 파로 나뉜다. 세 개 파별은 모자 위의 사슴뿔에 의해 구분된다. 하신파의 모자 위에는 사슴뿔이 좌우로 있고, 독각룡파는 모자 위의 좌우 양변에 사슴뿔이 두 개씩 있으며, 강신파는 좌우로 모두 세 개씩 있다. 일반적으로 사슴뿔 가짓수가 많으면 많을수록 그 자격이 더 높다.

혁철족 샤먼의 종교활동은 모두 네 가지로 나뉜다. 첫째, 파기랑(巴齐朗), 일명 파기란(巴齐兰)이라고도 한다. 이 활동은 점을 쳐서 사람들의 일반적인 병을 치료하는 종교 활동이다. 둘째, 아하마파(阿哈马发)는 신의 노예를 뜻하며, 신술이 비교적 높은 샤먼을 뜻한다. 그는 많은 신을 거느리고 각종 정신병, 시역, 전염병 등을 치료할 수 있다. 셋째, 다커수터이(达克方特小)는 일반적인 병만 치료할 수 있으며, 주로는 혼을 보내고 혼에 제사를 지내는 일을 담당한다. 넷째, 불일낭(佛日朗)은 전문적으로 기도하고 신령에게 기원하는 일을 책임진다. 그는 사람을 대신하여 신과 대화를 나눌 수 있으며, 소원을 비는 자를 위해 신에게 소원 성취 후 참배의 날을 연기하도록 기원한다. 하지만 굿을 하며 병을 치료할 수는 없다.

혁철족은 매년 봄과 가을에 녹신 굿을 하는 종교활동을 한다. 이를 태평신(太平神) 굿을 한다고도 한다. 이러한 활동은 귀신을 쫓고 재해를 막으며 복을 빌고 인구가 번창하며 어업이 풍성하기를 기도하는 데 의의를 둔다. 녹신 굿을 하는 의식은 상당히 성대하다. 샤먼은 먼저 집에서 신에게 기도를 하고 촌의 젊은이들은 북을 치고 허리방울을 흔들면서 흥을 돋운다. 다음 샤먼은 전신을 신의 차림으로 꾸미고 건장한 젊은이들은 손에 비둘기 신간(鸠神杆), 매신(鹰神), 신우(神偶), 신도(神刀)를 들고 북을 치면서 샤먼 집에서 춤을 추고 비둘기 신가를 부르면서 나온다. 그들은 마을 한가운데에서, 그리고 집집마다 돌아다니면서 춤을 추며, 몇십 리 밖의 마을에 가서 추기도 하는데 이때 아주 많은 참가자들이 함께한다. 샤먼은 하나의 문화현상으로 혁철족 생활의 모든 방면에 영향을 미친다.

5. 민속문화

1) 의복 · 음식 · 주거형태

혁철족은 어렵을 위주로 한다. 어렵한 물고기는 먹는 데에만 사용되는 것이 아니라 옷감으로도 사용된다. 혁철족의 복장, 이불들은 모두 물고기 가죽과 짐승 가죽을 꿰매서 제조된 것으로, 그러한 제조 방법은 혁철족 복장의 독특한 풍격을 형성하였으며, 그들의 복장은 어피부(魚皮部)라고 부른다. 그리고 물고기 가죽옷은 보통 물고기 가죽 적삼과 물고기 가죽 덧바지로 나눈다. 물고기 가죽 적삼의 모양은 기포(袍)와 아주 비슷한데, 옷의 길이는 무릎을 넘고, 허리가 비교적 좁으며 다리 부분과 밑 부분이 조금 넓다. 이러한 옷은 걸어 다니기에 편리하다. 물고기 가죽 적삼의 팔소매는 비교적 넓고 짧으며, 적삼에 옷깃은 있지만 목이 높은 옷깃은 없다. 적삼의 옷깃, 소매, 깃 밑 부분, 가슴 앞과 등 뒤에는 모두 야생꽃과 식물 연료를 물들인 각종 색상의 사슴 가죽에 구름무늬 혹은 길한 도안을 기워 넣기를 좋아한다. 어떤 옷의 테두리에는 조개껍데기와 동전을 기워 넣는다. 옷은 풍격이 아주 소박하고 강건하며 호방하다.

혁철족이 입는 물고기 가죽 바지에는 두 가지 유형이 있다. 하나는 윗부분이 가지런한 것이고, 다른 하나는 윗부분이 기울어진 것이다. 물고기 가죽 바지는 주로 남성들이 수렵할 때 입는 옷으로, 이러한 복장은 봄과 가을에는 어업에 사용되고 겨울에는 수렵에 이용되며 마모에 강하며 튼튼하다. 또 혁철족은 물고기 가

전통의상을 입은
혁철족 여성

죽으로 만든 장화를 신는다. 이러한 물고기 가죽으로 만든 신은 가볍고 따뜻하며 습기를 방지한다. 그뿐만 아니라, 진흙탕 길에서도 미끄러지지 않아 물고기를 잡을 때에는 이런 신을 많이 신는다.

혁철족은 손님을 접대할 때 물고기 음식을 대접하는 관습이 있다. 살생어(杀生鱼, 생선회와 유사한 요리법으로 만든 생선요리의 일종)는 맛이 연하고 향기로우며 색다른 풍미가 있다. 만들 때에는 반드시 가장 신선한 사계절 잉어(四季鲤), 송어(鲟鱼), 초근어(草根鱼)와 줄철갑상어(鳇鱼)로 선택한다. 신선한 물고기의 몸에서 살코기 두 덩어리를 잘라내고 가늘게 썬 다음, 미리 썰어놓은 감자, 숙주나물, 당면, 부추 등을 고추기름, 식초, 소금과 함께 버무리면 완성된다. 이 외에 구운 물고기(烤鱼), 물고기 볶음, 언 물고기 요리가 특징적이다. 그리고 동어편(冻鱼片, 얼린 생선회) 이라는 요리도 특색이 있다.

동어편의 요리 방법은 다음과 같다. 겨울에 강에서 물고기를 잡아 얼음 위에 올려놓으면 즉시 언 물고기가 된다. 물고기가 얼면 배 부분을 칼로 베고, 또 물고기 등을 머리부터 꼬리 부분까지 벤 다음, 물고기 아가미 부분을 도려내면 손으로 물고기 가죽을 하나하나 뜯어낼 수 있다. 물고기 껍질을 뜯어낸 후 연한 살코기를 납작하게 썬다. 방법으로는 한 손으로 물고기 꼬리를 쥐고 한 손에는 칼을 쥐고 물고기 몸통 부분을 베어낸다. 베어낸 물고기는 하나하나의 흰 꽃 모양으로 만들어 접시 위에 올려놓고 각종 조미료를 넣으면 완성된다. 동어편은 시원한 맛으로 입맛을 돋우는 요리로, 손님을 대접하기에 아주 좋다.

혁철족의 과거의 거주방식은 어렵 생산의 특징에 의해 임시 주택과 고정 주택 두 가지로 나뉜다. 임시 주택에는 춰러안커우(撮罗安口), 쿼언부루안쿠(阔恩布如安库)가 있다. 춰러안나커우, 즉 촬라자는 뾰족한 지붕의 움막집이다. 이러한 집은 혁철족이 여름철 강에서 물고기를 잡을 때 많이 사용된다. 이런 움막집은 두 장 정도의 길이와 2촌 정도의 굵기로 된 나무 막대기로 원추형 모양의 틀을 만들고, 위에는 여러 갈래의 나무 막대로 묶어 놓아, 아래로부터 위로 한 바퀴, 한 바퀴의 고초를 발라 만든 것이다. 어업에 더욱 편리한 주택은 쿼언부루안쿠이다. 쿼언부루안쿠는 위쪽이 둥근 초가집으로 이런 둥근 지붕의 초가집은 많은 버드나무 가지를 반원형으로 만든 다음 두 쪽을 땅에 박고 위에 풀을 바르면 완성된다. 이러한 초가집에는 일반적으로 한두 명이 산다. 이 두 유형의 집은 겨울을 지낼 수 없고, 여름철 물고기를 잡을 때에만 사용되며 이동할 때에는 버린다.

고정 주택에는 호여포(胡如布, 움), 마가자(马架子), 정방(正房) 몇 가지 등이 있다. 호여포는 땅을 2척 정도 깊이 파고 위에는 주춧돌을 세우고 도리(檩), 서까래(椽), 얇은 가지(薄条)로 틀을 만들고 그 위에 풀을 발라 만든 집이다. 만약 여름에 거주하려면 고초를 바를 수도 있다. 이러한 집은 주로 겨울에 사용된다. 집 안에는 침대와 온돌이 있다. 마가자는 탁(庳)이라고도 부른다. 집은 평지에 지으며 남쪽으로 문을 만들고 집안에는 칸막이벽이 없다. 하지만 온돌과 부뚜막은 만든다. 정방은 2, 3백 년전에 혁철족 지역에서 생겨난 주택 형식이다. 집은 남향집이며 일반적으로 2칸 혹은 3칸의 큰방으로 구성된다. 안방에서는 사람이 살고 바깥쪽에는 주방을 설치하며 서쪽 벽은 조상을 모시는 곳이다. 현재에는 기와 구조로 된 집에서 산다.

청조 시기 혁철족의 교통도구는 육지에서의 개로 끄는 눈썰매, 말, 스키판, 썰매 등이었다. 수상에서는 주로 배, 쾌속막대기(快马子), 자작나무 껍질로 만든 배 등을 이용했다. 혁철족은 개를 잘 사용하기로 이름이 나 있다. 그들은 일종 터우얼지(托尔基)라는 교통 도구를 발명하였는데 그것이 바로 개가 끄는 눈썰매이다. 썰매는 길이 7척, 넓이 1.78척, 차의 측면 높이 1.5척, 두께 1.5촌의 단단한 나무로 만든다. 썰매의 앞쪽은 얇고 뾰족하며 위쪽으로 치켜 올라가 있다. 썰매 안쪽에는 버드나무 가지를 펴놓는데, 그 위에는 사람이 앉을 수도 있고 물건을 실을 수도 있다. 썰매 앞에는 2마리 내지 9마리 묶는데 개 한 마리는 하루에 200여 리의 길을 달릴 수 있다. 이런 썰매는 눈 위에서 달릴 수 있으며, 달리는 속도가 말보다더 빨라서 먼 길을 가는 데 유리하다. 원·명조 시기 흑룡강 유역은 중국의 영토에 속하였는데, 당시 우수리강으로부터 흑룡강, 해구 연선으로 이르는 지역에는 구참(狗站)이라 부르는 개썰매 역참을 설치하였다. 혁철족들이 집에서 개를 기르는 것은 아주 보편적인 일로서, 혁철족들은 사견부(使犬部)라 불렀다. 혁철족들이 말이 끄는 썰매를 사용한 지는 백몇 년 전부터이다. 20세기 70년대부터는 네 바퀴로 된 나무차를 사용하기 시작했으며, 현재에는 보편적으로 자동차를 사용한다.

2) 혼인 · 가정과 상 · 장례

혁철족은 일부일처제 혼인 제도를 실행한다. 과거에는 부모가 혼인을 도맡아서 했으며, 중매인의 소개로 쌍방 부모가 직접 만나 상의하거나 혹은 서로 상대방의 딸을 며느리로 맞이하며, 지복혼을 하는 등 형식으로 혼인을 진행해왔다.

사위를 선택할 때에는 재력에 상관없이 어렵이 뛰어난 자 혹은 모일근(莫日根), 즉 용사, 영웅을 선택한다. 그리고 여자를 선택할 때에는 용모를 주요한 조건으로 하는 것이 아니라, 주로 일을 잘할 수 있는지 품행이 단정한지를 본다. 결혼하기 전 남자 집에서는 여자에게 간단한 예물과 큰 예물을 주어야 한다. 혼례는 모두 아침에 거행되며, 의식은 비교적 간단하다. 그러나 지난 100여 년 동안 만주족과 한족의 영향을 받아 혼인 의식은 상대적으로 복잡해졌다.

혁철족의 혼인 풍습에 과부가 재가를 하지 못한다는 제한이 없다. 과부는 남편 동생에게 시집갈 수는 있으나 남편 형님에게는 시집갈 수 없다. 그리고 반드시 상복을 벗은 후에 재가하여야 한다. 일반적으로 이혼을 해서는 안 된다. 이혼한 여자는 사회적으로 기시받는 대상이 된다. 언니가 죽게 되면 여동생이 그 혼인 을 지속시킬 수 있다. 즉, 여동생은 형부에게 시집갈 수 있다. 가정 형편이 어렵 기에 두 가정에서는 서로 상대방의 딸을 며느리로 맞이하는 환친(換親)을 하는 경 우도 있는데, 그러한 혼인에서 쌍방은 아무런 조건도 내놓지 않는다.

혁철족은 상·장례 의식을 중요시한다. 그들은 사람은 죽어도 영혼은 남아 있 다고 믿으며, 일련의 의식들을 침착하게 진행한 뒤, 영혼을 잘 안치해둔다. 다시 말해 혁철족의 장례 풍습에서는 망인을 매장할 때 관에 넣는 것이 아니라, 미리 선택해놓은 자리에 장방형의 구덩이를 파고 주위에는 굵은 나무로 능을 세워 시 체를 중앙에 세워놓는다. 부장품으로는 망인 생전의 생활 용품과 어업 도구를 넣어둔다. 시체와 부장품을 무덤에 넣은 후, 위에 지붕을 만들어놓고 지붕 위를 흙으로 봉한다. 봉할 때에는 한집에 살던 가족이 첫 흙을 얹어야 하며 그다음 친 우들이 배동하여 무덤을 만든다. 매장할 때 말, 소, 양, 돼지, 닭 등 동물을 순장하 는 경우도 있다. 봉토가 끝난 뒤, 친척들 중에서 연장자가 빨간색 천으로 두른 3 개의 갈대를 손에 들고 향을 피운다. 연장자는 무덤 앞에서 향을 피우면서 망인 이 저세상에서 온 가정을 지켜줄 것을 기도한다. 망인이 남성이라면 아내는 적 은 양의 머리를 베어 작은 나뭇가지에 매고 무덤 앞에 꽂아놓음으로써, 망인이 곁에서 동반하고 있음을 표시한다. 능순성은 『송화강 하류의 혁철족』에서 출혼 기는 상장한 날부터 남자 7일, 여자 9일 동안이라고 설명한다. 이 기간 전에 가정 에서는 망인을 위해 길이가 4척, 넓이가 2척이 되는 하나의 자루를 만들어 두 끝 부분에는 풀을 넣고 중간 부분은 비워둔다. 그리고 양쪽을 접어 높이가 1척 남짓이 되도록 만든 다음 그 위에 베개를 올려놓는다. 만약 망인이 남자라면 모자를 베개 위에 올려놓는다. 이러한 물건들은 망인의 생전의 침소에 놓는다. 그리고 구들을 마련하여 술, 고기, 순대 등을 올려놓는데, 그릇의 개수는 반드시 기수여야 한다. 그날 초상집에서는 출혼의 뜻을 친척들에게 알려주어야 한다. 출혼의 날 저녁에 친척들은 망인의 이불, 담요 등을 밖에 놓음으로써, 술을 권하는 것으로 영혼과 고별함을 표시한다. 혁철족은 돌이 지나지 않은 아이가 사망했을 때에는 토장을 하지 않는데, 그것은 태아가 다시 환생할 수 없음에 대한 두려움 때문이다. 그래서 자작나무 껍질로 시체를 싸서 산, 나무 혹은 나무 동굴 안에 놓는다. 정상적으로 사망한 아이는 3일 후에 장례하고, 사고로 사망한 아이는 하루 걸러 장례하며, 전염병에 의해 사망한 아이는 당일 화장한다.

3) 명절

혁철족은 1년 중 모두 7개 명절을 보낸다. 즉, 혁철년(春节), 정월 15일, 2월 2일, 녹신 굿(跳鹿神), 오일공(乌日贡) 등이다. 오일공은 1985년부터 시작되었으며, 매 3년에 한 번씩 쉰다. 명절은 양력 5월 중순쯤이며 명절 기간은 2일 내지 3일로서, 혁철족 민족향 혹은 마을에서 진행된다. 명절 기간에는 낮에는 수영, 배 타기, 고기잡이, 풀공을 꽂는 경기(叉草球), 활쏘기 등 체육 경기를 진행하고 저녁에는 강가에 불을 지펴 함께 춤을 추고 노래를 부르는 연회를 연다. 혹은 예술 단체를 청해 전문적인 무대 공연을 하도록 한다. 그리고 노인을 요청하여 널리 알려진 노래 이마감(伊玛堪)을 부르도록 하며, 영화나 드라마를 방영하기도 한다.

6. 문학예술

혁철족은 민간문학이 매우 발달하였는데, 이마감(伊玛堪)이 가장 대표적이다. 이마감은 악기의 반주가 없이 한 단락의 구절을 읊은 뒤 뒤따라 한 단락의 부분을 노래하는 형식으로 진행된다. 군중들을 흡인하기 위하여 일반적으로 한 단락을 읊은 뒤에는 일종의 여운을 남겨둔다. 이야기는 비교적 길고 내용은 대부분 영웅 사적 혹은 청년 남녀들의 순결한 사랑에 대한 것이다. 이마감은 곡조가 풍부한데, 보통 남자 곡조(男腔), 여자 곡조(女腔), 할아버지 곡조(老翁調), 소녀 곡조(少女調)로 나뉘고 또 서술 곡조(敍述調), 비통한 곡조(悲調), 기쁨 곡조(欢乐调) 등으로 나뉜다. 또한 작품의 언어는 간단하고 압운(押韵)을 중요시한다. 대표작으로는 『희이달로막일근』(希尔达鲁莫日根)으로 "천지개벽 후의 첫 이마감의 이야기"가 꼽힌다. 그것은 태양이 생겨서부터 "희이달로막일근"이 있었다는 뜻이다. 학술계의 관점에 의하면, 이마감은 영웅 서사시에 속하며 매우 오래전에 나타난 것으로 혁철족과 마찬가지로 유구한 역사를 가지고 있다. 또한 문자 기록에 의존하지 않고 입으로 친히 전해 내려온 것이다. 그 밖에 혁철족의 유머 이야기는 아주 재미있고 특색이 있다. 예를 들면 『신부를 선택하다』에서는 가난함을 싫어하고 부유함을 좋아하는 추악한 사상을 폭로하였고, 『데면데면한 사냥꾼』에서는 허풍 치기를 좋아하는 허풍쟁이 사냥꾼을 신랄하게 풍자하였다. 1979년에 연출한 『혁철족의 혼례』는 혁철족 문학의 대표작으로서, 혁철족 연극가 오백신(乌白辛)이 혁철족의 생활과 역사를 반영한 첫 작품이다.

혁철족은 하나의 춤과 노래에 능한 민족이다. 전통민가는 모두 가령괄(嫁令阔), 백조가무조(天鹅歌舞调), 이마감조(伊玛堪调), 샤먼조(萨满调)의 네 가지 유형으로 나뉜다. 그 중 가령괄은 혁철족 민가 중 절대 대부분을 차지하며, 주로 혁철족의 어업과 수렵의 생산노동과 생활 풍습을 반영하였다. 「등아가(等阿歌)」에서 "새들은 자기 둥지로 돌아왔고 태양은 서산으로 졌으며 둥근 달이 하늘에 걸렸노라. 수렵하러 나간 형은 돌아오지 않으니, 여동생과 나는 강 옆에서 그를 기다리고 있노라"의 부분을 살펴보면, 이 민가는 작가의 감정과 묘사된 경치가 모두 뛰어났으며 혁철족 청년들의 애정 생활을 잘 표현하고 있다.

샤먼조는 주로 민간 노래이다. 곡조는 일반 민간 곡조보다 더 부드럽고 듣기 좋으며, 표현 수법도 비교적 복잡하다. 혁철족 민가는 혁철족 생활의 각 방면을 표현함으로써, 혁철족 문화에서 없어서는 안 될 구성요소가 되었다.

혁철족은 또 무용이라는 예술 형식으로 그들의 다채로운 사회생활을 반영한다. 무용은 샤먼무용(萨满舞), 피리서무(皮里西舞), 백조무(天鹅舞) 등 몇 가지로 나뉜다. 샤먼무용은 주로 재앙을 물리치고 복을 기도하며 귀신을 쫓을 때 연출하는 것이다. 샤먼무용에는 독무도 있고 대형 단체무용도 있다. 샤먼무용은 신에게 제사를 지내는 역할도 하고 오락의 역할도 한다. 능순생의 『송화강 하류의 혁철족』에서 혁철족의 춤에 대해 생동하게 서술하였다. 책에서는 "샤먼무용은 일반적으로 실내에서 연출되며, 녹신 굿을 할 때에만 실외에서 한다. 실내에서 추는 춤은 실내 온돌 주위를 세 바퀴 도는데, 춤의 자태에는 모두 입무(立舞), 즉 상반신을 약간 휘는 자세, 구무(伛舞), 즉 상반신을 구부리는 자세, 준무(蹲舞), 즉 두 다리를 굽혀 춤을 추는 자세 등이 있다. 세 가지 자세 중 준무가 가장 힘든 자세로 장기간의 연습이 없으면 배울 수가 없다. 때로 샤먼은 칼을 들고 춤을 추며 춤의 스텝도 전자와 다르다. 춤출 때에는 왼발이 앞을 향하고 오른발이 뒤를 향하며 발끝이 땅에 닿는다. 움직일 때에는 오른발이 오른쪽으로 한 발 움직이면 왼발도 따라서 움직인다. 이때 전후 위치는 같지 않다"고 기록되어 있다. 피리서무는 혁철족 사이에서 유행하는 무용으로, 무용 동작의 변화가 크고 손과 발도 모두 영활하며 리듬이 빨라 사람들에게 흥겨운 분위기를 안겨준다. 전해지는 바에 의하면, 피리서무는 러시아 문화의 영향을 받아 형성된 무용이라고 한다. 백조무는 혁철족 민간 무용 형식 중의 하나로서, 무용에는 혁철족 소녀들이 봉건 혼인을 반대하기 위해 여러 차례 투쟁하였으나 결국 핍박에 의해 강에 뛰어들어 아름다운 백조가 되었다는 내용을 담았다.

전통의상을 입은 보안족 남성

몽골어족 민족

蒙古语族 民族

몽골족 蒙古族

동향족 东乡族

토족 土族

다우르족 达斡尔族

보안족 保安族

몽골어민족은 알타이어계(阿尔泰语系) 몽골어족 언어를 사용하는 민족을 가리킨다. 몽골어족 언어에는 주로 몽골어, 부랴트어(布里亚特语), 칼미크-오이라트어(卡尔梅克语), 다우르어(达斡尔语), 모골어(莫戈勒语), 동부 유구르어(东部裕固语), 토족어(土族语), 동향어(东乡语), 보안어(保安语) 등 9가지 언어가 포함되어 있다. 몽골 언어는 몽골에서뿐만이 아니라 중국에서도 사용되는데, 중국에서는 주로 내몽골자치구와 동북과 서북의 각 성과 자치구에 분포되어 있다. 부랴트어언어와 칼미크-오이라트언어는 주로 러시아와 중국 경내의 파이호(巴尔虎)에 분포되어 있다. 부랴트어 방언과 오이라트어 방언은 각기 부랴트어어와 칼미크-오이라트어와 비슷하다. 다우르어는 중국의 내몽골자치구의 동북부, 흑룡강성과 신강의 탑성(新疆塔城) 지역에 분포되어 있다. 기타 4가지 언어들은 주로 중국의 감숙성과 청해성 두 성에 분포되어 있다. 모골어는 아프가니스탄에 분포되어 있다. 몽골어를 사용하는 인구는 약 1,000만 명 정도에 달한다. 그들은 주로 중국의 몽골족, 동향족, 다우르어족, 보안족, 토족 등으로서, 그 인구는 6,717,849명(2000년)에 달하며 주로 북방에 분포되어 있다. 북방 유목민족이 처한 환경은 그들로 하여금 늘 중앙왕조가 관할하는 계선을 넘나들면서 더욱 광활한 대지를 누비도록 한다. 대체로 말하자면 그들의 활동범위는 멀리 동쪽으로는 바다에 이르고, 북쪽으로는 북빙양, 서쪽으로는 함해, 남쪽으로는 황하에 다다른다. 이로부터 보아 중국의 동북부와 서북부의 변강은 북방민족이 개척한 것이 분명하다. 중국 몽골어족 민족들의 거주지역은 행정지역상 대부분 흑룡강성, 길림성, 요녕성, 하북성, 북경, 내몽골, 감숙성, 청해성, 신강위구르자치구 등 성, 시 자치구에 분포되어 있다.

몽골어민족이 사용하고 있는 9가지 언어들 사이에는 기본적으로 비슷한 어법체계와 어원이 같은 대량의 단어들이 있다. 동시에 그 언어들은 다른 언어와 구별되는 자체의 특징을 형성하였다. 대체로 몽골어, 부랴트어, 칼미크-오이라트어, 다우르어가 비교적 서로 비슷하고 동부 유구르어, 토족언어, 동향어, 보안어가 서로 비슷한 점이 많다. 모골어는 위에서 말한 다른 8가지의 언어들과 모두 다르지만 대체적으로 몽골어, 부랴트어, 칼미크-오이라트어에 근접한다고 보면 된다. 그 때문에 몽골어족의 여러 언어는 '공동몽골어'에서 기원되었다고 볼 수 있다. 몽골어족 민족은 역사상 돌궐문자(突厥文), 거란문자(契丹文), 파스파문자(八思巴文) 등 문자를 창조하고 사용했으며 많은 소중한 문헌들을 남겼다. 예를 들면 몽골족의 3대 역사 저작인 『몽골밀사(蒙古秘史)』, 『몽골황금사(蒙古黄金史)』, 『몽골원류사(蒙古源流史)』와 중국 소수민족의 3대 서사시의 하나인 『강격이(江格尔)』 등이다. 그리고 자체의 독특한 체제를 이룬 『몽골족의학대전(蒙古族医学大全)』, 『몽골의학백과사전(蒙古族医学大全)』 등 진귀한 고서들도 있다. 그 외에 음악과 무용 방면에서 보면, 몽골족의 가곡은 그 곡조가 느리고 길며 높고 둔탁하다. 동향족, 보안족과 토족의 「화아(花儿)」(감숙, 청해, 영하 일대에서 유행한 일종의 민간 가요)는 소리가 높으며 억양이 완연하고 순박하다. 이들 민족은 초원에서 목축업을 위주로 수렵생활에 종사하는 농경과 수공업 경제문화 유형에 속한다. 그러한 경제문화 유형은 중국문화의 형성과 발전과정에서 자체의 독특한 특색을 지닌 중요한 체계를 구성하고 있다.

몽골족(蒙古族)

1. 민족개관

몽골족은 역사가 유구하고 근면하고 용감하고 또한 공헌이 많은 민족이다. 2000년 인구통계에 의하면 중국의 몽골족은 약 5,813,947명이다. 그중 내몽골자치구에 3,995,349명이 거주하고 있고 신강위구르자치구에 149,857명이 거주하고 있는데, 주로 파음곽릉몽골자치주(巴音郭楞蒙古自治州), 박이탑랍몽골자치주(博尔塔拉蒙古自治州)와 부커싸이얼몽골자치현(布克赛尔蒙古自治县)에 분포되어 있다. 그리고 청해(青海)성에는 86,301명이 거주하고 있으며, 주로 해서몽골장족자치주(海西蒙古藏族自治州), 하남몽골자치현에(海南蒙古自治县) 분포되어 있다. 감숙성(甘肃)에는 15,774명이 있으며 주로 숙북몽골자치현(肃北蒙古族自治县)에 분포되어 있다. 하북(河北)성에는 169,887명이 있으며 주로 위장만주족몽골족자치현(围场满族蒙古族自治县)에 있다. 그리고 흑룡강성에는 141,495명이 있으며, 그들은 주로 두이백특몽골자치현에(杜尔伯特蒙古族自治县) 분포되어 있다. 길림성에는 172,026명이 있는데 주요하게 전곽이라사몽골자치현(前郭尔罗

斯蒙古自治縣)에 분포되어 있다. 요녕성에는 669,972명이 있으며, 주로 객라심좌익몽골족자치현(喀喇沁左翼蒙古自治縣), 부신몽골자치현(阜新蒙古族自治縣)에 분포되어 있다. 그 외도 하남, 귀주, 사천, 북경, 운남, 광동, 호남, 안휘, 강소, 천진, 호북 등 지역에도 널리 분포되어 있다. 중국 행정제도의 편성으로부터 보면 몽골족은 1개의 자치구, 3개의 자치주, 8개의 자치현을 가지고 있고 분포 특징은 대잡거 소집거, 즉 넓은 범위에 걸쳐 여러 민족과 잡거하고 있으며, 넓은 범위 안에서 민족끼리 소집거하고 있는 특징을 지닌다.

몽골족은 자신의 언어와 문자를 가지고 있다. 몽골어는 알타이어계(阿尔泰语系)의 몽골어족으로서, 언어를 사용하는 지역이 광범위하다. 즉, 몽골인민공화국과 중국내몽골자치구, 요녕, 길림, 흑룡강, 감숙, 청해, 신강위구르자치구의 몽골족 집거구에서 널리 사용되고 있다. 구체적으로 말하자면 몽골국 경내의 몽골어는 할하족(喀尔喀) 방언으로서, 사용하고 있는 인구는 약 180만 명에 달한다. 중국 경내의 몽골어는 내몽골, 오이라트, 발후부리아트(巴尔虎布里亚特) 세 개의 방언으로 나누어졌으며 현재 사용하고 있는 인구는 약 400만 명에 달한다. 중국 현대 몽골어의 주요 특징은 모음이 풍부하고 자음이 적은 것이다. 어휘에는 한어 외래어가 있을 뿐만 아니라, 돌궐어(突厥语), 만-퉁구스어(满-通古斯语), 티베트어(藏语), 범어(梵语), 그리스어(希腊语), 러시아어(俄语)의 외래어 등도 포함되어 있다.

역사상 몽골족은 여러 가지 문자를 사용해왔다. 초기 몽골문의 자모, 발음, 표기법규칙, 공문(行文)은 모두 위구르식(回鹘式)과 비슷하여 위구르식 몽골문(回鹘式蒙古文)이라고 불린 적도 있다. 이러한 형식으로 기록된 문헌 중에서 현재 보존되어 있는 최초의 문헌은 『야송격비(也松格碑)』(1225년)이다. 그러나 오늘날에 이르기까지 직접 위구르식 몽골문 자모표로 기재된 문헌자료는 발견되지 않았다. 17세기에 이르러 위구르식 몽골문의 발전은 두 가지로 나뉘었는데 하나는 현재 중국에서 사용되고 있는 몽골문 또는 노몽문(老蒙文)이며, 다른 하나는 오이라트방언 지역에서만 사용되고 있는 탁특(托式) 몽골문(몽골국은 1945년부터 새로운 몽골문이라 불리는 슬라브-몽골문을 사용하였으며 1992년에 이르러 다시 기존의 몽골문을 사용하였다)이 있다. 몽골문은 몽골족의 문화발전에서 중요한 작용을 하였으며 몽골문을 통하여 풍부한 문화유산을 보존하였다. 중화인민공화국이 건립된 후, 몽골문으로 된 대량의 정치, 경제, 문화, 과학기술, 교육 등 방면의 도서들을 출판하였다. 그중에는 몽골문으로 된 창작품과 국내외의 명작의 번역서들이 포함되어 있을 뿐만 아니라, 여러 가지의 잡지와 신문도 발행하였다.

몽골족은 동으로부터 서로 이르는 중국의 북방지역에 많이 분포되어 있으며 대부분은 온대대륙성기후에 속하고 일부 지역만이 계절풍의 영향을 받아 겨울철은 몹시 춥고 여름철은 몹시 덥다. 분포지역이 넓기 때문에 지형이나 지리 조건에 있어서도 큰 차이점들이 있다. 내몽골자치구는 1947년 5월 1일에 성립되었으며, 중화인민공화국 성립 후에 가장 먼저 설립된 민족자치 지방이다. 자치구의 소재지는 후허하오터(呼和浩特, 의미는 푸른빛의 도시)인데 명나라 시기 건립된 것이다. 그곳에는 몽골족, 한족, 회족, 만주족, 다우르(达斡尔)족, 어원커족(鄂温克族), 어룬춘족(鄂伦春族), 조선족 등의 민족이 살고 있다. 후허하오터는 중국 북부 변강에 위치하고 있으며 국경선이 약 4,221km, 면적은 1,180,000km²에 달한다. 이는 신강, 티베트 버금으로 가며 전국에서 세 번째로 큰 지방이다. 인구는 약 2,100만 명에 달하는데, 그중 몽골족은 전 자치구 총인구의 15.73%를 차지함으로써 약 250만 명에 달하며 전국 몽골족 인구의 70% 이상에 달한다.

내몽골자치구는 몽골고원지역에 위치하여 있다. 음산산맥이 중부에 가로놓여져 있고 북부는 고비사막과 초원이며 남부는 황하가 굽이돌아 흘러가면서 형성한 유명한 하토평원(河套平塬)과 오르도스초원(鄂尔多斯草塬)이 있다. 흥안령(兴安岭)은 남북으로 관통하였는데, 서쪽으로는 아름답고 풍요로운 호룬베이얼초원(呼伦贝尔草塬)이 있고 경내에는 많은 호수와 강이 흐르고 있으며 고원과 분지가 서로 뒤섞여 있다. 이곳은 초원, 오아시스, 고비사막이 병존하고 있어 복잡한 지형을 이루고 있는 대신에 자원이 풍부하다. 사람들은 내몽골의 풍요로움을 북쪽으로는 목축업이 발달하고 남쪽은 농업이 발달되었으며, 동쪽으로는 삼림이 풍부하고 서쪽은 철광석이 많아서 곳곳마다 자원이 즐비하다고 형상적으로 표현하고 있다.

북방목장(北牧), 즉 내몽골초원 면적은 약 88만km²로서 전국 5대 목장 중에서 첫 번째 자리를 차지하고 있으며 또한 중국의 중요한 목축업 기지의 하나이기도 하다. 남량(南粮), 즉 내몽골의 경작지 면적은 약 4.9만km²이며 여러 가지 종류의 곡물과 경제작물들을 많이 생산하고 있다. 그리하여 저명한 변방량천(塞上粮川) 혹은 곡물창고(谷仓)로 불리고 있다. 동림(东林), 즉 내몽골의 삼림 면적은 16만km²로 전국에서 첫 번째 자리를 차지한다. 서철(西铁)은 포두(包头)강철회사를 필두로 한 공업체계를 가리킨다. 이와 같이 이 지역은 곳곳마다 자원이 넘쳐난다. 내몽골에서 이미 확인된 광석자원은 약 70가지 종류에 달하며 광산만 해도 560여 개나 된다. 그중 류철광(硫铁矿), 컬럼브석(铌矿), 피광(铍矿), 희토광(稀土矿), 빙주석(冰洲石), 광물질석(蛭石), 마노(玛瑙) 등 광산물 종류가 전국에서 상위를 차지하고 있다. 특히 희토광은 세계 축적량의 90% 이상이어서 세계에서 주목할 만큼 희토의 고향으로 불리기도 한다. 그 외에 "오금(乌金)"이라고 불리는 석탄 축적량도 전국의 2위를 차지한다. 담수 면적은 약 8,000km²로 물자원과 수산물자원 생산의 잠재력도 매우 크다. 그리고 수천을 헤아리는 진귀한 야생동식물자원과 진기한 동물들이 서식하는 곳으로 널리 알려져 있다. 내몽골의 높은 산, 큰 강, 삼림, 초원, 사막, 호수는 중국의 북부 지방을 화려하게 장식하여 유람객의 눈과 마음을 즐겁게 하며 명승지로 불리고 있다.

2. 민족의 기원과 사회발전

몽골이란 단어가 가장 먼저 서책에서 나타난 시기는 당조 시기이다. 구체적으로 말하자면, 『신구당서(新旧唐书)』 중 "몽올실위(蒙兀室韦)"에서 처음 나타났다. 몽올은 몽골이란 단어를 제일 처음 한어로 번역한 것이다. 그 후 몽골(蒙骨), 멍고(萌古), 몽골자(蒙骨子)와 같은 음이 같은 단어들로 출현된 적도 있다. 몽골은 처음에는 여러 부락의 명칭이었는데 역사의 발전과 변화에 따라 점차 여러 부락의 공동한 명칭으로 변화되었다. 문헌기재에 의하면 몽골족은 퉁구스족계(东胡系)에 속하며 실위부락(室韦部落)의 한 갈래에서 발전되어 온 것이다. 대략 기원전 7세기 몽골족은 어얼구나하(额尔古纳河) 일대에 거주하고 있었다. 그러다 서쪽으로 이동하면서 악눈하상류(鄂嫩河上游)의 부이한산[不尔罕山, 현재의 긍특산맥(肯特山脉)]과 커루룬(克鲁伦)하 일대에 이주하였다. 당조 시기의 역사서에서는 몽올(蒙兀)라고 기재되어 있고 『요사(辽史)』에는 맹고(萌古)라고 기재되어 있다. 기원전 12세기 몽골족은 이미 지금의 어넌하(鄂嫩河), 커루룬하(克鲁伦河), 투라하(土拉河) 등 삼하의 상류 부근과 긍특산(肯特山)의 동쪽 일대로 확산되어 걸안(乞颜), 짜다란(札答兰), 타이츠우(泰赤乌) 등 부락으로 갈라져 생활하였다. 이 외에 몽골초원과 바이칼 호(贝加尔湖) 주위의 삼림지대 그리고 타타르(塔塔尔), 웡지즈(翁吉刺), 메얼치(蔑儿乞), 워빤츠(斡变刺), 커레(克烈), 내만(乃蛮), 왕고(汪古) 등 많은 부락이 있었다.

이러한 부락은 규모가 서로 다를 뿐만 아니라 경제문화 발전도 불균형적이었다. 유목민족(游牧)은 초원에서 "장막이 있는 백성(有氈帳的百姓)"이라고 불리운다. 그들은 대부분 목축업에 종사하며 삼림지대에 거주하고 있기 때문에 "임목중의 백성(林木中的百姓)"이라고도 하며 주로 어렵과 수렵에 종사한다. 11세기 그들은 타타르족을 지도자로 연맹을 맺었다. 그리하여 타타르(塔塔尔)와 지리 타타르(韃靼)는 한때 몽골초원 각 부락을 통칭하는 것이기도 했다. 이후에 서방에서는 몽골을 달단이라고 광범위하게 불렀다. 송, 요, 금 시기 막북의 몽골부락을 통칭하여 흑달단이라고 하고 막남의 몽골부락을 통칭하여 백달단이라고 하였으며, 때로는 달단이라고 중국 북방 여러 민족을 통칭하기도 했다. 13세기 초, 칭기즈칸이 몽골 여러 부락을 통일한 후 몽골은 기존의 한 부락의 명칭으로부터 민족을 칭하는 명칭으로 바뀌었으며, 나아가 하나의 새로운 민족공동체를 칭하는 대명사로 변화되었다. 원조가 멸망한 후, 몽골은 여러 개의 부락으로 분열되었는데 그들이 거주했던 지역에 따라 모두 세 개 부분으로 나누었다. 첫째, 내몽골자치구와 동북 3성에 거주하고 있는 몽골을 막남몽골(漠南蒙古) 혹은 과이심부(科尔沁部)라고 했다. 둘째, 현재 몽골국 경내에 거주하고 있는 몽골을 막북몽골(漠北蒙古) 혹은 할하족부(喀尔喀部)라고 했다. 셋째, 신강, 청해, 감숙 일대에 거주하고 있는 몽골을 막서몽골 혹은 위랍특(卫拉特), 액로특(厄鲁特 혹은 额鲁特)몽골이라고 했다.

요컨대 몽골 민족은 다문화 민족이 융합되어 형성된 하나의 공동체이다. 몽골 문화는 사실상 중국 북방 민족문화의 총집합이므로 좀 더 넓은 시각으로 몽골족 문화의 기원과 역사적 기원을 인식할 필요가 있다.

3. 경제생활

몽골족은 장기적으로 목축업, 반농반목과 농업에 종사하여 왔다. 몽골족 인민들은 목축업 생산을 주요한 경제수단으로 삼고 있다. 광활한 초원의 좋은 조건을 지닌 목축지역에서는 몽골말, 야크, 양, 낙타 등이 많이 방목되고 있다. 이러한 유목경제 문화유형의 전통적인 생산방식은 천연목장에서 떼를 지어 방목하고 물과 풀을 따라 거주지를 옮기는 양상을 띠었는데, 현재는 정착방목(定居轮牧) 형태로 발전되어 겨울 숙영지와 여름 숙영지를 정하고 계절에 따라 이동하면서 방목을 하는 방식으로 변화되었다. 여기에서 유목민족의 문명에 대하여 논하자면, 몽골족이 유일한 창조자가 아니라는 것이다. 역사상에는 이미 흉노족(匈奴), 선비족(鮮卑), 돌궐족(突厥) 등과 같은 여러 민족이 이미 성공적으로 유목 생존방식을 창조하여 왔다. 어떤 의미에서 보면 몽골족은 이를 한층 더 발전시킨 문화전통의 집대성자(集大成者)라고 할 수 있다.

현재 내몽골의 목축업은 국민경제에서 중요한 위치를 차지하고 있다. 그 특징으로는 첫째, 면적이 넓다. 내몽골초원에서 이용할 수 있는 목장 면적은 전국 목장면적의 4분의 1이다. 둘째, 전통적인 목축업에 속한다는 것이다. 셋째, 가축 종류의 분포와 초원지대의 식생도가 일치한다는 것이다. 넷째, 농업지역, 반농업·반목축업 지역이 목축업에서 차지하는 비중이 크다는 것이다. 다섯째, 초식동물을 위주로 한 가축들을 기른다는 것이다. 그리하여 국가에서 더 나아가 세계우량종 가축산유전자은행이 되었고 현대화한 생산기지를 건립하는 데 기초를 마련하였다.

4. 종교 신앙

몽골족은 맨 처음에 샤머니즘(薩滿敎)을 신앙하였다. 그 주요 표현은 하늘과 땅을 향해 제사를 지내고 돌이나 흙, 풀 등을 쌓아 올려 제사를 지냈으며(祭敖包), 불제사(祭火) 등을 지내는 것이다. 샤머니즘은 세계를 3개 부류로 나누었다. 즉, 천당이 제일 위층에 있으며 거기에는 신들이 살고 있고 대지가 중간층에 있고 거기에는 인간들이 거주하고 있으며 지옥이 가장 밑층에 있는데 거기에는 악마들이 살고 있다고 한다. 하늘은 몽골족의 최고의 숭배대상이다. 그들은 하늘을 일체 권력과 힘의 원천으로 간주하고 있다. 예를 들면 "모든 일을 실천할 때에는 늘 하늘을 공경하고 천둥소리만 들어도 공포에 떨어 감히 행사를 진행하지 못한다. 이것을 하늘의 부름이라고 하면서 하늘이 자연계와 인류의 운명을 좌우한다고 굳건히 믿고 있었다(每事必敬天, 聞雷声則恐惧, 不敢行師, 曰: '天叫也.')."관(关) 내에 진입한 후 여러 가지 종교의 영향을 일정한 정도로 받기는 했으나 원나라가 멸망할 때까지도 샤머니즘을 신앙하는 여러 가지 "국속구례(国俗旧礼)"를 포기하지 못하였다. 16세기 70년에 이르러 장전불교(藏传佛教)가 몽골 지역에 전파된 후 샤머니즘이 점차 몰락하게 되었다. 장전불교(藏传佛教)를 일명 라마교(喇嘛教)라고도 하며 석가모니 불교의 한 갈래이기도 하다. 명나라 시기 티베트의 불교는 종객파대사(宗喀巴大师)의 창도하에 개혁을 진행하고 저명한 격로파(格鲁派)를 창립하였다. 격로파는 혁신의 견지에서 높은 도덕을 상징하고 또 불사를 잘 치르라는 의미의 노란색을 택해 모자 끝이 뾰족한 노란색 모자를 쓰고 다녔기에 황모파라고도 한다. 역사상 격로파를 황교라고도 한다. 그리고 개혁을 진행하지 않은 기타 종교를 통칭하여 홍교(红教)라고 하였다. 종객파가 원적한 후 그의 두 제자가 교의 모든 사무를 주관하였는데 이 두 제자가 바로 티베트 불교의 유명한 지도자인 달라이 라마(达赖)와 벤첸(班禅)이다. 격로파의 경전(经典)은 주로 티베트(藏)문으로 기록되어 있으며 이것을 "감주이(甘珠尔)" 혹은 "단주이(丹珠尔)"라고 한다. 원나라 간평황제 귀유칸(贵由汗)의 통치 시기부터 몽골인들은 라마교를 접촉하기 시작하였는데 당시 라마교는 단지 상층계급인 몽골귀족들 가운데서만 전파되었고 민간에까지 광범위하게 알려지지 못하였다.

"몽골이 황교를 신앙하는 것은 알탄(俺答)으로부터 시작되었다(蒙古敬信黄教, 实始丁俺答)." 튀메드부(土默特部)의 지도자 알탄칸(俺答汗)은 16세기 그 세력을 발전시켜 몽골 우익 몽골(右翼蒙古)의 지도자로 되었고 그 세력을 서북쪽으로 확장시켰다. 1558년 알탄칸은 유고족(撒里胃兀儿)을 토벌하는 과정에 처음으로 라마교를 접촉하였다. 1571년 격로파의 학덕과 지위가 높은 승려 아흥라마(阿兴喇嘛)와 알탄칸이 만나면서 교의를 전파하고 경학을 전수하면서 알탄칸한테 황교를 신앙할 것을 권고하였다. 그리하여 "알탄칸, 종금합툰(钟金哈屯, 삼낭자-三娘子) 이하의 모든 부하가 집단적으로 불교를 숭상하였다(因而俺答汗, 钟金哈屯(三娘子)以下举国部署始皈佛教)."

초기 불상과 불경은 몽골포안에 설치하여 두었다. 1575년 알탄칸은 청해성 부근에 규모가 큰 황교사원을 건설하였다. 명신종(明神宗)이 영화사(仰华寺)라는 이름을 하사하였다. 그 후 황교는 알탄칸의 지지하에 몽골 지역에서 널리 전파되기 시작하였다. 각부 지도자들도 연이어 사찰을 건설하였고 사찰을 중심으로 종교활동을 벌였다. 따라서 사찰은 라마가 경전을 읊는 곳이기도 하며 신도들이 불상에 절을 하는 곳이기도 하다. 청조의 순치황제, 강희제 시기에 이르러 청 정부는 한편으로는 몽골인들이 사찰을 재건하는 것을 격려하였으며 또한 라마에 대해 장례 제도를 실행하였다. 일단 라마가 되면 모든 조세와 부역, 강제 노역을 면제해주었고 일정한 정도의 특권도 행사하게 하였다. 그리하여 라마가 된 몽골인이 급증하였으며 라마교는 점차 몽골족의 매 가정에 깊이 침투하기 시작하였다. 그리하여 "라마교를 진심으로 믿고 오랫동안 미혹에 빠지며 집집마다 공양하는 국면이 형성되었다(篤信喇嘛, 久已惑溺, 家家供养)." 이러한 국면은 몽골사회의 물질생산과 인구생산 수준을 크게 하락시켰다. 불완전한 통계에 의하면, 청나라 말기 막남(漠南, 내몽골) 각지에 새로 건축한 사찰이 약 400여 개 되고 막북(漠北, 할하 외몽골(略尔略外蒙古)]몽골 지역에는 약 800여 개나 된다고 한다. 청해(青海), 감숙(甘肃), 사천(四川), 신강(新疆) 등지의 몽골인(蒙古)과 장족(藏族) 집거구에는 약 600여 개의 사찰이 있다. 일반적으로 사찰에 있는 라마인은 큰 사찰에 약 2,000여 명, 작은 사찰에 10여 명 정도 된다. 할하(略尔略) 지역의 각 사찰에 있는 라마들의 수만 해도 무려 105,577명으로서 당시 몽골남성 총인구수의 44%를 차지한다. 라마교의 명성이 절정에 이르렀을 때에 라마의 수는 몽골족 총인구의 3분의 1 정도를 차지하였다. 이는 몽골족의 사회생활 전반에 막대한 영향을 미쳤다.

5. 민속문화

1) 의복 · 음식 · 주거형태

몽골족의 생산방식은 목축업을 위주로 하며 그들의 의상은 생산방식의 영향을 받는다. 남녀노소 모두 가죽으로 된 긴 두루마기를 즐겨 입으며 허리띠를 두른다. 긴 두루마기를 몽골치포(蒙古袍)라고도 한다. 몽골치포는 비교적 헐렁하기에 말을 타거나 할 때 무릎보호대 역할을 하며 추위를 막아주고 밤 휴식을 취할 때에는 이불담요의 역할도 한다. 몽골치포의 소매는 약하고 길어 승마 시에는 고삐를 잡을 때 유용하며, 겨울에는 추위를 막아주고 여름에는 소매로 벌레를 쫓을 수 있기에 몽골치포는 다양한 용도로 사용되고 있다. 의복 색상을 보면 몽골족은 백색을 숭상한다. 그것은 백색이 신성하고 순결하며 장수를 뜻하기 때문이다. 매년 명절이 되면 백색몽골치포를 입고 서로 인사를 나누면서 명절의 기쁨을 나눈다. 몽골치포는 현재 무대복장과 민간복장 두 가지로 나뉘어 있다. 민간

전통의상을 입고
유목을 하는
몽골족 남성

복장은 주로 붉은색, 노란색, 짙은 남색으로 된 천 혹은 털실을 많이 사용하고 있
다. 옷깃, 소매, 테두리 등에 정교한 꽃무늬를 수놓는다. 몽골치포를 입을 때 반드
시 허리띠를 둘러야 한다. 허리띠를 두르는 방식도 매우 까다롭다. 허리띠에 사
용하는 재료는 천, 비단 등이다. 허리띠의 색상은 몽골치포의 색상과 조화를 이
루어야 한다. 허리띠를 두르면 허리의 늑골이 수직으로 되어 안정을 유지할 수
있기에 말을 탈 때 몰려오는 피로를 해소할 수 있다. 그리고 매우 중요한 장식작
용도 할 수 있다. 이것은 미혼 여자의 상징이자 장식품이기도 하다. 몽골족은 남
녀노소를 막론하고 모두 가죽장화를 즐겨 신는다. 가죽장화는 말을 타고 내릴
때 매우 편리하며 종아리의 마찰을 감소할 수 있다. 그리고 말에서 내려 초원에
서 걸어 다닐 때에 저항력을 감소시키며 또 추위를 방지하고 바람을 막아주는

전통의상을 입고 목마를 타는 몽골족 아기

작용을 하기도 한다.

몽골족 여자에게는 "하부터거(哈布特格)"라는 독특한 장식품이 있다. 이는 몽골치포의 오른쪽 위에 옷깃 단추 옆에 걸어주는 주머니식의 작은 장식품이다. 일반적으로 길이는 3촌, 넓이는 2촌가량 된다. 그 형태는 가지각색으로서 정방형, 장방형, 삼각형, 원형, 타원형 모양이 있다. 이러한 작은 쌈지(荷包) 형태의 "하부터거(哈布特格)"는 풀색을 올린 단단한 천을 재료로 하여 가운데 솜을 넣고 비단으로 다시 포장한 뒤 꿰맨 작은 주머니이다. 겉에는 금, 은실로 몽골족 여자들이 가장 좋아하는 도안을 수놓는데, 예를 들면 아름다운 산단(山丹), 연꽃 혹은 날짐승과 동물들이다. 윗부분은 열려 있고 아랫부분에는 술로 장식하였으며, 중간에는 비단끈이 있기에 사용 시 아래위로 잡아당기면 된다. "하부터거"에는 향료, 약물, 코담배병, 담배, 바늘과 실 등을 넣고 다닌다. 이러한 "하부터거"는 유목생활에서 매우 실용가치가 있는 장식품이며 또 몽골족 젊은 여성들이 사랑을 표현하는 증표이기도 하다.

나무그릇, 허리에 차는 칼(腰刀), 부시(火鐮) 이 3가지는 몽골족 남성들이 몸에 차고 다니는 물건들이다. 몽골족은 나무그릇을 사용하기 즐긴다. 나무그릇은 원목으로 제작된다. 겉에는 백은으로 테를 둘렀으며 무늬가 매우 아름답고 정교롭다. 밥을 먹을 때 한집 식구일지라도 모두 각자의 그릇을 사용한다. 손님도 자신의 그릇으로 식사를 하여야 한다. 자신의 그릇을 갖고 다니지 않는 자는 사람들에게 놀림을 당한다. 나무그릇, 허리에 차는 칼, 부시를 몸에 지니고 다니는 관습은 몽골족의 장기적인 유목생활과 역사상 여러 차례의 전쟁난의 영향에 의해 형성된 것이라고 볼 수 있다. 의상은 하나의 문화현상이며 또한 역사의 산물이기도 하다. 의상 자체는 사회의 발전과 진보에 따라 변화되기도 한다. 이러한 변화는 주로 옷감, 스타일, 장신구 예술 등의 변화에서 표현된다. 전통 의상의 유행범위는 점차 축소되고 변화되었다.

음식은 인류 생존의 첫 번째 수요이다. 따라서 음식은 하나의 문화현상이며 각 민족의 음식은 생태환경 및 자연자원과 사회생산력 발전수준의 영향하에 독특한 색, 향, 맛을 가지는 식단을 형성하게 된다. 몽골족은 장기간 북방초원에서 유목을 위주로 생활해왔으며 독특한 민족특색을 띤 음식문화를 창조하였다. 그들의 주요 식품은 볶은 쌀을 제외하고 백식(白食)과 홍식(紅食) 등 설도 있다.

백식(白食)은 순결을 의미하는 것으로서 몽골족 사이에서 큰 인기를 끌고 있다. 백식(白食)은 식품과 음료 두 가지로 나뉘는데 우유로 만든 음료는 생우유, 요구르트, 발효시킨 우유(生熟酸酸奶), 혼합주(混合回顾酒) 등이 있다. 유제품으로는 젖두부(奶豆腐), 요구르트두부, 치즈, 버터크림, 크림, 황유, 우유부스러기, 황유부스러기, 백젖두부 등이 있다. 몽골족이 백색을 숭상하고 있기에 귀중한 손님을 접대할 때마다 백식을 대접하곤 한다. 경사로운 연회를 베풀 때 혹은 명절을 보낼 때마다 손님들에게 젖두부 혹은 우유피자를 올려 기원의 뜻을 표시한다. 만약 친인들이 먼 길을 떠나면 백식을 올려 먼 여행길에서 평안하기를 기도한다.

홍식(红食)은 육류식품이다. 그 주요 원료는 소고기와 양고기이고 다음으로는 염소고기와 낙타고기이다. 먹는 방법은 매우 다양하며 일반적으로 손으로 찢어 먹는 고기, 양고기찜, 양고기구이 등이 있다. 연회석에는 정양석(整羊席)을 준비하는데 몽골통양구이(蒙古烤全羊), 회로양고기구이(挂炉烤羊) 등이 있다.

파오거(穹庐居)는 유목민족이 창조한 것이다. 파오거의 장점은 쉽게 분리하고 조립하는 데 있다. 이는 이사할 때 매우 편리하고 폭풍·폭설에의 저해력을 감소시키며 겨울에는 따뜻하고 여름에는 시원하다. 물과 풀을 따라 이동하는 유목민족에게는 매우 적합한 것이다. 파오거의 역사는 매우 유구하며 여진족(女真人) 사이에서도 한동안 유행되었다. 근현대에 이르러서도 몽골족들은 여전히 파오거를 계승해왔다. 파오거의 속칭은 몽골포(蒙古包)이다. 그 외형은 마치 펼쳐진 우산과 흡사하다. 파오거의 윗부분에 지붕창이 있는데 그것은 공기를 유통시키고 햇빛을 받아들이며 밝게 비추는 작용을 하다. 또한 불을 지필 때 연기가 빠져나가는 통로 작용을 하기도 한다. 파오거의 외곽 주위는 탄자를 둘러 원형벽을 만들었다. 몽골포는 대부분이 하얀 탄자를 외곽에 두르고 그 위의 사면을 밧줄로 안정적으로 묶어놓는다. 몽골포의 높이는 약 7~8척이고 직경은 약 장여가량 된다. 몽골포의 크기는 60두, 80두, 90두 등 여러 가지가 있다. 몽골포 내의 뼈대구조(骨架结构)는 버드나무 가지로 만든 평행사변형 모양의 교차형으로 된 벽으로서 그물망주머니처럼 잡아당겨 늘릴 수도 있고 좁힐 수도 있다. 잡아당기면 높이가 4~5척이 되고 넓이가 약 6~7척이 된다. 연결한 뼈대구조가 크고 많을수록 몽골포의 크기도 따라 커진다. 원형 지붕창과 몽골포 골격구조 사이는 통 버드나무를 이용하여 집 기둥을 만들었다. 그리고 천장(房顶)을 중심으로 방사선식으로 위로부터 아래로 내려오면서 든든한 줄을 벽에 고정시켜 받쳐준다. 몽골포의 나무문은 밧줄에 의해 양옆의 그물모양의 벽에 고정되었으며 문밖에는 또 한 층의 털담요로 포장되었다. 이렇게 하여 모든 것이 구비된 몽골포가 구성된다. 몽골포를 지을 때에는 모두 동남방향을 향해 짓는데 이는 태양을 숭상하는 몽골 민족의 신앙과 연관되며, 중요한 것은 엄동설한의 추위와 바람을 막기 위해서이다. 왜냐하면 북방초원은 고한대(高寒帶)기후 지역에 속하기에 겨울에 서북풍이 많이 불기 때문이다. 몽골포의 건축은 몽골인민들의 지혜와 창조정신을 표현하였다. 예전의 전통관습에 따르면, 초원 유목민들은 작업과 휴식 시간을 늘 몽골포의 천장을 통하여 비추어 들어온 태양 빛의 그림자로부터 판단해왔다. 전문가들의 연구에 따르면, 동남 방향을 향해 지은 몽골포는 60여 개의 지지대가 있는데 이 두 받침대 사이에 이루어진 각도가 6도 정도 된다고 한다. 이는 현대 시계의 시간 각도와도 일치한다. 이것은 일상생활을 실천하는 중에 기하학 원리를 파악한 몽골족인들이 천문학지식을 자신 둘이 거주하는 건축예술과 실제생활에 응용하였음을 말해준다.

몽골족은 물과 풀을 따라 생활하고 있기에 말은 제일 중요한 교통도구이자 생활의 좋은 도우미이다. 유목과 사냥, 전투는 모두 말을 떠나지 못하기 때문에 몽골족은 말에 대하여 특별한 감정을 지니고 있다. 그러나 사막지대에서는 낙타가 중요한 교통도구이며 "사막의 배(沙漠之舟)"라고 불린다. 현시대의 유목민들은 지금도 말을 타고 경마 경기를 하며 말을 사랑하지만 오토바이나 지프 등 기타 차량들을 소유하고 있는 가정들이 날로 늘어나고 있다. 철도, 고속도로, 항공 등 교통 운수업이 신속히 발전되면서 교통수단에도 많은 변화를 가져왔다.

2) 혼인 · 가정과 상 · 장례

몽골족은 족외혼제도를 주장하고 있어 아내를 맞아들이려면 반드시 다른 씨족의 여자를 물색해야 하며 본 씨족에 시집온 여자는 남자 측의 일원으로 간주한다. 그것은 맞아들인 여자들이 전 씨족의 능력을 동원하여 강제적으로 빼앗거나 혹은 전 씨족의 재물을 모두 합하여 쉽지 않게 맞아들인 여자이기에 단속하여 씨족 내에 귀속시키려는 것이다. 만약 남편이 죽은 후 아내가 재가하려면 반드시 남편 측의 가족구성원과 결합하여야 한다. 『몽골비사(蒙古秘史)』에 따르면, "해도(海都)의 큰아들 백승확아다흑신(伯升豁儿多黑申)이 죽은 후 그의 아내는 버썽훠얼뛰헤이썬의 동생인 찰척해영홀(察刺海领忽)의 아내로 되었다(海都的大儿子伯升豁儿多黑申死后, 其遗孀被其亲弟察刺海领忽收嫂为妻)"고 기록되어 있다. 그리고 계모가 자신의 아내가 되는 상황도 있다. 일반적으로 귀족 신분 중의 부친은 수많은 처첩을 데리고 살기 때문에 계모의 나이는 본처가 낳은 자식의 나이와 비슷하다. 그리하여 부친이 사망한 후 왕위를 계승하면서 망부의 왕비와 첩을 마찬가지로 재산처럼 계승받는다. 칭기즈칸이 죽은 후 그 형제들이 칭기즈칸의 후첩들을 쟁탈하는 일이 발생하였다고 한다. 원나라 시기에 이르기까지 몽골족들은 형제가 죽으면 형제의 아내를 맞아들이는 풍습을 보존해왔다. 명나라 시기의 알탄칸(俺答汗)이 죽은 후 그가 총애하던 삼낭자는 선후하여 그의 장자와 장손에게 재가하였다. 이에 반해, 일반 백성들 사이에서 더욱 보편적으로 성행되는 것은 미혼인 어린 남동생이 과부가 된 형의 아내를 맞아들이는 것이다. 이렇게 하면 혼수도 절약하고 인정에도 부합된다고 인식하고 있었다.

몽골족의 혼인에는 역사상 부녀자를 강제로 약탈하여 혼인하는 풍습이 유행하였는데 이를 약탈혼(掠夺婚)이라고 한다. 만주족이 흥하기 전에 북방의 여러 종족은 이러한 단계를 모두 거쳐 왔다. 여인을 약탈하는 것과 재물을 약탈하는 것을 마찬가지로 여겼으며 이것은 부락지간에 전쟁을 치르는 목적이기도 하였다. 또한 차지한 여인이 많고 적음과 한 남성의 지위의 높고 낮음은 정비례를 이루었다. 칭기즈칸의 말에 의하면 "남자의 최대의 낙은 적들을 눌러 복종시키고 적들과 싸워 이겨 뿌리를 뽑아버리고 준마를 타고 아름다운 안해(아내)와 첩들을 맞이하여 잠자리를 시중들게 하는 것이다(男子最大乐事, 在于压服敌众和战胜敌人, 将其根绝……骑其骏马, 纳其美貌之妻妾以侍寝席)." 이는 그 당시 남성들의 정신세계를 적나라하게 표현하였다. 역사 기록에 의하면, 칭기스칸의 모친 역시 다른 남성의 신부로 출가하는 도중에 칭기스칸의 부친이 신속히 약탈하여 데려온 아내라고 한다. 칭기즈칸의 처도 한때 멸아걸인(蔑儿乞人)에게 납치되었었다. 그 당시 몽골 각 부락 사이에는 난투극과 약탈혼의 기풍이 성행하였는데, 저명한 역사 서사시『강격이(江格尔)』의 『홍고이의 혼인(洪古尔的婚姻)』 제1장에는 다음과 같이 기재되어 있다. "홍고이는 미인을 아내로 맞이하기 위하여 산을 넘고 물을 건너 분주히 다니면서 잠부말라칸(扎木巴拉可汗)의 딸 산단거르러(山丹格日勒)를 납치할 계획을 세웠다. 하지만 산단거르러가 이미 결혼했다는 소식을 듣고 갈등이 생겨 머뭇거리다가 후에 용기를 내어 찾아갔다. 너는 이미 만 18세를 지나왔다. 아내를 맞이하기 위하여 고향을 떠나 먼 곳을 마다하고 고생하여 미인을 찾아갔는데 신부의 그림자도 못 보고 뒷걸음질만 하면 영웅이라는 단어에 모욕을 주는 것이 두렵지 아니한가." 이 서사시의 기록에 따르면 약탈혼인은 당시에 있어서 공정하고 합리적인 영웅적 행위라고 여겨졌으며 신부를 빼앗긴 신부의 부모는 사위가 영웅인 것을 자랑스럽게 생각하였다. 현재 몽골족의 혼인은 일부일처제를 실시하고 남녀가 모두 자유롭게 연애한다.

유목 시기에 몽골인들은 고정적인 묘지가 없었다. 장례풍습에는 주로 야장(野葬)과 원지장(原地葬)이 있다. 야장 의식은 사람이 죽은 후 시체를 굴레차(勒勒车, 몽골족 수레)에 싣고 초원을 돌아다니다가 시체가 들판에 떨어지면 그 자리에 묻었다. 그런 다음 시체를 들판에 버리고 차를 끌고 몽골포에 다시 돌아오면 장례의식이 끝났다. 원지장은 친인이 죽은 후 시체를 친인이 살았던 곳에 두고 제사를 지낸 다음 식구들이 모두 함께 다른 곳으로 이사를 가는 것이다. 이것도 실제는 야장에 속한다.

이후에 몽골족도 한족과 기타 민족의 영향을 받아 고정된 묘지를 사용하기 시작하였다. 특별한 사고 없이 자연사한 사람들은 토장(土葬)을 실행하고 사고나 여러 가지 원인으로 사망한 사람들은 화장(火葬)을 실행한다. 장례를 치를 때 목관을 사용한다. 관목의 모양에는 두 가지가 있다. 하나는 와관(臥棺)으로 일반인이 죽으면 와관을 사용한다. 다른 하나는 좌관(坐棺)인데 좌관의 모양은 매우 특별하다. 외형은 마치 자그마한 절 모양과 흡사하다. 모두 세 층으로 나누어졌으며 윗부분은 처마식의 지붕이고 중간층은 장방형 모양이며 아래층은 정방형 모양이다. 입관할 때 죽은 사람을 다리를 틀고 관에 앉게 하며 엉덩이 아랫부분은 밑층에 놓이게 하고 몸과 허리부분은 중간층에 놓이게 하며 머리 부분은 맨 위층에 놓이게 한다. 오직 활불(活佛), 갈근(葛根), 라마(喇嘛), 여승 그리고 불교를 특별히 경건하고 정성스럽게 믿는 사람만이 좌관을 사용할 수 있다.

몽골 사람들이 토장을 실행한 후 친인이 죽으면 장례를 치르기 전에 집에서 영혼을 잠시 머무르게 하고 3, 5, 7일 동안 제사를 지낸 후에 장례식을 치른다. 장송하는 방식에는 만약 노인이 사망한 후 관은 사람이 들고 중년과 청소년이 사망하면 차로 영구를 실어 묘지에 보낸다.

3) 명절과 체육

몽골족에게 있어서 가장 성대한 전통명절은 나담페어축제(那达慕大会)이다. 명절은 초원에 풀들이 무성하고 가축들이 살쪄 있는 매년 음력 7월과 8월 사이에 진행한다. 나담페어축제의 의미는 "오락"과 "노는 것"이다. 집회가 열리는 시기는 3일, 5일 혹은 6일, 7일인데 이는 대회의 규모에 따라 일정하게 변화된다. 나담페어축제의 역사는 유구하다. 역사 기재에 의하면 칭기즈칸이 화자자모(花刺子模)를 정복한 승리를 경축하기 위하여 포합소제해(布哈苏齐海)에서 성대한 나담페어축제를 진행하였고 경축대회에서는 활쏘기시합을 진행하였다. 그 후 원·명 시기를 거쳐 활쏘기, 씨름, 말타기는 남자들이 나담페어축제에서 자웅을 겨루는 항목이 되었으며 그중에서 씨름과 말타기는 많은 사람들의 관심과 주의를 끌었다. 씨름경기에서 우승한 사람은 수매(독수리)라는 명예를 얻었고 제일 먼저 결승선에 이른 기수는 초원에서 제일 숭배하고 존경하는 영웅적 존재가 되었다. 청나라 시기에 이르러 나담페어축제는 점차적으로 정기적으로 소집하는 조직성이 있고 목적성이 있는 오락활동으로 변해갔다.

나담페어축제는 현재 몽골인민들의 마음속에서 오래되고 성스러운 명절이다. 씨름, 활쏘기, 말타기 등 고전적인 항목을 제외하고 사격, 밧줄 당기기, 가무공연 그리고 물자교환, 초원관광, 초원문화절 등 내용들이 증가되었다.

나담페어축제를 제외하고 몽골족에게는 또 대중성적인 두 가지 중요한 명절이 있다. 즉, 음력설(大年)과 소년(小年)이다. 몽골족은 음력설(春节)을 상절(上节)이라고 한다. 섣달그믐날 초원의 유목민들은 한 가정이 모두 모여 "수파육(手把肉)"을 먹는다. 저녁이 되면 새날이 밝기를 기다리면서 몽골 장기를 두고 연예인이 마두금(马头琴, 몽골족의 현악기)을 연주하는 것을 듣고 부녀자와 아이들은 샤라카(嘎拉卡, 양의 뼈로 만든 놀이-양골괴자(羊骨拐子)]를 놀거나 노래를 부르기도 한다. 새벽이 밝아올 무렵 손아랫사람들은 손윗사람들한테 사세주(辞岁酒)를 올린다. 그리고 온 가족이 난로를 에워싸고 모여앉아 물만두를 먹는다. 정월 초하루에 사람들은 색상이 화려하고 아름다운 전통복장을 입고 향을 피우고 폭죽을 터뜨린다. 그리고 말을 타고 놀거나 혹은 친척과 친구의 집을 방문하여 서로 새해의 축복을 주고받는다. 농업지역(农区)의 몽골족들은 음력설 기간에 연등회(灯会), 그네 타기, 씨름, 민족가요 등 여러 가지 오락체육활동을 벌인다.

소년(小年)은 음력 12월 23일이다. 이날은 바로 부뚜막신(灶王爺)에게 제사를 지내는 날이다. 그리하여 이날을 제조(祭灶), 제조(祭灶神), 제화(祭火)라고도 한다. 집마다 부엌에서 향을 피우고 제물을 준비하는데 제물에는 백식과 홍식이 있다. 제사를 지낼 때 온 가족이 모두 부뚜막신에게 절을 올리고 머리를 조아린다. 그리고 연장자는 기도문을 읊고 비호를 해주기를 기도한다.

몽골족의 명절에는 음력설, 정월 대보름(정월 15일), 한식(寒食), 청명, 불교 관불회, 단오, 칠석, 중원(음력 7월 15일), 추석, 중양절, 동지, 납일, 제오보, 제천, 나담축제, 소년 등 전통명절들이 있다. 이상 열거한 명절 중에서 일부는 몽골 민족이 공동으로 경축하는 명절이고 일부분은 거주하는 지역의 명절이다.

몽골족의 씨름은 체육 유형의 한 종류로서 이 풍습은 북방의 여러 민족이 모두 진행하는 풍습이다. 예를 들면 다우르족, 카자흐족, 조선족, 살라족 등이다. 그러나 몽골족의 씨름은 그중에서도 남다른 풍격을 지니고 있다. 몽골족의 속담에 "초원의 남자는 세 가지 재주를 가지고 있어야 하는데 그것은 바로 씨름, 말타기, 활쏘기이다"라는 말이 있다. 그중 씨름은 세 가지 재주 중에서 가장 손꼽히는 재주이다.

씨름은 몽골족 인민들이 용감하고 슬기로운 성격의 상징으로서 활력이 넘치고 민족특색이 농후한 운동이다. 문헌기재에 따르면, 13세기에 씨름은 이미 몽골족 지역에서 대단히 성행하였다고 한다. 당시 씨름은 군사 체육 운동 중의 하나이며 또한 대중적인 오락활동의 하나였다. 옛날 각 부락 사이에서는 화합과 단결을 꾀하기 위하여 늘 씨름 시합을 진행하였다고 한다.

몽골족의 씨름 시합은 대부분 명절(예를 들면 나담축제)과 수확을 경축하는 날에 많이 진행한다. 의식이 성대하며 광경이 열렬하다. 시합 전에 덕망이 높은 연장자가 씨름 선수의 체질과 연령에 따라 시합소조를 편성하고 짝을 지어준다. 성대한 시합이면 씨름 선수들이 초원에 구름같이 모여드는데 많을 때에는 100명 이상에 달하며 거기에 열정적인 관람객들까지 모여들면 그 장면은 정말 장관이다. 씨름 선수들의 옷차림을 보면 위풍당당한 모습이 그대로 드러난다. 위에는 소가죽(혹은 낙타가죽)으로 된 몸에 붙는 반팔 조끼를 입고 아래옷은 테두리에 꽃무늬 도안이 새겨진 검은색 바지를 입고 신은 검은색 장화를 신는다. 어떤 선수들의 목에는 많은 채색띠가 걸쳐져 있는데 이는 그가 지난 시합에서 우승을 하였다는 상징이며 또한 개인 실력을 나타내는 표현이기도 하다.

경기에는 일정한 절차가 있다. 경기가 시작될 때 씨름 선수들은 연장자의 인솔하에 위풍당당하게 경기 장소에 도약하면서 나아가야 한다. 연장자는 "아" 자로 노래를 부르면서 선수들에게 축복을 준다. 이때 주위의 관중들은 마두금의 현악기소리를 모방한 "태양의 노래(朝日歌)"를 부른다. 씨름선수들이 서로 허리를 굽혀 상대방에게 경례를 한 후 경기는 정식으로 시작된다. 이때 경기장의 모든 노랫소리는 멈추고 관객들의 시선은 모두 씨름 선수들한테 집중된다. 한차례의 씨름 경기가 끝날 때마다 관중들의 노랫소리는 또다시 울려 퍼지며 이러한 형식이 반복 순환되면서 경기가 끝날 때까지 거듭된다.

6. 문학예술과 교육 · 과학기술

1) 문학과 역사학

몽골 민족 문학역사는 매우 유구하며 중국과 외국에 이름이 널리 알려졌다. 신화전설과 같은, 샤머니즘제문(萨满教祭词), 민요, 영웅사시, 서사시, 민간 이야기, 가요, 축문, 찬사 등은 내용이 풍부하고 형식이 독특하다. 따라서 몽골족 인민들의 역사 발자취를 진실하게 기록했을 뿐만 아니라, 또 몽골족 인민들의 정신세계를 충분히 보여주었다.

역사문학 명작전기 『몽골비사(蒙古秘史)』(지역-旧译), 『원조비사(元朝秘史)』, 민간우수서사시 『칭기즈칸의 두 필의 준마』, 『고아전』, 서정가요 「모자가(母子歌)」, 「금궁화피서(金宫桦皮书)」, 「아뢰흠백지가(阿赖钦柏之歌)」 등의 출현은 작가 문학의 흥기와 각종 유형의 민간문학의 지속적인 번영 발전을 보여준다. 문학 사상에서 제일 첫 번째로 되는 단편소설 『오파회홍길대(乌巴会洪吉台)』와 농후한 문학색채를 띤 역사서 『황금사』 및 전기식(传纪式) 장편영웅서사시 『강격이(江格尔)』, 『격사이전(格斯尔传)』은 모두 장기간 동안 구두(口头)로 전해져 온 것들을 엮어 만들어진 서면작품이다.

청나라 시기 몽골족 작가 윤잠납희(尹湛纳希)는 몽골어로 된 저작 『단층집(一层楼)』, 『읍강정(泣江亭)』 등 명작들을 창작하였다. 그리고 부친을 계승하여 장회역사소설 『청사연의(青史演义)』를 완성하였다. 이는 중국 문학역사에 새로운 업적을 남겼다.

몽골족의 역사학은 매우 유구하며 성과도 상당히 많다. 위에서 언급한『몽골비사』는 문학적 가치가 있을 뿐만 아니라, 13세기 몽골문자로 쓴 첫 역사서이다. 저자는 편년체 형식의 생동한 필체로 그 당시 북방 초원의 여러 부족의 통일의 역사, 몽골사회의 생활상태, 계급관계, 칭기즈칸의 정치, 군사조치를 서술하였을 뿐만 아니라, 또 와활대(窩闊台)가 칭기즈칸의 뒤를 이어 황제가 된 후의 여러 가지 사적들을 기록하였다. 이는 매우 높은 역사적 연구 가치를 갖고 있으며 후세 몽골사학의 발전에 매우 큰 영향을 일으켰다. 그러나『금책(金冊)』[금일(수佚)]은 단순히 편년체 역사서이며『몽골비사』의 내용과 비슷한 점이 많다. 13세기 후반에 이르러 몽골문으로 쓰인『성무친정록(圣武亲征录)』(원고는 소실되었으나 한문으로 된 번역본이 전해 내려옴)은 원태조(元太祖), 원태종(元太宗)의 사적을 기록하였다. 이 역사서는『몽골비사』에 비해 완정하진 못하나『몽골비사』에서 빠진 내용들을 보충하여준 장점이 있다. 또한 한문으로 쓰인『십삼조실록(十三朝实录)』이 있는데 발행되지는 못하였으나 명조 시기 편찬된『원사(元史)』에 기본 자료를 제공해주었다. 원나라 시기 탈탈(脱脱)의 주최하에『송사』,『요사』,『금사』,『대원일통지』등을 편찬했는데, 그러한 편찬과정에는 모두 몽골인들이 참여하였다. 명·청 시기 몽골족들은 역사 저작들을 지속적으로 편찬해냈는데, 비교적 중요한 저작으로는『황금사강(黄金史纲)』,『몽골원류(蒙古源流)』등이 있다. 이는 모두 몽골 편년사의 대표작들이다. 이러한 대표작들은 14세기부터 17세기까지의 몽골사회 각 방면에 대한 연구에 있어서 매우 큰 가치가 있는 역사적 자료들을 제공해주었으며 후세에게 연구의 길을 닦아주었다.

2) 음악 무용

우리는 몽골족을 음악민족 또는 시가민족(诗歌民族)이라고 부르고 있다. 오르도스(河套) 지역에는 "오르도스의 민가는 소털 같이 많아 3년을 불러도 소의 한쪽 귀만큼도 못 부른다"는 말이 전해 내려오고 있다. 이는 몽골족 민가가 많다는 것을 말해준다. 몽골 민가는 민족성악의 독특한 풍격을 갖고 있다. 맑고 깨끗하고 우렁찬 소리든지 아니면 낮은 음량으로 울리는 소리든지를 막론하고 모두 몽골족 인민들의 소박하고 통쾌하며 열정적이고 호탕한 성격을 충분히 표현하였다.

몽골족의 장조(长调)민가는 초원 유목가의 가장 대표적인 예술형식이다. 자유롭고 쾌적하며 길고 드넓은 특색을 가지고 있는 장조민가는 부동한 지역에 따라 부동한 특징을 가지고 있다. 호륜패이맹의(呼伦贝尔盟) 민가는 명쾌하고 낙관적이며 시림곽륵시의(锡林郭勒市) 민가는 완연하고 은은하다. 이에 반해, 악이다사시(鄂而多斯市) 민가는 도약적이고 호방하다. 장조민가와 달리 단조민가는 곡의 양식이 짧고 구성에 빈틈이 없으며 음조가 간결하고 선율이 매우 평화롭다.

몽골족의 민간무용은 일찍이 세상에 유명세를 펼쳤다. 전통적인 민간무용으로는 안대무(安代舞), 충완무(盅碗舞), 젓가락무, 목마무 등이 있다. 안대무(安代舞)는 군중들의 오락 무용으로서 그 특징은 손으로 채색띠를 흔들면서 제자리걸음 형식으로 춤을 추는 것인데 일반적으로 노래로 반주한다. 충완무는 여성이 혼자 추는 춤이다. 상반신 특히 어깨로 표현하는 무용 자태가 매우 풍부한 것이 특징이다. 악기의 반주에 따라 무용의 자태는 단아하고 소박하며 부드러움과 강건함이 함께 어우러져 있는 풍격을 갖고 있다. 젓가락 무용은 남자 예능인들이 혼례, 명절, 연회석에서 단독으로 표현하는 무용으로서 모든 동작이 모두 몸을 절반 정도 구부려 앉은 상태에서 팔과 어깨의 동작을 쭉쭉 뻗는 동작으로 율동이 강렬하고 빠르며 씩씩하고 힘이 있는 특징을 가지고 있다. 목마무는 말의 갖가지 자태나 동작을 모방한 것으로서 가볍고 느릿느릿한 걸음걸이나 날아오르는 듯 질주하는 말의 모습들을 아낌없이 생동력 있게 표현함으로써 유목생활의 정경들을 잘 표현하였다.

몽골족의 악기는 주요하게 호가(胡笳), 화불사(火不思), 사호(四胡), 사현금(四弦琴), 마두금(马头琴), 팽충(碰盅), 태평고(太平鼓), 삼현(三弦), 몽골쟁(蒙古筝), 몽골비파(蒙古琵琶), 피리(笛子), 양금(扬琴) 등이 있다. 그중에서 민족 특색이 비교적 독특한 것은 마두금이다. 마두금은 말 머리 무늬로 조각하였기에 마두금이라고 한다. 마두금의 본체와 선은 딱딱한 나무로 만들었다. 마두금의 음향은 평평하며 대부분 제형 모양 혹은 장방형 모양으로 만들었다. 그리고 두 면은 도안을 새긴 말가죽과 양가죽으로 되어 있으며, 악기 줄은 두 가닥의 말 꼬리털로 만들었다. 그 음색은 부드럽고 매끄러우며 소박하고 중후하며 고음 부분은 맑고 홍겹고 듣기가 아주 좋다. 마두금은 독주뿐만 아니라 재담과 민가 반주에도 사용된다.

3) 서화와 조각

몽골족의 서화는 원나라 시기에 이미 매우 높은 조예를 갖추었으며, 청대에 이르러 매우 큰 발전을 가져왔다. 원나라 시기 소설태자[小薛太子, 원태정제제3자(元泰定帝第三子)]는 사슴을 그리는 데 매우 능숙하였다. 옥출우(玉出于) 부자는 묵죽을 그리는 데 유명했고 화례확손(和礼霍孙)은 초상화를 그리는 데 매우 능숙했다. 야선첩목아(也先貼木儿)는 산수화를 그리는 데 유명했고 백안수인(伯颜守仁)은 참대를 즐겨 그렸다. 구비라이(忽必烈)의 아들 진금은 서법, 특히 전서체, 예서체에 조예가 깊다. 그의 서법은 당시 수많은 사람들의 칭찬을 받았는데 사람들은 그가 쓰다가 흘려버린 종이도 서로 빼앗아 소장하였다고 한다. 낙회우(诺怀尤)는 큰 글씨를 쓰는 것으로 유명했다. 그가 쓴 글자는 직경이 수 척이나 되었는데 글자마다 힘이 있고 단정했다. 명나라 시기 궁중의 태감인 진희공(陈喜工)은 인물과 새, 짐승을 잘 그렸다. 알탄칸(俺答汗)이 명나라 황제에게 보내는 글의 부도도 매우 진귀한 예술품의 하나이다. 그림은 매우 세밀하고 정교하게 그려졌으며 세부적인 것까지 아주 치밀하게 그려졌다. 예를 들면 칠공교동(七孔桥洞), 성루, 성벽, 궁중건축 등을 매우 생동하게 그려냈으며 회화필법이 매우 독특한 장점이 있다. 청나라 시기 몽골족의 법식선(法式善)은 서법에 능했을 뿐만 아니라 조각가(篆刻家)이기도 했다. 그가 그린 그림 「망산동역추도(蛮山同驿秋图)」는 현재 일본에 소장되어 있다. 포안도(布颜图)는 유명한 산수화가이다. 그가 쓴 『화학심법문답(画学心法问答)』이란 서적에서는 화론중의 많은 문제들을 논하였으며 그림은 많지만 난잡하지 않고 간단하면서 무게가 있는 특징을 가지고 있다. 벽창(璧昌)은 시도 잘 쓰고 그림도 잘 그렸다. 또한 범을 잘 그리는 것으로 묘기를 가지고 있었다. 청나라 시기에 몽골족의 서법에서 성과를 거둔 사람들이 적지 않았다. 예를 들면 석진(锡缜)은 서예의 서체(四体之书)에 모두 능숙하였는데 그중에서도 전서(篆书)체에 비교적 조예가 깊었고 작은 서체에도 능란하였다. 음덕포(音德布)는 초서(草书)체에 능하였고 영인(荣昀)은 공서(工书)라 할 정도로 누구나 모방할 수 없을 정도였으며, 굵거나 약하거나 할 것 없이 모두 살아 숨 쉬는 것처럼 생동하였다. 그리고 가는 해서체(细楷)는 조맹부(赵孟頫)와 흡사하였다. 경혜(景惠)의 해서(楷书)체는 훗날의 자손들이 두고 계속 논의하는 대상이 되었다.

조각 방면에서 몽골족의 민간조각은 석(石), 목(木), 뼈(骨)조각이 있다. 청나라 옹정 시기에 수건한 오탑사조각(伍塔寺雕刻)의 능수능란한 조각예술은 새롭고 독특한 조형에서 표현될 뿐만 아니라 매 한 부분의 세부적인 부분에까지 돌조각, 부조(浮雕), 선각(线刻) 등 기술을 종합적으로 사용하여 그 수법을 표현하여 석조(石雕)예술의 가작(佳作)이라고 불리기도 하였다. 목조(木雕), 골조(骨雕)를 하나씩 혹은 두 가지 조각기술을 융합시키는 방식은 몽골족의 칼도구, 술도구, 차도구, 말안장, 악기, 나팔, 장신구함, 그릇이나 쟁반 등에 쓰였는데, 끼워 넣는 수법을 이용한 것도 있었다. 몽골족의 전통 민간공예에는 말안장, 금 그릇, 금은 그릇 제작과 양털 혹은 낙타털로 만든 담요, 가죽 만드는 일 등이 포함된다. 말안장의 제작은 정밀하고 섬세하며 디자인이 다양한데, 안장 위에 금은 장식을 한 것이 제일 좋은 상품이다. 버드나무 뿌리를 돌려 깎아 만든 모형에 다시 또 은 조각을 박아 만든 은 그릇은 빛이 나고 작으면서 정교하다. 석림곽시(錫林郭勒市)에서 직조한 꽃을 수놓은 탄자는 도안구조가 풍부하며 주로 남색을 사용하여 만들었다. 이는 몽골족의 생활에서 실용적 가치가 있는 물건이자 현재 유행되고 있는 민간 공예품이기도 하다.

4) 교육

몽골족의 조기교육의 특징은 실천을 통하여 교육을 받는 것이다. 즉, 입으로 전달하고 몸으로 배운다는 것이다. 구비라이(忽必烈)는 원나라를 건립한 후 경성에 국자학(国子学)을 설립하였다. 국자학은 원조의 최고학부이다. 학부에서는 주로 『통감절요(通鉴节要)』를 몽골문으로 번역하여 가르쳤다. 그 후 『제범(帝范)』, 『자치통감(资治通鉴)』, 『대학연의(大学衍义)』, 『정관정요(贞观政要)』 등 몽골문으로 된 원본(蒙文本) 혹은 절요본(节要本)과 사서(四书), 오경(伍经)을 가르쳤다. 그리고 성적이 우수한 자는 고등생원(高等生员)으로 진급시켰다. 명 · 청 시기와 민국 시기에 몽골 지방의 사립기숙교육이 매우 흥행하였다. 만-몽문고등학당(满-蒙高等学堂)은 북경에서 제일 일찍 설립된 고등학당으로서 청(清)조 광서(光绪) 33년(1907년)에 설립되었다. 이곳은 몽골 각 지방으로부터 학생을 모집하며 교육하였으며, 교육과정은 예과(预科) 2년, 정과(正科) 3년으로 나뉘었다. 이는 만주 문자와 몽골 문자를 통재한 인재를 전문적으로 양성하는 학교로서 만주 문자와 몽골 문자, 지리, 역사를 가르치며, 일반학과, 법정학과, 측량제도학과 등 과목들도 설치하였다. 그 외 기학(旗学)은 청대 몽골8기(蒙古八旗)의 학교이다. 신해혁명 후 몽골지역의 신식학교가 점차 사립기숙학교로 대체되면서 20세기 30년대 이후부터는 중학교, 사범학교가 각 맹기(盟旗)에 보급되었다. 특히 1913년 북경에 건립한 몽골장족(蒙藏)학교에서는 천여 명에 달하는 몽골족 학생을 받아들여 수많은 우수한 지식인과 혁명가를 양성해냈다.

5) 과학기술

중국 과학기술 역사를 돌이켜보면 고대에 이미 세계 선진적인 수준에 도달하였다. 그 과정에는 몽골 민족이 이룩한 공헌도 포함되어 있다. 예를 들면 천문역법(天文历法), 농목업(农牧业), 의약학, 수리화(数理化), 병기제조(兵器制造) 등 방면에서 걸출한 인재들이 용솟음쳐 나왔으며 따라서 수많은 과학연구 성과를 취득하였다.

원나라 시기 몽골족 통치자들은 천문역법 연구를 매우 중요시하였다. 1271년 원세조 쿠빌라이(忽必烈)의 주장으로 상도(上都, 현재 내몽골정람기경 내)에 천문대를 새로 건축하였고 1276년에는 등봉(登封, 현재 하남성 등봉현)천문대, 대도(大都, 현재 북경)천문대를 새로 건립하였다. 이러한 천문대 건축은 규모가 크고 기계 설비가 완벽하여 천문관측연구에 비교적 이상적인 물질조건을 제공하였다. 위에 서술한 3개의 천문대 이외에 24곳의 관측소를 세웠다. 당시 대도에 위치하여 있는 천문대는 세계상에서 규모가 제일 크고 설비가 가장 완벽하며 관리가 가장 과학적인 천문대 중의 하나이다. 여러 과학자의 노력으로 원조의 천문학자들이 황도면과 적도대거리(黄赤大距)와 항성 관찰에서 돌출한 성과를 이룩하였다.

현재 훅호트(呼和浩特)의 오탑사(伍塔寺)의 벽에 몽골어로 된「석각몽골문천문도(石刻蒙文天文图)」가 그려져 있는데 '흠천감회제(钦天监绘制)'라고 적혀 있다. 이는 내용이 풍부하고 전면적인 개천도(盖天图)로 지금까지 발견된 유일한 석각몽문천문도이다. 내몽골도서관에 소장되어 있는 몇 권의 몽골문 천문서적(손으로 책을 베껴 쓴 것)이 있는데, 그 중 한 가지가 바로『천문학』(모두 2권)이다. 이 책에는「전천성도(全天星图)」가 그려져 있는데 그 부분이 바로 이 저서 가운데서 가장 가치가 있는 내용 중의 하나이다. 성도는 황도에 의해 갈라졌으며, 남북 천도도 각기 한 폭씩이다. 매 폭의 그림에는 황극이 그려져 있을 뿐만 아니라 적극도 그려져 있다. 이러한 천문도는 중국 역사에서 보기 드문 것이다.

역법 방면에서 몽골족들이 초기에 사용한 역법은 자연역법이다. 즉, 초목으로 연대를 표기하였다. 풀이 파래지면 1년이고 새 달이 뜨면 1월이라고 하였다. 유목경제가 발전함에 따라 몽골 민족들은 자신의 역법인 "몽골황력(蒙古皇历)"을 만들어냈다. 즉, 12생초년법(12生肖年法)이다. 이 연법은 12년을 주기로 하여 계속 순환하며 쥐띠 해를 첫 띠로 하였다. 원나라를 세운 후 간지기년법(干支纪年法)을 사용했으나 지원(至元) 13년(1276년) 구비라이가 태사국(太史局)을 설립한 후 역법을 수정하였다.

수정한 후의 새로운 역법을 "수시력(授时历)"이라고 이름을 지었고 지원 18년(1281년)부터 사용되기 시작하였다. 이 역법은 중국 고대에서 계산이 정확한 한부의 역법이다.

의약학 특히 외과학 방면에서 몽골족들은 본 민족의 생활 특징에 결합하여 자신들의 외과의료기술(마치거나 넘어져서 뼈가 많이 다쳤을 경우)을 중원에 전파하였다. 그리하여 중국의학 역사상에서 처음으로 정형외과가 나왔다. 당시 대퇴골을 접합하는 수술에서 이미 몽골족들은 얼음마취법을 사용하였다고 한다. 몽골의 유명한 몽골의사(蒙医) 작이제묵근(绰尔济墨尔根)은 뼈와 관련한 치료와 외상치료에 있어 그만의 독특한 치료법을 가지고 있었다. 명·청 시기 몽골족 의학체계는 점차 완정화되어 갔으며, 주요 몽골의학 저작으로는 오주목심(乌珠穆沁) 사람인 군부자부(衮布扎布)가 편찬한 몽골어로 된 책『처방』과 이시바라지르(益希班觉)가 편찬한『감로지천(甘露之泉)』이라는 책이 있다. 책에서는 병리(病理), 진단, 치료 등 방면에 대해 체계적으로 상세히 논술하였다. 그리고 380여 종에 달하는 약과 모든 약의 작용과 용도에 대하여 상세히 설명하였다. 동시에 몽골어로 번역한 장의명작『사부의전(四部医典)』을 출간하였다. 몽골족 의학은 진단 방면에서 왕(望), 문(问), 절(切), 소(消), 해(解), 온(温), 보(补), 화(和), 한(汗), 토(吐), 하(下), 정(静), 양(养) 등 방법을 사용하였다. 그리고 병을 치료할 때 이미 제조해놓은 약(成药)을 많이 사용했다. 또한 식이요법, 침구요법(灸疗), 엄요법(罨疗), 터박소요법(慈博素疗), 피부요법, 온천요법, 바늘로 찌르는 침자방혈법(针刺放血疗), 안마요법 등을 정리해냈다. 당시 몽골 정형외과는 세계적으로 선두를 차지하였다.

몽골족은 수학 방면에서도 뛰어난 성과를 거두었다. 가장 먼저 유클리드의『기하원본』을 연구한 사람이 바로 몽가한(蒙哥汗)이다. 저명한 수학자 명안도(明安图)는 30년의 연구를 거쳐 원주율 공식을 증명해냈으며『할원밀솔첩법(割圆密率捷法)』을 세상에 남겼다. 이는 중요한 학술 가치가 있는 수학서적이다. 몽골족의 수학자 도륜(都伦)이 편찬한『이소대방산초(贻笑大方算草)』또는『소광장초편(少广章初編)』은 중국 수학발전에 적극적인 작용을 하였다.

병기(兵器)제조 방면에서 원나라는 전쟁의 수요에 따라 무기를 지키는 관아를 설립하였으며 중국 병기 사상 처음으로 되는 금속관형사격화기(金属管形射击火器)-화통(火铳)을 연구해냈다. 원나라 화통과 화약 제조는 당시 세계에서 우위를 차지하였다. 그 외에도 화살, 총, 칼, 갑옷 등의 제조도 매우 선진적이었는데 수량과 종류가 많고 품질이 뛰어나 전반적으로 볼 때 원나라 병기제조업은 특출한 성과를 거두었다고 할 수 있겠다.

동향족(东乡族)

1. 민족개관

동향족(东乡族)은 중국 감숙(甘肃)성 남부 지역의 조하(洮河)의 서쪽, 대하하의 동쪽과 황하의 남쪽 산기슭(山麓) 지대를 바탕으로 형성 발전해온 민족이다. 2000년 통계에 의하면, 동향족은 약 513,805명에 달하였고 주로 림하(临夏)회족자치주의 동향족자치현과 그 주위의 광하현, 화정현, 강락현과 림하현, 적석산자치현에 거주하고 있다. 그 외 난주(兰州)와 녕하(宁夏), 신강(新疆) 지역에도 일부분 동향족이 살고 있다.

동향족의 족명은 그들이 하주(河州) 동향에 거주한 역사적 사실에서 유래된 것이다. 하주는 지금의 림하를 가리킨다. 명나라 시기 하주위(河州卫)라고도 불렸으며 그 관할 범위에는 현재 림하회족자치주 소속의 7개 현과 그 부근의 청해 순화, 귀덕, 하하, 림담 등 지역들이 포함된다. 당시 행정지역을 볼 때, 하주위는 동남서북 4개의 향으로 나뉘어 있었다. 남향은 지금의 화정(和政)과 강락두현(康乐两县) 지역이고 서향은 현재 림하현의 서쪽 지역이며 북향은 현재의 영정(永靖县)현과 맞물리며 동향은 현재의 동향족자치현이다. 이전에는 동향족을 동향회(东乡回), 동향몽골이라고 부르기도 했다. 중화인민공화국이 성립된 후, 국가에서는 동향족의 의념에 따라 동향족이라고 족명을 고쳤다. 1950년 10월, 동향족의 주요 거주지역인 동향지역에 현급의 동향자치구를 설립하였으며 1954년에 이르러 자치현으로 되었다.

동향족자치현은 림하회족자치주의 동북부에 위치하고 있으며, 총면적은 약 1,400km²에 달한다. 자치현 경내에는 동향족을 제외하고 회족, 한족 등 민족이 더불어 살고 있는데 그중 동향족 인구는 전 현 인구의 약 67% 정도 차지한다. 자치현의 세 면은 강을 사이에 두고 있으며, 황하가 현의 서북 변경지역을 경과하여 30km를 흘러 지난다. 현재 중국 발전량이 가장 큰 류가협수리(刘家峡水利) 발전소가 이곳에 세워져 있다. 도하는 남으로부터 시작하여 북으로 흐르는데 자치현의 동부와 동북부 변두리 연안지의 70km를 지나고 대하하는 자치현의 서남부를 20km 흘러 지난다. 동향족 지역은 비록 세 면이 하류에 둘러싸여 있으나, 경내의 지세가 워낙 높기에 과거나 현재 모두 이러한 하류를 이용하여 생산을 발전시키지 못하고 있다. 지형 특징상에서 전 현은 마치 펼쳐진 우산처럼 쇄남패를 중심으로 사방으로 널려져 있고 6개의 큰 산등성이와 6개의 큰 골짜기로 구성되었다. 산등성이가 높고 골짜기가 깊어 사람들은 동향 지역을 "산이 높고 뾰족한 봉우리가 없으며 골짜기가 깊어서 바닥이 보이지 않으며 참새가 앉을 곳이 없어 떨어져 죽고 뱀이 기어가다가 굴러 떨어지면 골짜기가 깊어서 죽어버린다"고 하였다. 하지만 동향족 인민들은 여러 민족 인민들과 함께 자신의 근로함과 지혜로 악렬한 자연환경과 투쟁하여 이 높은 산 깊은 골짜기에 38만 무나 되는 토지를 개간하여 삶의 터전을 마련하였다.

동향족은 본 민족의 언어가 있으나 문자는 없다. 언어는 알타이어계(阿尔泰语系) 몽골어족에 속한다. 동향어의 40~50% 되는 단어는 몽골어와 같거나 비슷하다. 동향족은 청해 동인현(青海同仁县)의 토족(土族), 적석산 대하가 지역(积石山大河家地区)의 보안족 그리고 은격어(恩格语)를 사용하고 있는 유고르족(裕固族)과 대화할 수 있다. 단어 중에는 일부분 돌궐어 외래어(突厥语借词)가 있는데 이는 그들의 언어가 돌궐어의 영향을 받았다는 것을 말해준다. 그 외 한어 외래어도 일정한 비중을 차지한다. 대대수 동향인은 한어를 겸용하고 있으며 한자도 동향족의 통용문자로 되었다.

2. 민족의 기원과 사회발전

동향족은 13세기 초부터 14세기 초반까지 동향지역에서 거주하고 있던 서로 다른 민족이 융합되어 형성된 민족으로서, 지금까지 약 700여 년이라는 역사를 가지고 있다. 동향족은 문자가 없고 한문으로 된 기재가 결핍한 원인으로 말미암아 동향족의 족원에 대해서는 여러 가지 설법이 있다. 어떤 사람들은 동향족이 몽골인으로부터 기원되었다고 하고 어떤 사람들은 몽골이 서정(西征)할 때 중앙아시아로부터 동향 지역에 진입해온 중앙아시아의 여러 민족과 아랍인, 페르시아인 등으로부터 기원되었다고 한다. 또 어떤 사람들은 동향족이 현지의 회회인(回回人)을 위주로 기타 몽골인, 한족인들을 융합하여 형성된 민족이라고 주장하고 있다.

동향족은 자신들을 싸얼터(撒尔特)라고 자칭한다. 『몽골포밀사(蒙古包秘史)』와 일부 역사서의 기재에 의하면 싸얼터는 중앙아시아 일대의 무슬림을 가리킨다. 동향족의 자칭사실과 근래 학자들의 연구 성과에 의하면 동향족의 형성은 13세기 몽골군대의 서정과 밀접한 연계를 가지고 있다. 몽골군대가 서쪽을 정벌할 때 다수의 싸얼터인이 몽골군에 가입되었거나 몽골군대의 의지에 의해 동쪽으로 이주하여 동향 지역에 와서 현지의 일부분 몽골족, 한족, 장족 등과 함께 생활하면서 동향족을 형성한 것으로 보인다.

역사 기록에 따르면 원·명조 이래 동향지역은 하주의 일부분으로써 여러 색목인(色目人)과 몽골인들의 주요 둔전 지역의 하나이다. 그들은 공동으로 둔수군(屯戍軍)을 결성하고 말을 타면 전투를 하고 말에서 내리면 모여서 방목을 하는 생활을 하면서 점차 현지 사회생활에 적응하였다. 지도자는 일반적으로 몽골인이 담당하였다. 몽골인은 당시 정치, 경제상에서 모두 우월한 위치에 처해 있었으며 부역을 면제받을 수 있는 특권을 누렸다. 이러한 특수한 지위는 언어 방면에도 나타나는데 몽골어가 둔수군의 통용 언어로 된 것이 바로 그러한 사실을 말해준다. 그리고 동쪽으로 이주하여 온 중앙아시아 각 지역의 무슬림은 언어가 서로 달랐기에 그들은 몽골어를 학습하고 사용하는 과정에 몽골의 풍습도 함께 흡수하였다. 동향족이 몽골문화의 영향을 받아 몽골어를 사용한 면도 있지만, 몽골인들이 직접 동향족에 가입한 요소도 그들이 몽골어를 사용하는 중요한 원인이다.

동향족의 구성 성분에는 한족과 장족도 섞여 있다. 그것은 이 두 민족이 현지에 오랜 기간 거주해온 민족이기 때문이다. 그들이 동향 지역에서 생활한 기간은 동향으로 이주하여 온 무슬림과 몽골인보다도 더 오래되었다. 그래서 동향어 중에서는 한어와 외래어가 40%를 차지한다. 이는 동향족이 한족의 정치, 경제, 문화와 밀접한 연계가 있음을 말해준다. 동시에 일부분 한족들이 동향족에 융합되었음을 말해준다. 예를 들면 쇄남패(锁南坝) 지역의 왕가(汪家), 강가(康家), 장왕가(张汪家)와 왕가집(汪家集)에 거주하고 있는 고가(高家), 황가(黄家)는 모두 자신의 조상이 한족이라고 말하고 있다. 그들의 말에 의하면 자신들의 조상은 섬서(陝西), 혹은 사천(四川), 감숙(甘肅)에서 왔다고 한다. 장족은 당조 시기 이미 하주에 이주하여 왔다. 원나라 시기 그곳에 토번선위사도원수부(吐蕃宣慰使都元帥府)를 설치하고 장족인을 도원수(都元帥)로 임명하였다. 그 후 이곳의 장족들도 동향족에 융합되었다.

동향족의 형성 기간은 대략 원나라 말기부터 명조 중엽 시기이다. 원·명 시기 중국은 이미 봉건사회에 처했기에 동향족의 사회구조는 자연히 봉건 생산관계를 기초로 한 봉건제도였다. 원나라 시기의 둔전제나 명나라 시기의 토사제(土司制) 또는 청나라 시기의 회사제(会社制), 이 모든 것은 모두 봉건 생산관계이다. 원말 명초, 동향족 지역을 직접 통치한 것은 하토사와 그의 소속부하 천호(千户), 백호(百户)이다. 제1대 토사는 쇄남보(锁南普)라고 하는 장족이다. 원말 토번선위사도원수를 담당하고 하주 지역에 주둔하였는데 명홍무(明洪武) 3년(1370년)에 명조에 귀순한 후 하주위지휘동지(河州卫指挥同知)란 관직을 받고 세세대대로 세습하며 하씨 성을 하사받고 동향 지역을 관할지역으로 지정받았다. 홍무 말년 하토사의 세력이 점차 쇠락되면서 명조는 동향 지역에 리갑제도(里甲制度)를 실시하였다. 소위 말하는 리갑제도는 명조 정부가 감녕청 지역(甘宁青地区)에 설치한 한 가지 기층제도 형식이다. 명조 초기 하주 지역은 45개 리로 나누었는데 후에 31개 리로 합병하였다. 리 아래에 갑을 설치하고 리장(里长), 서수(书手), 갑수(甲普) 각 한 명씩 두었으며 직무는 모두 지방호강(地方豪强)들이 담당하였다. 동향 지역은 9개 리 90개 갑으로 나누었다. 리장, 갑수는 지방의 권력을 독차지하고 무단적으로 지방의 백성을 괴롭히고 소송판결권을 수중에 넣고 치안을 유지하였다. 서수는 리의 부세와 문안을 장악하였다. 이러한 제도는 명조가 동향 지역의 통치를 가강했다는 점을 설명한다. 청조 강희황제 후기 리갑제도를 폐지하고 동향 지역의 밭을 다시 측량하고 부세를 새로 정하였으며 새로운 회사제도를 건립하였다. 매 회에 몇 개의 간사(千社)를 설치하고 사 아래에 7~8개의 자연촌을 두었다. 회에 총책임자 한 명을 두고 사에 실장 한 명을 두었다. 이러한 관직은 모두 지방의 호강들이 차지하였지만 세습은 금지하였다. 그 직권은 근근이 도적들을 수색하고 지방의 경비순찰을 강화하는 정도이며, 소송과 부세를 징수하는 권력을 가지지 못하였다. 회사제도가 건립되면서 이곳에 대한 청조의 직접적인 통치가 강화되었다. 청조 중엽에 이르러 회사제도는 향약(相约)제도로 변화되었다. 향약제도는 청조가 이슬람교 사방조직

(伊斯兰教寺坊组织)과 교내의 관계를 이용하여 실행한 통치제도의 일종이다. 향은 일종의 사회행정단위이고 향약은 한향의 영도자이다. 향약은 사약(寺約)과 회약(回約)으로 나누어졌는데 청진사가 건립된 곳에는 사약을 설치하고 청진사가 없는 곳에는 회약을 설치하여 분단관리, 서로 예속하는 목적을 달성하였다. 3년을 한 기로 때가 되면 임기를 교체한다. 불법 신도들을 발견하거나 소동을 일으키고 마음대로 사교를 세우는 등 상황들을 발견하면 사약이나 회약에서 공정하게 처리하며 법을 어길 시 반드시 추궁을 하도록 했다. 청 정부는 교묘하게 청진사를 회족, 동향족을 통치하는 기구로 이용하였다. 명의상 향약은 3년에 한 번씩 바꾸기로 했는데 실상 10년간 연임하거나 종신으로 담당하는 경우도 적지 않았다. 신해혁명 후 감숙은 군벌할거 상태에 처해 있었다. 1921년 동향 지역에 보갑제도를 실시하고 10호를 1갑으로, 10갑을 1보로 하고 현지의 지주나 혹은 종교상의 상류 계층이 직책을 담당하였다.

3. 경제생활

동향족은 농업 생산을 위주로 한다. 농작물로는 밀, 감자, 쌀보리, 보리, 조, 옥수수 등이 있다. 그중 감자의 파종량과 산량이 제일 많아 동향족 노동인민들의 주식이 되었다. 동향족 지역은 땅이 적고 인구가 많으며 토지가 척박하며 가물이 자주 드는 원인으로 말미암아 근자에 많은 동향족 농민(주로 남성을 위주)들이 연이어 외지에 나가 일을 하거나 상업에 종사하고 있다. 여성들은 농업 생산의 주요한 역량으로 되었다. 목축업은 동향족의 사회경제 생활에서 중요한 위치를 차지하고 있다. 주로 노새, 말, 소, 양 등 축산품을 생산하고 있다. 그중에서 양의 생산량이 가장 많다. 2000년대 초반 녕하의 면양을 도입하여 양축산업이 현저한 발전을 가져왔다. 녕하면양은 동향 지역의 가뭄성 지역 특징에 적합하여 사육하기가 매우 유리하다. 털이 길고 가죽이 얇아서 가죽옷과 가죽 양모직, 담요 등을 제조하는 좋은 원료로 사용되고 있다. 동향족의 수공업 생산에는 담요와 양모직 생산이 가장 유명하다. 담요는 동향족의 선민인 싸얼터인(撒尔特)이 중앙아시아 지역에서 가지고 온 전통수공업 기술로 제조된 것이다. 담요, 사담요(2살이 된 양의 털로 만들어진 것)와 면담요가 유명하다. 갈자(褐子)는 동향족의 전통 방직품이다. 갈자를 만드는 데 사용되는 실은 양털을 꼬아 만든 것이다. 비록 완성품은 거칠기는 하나 튼튼하고 오래 입을 수 있어 실용적이다. 그래서 동향족 인민들이 옷을 만드는 주요한 원료로 사용되었다. 동향족은 또 상업 경영에 능하다. 역사상 동향족 상인들의 발자취는 사천, 섬서, 감숙, 청해, 신강 등지에까지 찍혀 있다. 특히 소수민족과 한족들이 상품교환을 진행하는 과정에서 매우 중요한 작용을 했다. 지금은 아주 많은 동향족이 도시에 진출하여 건축, 장거리 운수, 음식 경영 등 업종에 종사하고 있다. 동향족의 전통음식으로 손으로 찢어먹는 양고기를 판매하는 유명한 음식점이 림하, 란주, 북경 등에까지 퍼져나가고 있다. 이러한 동향족의 음식들은 여러 민족들에게 환영 받고 있다.

4. 종교 신앙과 민속문화

1) 종교 신앙

동향족은 이슬람교를 신앙하고 있다. 그 신앙은 동향족의 선민인 싸얼터인이 중앙아시아로부터 가지고 온 것으로 동향족의 형성과 발전에서 매우 중요한 연결고리 작용을 한다. 중국 내지에 있는 이슬람교의 몇 개 큰 파벌 중에는 모두 동향족의 신자가 있다. 그중 쿠부린예(庫布林耶)의 장문문환(張門門宦), 후부예(虎夫耶)의 호문문환(胡門門宦), 백장문환(白庄門宦)과 이혁와니파(伊赫瓦尼派)는 모두 동향족이 전파해온 것이다. 따라서 중국 이슬람교 교파 발전과정에서 동향족은 일정한 역사적 지위를 차지하고 있다.

동향족의 생활풍습은 이슬람교의 영향을 크게 받았다. 이로 인해 장례, 명절 등은 회족과 거의 비슷한데, 복장, 음식, 혼인 · 가정 등 측면에서는 동향족의 독특한 지역 특징과 민족 특징을 지니고 있다.

2) 의복 · 음식 · 주거형태

과거 동향족의 여성들은 모두 원형 옷깃, 큰 두루마기, 넓은 소매에 꽃무늬를 수놓고 옆으로 단추를 채우는 옷을 즐겨 입었다. 소매는 꽃무늬로 한 줄 드리웠

히잡을 쓴 동향족 여성

동향족 남성

고 아래에는 바지를 입고 바지통에는 두 줄로 된 꽃무늬 테두리를 수놓았다. 바지통의 뒤를 조금 찢어 휘날리는 천으로 바지통을 묶었다. 매번 경사가 있을 때마다 꽃을 수놓은 치마를 입었다. 이후에 여성들의 복장도 점차 변화를 가져오기 시작하였다. 처음에는 머릿수건을 쓰기 시작했는데 연령에 따라 녹색, 흑색, 백색 세 가지 색상을 썼다. 넓은 두루마기 옷을 입고 그 위에는 조끼를 입었으며 긴 바지는 땅을 닫게 하였다. 남자는 꼬투리가 평평한 예모를 쓰고 새하얀 셔츠를 입고 그 위에 검은색 조끼를 입었다.

동향족은 면식이 주식이다. 부식(副食)은 주로 감자이고 채소가 비교적 적다. 소, 양, 닭, 오리고기를 먹으나 먹을 때에는 반드시 동향족의 성직자나 이슬람교의 연장자들이 도살해야 먹을 수 있다. 동향족은 차를 즐겨 마신다. 손님이 왔을 때

에는 늘 개완화(盖碗花)로 접대한다. 차를 붓거나 물을 부을 때에는 손을 뒤집어서
부으면 안 된다. 이는 예의가 없는 행동으로 간주되기 때문이다.

3) 혼인 · 가정과 상 · 장례

동향족 가정은 보통 부부와 자녀로 구성되지만 3대, 4대가 같이 사는 경우도
있다. 조부모는 상방(上房)에서 살고 부모는 사랑채에서 살며 자녀는 작은 방에서
산다. 자녀는 결혼한 후 새집을 짓고 살며 부모는 막내 자식과 같이 산다.

동향족의 혼인에서 남자는 장가를 가고 여자는 시집을 간다. 남자가 결혼 적령
기에 이르면 중매인을 청하여 여자 집에 가서 청혼을 하게 한다. 신부 측에서 동
의하면 신랑 측에서 신부 측에 정차(訂茶)를 보낸다. 즉, 신랑 측에서 중매인을 통

결혼식에서 니카하를
읊는 동향족

하여 신부 측에 차, 얼음사탕, 의복 등을 보내주는 것이다. 정차를 보내면 이는 약혼을 한 것과 마찬가지이다. 그 후 신랑 측에서는 신부 측에 납채를 보내는데 납채의 수량은 신랑 측의 경제사정에 따라 다르다. 일반적으로 중매인, 신랑 측의 가장 그리고 신랑이 함께 신부 측에 가서 예물을 준다. 신부 측에서는 본가의 제일 높은 어르신을 모시고 음식을 차려서 손님을 후하게 대접시킨다. 이를 접례(接礼)라고 한다. 혼인 날짜는 대부분 추수 혹은 겨울의 농한기가 한가한 시기의 주마(主麻)일로 정한다. 결혼 당일 간단한 이슬람교 의식을 진행한다. 신랑 측이 신부 측에 와서 여자를 데려갈 때 성직자(기인)가 의식을 주최하며 모든 사람이 있는 곳에서 니카하(尼卡哈, 혼인서약)를 읊는다.

그리고 사람들은 사전에 준비하여 두었던 붉은 대추, 호두를 주위에 둘러싼 어른과 아이들에게 나누어주는데 이는 하루빨리 자녀를 보라는 의미를 뜻한다. 이 튿날 신부는 손님들과 마주하게 되는데, 이를 "손님을 뵙는다(拜客)"고 한다. 신부는 오후에 처음으로 부엌에 들어가 밀가루 국수를 만드는데 이를 시도면(试刀面)이라고 한다. 국수를 만들어 손님들에게 대접하는 것은 손님들에게 새색시의 음식 솜씨를 맛보게 하기 위함이다.

동향족은 손님을 열정적으로 맞이하며 반가워한다. 그들은 손님이 집에 왔을 때 가장 좋은 차와 식사를 대접한다. 주인이 손님을 접대하지만 손님과 같이 앉아 차를 마시거나 식사를 하지 않는다. 단지 옆에서 밥을 날라다 주고 차를 따라주기만 하는데 이는 존경을 표시하는 일종의 태도이기도 하다. 여주인은 일반적으로 손님과 마주치지 않는다. 손님을 접대할 때의 주요 식품으로는 유향(油香, 회교도의 식품의 한 가지-밀가루를 끓는 물로 반죽하고 소금으로 간을 하여 떡 모양으로 만들어 참기름에 튀긴 것), 닭, 손으로 찢어 먹는 양고기 등이 있다. 특히 동향인들은 닭을 먹을 때 매우 독특한 관습이 있다. 닭의 각 부분을 13개 조각으로 나누고 닭 꼬리는 가장 귀중한 것으로 여겨 최고 연장자 혹은 제일 중요한 손님만이 먹을 수 있다는 점이다.

5. 문학예술

동향족의 서면문학은 중국이 건립되면서부터 시작된다. 예전에 동향족은 언어만 있고 문자가 없었으며 생활이 어려워 인민들의 교육수준이 낮았다. 그 때문에 동향족들 가운데서는 전문적인 작가가 나타나지 않았으며 서면문학작품도 없었다. 20세기 50년대 이후, 동향족 지역의 문화교육사업이 발전함에 따라 동향족 가운데서 민족작가가 출현하게 되었고 한문으로 창작 발표된 소설, 산문, 시가, 희곡, 기록문학과 영상작품 등 다양한 형식의 문학작품이 탄생되었다. 이러한 다양한 문학작품은 동향족 사회발전의 풍모를 보여주는데, 그중에서도 동향족의 민족특징을 가장 대표적으로 표현한 문학형식이 바로 민간문학이다. 역사상 문자가 없고 역사자료가 기록되지 않은 탓으로 동향족의 민간문학은 자기만의 독특한 예술품격으로 서로 다른 각도에서 과거부터 현재까지의 동향족의 사회실천, 아름다운 이상과 민족심리상태를 여러 단계에 거쳐 고스란히 담고 있다.

동향족 민간문학 형식은 다양하다. 거기에는 가요, 속담, 이야기, 전설 등을 포함한다. 20세기 50년대부터 감숙성에서는 일정한 정도의 인력을 동원하여 동향족 민간문학에 대한 발굴과 수집을 진행하여『동향족민간이야기집』등을 출간하였다. 특히 1995년에 출간된 중국소수민족민족문학사총서의『동향족문학사』는 대량의 분량을 할애하여 동향족의 민간문학에 대하여 심도 있게 종합적으로 연구 분석하였다. 이는 동향족 문학을 연구함에 있어서 매우 중요한 가치가 있다.

동향족 예술에는 음악, 미술, 서법, 조각 등이 포괄된다. 동향족의 화아운(花儿韵)의 곡은 매우 풍부하며 모두 60~70가지 종류가 있는데,「하주대령(河州大令)」,「하주이령(河州二令)」,「백모란령(白牡丹令)」등이 대표적이다. 동향족의 화아(花儿)음악은 모두 가사와 잘 섞여 있으며, 한 곡에 여러 개 가사가 있거나 한 가사에 여러 개 곡이 있는 특징이 있다. 음악의 음계는 보통 다섯 가지 성조의 트러머를 조정하거나 사곡의 궁조명계이며 희곡이나 가곡의 곡조의 구조는 세 마디 악구로 구성된 단단체(单段体) 악단구조로서 노래를 부를 때 대량의 도드라진 단어를 사용함으로써 성조가 우렁차면서도 부드러워 매우 감화력이 있다. 동향족의 민간미술에는 판거화(板柜画)와 담벽포두화(墙壁布兜画) 등 형식이 있다. 판거화는 주로 흑백색을 위주로 하며 세밀화의 화법으로 그려졌다. 그림은 대부분 자연 풍경을 중심으로 그려졌으며 소박하고 원시적이며 단아한 특징을 가지고 있다. 담벽포두화는 크레용으로 그려진 채색그림이다. 그림은 주로 꽃과 나무를 위주로 그려졌다. 동향족 건축 가운데 특히 청진사 건축에서는 조각공예를 광범위하게 사용하였다. 목조 조각품은 주요하게 삽량(插梁), 비연(飞椽), 밑에 까는 판자(垫板), 양연(梁椽), 조석(挑席) 그리고 문과 창문에 새겨진 영화(棂花)에서 표현된다. 조각 공예품(砖雕)은 주로 담벽의 각 부분에서 볼 수 있는데 건축물에 따라 도안이 설계되어 있어 건축물의 예술적인 차원을 높여주고 있다.

토족(土族)

1. 민족개관

토족은 중국에서 인구가 비교적 적은 민족 중 하나이다. 2000년의 통계에 의하면 약 241,198명 정도에 불과하다. 그들은 주로 청해호조토족자치현(青海互助土族自治县), 대통회족토족자치현(大通回族土族自治县), 민화회족토족자치현(民和回族土族自治县)에 분포되어 있으며, 그 외 청해(青海)의 동인(同仁), 낙도(乐都)와 감숙(甘肃)의 천축(天祝), 숙남(肃南), 영등(永登), 적석산(积石山), 탁니(卓尼) 등지에도 일부분 토족들이 살고 있다.

토족들은 지역마다 부르는 칭호이 서로 다르다. 호조(互助), 대통(大通), 낙도(乐都), 천축(天祝) 일대의 토족은 자신을 몽골이(蒙古尔), 몽골이공(蒙古尔孔), 찰한몽골이(察汗蒙古尔)라고 부르고 있다. 앞 두 개는 몽골인을 가리키고 마지막 하나는 백몽골(白蒙古)을 가리킨다. 민화(民和), 적석산(积石山) 등지의 토족들은 자신들을 토곤(土昆)이라고 부르고 있다. 동인토족은 자신을 토민(土民) 혹은 휘얼(霍尔)이라고 부르고 탁니(卓尼) 토족들은 자신을 토호가(土户家)라고 부르고 있다. 기타 민족들의 토족에 대한 호칭도 다르다. 현지의 한족, 회족 등 민족들은 토족을 토인(土人), 토민(土民), 토호가(土户家)라고 부르고 있다. 한문서적에는 토족을 서녕주토인(西宁州土人), 토인이라고 기재했고 장족과 장족문헌에서는 토족을 휘얼(霍尔)이라고 기재하였다. 중화인민공화국이 성립된 후, 명칭을 토족으로 통일하였다. 1954년 중국에서 제일 큰 토족 집거구 호조(互助)토족자치현을 설립하였고 1986년에는 대통(大通), 민화(民和) 연합지역의 회족과 합하여 공동으로 두 개의 자치현을 설립하였다.

황하, 황수(湟水) 곡지는 청해성의 토족들이 주로 집거하는 지역이다. 이곳은 땅이 기름지고 기후가 습하며 관개가 매우 편리하여 농작물의 성장과 원예작물 재배에 매우 적합한 곳이다. 감숙성 지역의 토족 집거구는 모두 높은 산과 깊은 골짜기에 위치하여 있어 그 지세가 서북쪽으로부터 동남쪽으로 기울어져 있다. 따라서 기후가 북쪽이 비교적 추운 반면에 남부는 비교적 온화하기에 농업과 목축업, 임업의 발전에 매우 적합하다. 장기적으로 청해(青海省)성과 감숙(甘肅省)성의 각 지역에 집거하여 살아온 토족들은 농업을 위주로 경영하고 목축업과 임업(林业), 원예(園艺)업을 부업으로 하고 있다.

토족의 언어는 알타이어계(阿尔泰语系) 몽골어족에 속한다. 현대의 토족어는 호조(互助), 민화(民和), 동인(同仁) 세 개의 방언구(方言区)로 나누어져 있으며 언어상에서 비교적 큰 차이가 있다. 대부분 토족들은 한어와 장어(藏语)를 겸용하고 있다. 역사상 토족은 문자가 없기에 한문과 장문을 대신 사용하였다. 1979년에 이르러 당의 민족정책하에 라틴어자모를 기초로 토족문자를 만듦으로써 문자가 없었던 역사를 종결지었다.

2. 민족의 기원과 사회발전

토족의 족원에 대한 명확한 기록은 아직 확인되지 않고 있다. 현재에 이르기까지 학술계에서는 토족 족원을 둘러싸고 토곡훈설(吐谷浑说), 음산백달단설(阴山白鞑靼说), 몽골인과 휘얼인(霍尔人)의 융합설, 사타돌궐설(沙陀突厥说), 다원혼합설(多元混合说) 등 가설을 제기해왔다. 그 가운데서 토족은 고대 토곡훈인(吐谷浑)의 후예(后裔)를 위주로 하여 몽골, 장족 등 민족의 일부와 융합되어 장기적인 발전과정에서 형성되었다는 의견이 비교적 힘을 얻고 있다.

토곡훈은 원래 요동지역의 선비족인 모용씨(辽东鲜卑慕容氏)의 한 갈래에 속하는데 주로 요동(辽东) 일대에서 활동하였다. 4세기 초 선비(鲜卑)인들은 지도자 토곡훈(吐谷浑)의 인솔하에 서쪽으로 이동하여 현재의 감숙(甘肃)성과 청해(青海)성의 접경지대에서 유목생활을 하면서 토곡훈(吐谷浑)국을 건립하였다. 토곡훈국이 강성했을 시에 동쪽으로는 지금의 감숙(甘肃)성의 남부, 사천(四川)성의 서북, 남쪽으로는 현 청해(青海)성의 남부, 서쪽으로는 신강의 야강(若羌), 차말(且末), 북쪽으로는 기련산(祁连山)과 하서회랑(河西走廊)이 연접되어 있는 광활한 지역을 차지하고 있었다.

663년 토곡훈국은 토번(吐蕃)에 의하여 멸망되고 토곡혼 각 부는 뿔뿔이 흩어졌는데 대부분이 토번(吐蕃)에 투항했고 일부분은 동쪽으로 이동하여 영주(灵州, 현 녕하회족자치주의 灵武)에 이르러 정착했고 다른 한 일부분은 청해(青海)성 동북부의 옛 지방에 남아 거주하였다. 오대(伍代), 송(宋), 요(辽), 서하(西夏) 시기의 사료(史籍)에서는 동쪽으로 영주(灵州) 등 지역에 이르렀던 토곡훈인들이 다시 청해 동부 하황(河湟) 지역에 돌아와 본 지방에 거주하고 있던 원주민들과 합류하였다고 기재하였다. 원나라가 흥기하여 중국을 통일한 후 토곡훈이란 단어는 문헌기재에 나타나지 않았다. 그러나 토곡훈인들의 고지에서는 역사서에 서녕주토인, 토인 등으로 기재되었다. 이러한 토인(토곡훈부의 부족들)들이 거주했던 지방이 바로 오늘날 토족들이 거주하고 있는 지방이며 이 지방 역시 토곡훈인(吐谷渾人)들이 장기적으로 거주했었던 지방이다. 그래서 많은 역사학자들은 이러한 토인(土人)들이 바로 원거주지에 남아 장기적으로 살아온 토곡훈인(吐谷渾人)들을 중심으로 몽골, 장족 등 민족들을 흡수 융합하면서 점차 형성된 새로운 민족공동체가 오늘날의 토족이라고 말하고 있다. 한문서책에 나타난 토인의 토 자는 토곡훈(吐谷渾)의 토에서 기원된 것이고 훈은 몽골어로 사람이라는 뜻을 가리킨다. 이는 토인이 토훈이란 단어로부터 변천되어 온 것임을 말해준다. 토곤(土昆)은 토훈에서 음역된 것일 뿐만 아니라 토족은 자신을 몽골이(蒙古尔), 몽골이공(蒙古尔孔)이라고 부르며 몽골어를 사용하고 있다. 이는 토족의 형성과정에서 몽골문화 영향을 많이 받았을 뿐만 아니라 몽골인들이 가지고 있는 것들을 많이 흡수하였음을 말해준다. 문헌기재에 의하면 원·명 시기 지금의 호조(互助), 대통 일대(大同一帯)에는 몽골인이 살고 있었고 그들의 일부분은 점차 토족에 융합되었다고 한다.

명·청 시기의 일부 역사서에 의하면 명나라 시기 토족은 원래 민족 집거구를 가지고 있었는데 그 지역이 주로 지금의 청해(青海)성 호조(互助), 낙도(乐都), 문원(门源), 민화(民和)와 감숙(甘肃)성의 천축(天祝) 일대였다. 이는 현재 중국 토족의 주요 분포지역과 맞물린다. 비록 토족들이 현지의 한족, 장족들과 잡거하고 있지만 각 지역의 토족들은 모두 안정된 소집거구(小聚居区)에 집결되어 있다. 경제생활 방면에서 토족들이 살고 있는 지역은 농사와 목축업의 종사에 유리한 조건을 가지고 있어 원·명 시기에 토족들은 목축업경제에서 점차 농업경제로 바뀌었으며 목축업과 수공업을 부업으로 겸하였다.

원나라 시기 토족 지역은 주로 감숙행성(甘肅行省)의 관할을 받았다. 원나라 정부에서는 토족 지도자들에게 관직을 하사하고 토족들을 다스리게 하였다. 명나라도 이 정책을 계승하여 토족 지도자들에게 토사민(土司民)이라는 관직을 하사하였다. 이러한 상관(혹은 토사(土司)라고 부름)은 두 가지 신분을 가지고 있는데 하나는 본 민족의 대표이자 통치자이고, 다른 하나는 봉건왕조(封建王朝)의 통치도구이기도 하다. 그들의 주요한 직책은 "각개 부락을 통치하여 징병 명령에 복종하고 지방을 지키고 조정에 공물을 바치며 변강위수(保塞之令) 등 조정(중앙정부)의 명령을 집행"하는 것이다. 청나라가 명나라를 멸망시키자 토족 지역의 각 토사(土司)들은 자신의 부락민을 거느리고 청나라에 귀속하였다. 청나라도 명나라의 제도를 계승하여 토족 지역의 토사제도를 보류하였다. 1930년에 이르러 호조(互助) 지역에 현이 설치되면서 300여 년간 유지해 왔던 사관제도는 완전히 폐지되었다.

3. 경제생활

역사상 토족은 목축업 생산을 위주로 생활하였다. 오랫동안 풀들이 무성하게 자란 곳에 목장을 정하고 방목을 생계유지의 수단으로 삼아왔다. 원·명 시기 이후, 토족 경제가 농업을 위주로 하는 경제로 전환되는 과정에서도 목축업은 전통적인 경제로서 자신만의 특수한 자리를 차지하고 있었다. 토족들은 초기 농업 생산에 종사할 때 주로 천연 자연수와 만년설이 녹은 물로 논밭을 관개하였으며, 그 후 경작 면적이 확대됨에 따라 수리건설이 흥행하기 시작했다. 토족 지역에서 보편적으로 경작하고 있는 농산물로는 주로 쌀, 보리, 밀, 검은깨, 유채 등이 있다. 민화삼천(民和三川) 지역의 토족들은 원예업을 경영하였다. 사료에 의하면 명말 시기 이 지역에는 대추와 배나무가 삼림을 이루었고 비옥한 토지가 광활하여 그 끝이 보이지 않을 정도였다고 한다.

토족의 수공업은 대부분 가정에서 부업의 형식으로 존재하고 있다. 주로 생산과 생활에서 필수품들을 가공하고 있다. 토족사회의 장인, 예를 들면 목공, 대장장이(铁匠), 은세공 기술자(銀匠), 퀼트직공 등은 모두 농업 생산을 이탈하지 않고 농한기를 이용하여 수공업 생산을 진행하였던 것이다. 토족의 수공업 생산 가운데 가장 대표적인 것이 바로 양조(釀酒), 양모방직(羊毛纺织)과 공예자수(工艺刺绣) 등이다.

4. 종교 신앙과 민속문화

1) 종교 신앙

토족들은 대부분 장전불교(藏传佛教)를 신앙하고 있다. 초기의 토족들은 주로 원시종교인 샤머니즘(萨满教)을 신앙하였는데 원말 명초에 이르러 장전불교가 토족 지역에 전파되면서 장전불교가 신속히 토족들 사이에 전파되어 대세를 이루었다. 그 가운데 장전불교 거루파(格鲁派)의 발전이 가장 빨랐다. 그리하여 토족 지역에는 우녕사(佑宁寺), 화엄사(华严寺), 금강사(金刚寺), 광혜사(广惠寺), 주가사(朱家寺), 금각사(金角寺), 오툰사(吳屯寺), 천당사(天堂寺) 등을 비롯한 비교적 유명한 거루파 사원들이 나타났다. 그중에서도 가장 큰 사원은 우녕사이다. 역사상의 호조, 대통, 낙도 일대의 사원들은 모두 우녕사에서 분리되어 나온 사원에 속하였는데 이러한 사원은 장전불교를 신앙하는 토족과 장족인민들이 종교활동을 진행하는 장소였다.

토족인민들은 장전불교를 신앙하는 동시에 많은 민간신앙도 가지고 있다.

2) 의복 · 음식 · 주거형태

토족의 음식관습은 경제의 발전에 따라 점차 변화되었다. 원나라 이전의 토족들은 주로 목축업에 종사하였기에 음식 방면에서 주로 소고기, 양고기, 유제품들이 주를 이루었고 그 외 부식으로 쌀보리볶음면을 먹었다. 그러나 점차 토족의 생산방식이 목축업으로부터 농업경제로 바뀌면서 면식이 주식으로 바뀌었다. 하지만 기존의 음식특징도 어느 정도는 남아 있다. 예를 들어 손님을 접대할 때 식탁에 꼭 서매일(西买日. 장족의 불교예술품을 꽂아놓은 면갑)을 놓으며 손으로 고기를 먹는 관습 등이다. 토족들은 술을 마시기를 매우 즐긴다. 역사적으로 볼 때, 토족 일반 가정에서는 거의 모두 쌀보리술을 빚을 줄 알며 그 가운데서도 호조 지역의 토족들이 가장 먼저 쌀보리술을 빚었다. 현재 호조계열의 쌀보리술은 해외에 수출되는데, 그것은 토족들의 양조의 역사 및 기술이 이룩해낸 성과이다.

전통의상을 입은 토족 여인

토족의 복장은 농후한 민족특색을 지니고 있다. 여성들의 복장은 높은 옷깃과 통 넓은 장삼(长衫)이 특징적이다. 그리고 두 소매는 붉은색, 황색, 녹색, 자주색, 흑색의 줄무늬를 놓아 색채가 조화롭고 선명한 대비를 이룬다. 상의는 흑색, 자주색으로 주름잡은 조끼를 입고 허리에 채색띠를 두르며 아래는 붉은 치마를 입는다. 그리고 바지 무릎 아래에 투관(套筒)을 착용하였는데 토족들은 이를 첩만(贴弯)이라고 한다. 기혼여성의 첩만은 검은색이고 미혼소녀의 첩만은 붉은색이다. 그러나 동인(同仁) 지역의 기혼 여성들은 붉은색 첩만을 사용할 수 있었고 나이 든 사람은 첩만을 사용하지 않는다.

토족의 남성 복장은 예전에는 긴 옷을 위주로 하였지만 지금은 짧은 옷을 위주로 하며 긴 것과 짧은 것을 결합해서 입는다. 토족청년들의 셔츠, 허리띠, 신발과 양말에는 모두 꽃을 수놓는다. 하얀색 셔츠는 작은 깃과 긴 앞섶 가슴에 정방형모양의 꽃을 수놓은 천으로 장식하며 두 소매는 2촌가량 되는 넓이의 검은색 주름을 잡는다. 흰 셔츠 위에는 검은색, 남색, 자주색을 띤 작은 조끼를 입고 허리에는 채색비단 혹은 꽃을 수놓은 면직띠(棉布带)를 두른다. 예전의 민화 지역의 청년들은 긴 장포(长袍)와 작은 두루마기와 예모(礼帽)를 쓰고 다녔는데, 현재에는 기본적으로 한족들과 비슷하게 입는다. 동인 지역의 남자복장은 장족들의 복장과 거의 비슷하다.

3) 혼인 · 가정과 상 · 장례

토족은 원칙상에서는 동족 간의 혼인을 주장하고 있지만 실상 토족과 한족, 장족, 몽골족과 통혼(通婚)하는 사례도 적지 않다. 토족은 근친(同祖)의 형제자매와의 혼인을 금지하고 있다. 비록 몇 세대를 거치더라도 근친결혼의 원칙만은 어기지 않는다.

토족의 혼인에서는 남녀가 결혼하기 전에 먼저 중매인을 통해 혼사를 토론한다. 결혼식을 올리기 하루 전에, 즉 여자 측에서 딸을 시집보내는 날에 친척들과 친우들은 돈, 천, 의복 등 예물을 가득 넣은 상자를 가지고 와서 축하를 해주고 여자 측에서는 연회를 베풀어 손님들을 초대한다. 밤이 되면 남자 측에서 두 명의 납십금(纳什金, 영친인(迎亲人), 즉 신부를 맞이하는 사람)을 파견하여 선물과 신부의 옷, 장신구를 가지고 여자 측에 가서 신부를 마중한다. 두 번째 날 아침 신부는 화장을 하고 장

토족의
전통혼례 풍경

식품을 단 후 안채 한가운데의 방에서 말에 오르는 의식을 진행한다. 그 후 신부
의 친인 8명 내지 10명으로 구성되어 신부를 신랑 집으로 보내는 대열인 송친대
오(送亲队伍)가 신부를 데리고 신랑 집으로 향한다. 송친대오가 신랑의 집과 2리 내
지 3리 되는 곳에 이르렀을 때 신랑 측에서는 두 사람을 파견하여 송친대오에게
술을 권한다. 그리고 티베트 지역에서 귀한 손님이나 신불에게 경의를 표시하는
뜻으로 황색이나 백색의 얇은 비단천을 드리는 합달(哈达)을 선사한다. 신랑의 집
문 앞에 도착하면 재차 술을 붓고 합달을 선사한다. 신부가 대문을 들어설 때 두
명의 여성이 앞에서 홍백색 털담요를 깔면 신랑과 신부는 털담요를 밟고 나란히
정원에 들어선다. 그리고 바로 천지에 절을 올리는 의식을 진행하고 중매인에게
감사를 드린다. 그 후 신랑 신부는 손잡고 나란히 신혼방(洞房)으로 들어간다.

　토족 가정은 사회의 발전과 경제생활 및 사람들의 관념이 변화됨에 따라 점차
변화되었다. 예전에 토족가정에서는 가업을 기준으로 가정의 화목과 흥망을 거

론하였으며, 또한 한 가장이 집을 유효하게 다스리느냐 못 다스리느냐의 표준으로 삼았다. 특히 식솔이 많고 촌수가 많은 가정이 사회적으로 많은 칭찬을 받았다. 그리하여 토족사회에는 몇 세대가 같이 사는 현상이 보편적으로 존재했다. 현재에는 대가족이 점차 적어지고 핵가족이 늘어나면서 노인들은 일반적으로 막내 자식과 같이 생활하고 있다.

토족의 상장(喪葬) 풍습은 비교적 독특하다. 토족들의 상장에는 주로 화장(火葬), 토장(土葬), 천장(天葬), 수장(水葬) 등 방식이 있다. 청해성의 호조, 낙도, 동인과 감숙성의 천축 지역의 토족들은 대부분이 화장을 하고 소수인들이 토장을 진행한다. 하지만 청해성의 민화, 대통 지역의 토족들은 대부분 토장을 위주로 하고 있다. 토족은 화장을 신성한 상장(喪葬)방식으로 여기며, 성대한 화장은 대부분 자연적으로 병으로 돌아간 노인들에만 국한되어 있다. 특히 성대한 화장을 하려면 반드시 자식들이 있어야 했다. 천장의 대상은 대부분 요절(夭折)된 영아나 소년 아동들에게만 국한된다. 수장은 주로 청해성 민화삼천 지역의 황하연안 토족들 사이에서 많이 실행된다. 수장의 주요 대상은 일찍이 사망한 소년 소녀들이다. 토족의 화장의식은 매우 성대하고 엄숙하다. 노인이 병이 들어 돌아가면 우선 노인의 옷을 벗기고 앉은 자세로 취하게 한 뒤 두 손을 모아서 두 엄지손가락은 합골에 닫게 한다. 그다음 5촌가량 되는 흰 천으로 시신을 둘러 묶는다. 다음 시신의 머리에는 망토모양의 포일랍(布日拉, 상복)을 씌우고 아래는 천으로 된 치마를 입히며 나무로 된 영교(灵桥)에 넣은 후 화장터로 들고 간다. 그리고 시신을 서쪽으로 향하게 한 다음 화로 안에 넣고 영교도 같이 화로 안에 부셔 넣은 뒤 함께 태운다. 그리고 골회를 나무함에 넣어 임시 지정한 곳에 묻는다. 그리고 이듬해의 청명절에 다시 조상들이 함께 있는 무덤에 묻는다. 고인을 보낸 후 자녀들은 상복을 입고 있어야 하며 그 기간 내에는 어떠한 오락활동도 하지 않으며 연회에 참석하지 않고 새 옷도 입지 않는다. 그해 춘절에도 대련(春联)을 붙이지 못하며 세배를 다니지 않는다.

토족은 춘절, 원소절(元宵节), 청명절, 단오절, 추석(中秋节) 등 명절을 보낸다. 춘절은 토족들이 가장 열렬하고 성대하게 경축하는 명절이다. 초하룻날 아침 신을 맞이하는 의식을 치른 뒤, 집의 어른들한테 절을 하고 세배를 한다. 그리고 다시 한 가족 안에서 나이가 가장 많은 어른들에게 세배를 한다. 초이튿날부터 친척과 친

구들을 찾아 돌아다니면서 세배를 한다. 토족의 민족 고유의 명절에는 묘회(廟会) 그리고 음력의 정월 14일에 우녕사에서 거행하는 관경회(观经会)가 있다. 2월 2일, 3월 3일, 4월 8일에 각지에서는 묘회를 진행하며 2월 2일 위원(威远)진에서는 연무대회(擂台会)를 거행한다. 그리고 민화삼천(民和三川)의 납돈(纳顿, 풍작을 경축하는 대회) 등의 명절도 있다.

5. 문학예술

토족의 민간문학은 매우 풍부하고 다채롭다. 주로 신화, 전설, 이야기, 서사시, 속담, 가요 등이 있는데, 그 내용들은 토족의 정치, 경제, 역사, 종교, 지리, 건축

자수를 놓는
토족 여인들

등 방면과 관련된다. 토족의 대표적인 장편서사시 『랍인포와 길문색(拉仁布与吉门索)』
은 토족들 사이에서 광범위하게 전해져 내려오고 있다. 이 시는 모두 300여 행
으로 되어 있으며, 주로 비극적인 사랑 이야기를 생동감 있게 서술한 문학작품이
다. 50여 조로 구성된 서사시 『기가연서(祁家延西)』는 80세 고령의 토족영웅 기연서(祁
延西)가 국가가 위험에 처했을 때, 병사들을 거느리고 출전하여 용감하게 싸우다가
최후를 마친 경과를 다룬 문학작품으로서 아주 깊은 인상을 준다.

　토족건축에는 주로 주택건설, 사원건설과 원림건설 등이 있다. 특히 주택건설
과 사원건설은 토족건설의 독특한 풍격과 특징을 생동하게 반영하였다. 토족의
주택건설은 정원식 토목구조로 집마다 모두 독립적인 사합원(四合院)을 가지고 있

다. 토족주택건설의 특징은 집 안설계가 새롭고 사용된 자재들이 합리적하며 세공이 정교롭고 미관적으로 아름다우며 구조 또한 튼튼하다. 개인주택의 구조와 장식은 청해고원의 한랭한 특징에 부합되고 또 민족 건축예술의 특징을 완벽하게 표현하였다. 토족 지역의 많은 사원건축은 대부분 한족과 장족식 건축특징을 결합하여 만들어진 것이다. 따라서 구조가 독특하고 기세가 웅장하며 농후한 장전불교 사원건축의 특징을 가지고 있다. 경당불전의 시공에 있어서 목공, 페인트칠, 인테리어, 회화, 조각, 자수 등 수공업 기술은 모두 토족 장인들의 손에서 이루어졌다. 특히 토족여성들이 불전경당에 수놓은 각종 불상, 경번(经幡), 벽담(壁毯) 등 자수 작품은 무지개 색조를 기초로 정성껏 수놓은 작품으로서 전당에 광채를 돋보이게 하였고 토족 자수예술의 풍채와 토족 지역 사원건축의 독특한 풍격을 돋보이게 하였다.

다우르족(达斡尔族)

1. 민족개관

다우르(达斡尔)족은 중국에서 인구가 비교적 적은 민족 중 하나이다. 2000년의 통계에 따르면 중국의 다우르족은 약 132,394명에 달하는데 그중 77,188명은 내몽골자치구에 살고 있으며, 주로 머리다와다우르족자치기(莫力达瓦达斡尔族自治旗), 짜란툰다우르민족향(扎兰屯达斡尔民族乡), 어원커족자치기바앤타라다우르민족향(鄂温克族自治旗巴彦塔拉达斡尔民族乡), 아룽기인하다우르어원커민족향(阿荣旗音河达斡尔鄂温克民族乡)에 분포되어 있다. 흑룡강성에도 43,608명에 달하는 다우르족이 살고 있는데 주로 치치하얼시메리쓰다우르족구(齐齐哈尔市梅里斯达斡尔区)의 워뉴투다우르족기(卧牛吐达斡尔族), 망거투다우르족향(莽格吐达斡尔族乡), 부라얼기구뚜얼먼친다우르족향(富拉尔基区杜尔们沁达斡尔族乡), 부유현우의다만하향(富裕县友谊达满柯乡), 타하만다향(塔哈满乡)에 분포되어 있다. 신강위구르족자치구에는 5,541명의 다우르족이 살고 있으며 주로 타성아씨얼다우르민족향(塔城阿西尔达斡尔民族乡), 확성(霍城), 이리(伊利), 우루무치(乌鲁木齐)에 분포되어 있다. 요녕성에는 1,282

명에 달하는 다우르족이 살고 있다. 이 외에도 하북성, 산동성, 북경시와 천진시에도 일부분의 다우르족이 분포되어 살고 있다. 총체적으로 보면, 중국 행정편성(行政建制)에서 다우르족은 1개의 민족자치기와 9개 민족향을 가지고 있다.

다우르족은 알타이어계 몽골어족(阿尔泰语系蒙古语族)에 속한다. 청조 시기부터 다우르족은 줄곧 중국의 동북과 서북 변강을 지켜왔다. 그리하여 그들의 언어는 현지 기타 민족 언어의 영향을 받으면서 4개의 방언을 형성하였다. 즉, 포특합(布特哈), 치치하얼(齐齐哈尔), 하이라얼(海拉尔), 탑성(塔城) 등이다. 포특합방언은 주로 내몽골자치구의 머리다와다우르족자치기(莫力达瓦尔族自治旗), 어룬춘자치기(鄂伦春自治旗), 흑룡강(黑龙江)성의 애휘(爱珲), 눈강(嫩江), 눌하(讷河), 감남(甘南) 등 지역의 다우르족들이 많이 사용하는데 사용 인구는 약 5.5만 명에 달한다. 치치하얼방언은 주로 흑룡강성의 치치하얼시, 용강(龙江), 부유현(富裕县)과 내몽골자치구의 짜란툰시(扎兰屯市), 아룽기(阿荣旗) 등지의 다우르족들이 많이 사용하며 사용 인구는 약 5만 명에 달한다. 하이라얼 방언은 주로 어원커족자치기(鄂温克族自治旗)와 하이라얼시(海拉尔市)에서 살고 있는 다우르족들이 많이 사용하며 사용 인구는 약 1만 명에 달한다. 신강탑성(塔城)의 방언은 신강탑성 지역의 약 5,000명에 달하는 다우르족들이 많이 사용하는 언어를 말하는데 문자가 없고 소수의 사람들은 몽골어와 카자흐족언어를 겸용하여 쓴다.

다우르족의 주요 집거구는 내몽골자치구의 막력다와다우르족자치기(莫力达瓦达斡尔族自治旗)이다. 이 자치기는 1958년 8월 15일에 성립되었는데 대흥안령과 눈강 유역에 위치하고 있다. 막력다와다우르족자치기는 중온대와 한온대가 교차된 지역에 위치하여 있기에 기후가 비교적 따뜻하며 무상(无霜)기간은 120일 내지 150일 정도이다. 자치기의 자연자원은 매우 풍부하며 또 하류가 종횡으로 가로 지나 관개에도 매우 유리하다. 노민하와 같은 24개의 강이 현지의 비옥한 토지를 만들어가고 있다. 수력자원이 풍부하며 수산상품으로는 오화어(鳖花), 잉어, 백어(白鱼) 등이 유명하다. 자치기(全旗)의 총면적은 약 11,943km²에 달한다. 남부 지역은 비교적 넓은 평원과 물자원이 풍부하여 초원이 무성한 아름다운 천연목장이다. 여기서는 옥수수, 고량, 밀, 콩, 벼, 담뱃잎 등이 많이 생산되고 있다. 북부 지역은 자원이 매우 풍부한 산구이다. 그곳에는 떡갈나무(柞), 자작나무(桦), 느릅나무, 기름(楡) 등 10여 종의 목재와 황기(黄芪), 목작(木芍) 등 백여 종의 야생 약재들이 널려 있다. 삼림에는 곰, 스라소니, 여우, 친칠라(灰鼠), 노루, 수달 등 여러 가지 야생동물들이 살고 있으며 지하에는 사금(砂金), 운모(云母), 석탄, 철, 아연, 화강암, 석영(石英) 등 광산들이 매장되어 있다.

2. 민족의 기원과 사회발전

다우르(达斡尔)는 이들 민족의 자칭이다. 원말 명초 시기에 처음으로 이렇게 불렸고 그 후 중국 역사서에는 다후르(达呼尔), 다구리(达古里), 다고얼(达古尔), 다후리(达瑚里), 다후얼(达胡尔) 등 다양한 명칭으로 기재되어 있다. 명조 말기에는 다치어얼(达奇鄂尔)로 불리면서 흑룡강 상중류 지역(黑龙江上中游地区), 즉 서쪽으로 스러카하 유역(石勒喀河流域)으로부터 시작하여 동쪽으로 흑룡강 지류인 찡치리강(精奇里江)과 뉴만강(牛满江)에 이르고, 북쪽으로는 외흥안령에 달하며 남쪽으로 대소흥안령에 이르는 광활한 지역에 자리하고 있었다. 청나라 천총(天聪) 시기에는 소론부(索伦部)의 일부로 불려졌다. 이 시기 다우르족을 싸하이차부(萨哈尔察部)라고도 하였다. 『청성조실록(清圣祖实录)』의 기록에 의하면 다우르족을 타호이(打虎尔)라고 하였다. 비록 서로 다른 이름으로 기재되어 있었으나 모두 다우르족을 가리키는 것이다.

다우르족의 족원에 대해서 학술계에는 아직까지도 정확한 이론적 근거가 없는 상황이다. 현존하고 있는 이론은 주로 거란설(契丹说), 실위설(室韦说)과 몽골동원설(蒙古同源说) 등이 있다. 그 가운데서 거란설을 주장하는 학자들이 비교적 많다. 거란설의 주장을 보면 청조 건륭황제 홍력(弘历)이 정리 편찬한 역사서에는 다우르인이 거란에서 기원했다고 했고, 청조 다우르족 문인 곽요흥(郭尧兴)은 다우르족은 소론(索伦)도 아니고 만주족(满族)도 몽골족(蒙古族)도 아니며, 다후이(大呼尔)는 예전에 대하(大贺)라고 불렸으며 토족인들이 음역으로 자신을 타후로(搭乎啰)라 했고 거란 귀족의 한 부분으로부터 전해 내려왔다고 주장했다. 이 밖에 『다우르족연구』에 기재된 많은 문장은 모두 거란설을 주장하고 있다. 주요 논거로는 거란족의 역사 변천과 다우르족의 역사 전설이 일치한다는 점과 거란어와 다우르족어의 많은 부분이 비슷하고 생활방식도 비교적 근접하다는 점, 즉 거란족과 다우르족이 정주생활, 농업, 목축업, 수렵 등 여러 가지 생산방식, 집을 짓는 방식, 성곽을 쌓는 방식과 큰 수레바퀴차 제조방식, 풍습 방면에서 매우 많은 공통점을 갖고 있다는 것이다. 특히 얼음을 부수고 물고기를 잡는 것, 독수리를 풀어 사냥하는 것, 필드하키를 치는 것은 두 민족이 공통으로 갖고 있는 특징이다.

실위설(室韦说)을 주장하는 학자들은 기원전 17세기 이전 다우르인들이 주로 위치하고 있었던 흑룡강 이북과 찡치리강(精奇里江) 하곡이 수·당 시기 실위부의 옛터라고 주장한다. 따라서 당시 이곳 일부 부락들은 중원 왕조와 통공을 하였으며 이로부터 다우르족이 수·당 시기의 실위(室韦)와 밀접한 연관이 있었을 것이라고 주장하고 있다.

몽골동원설(蒙古同源说)을 주장하는 학자들은 그 논거로 다우르언어와 몽골언어가 매우 흡사한 부분이 많다는 점을 든다. 즉, 『몽골비사』에 나타난 고대 단어는 현대 몽골어에서 사라졌지만 다우르어에서는 지금도 보류하고 있다는 것이다.

3. 경제생활

다우르족은 흑룡강의 북쪽 연안지역에 정착하면서 땅을 갈고 파종하였으며 가축을 기르고 사냥을 하며 물고기를 잡아 생계를 유지하였다. 남쪽으로 이주한 이후, 눈강 유역의 비옥한 토지, 초원, 삼림, 강물 등 자연자원을 충분히 이용하여 농업, 목축업, 수렵업, 임업, 어업, 뗏목을 띄우는 등 다종다양한 업종에 종사하였다.

초기 농업경영은 매우 거칠었다. 다만 보리, 귀리, 기장, 메밀, 검정콩과 같은 숙성기가 짧고 생산량이 적은 농작물만 생산하였고 경작 방법 또한 간단하였다. 불을 피워 황무지를 태운 후 종자를 뿌리고 자연적으로 생성된 빗물(雨水)로 농사를 지었다. 20세기 초 한족 농민들이 선진적인 농업기술을 가지고 다우르족 거주지역에 이민(移民)오면서 농업경제 발전을 급속히 발전시켰고 농작물 품종도 많이 추가되었다. 좁쌀, 옥수수, 밀, 콩 등의 농작물 품종이 증가되었고 경작방법 역시 개선됨에 따라 생산량도 대폭 증가하였다. 20세기 40년대 토지개혁, 농업합작화와 결합생산책임제가 실시됨에 따라 다우르족 지역의 농업 생산력도 진일보되었다. 그러한 양상은 아래와 같은 면에서 나타난다. 첫째, 농업에 대한 투입과 농토건설을 중시하기 시작했다. 그리고 파종 면적을 확대하고 경작기술과 농업기계화 수준을 제고하여 양식 생산량을 늘렸다. 둘째, 폐쇄되고 낙후한 소농경제로부터 현대화 상품경제로 전환되었다. 셋째, 비교적 단일한 경영업을 타파하고 다종경영 쪽으로 발전방향을 돌렸다. 현재 막력다와다우르족자치기(莫力达瓦达斡尔自治旗)는 이미 국가상품양식 기지의 하나로 지정되었다. 이 외에 다우르족이 경영하는 재배지와 담뱃잎 생산(담배 맛이 순한 특정을 가지고 있으며 지금까지도 잎담배나 살담배를 심는 전통을 보류하고 있음)은 다우르족 농업경제의 중요한 부분이 되었다.

역사적으로 다우르족은 큰 수레바퀴차를 제조하는 능력이 뛰어났다. 이는 다우르족이 발달된 목축업과 수공업이 있었다는 것을 설명한다. 지금은 비록 하나의 농업민족이기는 하지만 여전히 선조들이 얼음을 부수고 물고기를 잡는 것과 독수리를 풀어 사냥하는 기술을 보류하고 있다.

4. 종교 신앙과 민속문화

1) 종교 신앙

다우르족은 원시적인 샤머니즘(萨满教)을 믿으며 수많은 신령들을 숭배한다. 이러한 신령을 두 가지로 분류하는데 하나는 가신(家神)이고 다른 하나는 야신(野神)이다. 가신은 평상시에 집에서 제를 지내는 신으로, 숭상하는 신에는 씨족신(氏族神), 부신(父神), 모신(母神)과 같은 조상신(祖神)이 포함된다. 가신 중에서 가장 귀한 신령은 합륵막곤(哈勒莫昆)이라고 하는 씨족신, 즉 가족의 보호신이다. 조상제를 지냄으로써 자손들이 번영(繁衍) 발전하고 번창하기를 빌며 1년에도 여러 번 조상신 제사를 지낸다. 가족구성원들이 질병에 걸렸을 때 조상신을 청하여 병 기운을 없애고 액운을 제거하기도 한다. 이러한 의식은 주로 가정의 늙은 주부가 주도한다. 의식을 할 때는 늙은 주부의 주도에 따라 조상신에게 향을 태우고 술을 부어 올리며 절을 하고 잇따라 귀신을 쫓아내는 소무소자러구(苏木苏扎热古) 의식을 진행한다. 소무소자러구 의식은 가위로 이미 잘라놓은 사람 모양의 종잇조각을 야외에 가져다 버리는 의식이다. 의식을 진행할 때 가위로 잘라놓은 사람 모양의 종잇조각에 가족구성원 모두가 침을 뱉는 것으로 귀신에 대한 분노를 표시하는데 이렇게 하면 환자의 병이 호전된다고 믿는다. 만약 병이 오랫동안 호전되지 않으면 샤먼을 청하여 굿을 하여 귀신을 몰아내기도 한다.

야신(野神)은 자연계의 제신(諸神)과 신령이 된 야생동물들을 가리킨다. 자연계의 제신에는 천신[天神, 텅거리바일컨(腾格里巴日肯)], 지신[地神, 가지러바이컨(噶吉热巴日肯)], 토신[土神, 바라가거일컨(巴拉格巴日肯)], 하신[河神, 비리거일컨(比里格巴日肯)], 수신[水神, 바언바일컨(巴彦巴日肯)], 목신[木神, 도비바일컨(道比巴日肯)], 산신[山神, 오리바일컨(敖里巴日肯)] 등이 포함되어 있다.

천신제를 지내는 것은 다우르족이 천신을 하늘의 신선으로 또 인간이 살고 있는 땅의 수호자로 믿고 있기 때문이다. 일, 월, 별신들은 모두 천신에 속한다. 천신제는 매년의 추석부터 정월 대보름 사이에 지낸다. 먼저 제간(祭杆)을 세운다. 제간은 약 8m 남짓 되는 소나무로 만들어졌고 제간의 끝에는 나무로 만든 초롱막(灯笼篷)을 걸며 막 안에는 쇠고리가 설치되어 있어 이곳으로 등심을 꿰어 넣고 또 그것으로 촛불 등을 내렸다 올렸다 한다. 제간은 또는 천정간이라고도 하며 만들어 대문 동쪽에 세워 놓는다. 밤이 되면 촛불을 켜서 초롱 속에 넣는다. 이 밖에 집에서 연세가 가장 많은 조모(长母)가 메밀면으로 만든 몇십 개의 화분 모양의 등(灯)을 만들고 그곳에 불을 붙여 대문의 좌측이나 혹은 조상묘의 앞에 걸어놓는다. 이를 통하여 하늘의 신선과 일신, 월신, 별신들에게 제를 올리며 하늘신이 자신들에게 복을 하사해주시기를 기도한다.

또 다른 제신제로는 산신제가 있다. 다우르족은 오보(敖包)를 산신의 처소라고 생각한다. 그래서 오보제를 지내는 것은, 산신제를 지낸다는 말과 같다. 매번 사냥꾼들이 산에서 사냥을 할 때 사냥꾼 집의 조모는 조상신을 향해 향을 피우고 절을 올려 사냥꾼들의 안전과 수렵품의 풍성함을 기도한다. 다우르족의 오보는 대부분 산어귀의 좁고 험준한 곳에 설치되어 있는데 매번 오보를 마주칠 때마다 제사를 빠짐없이 지내야 한다. 제사를 지내는 방식은 향을 피우고 절을 올리며 술을 드리면서 오보에게 돌멩이를 쌓아올려 산신이 보호해주기를 기도하는 형식으로 이뤄진다. 규모가 큰 산신제를 오보회라고도 하는데, 매년 3월과 8월에 두 번씩 작은 제사를 지내고 삼 년에 한 번씩 큰 제사를 지낸다. 작은 제사는 씨족(氏族)의 범위 내에서 조직하여 지내고 큰 제사는 몇 개의 씨족이 연합하여 지낸다. 제사 후의 오보를 관찰해보면 오모제의 규모를 알 수 있다. 오보에 무성하게 자란 버드나무나 자작나무를 꽂아놓으면 이는 오곡의 풍성과 각종 가축과 가금이 흥성하기를 바란다는 의미이다. 오보제를 지낼 때 삶은 소, 양, 돼지고기, 술과 치즈를 올린 후 오보 주위에 촛불과 향을 피운다. 그리고 제사를 주도하는 무속인이 제문을 읽은 후, 샤먼(薩滿)이 오보를 에워싸고 돌면서 신을 부르는 노래를 부르고 길상무(吉祥舞)를 춘다. 여러 사람은 오보를 향해 바람과 비가 알맞게 오고 날씨가 매우 좋기를 기원함과 동시에 모든 일이 번창하기를 빈다. 제사를 지낸 후 제사에 참가한 사람들이 모두 제물을 공동으로 바친다. 그리고 식사 후 씨름, 경마경기, 사냥 등 운동경기를 벌인다. 다우르족은 가뭄이 들기만 하면 오보제를 지내 비가 내리기를 바란다. 제사 후에는 서로 대야와 물통에 물을 담아 뿌리는데 옷이 젖으면 젖을수록 비가 많이 쏟아진다고 믿으며 풍년이 가득하기를 기원한다.

토지신제도 중요한 제신제 중 하나이다. 다우르족은 황무지를 개간하여 농사를 지을 때, 즉 봄밭갈이를 시작할 때에 토지신제를 먼저 지낸다. 제사는 야외에 흙을 쌓아올린 후 술을 부어놓고 절을 올리는 방식으로 진행된다.

하신제 역시 중요한 제신제로, 제사의 방식은 목판 위에 촛불을 켜놓고 강물에 띄워 떠내려가게 한다. 이 외에 강어구와 고기를 잡는 어장에 모두 하신제를 지내는 토지묘를 세워 수시로 묘에 와서 하신제를 지내어 하신에게 평안을 가져다 달라고 빈다.

2) 의복 · 음식 · 주거형태

과거 청나라 시기 다우르족 남성들은 주로 가죽옷을 많이 입었다. 겨울에는 노루 가죽으로 만든 두루마기와 짐승 털로 짠 바지를 즐겨 입었다. 바짓가랑이는 앞뒤를 터놓아 매우 가볍고 따뜻하다. 봄과 가을에 입는 노루 가죽으로 만든 두루마기는 가죽이 두터워 바람을 막아주어 오래 입을 수 있다. 여름에는 털을 제거한 가죽으로 만든 가죽옷과 가죽 바지를 입는다. 다우르족 남성들은 보편적으로 노루 가죽으로 만든 모자를 쓰고 다니고 허리띠를 두르기를 좋아한다. 그리고 허리에 흡연 도구와 화렴(火鐮)을 갖고 다닌다. 전통적인 장화는 노루 다리 가죽으로 만들었으며 노루 목덜미의 가죽으로 신발 바닥을 만들었다. 그리고 안에는 노루 가죽으로 만든 양말을 신고 신 안에 오랍초(烏拉草, 식물로 중국 동북 지방에 나는 방동사니과의 다년생 초본의 일종. 방한용 신 속에 깔기도 하고 물건을 매는 데 사용하기도 함)를 끼워 넣고 다니는데 매우 가볍고 부드러워 겨울에 눈 위를 걸을 때 신고 다니면 매우 좋다.

민국(民國) 이후 옷을 만드는 재료가 가죽으로부터 천으로 변화되면서 복장 양식도 현저한 변화를 가져왔다. 특히 여성 복장에 현저한 변화를 가져왔다. 사계절에 따라 면을 사용하거나 겹층(夹)이나 단층으로 된 천을 사용하여 만든 옷과 바지를 입기 시작하였다. 모든 여자는 결혼할 때 좋은 천을 이용하여 화려한 복장을 만든다. 외면에는 색상이 화려한 통 넓은 조끼를 입고 꽃을 수놓은 신을 신으며 머리에는 머리장식품, 귀걸이를 착용했고 팔찌, 반지 등 장식품을 달고 다니기를 즐겨한다. 옷깃에는 꽃을 수놓은 작은 주머니(荷包)와 손수건을 갖고 다니면서 노인들과 손님들에게 담배를 권할 때 사용한다. 청년들은 옅은 남색을 좋아하는데 중년들은 남색 혹은 짙은 흰색 복장을 좋아한다. 시대가 발전하면서 일부 노인들이 긴 두루마기를 입고 다니는 외에 대부분 사람들은 모두 현 시대의 보편적인 복장을 입고 다니기를 즐긴다. 명절 때에는 민족 전통복장을 입는다.

다우르족은 유목 시 양고기와 소고기를 주식으로 하고 유제품을 즐겨 먹는다. 예를 들면 우유피(奶皮子), 우유를 말린 것(奶干), 버터, 신선한 우유와 요구르트를 즐겨 먹는다. 그리고 사냥하여 포획한 사슴고기, 산돼지, 산토끼, 꿩, 노루, 아주 가끔이지만 낙타와 사슴고기도 먹는다. 먹는 방법은 익혀 먹는 방법과 날로 먹는 방법이 있다. 익혀 먹는 방법에는 삶는 방법과 굽는 방법이 있는데 다우르족들은 큰 고깃덩어리를 삶아 먹는 것을 좋아한다. 삶을 때에는 대량의 산초와 같은 향신료를 넣는다. 그리고 손으로 찢어 먹는 것을 좋아한다. 뼈가 붙어 있는 고기를 끓는 물에 넣고 푹 끓인 후 대야에 담아 식탁 위에 올려놓은 후 매 사람이 하나씩 들고 칼로 작은 토막을 낸 후 부추꽃 양념 혹은 소금에 찍어 먹으면 그 맛이 별미다. 날로 먹을 때에는 주로

전통의상을 입은
다우르족 여성

짐승의 간, 콩팥 등을 먹는데 이런 것들을 먹으면 몸보신에 좋고 시력을 높이는 데 도움이 된다고 믿는다.

　다우르족은 정착한 후 점차 배추, 연한 콩꼬투리(豆角), 감자, 무, 오이 등 야채를 심는 방법을 배웠다. 배추를 부식으로 먹는데 먹는 방법이 매우 독특하다. 다우르족은 배추를 잘게 썰고 마늘, 고춧가루, 적당한 양의 소금을 넣어 무치는데 그 모양이 맛깔스럽고 맛이 시원하다. 그들은 부추를 가루로 만들어 즐겨 먹는다. 정착 후 그들은 가축을 기르기 시작했으며 오곡을 재배하였고, 기장, 메밀, 귀리를 주식으로 하며 늘 신선한 우유와 요구르트를 밥에 비벼 먹기를 즐긴다. 요구르트에 비벼 만든 기장밥, 붕어국에 비벼 만든 기장밥은 손님을 대접하는 데 자주 사용되는 별미음식이다. 좁쌀, 옥수수쌀, 입쌀, 밀가루 등을 먹기 시작한 것은 이 뒤의 일이다. 정주생활은 이처럼 음식을 먹고 마시는 방면에서 변화를 가져왔다.

　다우르족의 마을은 산을 등지고 물을 에워싸고 있어 양지쪽 지역이 많다. 작은 마을은 여러 집, 큰 마을은 몇백 집이 함께 모여 살고 있다. 채소밭이 연결되고 도로가 가지런히 정비되어 있으며 가옥들이 즐비하게 줄지어져 있다. 가옥들은 대부분이 나무로 된 집들과 벽돌과 기와로 쌓은 집들이 있다. 일반적으로 방은 두 칸 혹은 세 칸 정도이며 다섯 칸짜리도 있다. 두 칸짜리 방은 일반적으로 서쪽 방에 사람이 살고 동쪽 방은 주방이다. 서쪽 방은 남서북 세 면으로 온돌방들이 이어졌다. 나이 많은 어르신이 남쪽 온돌방에서 살고 아들과 며느리가 북쪽 온돌방에서 살며 서쪽 온돌방은 손님들이 오면 묵게 한다. 만약 집에 장가가지 않은 작은아들이 있으면 작은아들이 서쪽 온돌방에서 살 수 있다. 세 칸인 방은 중간 방이 주방이다. 동, 서 두 쪽 방은 모두 사람이 산다. 다섯 칸인 방은 정중앙 방이 주방이며 양측 네 칸에는 모두 사람이 산다. 현재 세 면이 모두 이어진 구식 온돌방과 3대가 함께 지내는 가옥은 점차 줄어들고 새로운 구조의 방이 늘어나고 있으며 손님방, 침실, 부엌이 따로 나누어져 있다.

　예전에 다우르족은 교통수단으로 말과 나무로 만든 차를 몰고 다녔다. 물 위에서는 통나무배(独木舟, 홀로 타고 다닐 수 있는 작은 배)와 작은 뗏목을 타고 다녔고 눈 위에서는 눈썰매를 타고 다녔다. 외출하여 먼 길을 떠날 때에는 말을 타고 다녔고 마을에서 친구 집이나 친척집을 방문할 때 나무로 만든 수레를 몰고 다녔다. 사냥을 떠날 때나 벌목하러 갈 때, 장거리에 물건을 나를 때, 곡식을 거두어들일 때나 땔감을 마련할 때에는 모두 큰 수레차를 사용하였다. 나무로 만든 수레차는 산간 지역에서나 소택지(沼澤地)에서 사용된다. 일반적으로 다우르족 가정에서는 모두 말을 기르고 있는데 명절 때마다 경마활동을 벌인다. 20세기 70년대 이후 철도와 도로가 건설되면서 자전거, 오토바이, 자동차와 같은 새로운 교통수단이 광범위하게 사용되고 있다. 현재 다우르족이 거주하고 있는 곳에는 자동차 수가 현저히 늘어나고 있는 추세이다.

3) 혼인 · 가정과 상 · 장례

중국이 건립되기 전 다우르족의 남녀의 혼인은 대부분 부모들이 도맡아 했으며 예물을 주고받는 풍습도 출현하였다. 하지만 매매혼(买卖婚姻)은 그다지 엄중하지 않았다. 일반적으로 자신의 아들, 딸을 두고 거래하지는 않는다. 다우르족의 혼례관습에 의하면 남자 측에서 여자 측에 보낸 혼수 가운데서 모친이 키워준 은정에 보답하는 의미로 젖소 한 마리를 남기고 모두 딸이 시집갈 때 갖고 가게 한다. 동시에 딸에게 될 수 있는 한 많은 의복과 물건을 보낸다.

다우르족의 주요 혼인풍습에는 지복혼(指腹为婚), 와와혼(娃娃婚), 민며느리혼, 데릴사위혼, 성년혼인 등이 있다.

첫째, 지복혼(指腹婚)은 아들, 딸이 출생하기 이전에 부모들이 의논하여 맺는 혼인이다. 이러한 혼인방식은 마음이 맞는 친우들 사이에서 진행된다. 아이가 출생한 후 만약 두 아이가 모두 남자아이이면 의형제를 맺고 만약 모두 여자아이이면 의자매를 맺는다. 만약 일남 일녀이면 부부로 곧 혼인을 결정한다. 이러한 혼인방식은 남자의 부친이 술을 갖고 여자 집에 가서 여자 집에서 가장 연세가 높으신 연장자에게 술을 올리고 절을 하는데 연장자의 허락을 받으면 혼약이 성립된 것으로 여기고 두 집에서 혼약을 엄격히 준수한다.

둘째, 와와혼(娃娃婚)이란 아이가 어릴 때 두 집 부모가 감정이 깊으면 자녀들에게 백년가약을 맺을 것을 기원하는 것이다. 그 형식은 지복혼(指腹亲)과 거의 비슷하다.

셋째, 민며느리혼(童养媳)은 여자아이가 나이가 어려 부모를 잃었거나 가정형편이 어려워 부양하기가 힘들 때 남자 측에 여자아이와 나이가 비슷한 남자아이가 있으면 여자아이를 데려와서 기른 후 남자아이가 성인이 되면 혼례를 치르는 혼인 방식이다.

넷째, 데릴사위혼(娶女婿)은 중매인의 소개로 진행되는데 여자 측의 부모가 연세가 많거나 혹은 자식이 어리고 대를 이을 후대가 없으면 양쪽 가정의 부모들의 동의하에 남자를 여자 집으로 맞이하여 결혼을 시킨다. 하지만 데릴사위는 재산을 계승할 권리는 없다. 장인 집의 남자아이가 커서 성인이 되면 데릴사위는 분가하여 살 수 있다.

다섯째, 성년혼(成年婚)이 있다. 다우르족의 혼인 풍습에 의하면 남녀가 15세가 되면 성년이 된다고 여긴다. 성년이 된 후 중매인의 소개를 거쳐 양쪽 가정 부모가 동의한 후 백년가약을 맺는데 이를 성년혼이라고 한다. 성년혼의 약혼 의식은 우선 남자 측에서 중매인을 구한다. 중매인은 남자 측의 위탁을 받고 모자의 오른쪽에 새로운 붉은 띠를 두르고 붉은 종이로 병마개를 만든 술병을 들고 여자 집에 가서 청혼을 한다. 여자 측에서는 이를 알아차리고 열정적으로 중매인을 맞이한다. 만약 여자 측의 부모가 남자 측의 가정형편을 파악한 뒤, 남자가 마음이 들면 중매인을 앉히고 식사를 대접한다. 그러면 혼약이 이루어진 것이다. 만약 여자 측에서 남자 측에 대해 요해하지 못했거나 태도를 표하지 않으면 중매인은 여러 차례 청혼을 거듭한다. 여자 측에서는 남자를 철저히 파악한 후에야 중매인에게 풍성한 음식을 대접한다. 그 후 중매인은 남자를 여자 측에 데리고 와서 절을 올리게 한다. 그러면 혼약이 결정된 것이다.

4) 명절과 체육

다우르족은 음력설[아녈절(阿涅节)], 말회절(抹灰节), 결신제(洁身节), 2월 2일(2·2节), 이얼덩(依尔登), 알미남(斡米南), 쿠무러마르빠이(库木勒玛日拜), 약천회(药泉会), 단오절, 뭐유타이커(多由抬克), 오보워베(敖包沃贝), 천등절(千灯节), 납팔절(腊八节) 등 13개 명절을 보낸다. 다우르족의 일부 명절, 예를 들어 춘절, 2월 2일, 단오절, 납팔절 등은 한족으로부터 전해져온 것이다. 오보워베 명절와 같은 일부 명절은 몽골족, 어원커(鄂温克) 등 민족들과 같이 보낸다. 역사적으로 다우르족은 샤머니즘(薩满教)을 신앙하는데 종교 명절로는 "결신제", "이얼덩"과 "알미남" 등 전통적인 특색을 띤 명절이 있다.

첫째, 결신제는 매년 음력 정월의 하루를 택하여 명절을 경축한다. 그날이 오면 샤먼을 숭상하는 사람들은 양, 술, 식품을 준비해 와서 의식에 참가한다. 의식을 진행하기 전 샤먼이 먼저 큰 가마에 호신용 거울과 다섯 가지 빛깔을 띤 자갈을 넣는다. 그 후 가마에 깨끗한 물을 부어 넣고 세찬 불길로 펄펄 끓여 신수(神水)를 만들어낸다. 신수를 먼저 자신의 몸에 뿌린 후에 모든 참가자의 몸에 뿌리는데 이는 몸이 깨끗해지고 화를 면한다는 것을 말한다.

둘째, 이얼덩(依尔登)은 다우르족의 종교일이다. 즉, 샤먼의 제사(薩滿祭祀)라는 뜻이다. 매년 혹은 한 해에 걸러 음력 3월에서 날을 잡아 샤먼의 집에서 제를 지내는데 이 제사는 하루 동안 거행된다. 의식에 참가하는 사람은 술, 향, 합달(哈达)과 천 등 제물 혹은 선물을 갖고 온다. 의식을 거행할 때 먼저 방에 녹색 잎사귀가 있는 버드나무 가지를 세워놓아 신수(神树)를 상징하고 가시 위에 여러 가지 동으로 만든 신령의 가면을 걸어놓는다. 의식이 시작되면 샤먼의 조수들이 북을 두드리고 주문을 외우면서 신령이 강림할 것을 기도한다. 샤먼이 신수의 주위를 돌면서 신선을 맞이하는 춤을 추는데 첫 번째는 본신이 강림을 기원하고, 두 번째는 주제신이 강림할 것을 기원하며, 세 번째는 모든 신령이 강림할 것을 기원한다. 마지막에는 모든 신이 무사히 돌아갈 것을 바란다. 이얼덩의 중요한 제사의식은 바로 피를 마시는 것이다. 정한 기일이 되면 3살이 된 양을 잡아 피를 뽑은 후 양 젖과 술을 피와 함께 섞은 뒤 그것에 9개의 작은 향과 9개의 작은 양 폐를 첨가한다. 그리고 이를 나무사발에 담는데 제사의식에 참가한 모든 사람은 샤먼이 불을 끈 후 암흑 속에서 함께 피를 마신다. 그리고 난 뒤 샤먼과 그 조수들이 사람들의 노래 속에서 굿을 한다. 샤먼이 춤을 추면서 신수에 걸린 동으로 만든 가면에 양 피를 묻힌다. 이를 신령들도 양 피를 마셨다고 한다. 이것으로 의식을 마치고 샤먼과 조수들은 신령가면을 거두어들이고 신수와 함께 고이 안장한다. 그리고 의식에 참가한 모든 사람이 함께 모여 같이 식사를 하면서 제물을 향유한다.

셋째, 알미남(幹米南)이다. 샤먼의 성전(盛典)을 뜻하는 알미남은 다우르족의 중대한 종교 명절이다. 3년마다 한 번씩 거행하는데 그 시간은 음력 3월과 4월 사이에 진행하며 명절 기한은 3일이다. 그 목적은 모든 신선에게 예물을 바치며 족인들의 행복을 빌고 액운이 없어지기를 기원하는 것이다. 명절 전 우선 매우 큰 풍막을 세운다. 풍막 안에 두 개의 신수(神树)를 세우고 풍막 밖에 하나의 신수를 세운다. 그리고 세 그루의 신수에 모두 동으로 만들어진 신령들의 가면을 걸어놓는다. 알미남에 참가한 사람들은 반드시 제품과 선물을 갖고 와야 한다. 의식이 시작되면 샤먼들은 여러 신이 강림하기를 바라면서 신수를 에워싸고 신을 맞이하는 춤(迎神舞)을 춘다. 그러다가 신령이 샤먼의 몸에 강림하면 샤먼들은 땅에서 뒹굴면서 입으로 중얼거리며 신령과 대화를 나누고 신령이 은혜를 베풀 것을 요구한다. 신령이 떠난 후 샤먼과 조수들은 같이 송신무(送神武)를 추어 신령이 편히 돌아갈 것을 기원한다. 제사 의식이 끝나면 제사에 참가한 사람들은 모두 함께 제품을 향수한다. 이는 첫날의 제사에 지나지 않는다. 그 후 두 번째 날에도 계속 신선무를 추고 세 번째 날에는 쿠러(庫热) 의식을 진행한다. 샤먼과 조수들은 각각 소가죽으로 된 밧줄로 제사의식에 참가한 여러 사람을 에워 묶고 세 번 정도 힘껏 잡아당기는데 이는 민족 단결과 인구가 늘어날 것을 바라는 의미에서 나온 것이라고 한다. 저녁이 되면 암흑 속에서 소의 피(牛血)를 마시는 의식을 진행한다. 피를 마시는 과정에 샤먼은 뻐꾸기 소리를 모방하여 뻐꾸기 소리를 내는데 이는 신령들이 뻐꾸기로 변신하여 피를 마신다는 것을 표시한다. 이때 샤먼은 한편으로 춤을 추면서 소 피를 신수에 걸려 있는 신령들의 가면에 칠한다. 이것으로 알미남 제사를 마친다.

쿠무러마르빠이(庫木勒玛日拜)의 의미는 "류호야를 채집한다"란 의미이다. 이는 다우르족의 생산명절(生产节日)이다. 매년 음력 4월 상순에 진행하는데 명절기한은 3일부터 5일이다. 류호야(柳蒿芽)는 현지에서 볼 수 있는 야채로서 다년생풀(多年生草)인데 약간의 약 냄새가 나고 시원한 맛이 있다. 여린 류호야로 냉채를 만들 수 있고 국을 끓여 먹을 수 있는데 그 맛이 연하고 신선하다. 이는 다우르족의 계절성적인 음식 중의 하나이다. 현재 류호야 음식은 녹색 음식으로서 냉동하거나 건조제품으로 만들어 여러 지방에 공급하고 있다. 류호야를 채집할 때 다우르족의 남녀노소가 모두 약속하고 한데 모여 머리에 화려한 목수건이나 수건을 묶고 허리에 수놓은 치마를 두른다. 한쪽으로 류호야를 채집하면서 서로 일문일답식의 노래를 하며 산과 들에 시골의 정취가 맴돌게 한다.

다우르족의 필드하키운동은 매우 유명하다. 필드하키는 다우르족의 전통 체육 항목으로서 그 역사가 유구하다. 다우르족의 선민인 거란인(契丹人)이 건립한 요조 시기 성행했던 체육활동이다. 필드하키운동은 필드하키와 공으로 구성되었다. 공을 칠 때의 필드하키는 현지에서 생장하고 있는 목질이 단단한 나무로 만든다. 다우르어로 베퀴어(贝阔)라고 하며 약 80cm 정도이다. 공을 치는 부분의 형태는 휘어져 있고 얇고 평평하며 마치 아이스하키채와 흡사하다. 다우르어로 필드하키를 버레(波列)라고 하며 아동용과 성인용이 있다. 아동용은 질감이 부드러운 공을 사용하는데 소털을 물에 묻혀 동그랗게 만든 것으로서 부드러우면서 탄성이 있다. 반면에 성인용 공은 질감이 딱딱하며 살구나무 뿌리 혹은 느릅나무를 깎아 만든다. 공의 밑 부분을 뚫어 몇 개의 구멍을 내고 기름을 넣은 다음 불을 붙인 후에 화구(火球)로 되게 한다. 정월 대보름날 필드하키운동을 하는데 공중에서 불이 붙은 공을 서로 주거니 받거니 하는데 마치 유성이 하늘을 가로 지나는 것을 방불케 하며 교룡(蛟龙)이 구슬을 다루는 듯이 색다른 취미를 불러일으킨다.

다우르족의 필드하키시합은 갑, 을 두 조로 나뉘어 진행되며, 각 팀은 10명씩이고 그중 골키퍼가 한 명 있다. 운동장의 면적은 축구장과 비슷한데 양쪽에 약한 통나무 두 개를 세워 골대를 대체하고 있다. 시합 전 쌍방이 의논하여 누가 먼저 킥오프(开球)할 것인가를 토론하여 결정짓는다. 경기 중 한 팀이 공을 경기선 외로 쳐내면 다른 팀이 라인업한 곳에서 공을 친다. 골키퍼는 손으로 날아오는 공을 쳐낼 수 있고 또 손으로 공을 잡을 수도 있다. 하지만 일반 선수들은 필드하키로만 공을 쳐야 한다. 한 팀이 공을 다른 팀의 골문에 넣으면 일점을 획득한다. 그리하여 골을 많이 넣는 쪽이 승리한 팀이다.

1976년 전국에서 제일 처음으로 다우르족 운동원을 위주로 필드하키선수단을 창립하였는데 1978년 전국 제1차 필드하키시합에서 우승을 따냈다. 그 후로부터 전통이 유구한 필드하키운동은 중국의 체육 종목 중 하나가 되었다. 1982년 다우르족 청년들을 중심으로 하여 중국 필드하키선수단을 창립하였으며 제1차 아시아필드하키시합에서 3등이라는 영예를 얻어 세계 필드하키계를 뒤흔들었고 처음으로 오성 붉은 기가 국제필드하키 전당에 휘날렸다. 1989년 국가체육위원회에서는 정식으로 머리다와다우르족자치기(莫力达瓦斡尔族)를 "필드하키의 고향"이라고 명명하였다.

1980년 다우르족 여자들을 중심으로 중국에서 처음으로 여자 필드하키선수단을 창립하였다. 1990년에 120여 명의 다우르족이 국가필드하키선수대의 선수로 뽑혔다. 다우르족의 하썬(哈森)은 중국에서 처음으로 국가급 필드하키 여성심판이자 코치이며 아시아주 필드하키 재판연합회의 첫 여성이사였다.

5) 문학예술

다우르족의 민간문학에는 신화 이야기, 민간 이야기, 민간전설, 영웅서사시, 무도(舞蹈) 등이 포함되어 있다. 형식이 다양하며 내용이 풍부하고 다채로워 중국 문학 보물고의 중요한 부분을 구성하였다.

신화 이야기는 언어가 소박하고 생동하며 형상적이다. 예를 들면 인류 기원에 관한 신화에서 묘사된 것처럼 "천지개벽 시기 하늘신이 진흙으로 사람을 만들었다"고 하였다. 가장 영향력이 있는 전설로는 『소랑과 대부(少郎与岱夫)』이다. 이는 민국 시기 농민 소랑(少郎)과 대부(岱夫)가 지주의 압박 착취를 견디지 못하여 농민들을 조직하여 봉기를 일으켜 지주와 관군에게 타격을 주었으나 최후에 진압되고 말았다는 전설 이야기를 적은 것이다. 여기에서는 지주와 관군(官军)의 죄악을 고발한 소랑과 대부의 투쟁정신을 노래하였다. 현재 아우르족 민간설화와 관련하여 『다우르족민간이야기선』, 『다우르족민간이야기집』 등이 출간된 상태이다. 그 중에는 영웅서사시가 2부 있다. 한 부는 『아얼탄거러뿌(阿尔坦嗄乐布)』라는 작품인데 500여 줄로 구성되었고 부계씨족사회에서 탄생되었다고 한다. 다른 한 부는 『쿼카이머르껀(绰凯莫日根)』이라고 하는 작품이다. 모두 2,000여 줄로 구성되었으며 노예제 시기에 창작되었다. 이 두 영웅서사시는 다우르족의 영웅이 고향을 지키기 위하여 정의를 추구하고 죄악을 벌하는 투쟁정신을 노래한 것이다.

다우르족은 춤과 노래에 능한 민족이다. 민간음악에는 산이나 들에서 일할 때 부르는 노래, 일문일답식의 노래(对唱)와 무사(舞词) 등 형식이 있다. 산이나 들에서 일할 때 부르는 노래는 곡조가 우렁차고 길며 떨리는 음이 많다. 가사를 살펴보면 모두 풍경을 보고 즉흥적으로 쓴 가사들이다. 예를 들면 「마음에 둔 사람(心上人)」, 「산향(山乡)」, 「요람(摇篮)」 등이다. 무용을 다우르족언어로 「루르거레이(鲁日格勒)」(중국어로 번역하면 불타오름 혹은 홍성)라고 하는데 아마 모닥불을 에워싸고 열렬히 춤을 추는 것으로부터 얻은 명칭일 것으로 추정된다. 이 춤은 일반적으로 두 사람이 마주하여 춤을 추고 기타 사람들은 두 사람을 에워싸고 흥을 북돋아준다. 고조에 이르렀을 때 많은 사람들은 모두 함께 춤을 추는데 춤 자세를 보면 두웅(斗熊), 영비(鹰飞), 화강(划桨), 제수(提水) 등의 의미가 있다. 고함소리와 함께 미끄럼질하는 발걸음과 발을 구르는 형식의 무도 자세를 기본 발 자세로 한다. 최근에는 영산홍(映山红), 희수처녀(嬉水姑娘), 필드하키(曲棍球), 기쁨이 넘쳐나는 산촌과 같은 새로운 무대 공연 프로그램을 제작해 선보였다.

보안족(保安族)

1. 민족개관

보안족은 중국 소수민족 가운데 인구가 비교적 적은 민족 중 하나이다. 2000년 인구통계에 따르면 보안족은 약 16,505명에 불과하며 주로 감숙성(甘肃省) 적석산보안족동향족사라족(积石山保安族东乡族撒拉族)자치현에 분포되어 있다. 그 외 일부 보안족은 난주, 림하 및 청해, 티베트, 신강 등 지역에 흩어져 살고 있다.

보안족은 자신을 보안인이라고 자칭한다. 역대 통치자들은 보안족을 한 개의 독립된 민족으로 인정하지 않았으며 줄곧 보안회(保安回)라고 부르다가 중화인민공화국이 성립된 후 정식으로 보안족이라고 명명하였다. 1952년 보안족의 집거구인 대하가(大河家)와 류지(刘集) 두 지역에 동향족자치향을 설립하였고 1956년에 민족향으로 고쳤다. 20세기 80년대 초기 정식으로 적석산보안족동향족사라족자치현을 설립하였다.

보안족이 집거하고 있는 적석산보안족동향족사라족자치현은 감숙성의 서남부, 림하회족자치주의 서북쪽 소적석(小积石) 산의 동쪽 기슭에 위치하고 있다. 자치현의 내부에서 최고 해발고는 약 4,218m이고 최저 해발고는 1,800m이다. 황하는 청해성의 순화현을 거쳐 적선관(积石关)을 지나 적석산(积石山)현에 흘러든다. 전현의 연평균 강우량은 660.2mm이며 평균증발량은 880mm이다. 강우량은 주로 7~9월에 집중되어 있으며 전년(全年) 강우량의 약 59%를 차지한다. 겨울과 봄사이가 건조하고 여름과 가을은 습윤하여, 건조하고 습윤한 선명한 기후 특징을 가지고 있다.

보안족은 자신의 민족 언어를 보유하고 있으나 문자는 없다. 보안어는 알타이어계(阿尔泰语系) 몽골어족에 속한다. 이는 몽골어, 다우르어(达斡尔语)와 유고르족(裕固族)의 언거얼(恩格尔)어와 일정한 정도의 친속관계가 있음을 말한다. 그리고 보안족의 언어는 토족과 동향족의 언어와 비슷하며 많은 단어들이 동일하고 어법구조가 대체적으로 일치한다. 이는 보안족이 한족, 회족 등 민족과의 왕래가 비교적 밀접했음을 말해준다. 통계에 의하면 보안어의 약 40%가량은 한어의 외래어를 사용하고 있다.

2. 민족의 기원과 사회발전

보안족의 족원(族原) 문제는 보안족 역사문화연구에 있어서 가장 먼저 해결해야 할 중요한 문제이다. 참고할 만한 역사자료가 결핍한 탓으로 이 문제는 여전히 학계의 논의를 불러일으키고 있다. 그럼 아래에 보안족의 족원에 관하여 학술계에서 제기된 주요 주장을 살펴보기로 하자.

첫째, 몽골인을 위주로 형성되었다는 주장이다. 이러한 관점을 주장하고 있는 학자들은 보안족이 장기간의 역사 발전과정에서 몽골 민족을 위주로 당시 일부 보안 지역에서 활동하고 있었던 한족, 토족, 회족, 장족 등 민족들이 장기간의 교류를 거쳐 자연적으로 융합되어 형성된 하나의 새로운 민족이라고 주장하고 있다. 그리고 이슬람교를 믿고 있던 일부분 몽골인들과 장족, 한족, 토족, 회족 등 민족이 융합을 거쳐 형성된 새로운 민족이라고 주장하고 있다.

둘째, 회족을 위주로 형성되었다는 주장이다. 보안족과 회족은 모두 이슬람교를 신앙하고 있다. 그리고 사회문화 생활에서 이슬람교와 밀접한 연계를 가지고 있을 뿐만 아니라 역사적으로도 이미 보안회라는 민족이 존재했다는 것이다. 현재까지도 회족과 연관된 보안족 족원에 관한 전설이 전해져 내려오고 있다. 그래서 이들은 보안족이 회족을 위주로 형성되었다는 주장을 하고 있다. 이러한 주장은 여러 가지 의견으로 나누어져 있다. 하나는 보안족은 사천성 보녕부(保宁府, 현재의 낭중현(阆中县)] 혹은 남경 등지에서 천입해온 회민(回民)이라고 주장하며 그들이 청해성의 동인(同仁) 일대에서 기타 민족과 교류를 진행하는 과정에서 점차 형성되었다는 주장이다. 그리고 다른 하나는 보안족은 섬서성(陕西省)과 감숙림하 등지에서 보안 지역의 변강부대(屯垦兵), 즉 회족과 한족 영오인(营伍人, 변경을 지키는 부대) 병사로 파견되어 그 지역에 남아 생활하면서 점차 형성되었다는 주장이다. 또 다른 하나의 의견은 보안족은 원래 림하의 대하가 지방(大河家地方)에서 살고 있었던 회회(回回)라고 하면서 장기간 동인 등 지역에서 상업에 종사하면서 점차 보안족으로 형성되었다는 주장이다.

셋째, 색목인을 위주로 형성된 민족이라는 주장이다. 이 관점에 따르면 보안족은 원나라 시기 이슬람교를 신앙하고 있었던 색목인을 위주로 하여 장기간의 역사 발전과정에서 회족, 장족, 토족 등 민족들과 교류하면서 점차 형성된 하나의 새로운 민족이다.

근래 많은 학자들이 보안족은 원나라 시기 이슬람교를 신앙하고 있는 중앙아시아지역의 색목인들이 청해성의 동인 지역에서 변강을 수비하고 있다가 현지의 몽골족, 장족, 한족 등 민족들과 장기간 교류하는 과정에서 점차 하나의 새로운 민족으로 형성되었다고 주장하고 있다. 역사 문헌자료의 기록과 구비문학에 의하면, 기원전 1225년 칭기즈칸은 제1차 서쪽 정벌을 마친 후 돌아오다가 중앙아시아 지역에서 사로잡은 그 지역 여러 민족을 척후기병에 편입시켰다. 1227년 몽골이 서하를 멸망시키고 적석주(積石州)를 점령한 후, 청해성의 동인 지역을 포함한 하주 지역(河州地区)은 몽골군의 중요한 군사거점으로 되었다. 1259년 원 세조 구비라이(元世祖忽必烈)는 중국을 통일한 후, 척후기병을 원지에 주둔시켰는데, 그 척후기병 가운데서 동인 지역에 주둔하고 있었던 중앙아시아 색목인이 오늘날 보안족의 선민이 되었다는 것이다. 그들은 장기적으로 주위의 기타 민족들과 통혼·교류를 거쳐 점차 하나의 새로운 민족공동체인 보안족을 형성하였다고 주장한다.

보안족의 역사 발전과정을 살펴보면, 보안족은 원래 청해성의 동인현에 거주하고 있었다. 13세기 그곳의 몽골인들이 서북 장족지역의 교통요로(交通要道)에 진입하자 명조 정부에서는 국경을 수비하기 위해 여러 차례 병사를 파견하였고 동인 융무진(隆务镇) 부근에 보안성곽을 구축하고 보안영을 설치하였다. 오랜 세월의 무역 교류와 군민들의 둔전 등 원인으로 하여 융무진 부근에는 여러 민족이 공동 잡거하는 분포 구조를 형성하였다. 보안인은 주로 하장(下庄), 도사래(尕撒尔), 보안(保安)의 세 개 지방에 거주하고 있었기에 보안삼장(保安三庄)이라고 불리기도 했다. 이러한 여러 민족이 잡거하는 환경은 보안족의 족원이 다원화 형성의 특징을 띠게 된 중요한 조건이다. 이슬람교는 보안족의 형성과 발전과정에 중요한 작용을 했고 보안족의 경제, 문화 그리고 사회생활 여러 방면에 큰 영향을 주었다.

보안족은 후에 동인으로부터 현재 거주하고 있는 곳으로 옮겨왔다. 새로운 정착지에서 보안인은 여전히 동인 지역에 거주하고 있을 때의 관습을 유지하고 있었다. 도사래의 보안인은 대하가(大河家)의 대돈촌(大墩村)에 집거하여 살고 있고, 하장의 보안인은 대하가의 간하탄촌(干河灘)에 거주하고 있으며, 보안성의 보안인은 대하가의 매파촌(梅坡村)에 거주하고 있다. 이렇게 되어 새로운 보안삼장이 형성되었다. 일부 보안인은 류지, 류골(柳沟) 등지에 거주하고 있다. 결과적으로 보안인은 감숙성에서 뿌리를 박으면서 오늘까지 발전하여 왔다.

3. 경제생활

보안족은 주로 대하가와 류지 두 지역에서 많이 살고 있다. 이 지역은 적석산 자치현의 서북부에 자리잡고 있으며 북쪽으로는 황하와 청해(青海)성의 민화현과 마주하고 있다. 서쪽으로는 적석산이 감숙과 청해 두 개 성의 변경을 가로지르고 있다. 적석관문을 나서면 청해성의 순화사라(循化撒拉)족자치현에 도달할 수 있다. 이 지역의 지세를 놓고 보면 서남쪽이 높고 동북쪽이 낮다. 적석산 기슭에서 발원한 최가협(崔家峽), 대협(大峽), 대돈협(大墩峽) 등 3개의 대계수는 여러 민족에게 관개에 유리한 천연적인 관개수리지역으로 되었다. 보안족은 주로 농업 생산에 종사하며, 주요 농작물로는 보리, 밀, 옥수수, 콩류, 메밀, 깨, 채소 등이 있다. 그 외 보안족은 부업과 수공업 생산에 종사하고 있다. 특히 보안족의 보안요도는 매우 명성이 높다. 상업도 역시 보안족 경제생활의 중요한 부분이다. 이들은 주로 떠돌이 장사를 위주로 하기 때문에 보안족 상인들의 발자국은 서북 지역의 각지에 모두 찍혀 있다.

4. 종교 신앙과 민속문화

1) 종교 신앙
보안족은 이슬람교를 신앙하고 있다. 이 신앙은 선민들이 중앙아시아로부터

전통의상을 입은 보안족 남성

전통의상을 입은 보안족 여성

동쪽으로 전파해온 것으로 보안족의 사회생활에 중요한 영향을 끼쳤다. 청진사(淸眞寺)는 보안족이 종교활동을 진행하는 중심이며 또 문화생활의 중심이기도 하다. 보안족이 감숙성으로 진입해온 후 제일 처음으로 시공한 청진사가 바로 청나라 동치(同治) 시기(1862~1875년)에 건설한 대하가(大河家) 청진사이다. 이 청진사는 보안 지역의 중심 사찰이다. 대하가 청진사 안에는 30여 개의 작은 청진사가 있다. 청진사마다 모두 경문학교를 설립하고 학생들에게 경전을 가르치고 있다. 명말 청초 시기 이슬람교의 소피파(苏菲派)가 중국에 전파되면서 보안족 지역에도 아두문환(崖头门宦)과 고조가문환(高赵家门宦)이 형성되었다. 아두문환의 창시인은 아부두라 파타혁(阿卜杜拉法塔赫)인데 원적은 대하가의 아두평(崖头坪)에 있었고 고조가문환은 보안인 마하야(马哈雅)가 창시한 문화이다. 마하야가 류지에 거주하고 있는 고조가(高赵家) 사람이기에 고조가문환이라고 한다.

2) 의복 · 음식 · 주거형태

보안족의 풍습은 이슬람교와 밀접한 연관을 가지고 있다. 명절과 상장(丧葬) 풍습에 있어 회족과 비슷한 점이 많다. 그러나 복장과 음식, 혼인 등 면에서는 보안족만의 독특한 특징을 가지고 있다.

먼저 보안족의 복식은 장기간의 역사적인 과정을 거쳐 변화 · 발전되었다. 동인 지역에 거주한 초기 보안인의 남녀들은 모두 가죽 외투를 입었으며 가죽 모자를 쓰고 여름과 가을에는 가죽 두루마기를 둘렀으며 흰 양털로 된 나팔 모양의 높은 모자를 쓰고 색상이 선명한 비단허리띠를 둘렀다. 대하가에 이주하여 온 후부터 자연환경의 변화와 현지의 회족, 동향, 사라, 한족 등 민족과의 내왕 과정에서 보안인의 복장은 선명한 변화를 가져왔다. 이때로부터 남자는 예배모자를 쓰기 시작했고 새하얀 셔츠를 입고 청색을 띤 조끼를 입었다. 하지만 명절을 보낼 때나 경사가 있을 때에는 예배모자를 쓰고 검은색 긴 두루마기를 입었으며 채색띠를 두르고 보안족이 만든 칼을 허리에 찬 뒤 소가죽으로 만든 장화를 신었다. 여성들은 머리에 천을 두르고 자홍색 혹은 흑녹색 상의를 입으며 남색 혹은 흑색 바지를 입기도 하고 무릎을 넘는 긴 두루마기를 입고 그 위에 색상이 진한 조끼를 입기도 한다.

보안족은 주로 밀, 옥수수, 콩류를 주식으로 하고 있다. 그리고 일상적으로 만두, 국수, 유향(油香), 죽밥과 교단(攪團. 끓는 물에 사면을 넣고 끓여서 풀죽 형태가 된 후 굳은 것은 객단이라고 하고 희석한 것은 산밥이라고 함) 등을 해서 먹는다. 식용 육류는 반드시 이슬람교의 성직자가 도살하여야 한다. 그리고 돼지, 말, 당나귀, 노새와 일체 흉악한 짐승, 그리고 동물의 피와 자연적으로 죽은 동물의 고기를 먹는 것을 꺼려하고 술을 마시지 않는다. 대부분이 전차(磚茶)나 청차(清茶)로 담근 개완차(盖碗茶)를 즐겨 마신다. 보안족 말에 따르면 보안족이 청해성 동인에 거주했을 때는 주로 우유차를 즐겨 마셨으며 후에 이 관습이 점차 변화되었다고 한다. 보안인은 자체적으로 밀차(麦茶)라고 부르는 음료를 만들어 마셨다. 밀차는 밀을 닦은 후 가루를 내어 소금과 같이 삶아 만든다. 이 밀차를 마시면 갈증을 해소하고 열을 내리게 하는 효험이 있는데 그 맛이 매우 독특하다.

전통적인 보안족 가정은 몇 세대의 대가족을 주요한 형태로 하고 있다. 연장자는 가정에서 최고 권력의 지배자이다. 부부간은 남편의 의견을 따른다. 외삼촌은 보안족 가정에서 일정한 정도의 권위를 지니는데, 특히 외조카에 대한 혼인 결정권을 지니고 있어 외삼촌은 가족 내에 핵심적인 존재로 인정받는다.

보안족의 혼인은 무슬림을 우선적인 조건으로 하고 있다. 청해 동인(同仁)에 거주하고 있을 때 주위의 무슬림 인구가 적었기에 보안인은 장족, 토족과 통혼(通婚)하였던 역사가 있다. 하지만 대부분이 무슬림 민족이 아닌 여성을 맞아들였으며 그러한 여성들은 결혼 전에 반드시 교에 가입할 것, 즉 이슬람교를 신앙할 것을 규정하였다. 대하가에 이주한 후 주위의 회족, 살라족, 동향족은 모두 이슬람교를 신앙하였기에 보안족과 통혼하는 사람들이 비교적 많았다.

보안족의 혼인풍습에는 중매, 예물 드리기, 혼례식 등 의식이 있다. 혼담을 꺼낼 때, 중매인은 반드시 정차(定茶)를 가지고 가는데 신부 측에서 정차를 받으면 혼사를 허락한다는 것을 의미한다. 예물 드리기도 매우 중요한 의식이다. 보통 중매인이 신랑 측의 형제들과 같이 신부 측에 가서 예물을 드리는데 신부 쪽에서는 신랑의 혼수감을 받고 연회를 베풀어 친척들을 청한다. 이들을 호객꾼(叫客)이라고 한다. 호객꾼이 많으면 많을수록 신부 친척들 사이가 화목하다는 것을 더욱 잘 보여준다. 신부 측에서 예물을 받은 후에 결혼식 날짜를 상의한다.

보안족의 혼례는 대부분 금요일에 진행한다. 신랑 측에서 신부 집에 가서 신부를 맞이할 때 이슬람교 성직자를 청해 부르는 니카하(尼卡哈. 혼인서약)를 부르도록 하며 신부는 니카하 속에서 친정집을 떠난다. 신부가 친정집을 떠날 때 신부 측에서도 신부의 친인 8명 내지 10명으로 구성되어 신부를 신랑 집으로 보내는 대열인 송친대오(送亲队伍)를 결성하여 친정집을 나설 때부터 걸으면서 뒤에 다섯 가지 색깔을 띤 양식(밀, 콩, 옥수수, 청과, 좁쌀)을 뿌린다. 이는 모든 일이 뜻하는 대로 되고 행복을 부모님께 드린다는 뜻이다. 그리고 신부는 신랑 집에서 자신의 바느질 재주를 보여주어야 한다.

보안족의 혼례는 3일 동안 지속된다. 신부를 맞이하는 날을 제외하고 이튿날부터 신랑 쪽에서 연회를 베푼다. 세 번째 날은 신부가 회문(囬门)하는 날이다. 보안족의 관습에 의하면, 신부는 3일 동안 신랑 측에서 지은 밥을 먹지 않고 친정집에서 보내준 밥을 먹는다. 이는 신부에 대한 친정 부모의 관심과 반대로 신부에 대한 친정 부모의 기른 정과 낳은 정을 잊지 않는다는 것을 의미한다.

5. 문학과 민간공예

보안족의 서면문학은 한어로 구성된 것이며 20세기 50년대부터 시작되었다. 그 창작형식은 시가, 산문, 소설 등이다. 내용은 주로 보안족의 성격과 특징, 민속 문화 생활을 중심으로 하였다.

보안족의 민간문학 유형은 신화, 전설, 이야기, 가요, 성구속담으로 나누어진다. 특히 민간 이야기의 내용이 매우 풍부하다. 이슬람교의 선(善)을 권장하는 이야기 형식의 영향을 받아 권선징악의 이야기가 많다. 예를 들면 『엽기목(叶其木)·오맥륵(伍麦勒)의 이야기』, 보안족 거주지역의 자연지리 풍모를 체현한 『탁륵도도상천취우(妥勒尕尕上天取雨)』, 각 민족단결과 화목을 표현한 『삼린거(三邻居)』 등 이야기에서 보안족의 사회생활과 감성을 느낄 수 있다. 주지하다시피 보안족이 신앙하는 이슬람교는 알라(真主)를 숭배하는 외에 다른 신을 숭배하는 것을 반대한다. 그러나 보안족의 민간 이야기 속에는 뢰공대신(雷公大神), 산신, 선인, 용왕 등이 나타났다. 이는 보안족 민간문화의 독특한 특징으로, 보안족 문화가 다원적인 배경을 바탕으로 형성되었다는 것을 보여준다.

보안족의 민간공예 풍습은 비교적 독특한 특징을 지니고 있다. 보안족 경제생

보안요도를 만드는 보안족

전통의 보안요도 빼앗기를 겨루는 보안족 남성들상을 입은 보안족 여성활에서 철을 주조하는 수공업은 상당한 정도의 비중을 차지한다. 과거에 사람이 많고 땅이 적은 경제적 환경은 보안족에게 농경업 이외에 상업과 철을 주조하는 수공업을 부업으로 하도록 하였다. 지금까지 많은 보안족들은 철을 주조하는 수공업에 종사하고 있다. 그중 요도(腰刀) 생산자가 제일 많다. 이 외에 낫, 도끼, 삽, 가위 등을 만들기도 한다. 이러한 수공업 예술은 끊임없이 전해져 보안족 민간 공예의 정수가 되었다. 그중 보안족의 요도가 가장 유명하다.

보안요도의 제작은 끊임없이 발전하며 품종, 공예, 모양새 등 방면에서 모두 한 단계 발전을 가져왔다. 요도모형 주조, 칼에 꽃모양을 새기고 글자를 써넣으며 칼자루와 칼집에 장식품을 박는 과정 곳곳에 선명한 발전이 보인다. 지금에 이르러 보안요도는 생활도구로 쓰일 뿐만 아니라 여행기념품, 증정품으로 인기를 얻어 감숙, 청해, 녕하, 신강, 사천, 티베트, 내몽골 등 성, 자치구에서 널리 팔리고 있으며 홍콩, 마카오와 일본, 인도, 사우디아라비아와 같은 국가에서도 많은 사람들의 환영을 받고 있다. 오늘날 보안요도는 보안족이 경제적인 부를 쌓는 하나의 수단으로 되었다. 현재 개인 생산업자를 제외하고 보안족 지역에는 잇따라 민족칼을 만드는 공장이 건설되고 있다. 공장에 보안요도 제작에 조예가 깊은 장인들을 집중시키고 현대화한 생산설비를 마련하면서, 대량적인 생산을 조직하고 있다. 이로 인해 새로운 상품들이 계속해서 생산되고 있으며, 요도 제조산업은 이미 적석산자치현 향진기업의 기둥산업이 되어 민족경제의 발전에 중요한 역할을 담당하고 있다.

후기

　『중국민족지』는 중국 고등학원 민족학과 인류학 등 전공의 기초과목의 하나
일 뿐만 아니라 20년간 줄곧 중앙민족대학 민족학과 사회학 전공의 필수과목이
기도 하다. 중국 여러 민족이 경제, 문화 등 여러 면에서 부단히 변화·발전함에
따라 이 책도 부단히 새로운 내용을 보충해야만 했다. 따라서 몇 년이라는 시간
을 거쳐 새롭게 본서를 편찬하게 되었다. 2000년, 양성민 교수의 주최와 조직하
에 본 학교에서는 『중국민족지』 과목 교학과 연구를 진행하는 교수진들을 조직
하여 새롭게 『중국민족지』 교재 편찬사업을 진행하였다. 당시 이 교과서는 교육
부가 비준한 '211공정 중점교과서 프로젝트'에 속하였다. 2001년, 이 사업은 북
경시정부의 고등학교 정품교재 프로젝트로 선정되어 일정한 정도의 연구비를
지원받았다.

　이 책의 편찬구조는 저자들이 단체적으로 토론한 뒤 결정한 것이며 기존의 것
과 다른 점은 지역적 분류를 떠나서 언어계 소속에 따라 분류하여 편찬했다는

것이다. 책 속의 많은 자료들은 저자가 최근 민족지역에서 실제 조사를 거친 후 수집한 것이다. 2000~2002년 중앙민족대학 민족학과 사회학학원, 북경대학 사회학계, 국가민족위원회 민족문제 연구중심이 공동으로 연구를 진행한 〈중국 22개 인구가 적은 소수민족 경제발전 조사연구〉 과제에 양성민(杨圣敏, 과제주최자의 한 사람), 치후이준(祁惠君), 호우위안가오(侯远高), 양주후이(杨筑慧), 자중이(贾仲益) 등 저자들이 모두 참가하여 여러 민족지역으로 들어가 조사하였다. 그 결과 『중국에서 인구가 적은 소수민족 경제와 사회발전 조사보고』를 편찬하였다. 이 보고서는 2002년 국가민족위원회에서 발급한 '우수연구 조사보고 일등상'을 수여받았다. 본서의 부분적인 내용은 이번 조사의 성과를 채용하였다. 동년 양성민 교수의 주최하의 국가민족위원회 민족문제 연구중심에서 위탁한 과제 〈서부 개발과 민족관계〉에서도 본서의 저자인 장궈지에(张国太), 치후이준(祁惠君), 딩훙(丁宏), 수파샹(苏发祥), 호우위안가오(侯远高), 양주후이(杨筑慧), 자중이(贾仲益) 등이 참여하여 서북 지역의 민족관계의 실제조사와 연구보고를 펴냈다. 그 성과는 이 책의 여러 면에 반영되었다.

양성민(杨圣敏) **서론**

딩훙(丁宏) **한어 민족**
  몽골어족 민족: 동향족, 토족, 보안족
  돌궐어족 민족: 살라족, 유고족

치후이준(祁惠君) **만–퉁구스어족 민족**
  몽골어족 민족: 몽골족, 다우르족
  미지정어족 민족: 조선족

장궈지에(张国太) **돌궐어족 민족:** 위구르족, 카자흐족, 키르키즈족, 우즈베크족 타타르족, 슬라브어족 민족, 이란어족 민족
  인도네시아어족 민족: 러시아족, 타지크족

수파샹(苏发祥) **장면어족 민족:** 장족, 납서족, 강족, 경파족, 문파족, 로파족

호우위안가오(侯远高) **장면어족 민족:** 토가족, 이족, 백족, 합니족, 율속족, 라호족, 보미
족, 기낙족, 두룡족

[부록 1] 미식별 민족의 소개

양주후이(杨筑慧) **쫭동어족 민족**

　　　　　맹고면어족 민족

　　　　　미지정어족 민족: 경족, 거라오족

자중이(贾仲盖) **묘요어족 민족**

　　　　　장면어족 민족: 아창족, 노족

　　　　　슬라브어족 민족, 이란어족 민족

　　　　　인도네시아어족 민족: 고산족

장하이양(张海洋) · 유샤오쥐(尤小菊) **[부록 2]** 대만 민족의 구성과 그 변천사
[부록 3] 홍콩 · 마카오 민족 종교상황

저자가 서고를 완성한 후 딩훙 교수님이 체계를 통일하여 초보적인 심사를 진행하였다. 그다음 양성민(杨圣敏) 교수가 내용을 심의 · 결정하고 전권을 열람한 뒤 원고를 완성하였다. 그리고 민족연구전문가인 진극진(陈克进), 정습량(程适良) 교수가 전권의 내용을 자세히 심사하였다. 민족문화궁박물관, 중앙민족대학민족박물관과 류군(刘军), 양성민(杨圣敏), 치후이쥔(祁惠君), 양주후이(杨筑慧), 호우위안가오(侯远高), 자중이(贾仲盖), 리리(李丽), 다오보(刀波), 딩훙(丁宏) 등이 본서에 많은 그림 자료를 제공해주었다. 본서의 책임편집인 정옥금(郑玉琴) 씨가 문자 수정과 내용 교정 면에서 많은 심혈을 기울였다. 이 자리를 빌려 특별히 감사의 인사를 올린다. 그리고 이 책의 완성과 출간을 지지해준 여러 선생님과 친구들에게 다시 한 번 감사의 인사를 전한다.

참고문헌

- 『강감익지록 · 당기(纲鉴易知录 · 唐纪)』 권43, 중화서국본(中华书局本).

- 『곡강집(曲江集)』 권6.

- 『구당서 · 토번전(旧唐书 · 吐蕃传) 10)』.

- 『구당서(旧唐书)』 권199.

- 『금사(金史)』 권8.

- 『마르크스주의와 언어문학 문제』, 『스탈린 선집(하권)』, 북경, 1979, p.507.

- 마르크스, 「인도에 대한 대영제국의 통치 및 그 미래 결과」, 『마르크스엥겔스선집』 제2권, 인민
  출판사, 1972, p.70.

- 『만력무공록(万历武功录)』 권8.

- 『명사 · 토사전(明史 · 土司传)』.

- 『명영종실록(明英宗实录)』 권1, 3, 6.

- 『맹자 · 근심(孟子 · 尽心)』 하(下).

- 『맹자 · 등문공(孟子 · 滕文公)』 상(上).

- 『맹자 · 리루(孟 · 离娄)』 상(上).

- 『문사통의(文史通义)』.

- (미국) C. Ember · M.Ember 저, 두삼삼(杜杉杉) 역, 『문화의 변이: 현대문화 인류학 통론』, 요
  녕인민출판사, 1988.

- 『사기 · 사마상여전(史记 · 司马相如传)』.

- 『사기 · 흉노전(史记 · 匈奴传)』.

- 「사회주의와 전쟁에 대하여」, 『레닌선집』 제2권, 인민출판사, 1972.

- 『삼국지 · 선비전(三-国志 · 鲜卑传)』.

- 소계경(萧启庆), 「원조 몽골인의 한화에 대해」, 팽위 등 주편, 『역사학 · 중국 고대사권』 중, 란
  주대학출판사, 2000.

- 『수서 · 돌궐전(隋书 · 突厥传)』.

- 『시 · 소아 · 북산(诗 · 小雅 · 北山)』.

- 『신당서(新唐书)』 권219.

- 『신당서 · 돌궐족전(新唐书 · 突厥族传).

- 『신당서 · 회골전하 · 설연타(新唐书 · 回鹘传下 · 薛延陀)』.

- Alfred Brown 저, 하건중(夏建中) 역, 『사회인류학방법』, 산동인민출판사, 1988, p.62.

- 양곤(杨堃), 『민족학 조사방법』, 중국사회과학출판사, 1992.

- 양성민(杨圣民), 『회홀사』 제1장, 길림교육출판사, 1991.

- 언사고(颜师古) 주석, 『한서 · 서역전(汉书 · 西域传)』.

- 엥겔스, 『反杜林论』, 『마르크스엥겔스선집』 제3권, 인민출판사, 1972, p.222.

- 여전형(羽田亨), 『여전 박사학사 논문집 · 상권 · 역사편』, 경도, 동양사연구회, 1957, p.670.

- 『염철논 · 서역편(盐铁论 · 西域篇)』.

- 오문장(吳文章), 『중국 토사제도의 유래와 발전사』, 사천민족출판사, 1983, p.166.

- 옹독건(翁独健), 『중국 민족관계사 강요』, 중국사회과학출판사, 1990.

- 『요동지(辽东志)』 권1.

- 『원사 · 지리지 1(元史 · 地理志 一)』.

- 이태분(李泰芬), 『방자학』, 상해상무인서관, 1935.

- 『자치통감 · 당기(资治通鉴 · 唐纪)』.

- 『자치통감(资治通鉴)』 권25, 14년 7월.

- 『자치통감(资治通鉴)』 권69, 황초 2년 4월.

- 『자치통감(资治通鉴)』 권193, 정관 4년 4월.

- 『자치통감(资治通鉴)』 권198, 정관 252년 5월.

- 전백찬(翦伯赞), 『전백찬역사논문선집』, 인민출판사, 북경, 1980.

- 정대락(程大络), 『중화민족의 융합과정에 관한 고찰』, 대만중화총서편심위원회, 1979, p.53.

- 진원(陈垣), 『원서역인화화고』, 『국학계간』 제1권 제4호(1923년 12월), 『연경학보』 제2기(1927년 12월), 북평.

- 『청사고(清史稿)』 권3, 태종본기(太宗本纪).

- 『청태태실록(清太祖实录)』 권3.

- 『책부원구 · 외신부(册府元龟 · 外臣部)』.

- 『책부원구 · 외신부 · 통호(册府元龟 · 外臣部 · 通好)』.

- 『책부원구 · 제왕부 · 공업 1(册府元龟 · 帝王部 · 功业 一)』.

- 『한서 · 공우전(汉书 · 公禹传)』.

- 『한서 · 흉노전(汉书 · 匈奴传)』.

- 향달(向达), 『당대 장안과 서역문명』, 상무인서관, 북경, 1983.

- 『현람당총서(玄览堂丛书)』 권1.

- 『후한서 · 남흉노전(后汉书 · 南匈奴传)』.

- Alex Stewart, The Ethnographer's Method, Texas Tech University, London, 1998.

- Chen, yongling, A Collection of Chinese Ethnical Studies: A Dream of Ethnic Unity.

- Equality and Prosperity, Hong - Yih Publishing Co, Taibei, 1998.

- Marvin Harris. Orna Johnson, Cultural Anthropology, University of California, Los Angeles, 2003.

▶ 한족

- 무강자(武冈子) 편, 『대중화문화지식 보물고』, 호북인민출판사, 1993.

- 비효통(费孝通) 등, 『중화민족 다원일체 구조』, 중앙민족학원출판사, 1989.

- 서걸순(徐杰舜), 『한족발사』, 사천민족출판사, 1992. 2.

- 역사연구편집부 편, 『한족의 형성 문제에 관한 토론집』, 상해삼련서점, 1957.

- 이중화(李中华), 『중국문화개론』, 화문출판사, 1994.

- 〈중화민족 응집력의 형성 및 발전〉 편집부, 『중화민족 응집력의 형성 및 발전』, 민족출판사, 2000.

▶ 회족

- 구수섬 편, 『중국 회족사』, 녕하인민출판사, 1996.

- 마계성(马启成), 고점복, 정홍, 『회족』, 민족출판사, 1995.

- 양회중(杨怀中), 『회족사 논고』, 녕하인민출판사, 1991.

- 양회중(杨怀中) · 여진귀(余振贵) 주필, 『이슬람과 중국문화』, 녕하인민출판사, 1995.

- 호진화(胡振华) 편, 『중국 회족』, 녕하인민출판사, 1993.

▶ 만주족

– 김계종(金启宗), 『만주족의 역사와 생활-삼가자둔조사사보고(满族的历史与生活-三-家子屯调查报告)』, 흑룡강인민출판사, 1981.

– 등소잠(滕绍箴), 『만족발전사초편(满族发展史初编)』, 천진고적출판사, 1990.

– (러시아) 사록국(史禄国), 『북방퉁구스의 사회조직(北方通古斯的社会组织)』, 내몽골인민출판사, 1984.

– 류소맹(刘小萌), 『만주족의 사회와 생활(满族的社会与生活)』, 북경도서관출판사, 1998.

– 류소맹(刘小萌), 『만주족의 부락과 국가(满族的部落与国家)』, 길림문사출판사, 1995.

– 『만주족 간사(满洲简史)』, 중국과학원민족연구소, 요녕소수민족역사조사조, 중화서국, 1979.

– 『만족사회 역사조사보고』(상, 하), 중국과학원민족연구소, 요녕소수민족사회역사조사조, 1963.

– 임국영(任国英), 『만-퉁구스어족 제민족 물질문화연구(满-通古斯语族诸民族物质文化研究)』, 요녕민족출판사, 2001.

– 장가생(张佳生) 주편, 『만주족 문화사(满族文化史)』, 요녕민족출판사, 1999.

– 조전(赵展), 『만주족 문화와 종교연구(满族文化与宗教研究)』, 요녕민족출판사, 1993.

– (청나라) 아계(阿桂) 등, 손문량(孙文良) · 륙옥화(陆玉华) 정리, 『만주원류고(满洲源流考)』 20권, 요녕민족출판사, 1988.

▶ 시보족

– 백우한(白友寒), 『시보족 원류 사강(锡伯族源流史纲)』 요녕민족출판사, 1986.

– 소부(肖夫) 집필, 시보족간사편집부 편찬, 『시보족 간사』, 민족출판사, 1986.

– 하령(贺灵) · 동극력(佟克力), 『시보족사』, 신강인민출판사, 1993. 3. 동극력 편, 시보족역사와 문화, 신강인민출판사, 1989.

– 하령(贺灵) · 동극력(佟克力), 『시보족 풍습지』, 중앙민족대학출판사, 1994.

– 동극력(佟克力), 『시보족 역사와 문화』, 신강인민출판사, 1989.

▶ 어원커족

– 공번지(孔繁志) 편, 『오로고야(敖鲁古雅)의 어원커인』, 천진고적출판사, 1989.

– 어원커족간략사편집부 편찬, 『어원커족 간략사』, 내몽골인민출판사, 1984.

– 어원커족자치기 민족지편찬위원회, 『어원커족 자치기 민족지』, 중국도시출판사, 1997.

– 여광천(呂光天), 『어원커족』, 민족출판사, 1987.

– 오수귀(吳守貴), 『어원커인』, 내몽골문화출판사, 2000.

– 〈중국 소수인구민족 발전연구과제〉 편집부, 『중국인구가 적은 소수민족 경제와 사회발전 조사
　　보고』(내부자료), 2001.2.

– 추보(秋浦), 『어원커인의 원시사회형태』, 중화서국, 1962.

▶ 어룬춘족

– 백란(白란), 『어룬춘족』, 민족출판사, 1991.

– 어룬춘족약사 편집부, 『어룬춘족 약사』, 내몽골인민출판사, 1983.

– 어룬춘자치기 편찬위원회, 『어룬춘 자치기지』, 내몽골인민출판사, 2001.

– 조복흥(趙復興), 『어룬춘족 연구』, 내몽골인민출판사, 1988.

– 추보(秋浦), 『어룬춘인』, 민족출판사, 1956.

▶ 혁철족

– 능순생(凌纯声), 『흑룡강 하류의 혁철족』, 중앙민족대학 도서관장서.

– 유중파(刘忠波), 『혁철인』, 민족출판사, 1981.

– 〈중국 소수인구민족 발전연구과제〉 편집부, 『중국의 인구가 비교적 적은 민족 경제와 사회발
　　전조사보고』(내부자료), 2001.2.

– 혁철족약사 편저조, 『혁철족약사』, 흑룡강인민출판사, 1962.

– 흑룡강성 지방지편위원회, 『흑룡강성지 민족지: 제56권』, 흑룡강인민출판사, 1998.

▶ 몽골족

– 내몽골사회과학원역사사무소, 『몽골족 통사』 집필 소조 주편, 『몽골족통사』, 민족출판사, 1991.

– 『내몽골 개혁개방 20년』, 내몽골인민출판사, 1999.

‒ 라포상각단(罗布桑却丹) 저작, 조경양(赵景阳) 역, 『몽골 풍습감』, 요녕인민출판사, 1988.

‒ 액이등태(额尔登泰)·오운달뢰(乌云达赉), 『몽골비사』(교간본), 내몽골인민출판사, 1981.

‒ 영소혁(荣苏赫) 등 주편, 『몽골족 문학사』, 요민족출판사, 1994.

‒ 오운파도(乌云巴图)·갈근고와(葛根高娃) 집필, 『몽골족 전통문화론』, 원방출판사, 2001.

‒ 이문충(李汶忠) 편저, 『중국 몽골민족 과학기술 역사간편』, 과학출판사, 1990.

‒ 인시갈거파·로잔(因始噶居巴·洛桑) 역, 『몽골 불교사』, 천진고적출판사, 1987.

‒ (이란) 지비니(志费尼) 저작, 하교제(何交济) 번역, 『세계정복자사』(상, 하), 내몽골인민출판사,
　1981.

‒ 정광지(郑广智)·임울연(林蔚然) 편집, 『내몽골 자치구 경제발전사』, 내몽골인민출판사, 1990.

‒ 찰기사흠(札奇斯钦), 『몽골 문화와 사회』, 홍콩상무인쇄관, 1987.

‒ (청나라) 야희파륵등(耶喜巴勒登)·소로격(苏鲁格) 역, 주해, 『몽골 정치와 종교사』, 민족출판
　사, 1988.

▶ 동향족

‒ 동향족간사편집부, 『동향족 간사』, 민족출판사, 1984.

‒ 마자상(马自祥), 마조희(马兆熙) 편저, 『동향족 문화형태와 고적문존』, 감숙인민출판사, 2000.

‒ 타진영(妥进荣) 편집장, 『동향족 경제사회 발전연구』, 감숙인민출판사, 2000.

‒ 학소민(郝素民) 편집장, 『감청 지역 특유민족 문화형태 연구』, 민족출판사, 1999.

▶ 토족

‒ 곽경(郭璟), 『토족』, 민족출판사, 1990.

‒ 토족간사편집부 편찬, 『토족』, 청해인민출판사, 1982.

‒ 학소민(郝素民) 편집장, 『감청 특유민족 문화형태 연구』, 민족출판사, 1999.

‒ 호국흥(胡国兴) 편집장, 『감숙 민족원류』, 감숙민족출판사, 1991.

▶ 다우르족

– 내몽골자치구편집위원회, 『다우르족 사회역사조사』, 내몽골인민출판사, 1986.

– 만두이투(满都尔图), 『다우르족』, 민족출판사, 1991.

– 바투보인(巴图宝音) 편저, 『다우르족 풍습지』, 중앙민족학원출판사, 1991.

– 〈머리다와다우르자치구 개관〉 편집부, 『머리다다우르자치기 개황』, 내몽골인민출판사, 1986.

– 다우르족간사편집부, 『다우르족 간사』, 내몽골인민출판사, 1986.

▶ 보안족

– 국가민위민족문제연구소 편, 『중국민족』, 중앙민족대학출판사, 2001.

– 마세봉(马世峰) 주편, 『보안족 문화대관』, 감숙민족출판사, 2000.

– 마소청(马少青), 『보안족』, 민족출판사, 1989.

– 보안족간사편집부 편찬, 『보안족 간사(简史)』, 감숙인민출판사, 1984.

– 중화인민정치협상회의감숙성위원회 문헌자료 및 학습위원회 편찬, 『중국 보안족』(감숙문사자
료선집 제49집), 감숙인민출판사, 1999.

– 타진영(妥进荣) 주편, 『보안족 경제사회 발전연구』, 감숙인민출판사, 2001.

– 학소민(郝素民) 주편, 『감청 특유민족 문화형태 연구』, 민족출판사, 1999.

색인

6대 신앙 126

ㄱ

결신제 277
고이방절 140
고전 민족학 25, 27
귀진 137
근친결혼 263

ㄴ

나담페어축제 236
남쌀북면 103
내몽골자치구 223

ㄷ

다우르족 267, 270, 274
다원문화 54
다원일체 사상 53
데릴사위혼 277
도교 99, 100
돌궐칸국 66
동이 88
동향족 245, 247, 249
동향족 가정 253
동향족 예술 255
동향족자치현 245

ㄹ

라마교 173
라마단 140

ㅁ

마로 185
마증 159
만족 153
만주어 168
만주족 150, 155, 160, 163, 167
만-퉁구스어족 민족 148
매매혼 276
몽골동원설 270
몽골문 222
몽골어 222
몽골어민족 220
몽골족 221, 225, 233, 240
몽골치포 228
무상 137
무슬림 토객 119
문방사보 112
문언문 111
민간신앙 101
민며느리혼 276
민족지 22, 29, 33, 36, 40
민족평등 77
민족학 22
민족학사 40

ㅂ

발해 152
백가성 106
백몽골 256
변군제도 65
병음문자 168
보안어 282
보안요도 292
보안족 282, 288, 290
본초강목 116
북경 음성 84
북방 민족 62
불교 98

ㅅ

사체 24
상도제 172
상형문자 111
색목인 284
샤머니즘 149, 155, 172, 184, 197, 226
샤먼 155
샤브샤브 158
서역 46
설창문학 162
성년혼 277
소수민족 54, 74
수묵화 112
숙신인 151
시보 170
시보족 168, 175, 179
실위설 270
실크로드 94
십선 99

ㅇ

알타이어계 148
야장 235
약탈혼 234
양적 연구 31
어룬춘어 194
어룬춘족 194, 198, 201
어원커족 179, 184, 192
어원커족 민가 193
어원커족 언어 180
연야밥 110
오계 99
오력릉 196
오보제 272
오복제도 96
옥황상제 100
와와혼 276
우두법 116
원지장 235
유가사상 97

유가학설 97
유목민족 55
유분 139
육례 107
이론적 탐구 35
이슬람교 126, 250, 285
일부일처 씨족외혼제 188
일부일처제 160, 176

ㅈ

자연역법 243
자카트 127
장전불교 260
조상숭배 101
조상제 271
족외혼제도 233
중국 48, 49
중농경상 95
중앙집권제 63
중앙집권제도 64
중원 왕조 62
중의학 115
중화 문명 70
중화민국 51
중화민족 53
지복혼 276
지체 24
진화론학파 39
질적 연구 31, 34

ㅊ

차문화 104
참여관찰 32
천신제 272
천하 50
첩만 262
청진사 288
촬라자 187
춘절 109, 162

충효절 140
친영 107

ㅋ

칸국 58

ㅌ

태사달이 129
태음력 139
토곡훈인 258
토곤 258
토사제도 68
토장 235
토족 256
토족건축 266
토지신제 273
토템숭배 198
통공 60

ㅍ

파오거 232

ㅎ

한어 84
한자 84, 111
한족 78, 84, 86, 90, 92
한족 가정 108
한족문화 87
해이캔 174
혁철족 205, 206, 210
현지조사 27, 34
혈통적 융합 75
호시 60, 61
호유목 185
혼인관계 108
화하 52
화하일체 52
화하족 88

황도길일 105
회유부주 67
회유세습제 63
회유제도 65, 69
회족 85, 117, 122, 135
회족 농민 123
회홀칸국 59
회회약방 124

역자소개

김영순

인하대학교 사범대학 사회교육학과

문화인류학·문화교육 전공

전신자

연변대학교 인문대학 사회학과

민족학 전공

고승룡

연변대학교 인문대학 사회학과

역사학 전공

방미화

연변대학교 인문대학 사회학과

사회학 전공

배현주

인하대학교 대학원 문화경영학과

문화경영학·문화정책 전공

윤희진

인하대학교 대학원 문화경영학과

문화경영학 · 문화정책 전공

황해영

인하대학교 대학원 다문화학과

다문화학 · 다문화교육 전공

저자소개

양성민(杨圣敏)

회족, 역사학 석사, 민족학 박사

중앙민족대학 민족학과 사회학학원 교수

중국민족학회 부회장

중국세계민족학회 부회장

민족학과 민족사의 교학과 연구 진행

연구영역: 중국 서북과 중앙아시아 민족의 문화와 역사

『회흘사』(1991)

『자치통감-돌궐회흘사회 교주』(1993)

「칸얼(干투) 지역의 문화」

「칸얼 우물의 기원과 전파 그리고 투르판의 칸얼 우물문화」

딩 홍(丁宏)

회족, 역사학 석사, 문학 박사

중앙민족대학 민족학과 부교수 겸 원장

중국민족학회 부비서장

중국회족학회 부비서장

민족학 연구와 교학에 종사

연구영역: 이슬람문화

『중국 이슬람문화 유형과 민족특색』(공저, 1998)

『동간문화연구』(1999)

『중국회족』(2000)

『백년중국무슬림』(공저, 2002)

치후이준(祁惠君)

몽골족, 역사학 석사

중앙민족대학 민족학과 부교수

국제몽골학회 회원

중국민족학회 회원

민족학 연구와 교학에 종사

연구영역: 북방민족문화

『사려와 사덕격』(공저, 1996)

『중화민족』(공저, 2001)

『중국민족개론』(공저, 2001)

「몽골말과 그 문화」

장궈지에(张国杰)

한족

중앙민족대학 민족학과 교수

민족학과 민족사의 교학과 연구에 종사

연구영역: 중국 서북과 신강민족 역사문화

『민족풍토와 심미』(공저, 1987)

『신강 현대사회 정사략』(공저, 1992)

『민족예술과 심미』(공저, 1996)

『백년중국무슬림』(공저, 2002)

수파샹(苏发祥)

장족, 법학 박사

중앙민족대학 민족학과 부교수

사회사상사와 종교사회학의 교학과 연구에 종사

연구영역: 장학

『청대 치장정책 연구』(1999)

「심파전쟁의 중국 근대사에서의 위치에 대한 논의」

「청대 서장지방을 통치·관리하는 경제정책에 대한 논의」

「장족 전통 사원교육 중의 쟁변 그리고 현대교육에 대한 계발」

호우위안가오(侯远高)

이족

중앙민족대학 민족학과 강사

민족학과 응용인류학의 교학과 연구에 종사

연구영역: 서남민족 역사와 문화, 서부개발 중 소수민족 발전문제

『중국 소수민족 문화사, 덕앙족 문화사』(1994)

『양산 에이즈병 문제의 사회문화 분석과 본토화 방치모식』

「독룡족 사회경제 발전 연구」

「양산 이족 사회문화 변천 중의 민족관계」

양주후이(杨筑慧)

동족, 역사학 석사, 법학 박사

중앙민족대학 민족학과 부교수

중국민족학회 이사

민족학의 교학과 연구에 종사

연구영역: 남방민족 문화와 역사

『각 민족이 공동으로 중화를 열어나감』

「한 동족산재의 변천」

「전원나라사로부터 본 와족의 생육문화에서 존재하는 문제」

「이한관계의 역사 발전과정」

자중이(贾仲益)

묘족, 역사학 석사, 민족학 박사

중앙민족대학 민족학과 부교수

중국민족학회 이사

민족학, 종교학 방면의 교학과 연구에 종사

연구영역: 중국 남방민족의 문화, 역사와 종교

『중국 근대민족 관계사』(공저, 1999)

『노족 경제사회발전 조사보고』

「삼차예의 예천정복과 명대 변정 연구」

「묘족의 '오뉴' 숭배에 대한 해독」

장하이양(张海洋)

한족, 문학 학사, 법학 석사·박사

중앙민족대학 민족학과 주임교수

민족학과 인류학의 교학과 연구에 종사

연구영역: 동서문화 비교, 양산 이족과 응용인류학

『중국민족학사』(공저, 1999)

「중국의 다원문화와 중국인의 공동체 의식」

「내가 이해하고 있고 종사하고 있는 인류학」

「양산 이족 혼개 문건해독」

유샤오쥐(尤小菊)

한족

중앙민족대학 민족학과 연구원